普通高等教育"十一五"国家级规划教材

U0676908

中国信息经济学会电子商务专业委员会　**推荐用书**

广西大学优质教材倍增计划资助项目

高等院校电子商务专业系列教材

电子商务安全（第3版）

钟 诚 吴明华 主编

重庆大学出版社

内容提要

本书从技术、管理和法律的角度出发,讲授构建和实施安全电子商务系统所必需的基本理论、方法、技术、法律法规和管理制度。主要内容包括安全电子商务的体系结构、密码技术及应用、Internet 安全、公钥基础设施与数字证书、数字版权保护与隐私计算技术、安全电子商务支付机制、安全电子商务支付协议、移动电子商务安全、电子商务安全管理与法律保障、安全电子商务应用。全书强调系统性、前沿性,取材先进、科学,内容丰富、实用,图文并茂,可读性强。

本书适合作为高等学校电子商务、数字经济、信息安全、信息管理与信息系统、数据科学与大数据技术、大数据管理与应用、数字媒体技术、区块链技术、信息与计算科学、计算机科学技术、网络工程、网络空间安全、电子信息工程、通信工程等专业的教材,也可作为电子商务安全技术培训教材,还可供从事安全电子商务系统研究、设计、开发的工程技术和管理人员参考。

图书在版编目(CIP)数据

电子商务安全 / 钟诚,吴明华主编. --3 版. --重庆:重庆大学出版社,2023.4
高等院校电子商务专业系列教材
ISBN 978-7-5689-3710-8

Ⅰ.①电… Ⅱ.①钟… ②吴… Ⅲ.①电子商务—安全技术—高等学校—教材 Ⅳ.①F713.36

中国国家版本馆 CIP 数据核字(2023)第 058627 号

高等院校电子商务专业系列教材
电子商务安全
(第 3 版)
钟 诚 吴明华 主编
责任编辑:龙沛瑶 版式设计:龙沛瑶
责任校对:关德强 责任印制:张 策
*
重庆大学出版社出版发行
出版人:饶帮华
社址:重庆市沙坪坝区大学城西路 21 号
邮编:401331
电话:(023) 88617190 88617185(中小学)
传真:(023) 88617186 88617166
网址:http://www.cqup.com.cn
邮箱:fxk@ cqup.com.cn (营销中心)
全国新华书店经销
重庆市正前方彩色印刷有限公司印刷
*
开本:787mm×1092mm 1/16 印张:18 字数:418千
2004 年 5 月第 1 版 2023 年 4 月第 3 版 2023 年 4 月第 9 次印刷
印数:15 501— 18 500
ISBN 978-7-5689-3710-8 定价:49.00 元

高等院校电子商务专业系列教材编委会

顾 问

总主编

常务编委

编 委(以姓氏笔画为序)

总 序

    重庆大学出版社"高等院校电子商务专业系列教材"出版近20年来,受到了全国众多高校师生的广泛关注,并获得了较高的评价和支持。随着国内外电子商务实践发展和理论研究日新月异,以及高校电子商务专业教学改革的深入,促使我们必须把电子商务最新的理论、实践和教学成果尽可能地反映和充实到教材中来,对教材全面进行内容修订更新,增补新选题,以适应新的电子商务教学的迫切需要,做到与时俱进。为此,我们于2022年启动了本套教材第4版修订和增加新编教材的工作。

    电子商务是通过互联网等信息网络销售商品或者提供服务的经营活动,是数字经济和实体经济的重要组成部分,是催生数字产业化、拉动产业数字化、推进治理数字化的重要引擎,是提升人民生活品质的重要方式,是推动国民经济和社会发展的重要力量。我国电子商务已深度融入生产生活各领域,在经济社会数字化转型方面发挥了举足轻重的作用。"十四五"时期,电子商务将充分发挥连通高效线上线下生活学习、生产消费、城乡经济、国内国际经济的独特优势,全面践行新发展理念,以新动能推动新发展,成为促进强大国内市场、推动更高水平对外开放、抢占国际竞争制高点、服务构建新发展格局的关键动力。

    商务部发布的《中国电子商务报告2021》指出,2021年全国电子商务交易额达到42.3万亿元,同比增长19.6%;网上零售额达13.1万亿元,同比增长14.1%;实物商品网上零售额10.8万亿元,占社会消费品零售总额比重达24.5%;跨境电商进出口额达1.92万亿元,5年增长近10倍;电子商务相关产业吸纳及带动就业超过6700万人,国内已连续9年保持全球最大网络零售市场地位。中国互联网络信息中心(CNNIC)数据显示,截至2022年12月,国内网络购物用户规模达8.45亿,较2021年12月增长319万,占网民整体的79.2%。

    2012年,在教育部《普通高等学校本科专业目录》中电子商务被调整为一级学科,目前该专业类下辖:电子商务、电子商务及法律、跨境电子商务3个专业。截止到2021年,全国共有634所高校开办电子商务本科专业,1476所职业院校开办电子商务专科专业,随着专业开设院校的逐步增加,每年的招生规模也在快速增长,为我国电子商务产业和相关产业发展奠定了坚实的基础。

    重庆大学出版社20余年一直致力于高校电商教材的策划出版,得到了"全国高校电子商务专业建设协作组""中国信息经济学会电子商务专业委员会"和"教育部高等学校电子商务类专业教学指导委员会"的大力支持和帮助,于2004年率先推出国内首套"高等院校电子商务专业本科系列教材",并于2012年修订推出了系列教材的第2版,2015年根据教育部

"电子商务类专业教学质量国家标准"修订推出了系列教材的第 3 版。本次 2022 年启动的第 4 次整体修订和增补,增加了新编教材 5 种,集中修订教材 15 种,电子商务教指委有十余名委员领衔教材主编,2023 年即将形成一个约 20 个教材品种、比较科学完善的教材体系。这是特别值得庆贺的事。

我们希望此套教材的第 4 版修订和新编能为繁荣我国电子商务教育事业和专业教材市场、支持我国电子商务专业建设和提高电子商务专业人才培养质量发挥更好更大的作用。同时我们也希望得到同行学者、专家、教师和同学们更好更多的意见和建议,使我们能够不断地提高本套教材的质量。

在此,我谨代表全体编委和工作人员向本套教材的读者和支持者表示由衷的感谢!

总主编 李 琪

2023 年 3 月 3 日

第 3 版前言

　　全球正步入数字社会。数字经济是数字时代国家综合实力的重要体现,是构建现代化经济体系的重要引擎。数字经济的基本范围分为数字产品制造业、数字产品服务业、数字技术应用业、数字要素驱动业、数字化效率提升业等五大类。在数字经济领域,一方面,电子商务将更加普及,电子商务技术将发挥更大的作用;另一方面,数据作为新的生产要素正在成为驱动经济发展的新引擎,在数据全生命周期尤其是在数据流通、共享和交易的过程中,数据安全问题日益凸显。在数字社会、数字经济时代,电子商务安全更加重要,电子商务安全涉及的内容更多,除了信息时代的信息系统安全和网络安全之外,还有新的数据安全技术和数字化之后的业务技术的安全。

　　第 1、2 版教材出版发行以来,全国许多高校的电子商务专业、信息安全、计算机科学与技术、信息管理与信息系统、经济管理、工商管理、金融、市场营销及其他相关专业纷纷采用,受到普遍欢迎,该教材也获得了重庆市优秀教材奖,入选"十一五"国家规划教材。近年来,不少高校陆续开办了网络空间安全、数字经济、数据科学与大数据技术、大数据管理与应用、区块链技术等新专业。为紧跟学科专业发展趋势,更新拓展课程教学内容,我们修订了《电子商务安全》教材内容。第 3 版在第 2 版的基础上进行修订,增加了中国国家商用密码算法、口令安全、区块链安全、隐私计算、NFC 近场支付、5G 网络安全、数据安全等级保护等相关知识和技术。

　　全书共 10 章,教师在使用本教材进行教学时,可依据专业教学计划学时数适当取舍课程课堂授课内容,将部分章节内容安排学生自学。

　　第 3 版修订编写工作由广西大学钟诚、重庆师范大学吴明华完成。在编写过程中,参考、引用了一些专家学者的文献资料,在此一并致谢。另外,我们还要感谢重庆大学出版社副总编辑马宁、经管分社社长尚东亮、责任编辑龙沛瑶、责任校对关德强、责任印制张策,以及录入排版和出版发行相关同志的大力支持与帮助。

　　本教材第 3 版的出版得到了广西大学优质教材倍增计划项目的资助。

　　鉴于编者水平有限,书中可能存在不妥之处,敬请专家和读者批评指正,不胜感谢。

　　值此《电子商务安全》教材第 3 版出版之际,我们衷心祝愿我国电子商务安全教育事业持续高质量发展!

编　者

2023 年 1 月

第 2 版前言

随着 Internet 的深入应用,以 Internet 作为交易平台的电子商务近年来在政府部门的重视和推动下,已经得到人们的普遍认同和接受。一方面,电子商务可以促进生产力进步、扩展和追求更佳的市场、降低生产和销售成本、提升产品和服务质量、改进对客户需求的响应、改善雇员的满意度、建立更好的共享信息的新伙伴关系、提供新的商业机会;另一方面,电子商务在相当程度上改变人们的生活方式、生产方式、工作方式和消费策略,甚至改变人们的思想观念和思维习惯。电子商务深入和广泛的应用将会使网络经济进一步地得到健康的发展。

电子商务是在国际化、社会化、开放化和个性化的 Internet 环境中运作的。电子商务应用可能会出现金融欺诈、市场/竞争价格等秘密信息的泄露、客户或者商业伙伴关系受损、无法预料的法律与公共关系及商业恢复成本、缺乏可信性而导致的商机丢失等诸如此类的安全与信任问题。因此,要在这样开放的平台上成功地进行电子交易必须解决包括交易网络平台的安全、交易双方机密信息的保护、交易双方身份的确认、交易信息在传输过程中的完整性、交易操作的不可否认等问题。为了解决这些问题,需要计算机密码、身份认证、数字签名、信息认证、操作系统安全、网络安全、安全电子支付、安全电子交易协议等技术的支撑。

本书介绍了安全电子商务系统所涉及的基本理论、方法和技术以及应用。全书共 10 章。第 1 章讨论安全电子商务的体系结构和电子商务的有关安全问题。第 2 章阐述密码系统、数字签名技术、密钥管理和密钥恢复技术、身份认证和信息认证技术以及访问控制技术。第 3 章介绍防火墙、IPSec 协议和虚拟专用网、Web 安全、安全电子邮件、计算机病毒防治技术和网络入侵检测方法。第 4 章为公钥基础设施 PKI 的有关知识和数字证书及其管理。第 5 章讨论了信息隐藏技术、数字水印技术和数字版权保护技术。第 6 章介绍电子支付系统、智能卡支付方式、电子支票支付系统、电子现金支付系统和第三方支付系统。第 7 章详细分析了安全电子商务支付协议 SET 和 SSL。第 8 章介绍了移动电子商务的安全协议和标准、基于 WPKI 的安全技术实现以及基于 App 的移动支付系统安全。第 9 章讨论了电子商务安全管理。第 10 章讨论在线电子银行系统和证券交易系统的安全问题。

本书第 1 版由钟诚任主编、吴明华任副主编。钟诚编写第 1 和 9 章,吕皖丽编写第 2 章,鲁晓明编写第 3 章,陆向艳编写第 4 章,杨柳编写第 5 章,许亮编写第 6、7 章,吴明华编写第 8、10 章。全书由钟诚教授统稿、润色和校订。第 1 版教材得到了重庆大学出版社梁涛、孙英姿、马宁等编辑的大力支持和帮助。

第 1 版教材出版发行以来,全国许多高校的电子商务专业及其他相关专业纷纷采用,并受到普遍欢迎,该教材也获得了重庆市优秀教材奖,入选"十一五"国家规划教材。根据电子商务学科发展和多年的教学实践,我们对《电子商务安全》第 1 版进行了修订,调整了部分体系结构,修订更新了部分内容,增加了移动电子商务、电子商务安全管理与法律保障等章节内容,形成了《电子商务安全》(第 2 版)教材。

此次修订工作主要由吴明华、钟诚完成。修订工作得到了重庆大学出版社马宁、尚东亮等编辑的大力支持和帮助。

考虑到电子商务专业的实际情况,对于开设在经管学院的专业,教师在讲授第 2 章和第 3 章的内容时可根据实际情况有所取舍。

我们衷心感谢重庆大学出版社为本教材的规划、编写、出版提供的宝贵机会。感谢我们的家人对本书写作给予的充分理解和热情鼓励,我们深表谢意。本教材在编写过程中参考、引用了有关专家学者的文献,在此一并致谢。

本教材的出版如能为我国电子商务教育事业的发展作出贡献,我们将感到非常荣幸。鉴于编者学术水平有限,书中可能存在不妥之处,敬请专家和读者批评、指正。

编　者
2016 年 10 月

目 录

第 1 章
绪 论

随着 Internet(互联网)在全世界的广泛应用,人们纷纷开办了网络银行、网上商城、网上书店、网上影院、数字图书馆或从事微商等,一种新兴的商务模式——电子商务自然而然地产生。有别于传统的商务模式,电子商务借助于开放的 Internet 网络环境和现代信息技术,完成商品(服务)发布、商品(服务)选购、发货通知、货款支付、收货确认等工作。这些工作必然涉及客户和商家身份的验证、客户和商家隐私信息的保护、交易过程中机密信息的安全传输、交易行为的确认等问题。为此,电子商务的应用必须解决数据安全、身份认证、信息认证、网络安全、软件安全、交易协议安全、区块链安全等问题。本章将从提出电子商务的安全问题开始,给出电子商务的安全体系结构,并且讨论电子商务安全技术的发展趋势。

1.1 电子商务的安全问题

当今的世界已经是数字化的信息社会,数字经济正迅速发展。不管是城市还是乡村,计算机成为家庭的常用物品,有些家庭甚至拥有多台台式计算机或者笔记本电脑、平板电脑,几乎人人都拥有智能手机。借助于 Internet,人们可以通过电子邮件、短信、即时通信软件(如 QQ、微信等)进行交流,也可以传送文件、听音乐、看电影、购物、存款和付账等。

Internet 被设计成为一个高度开放的信息交换的媒介,人们可以在任何时候、任何地点,跨越时空,通过 Web 浏览器访问他们所需的信息和获取他们所需要的服务。Internet 不仅深刻地影响了个人的生活和工作方式,而且对商业的运作产生了巨大的冲击。将传统的贸易活动移植到 Internet 平台上而产生的电子商务已经发展成为人们在 21 世纪里进行商务活动的一种有效模式。基于 Internet 的电子商务正成为世界工商业和服务业的一个重要组成部分。可以说,几乎所有可以买卖的东西都能在 Internet 上进行交易。统计数据显示,2020 年中国电商市场规模达 37.21 万亿元,2021 年中国跨境 B2B 电商市场规模达 5.7 万亿元,2021 年第二季度中国网络零售 B2C 市场交易规模达 22 742.8 亿元。"十三五"期间,我国电子商务交易额年均增长超过 11.6%。电子商务的发展形势喜人、前景诱人。

B2C 的电子商务方式被迅速接受的一个原因是其方便性,人们可以坐在家里方便地购买东西(或信息服务)并享受送货上门服务。对于行动不方便的人来说,购物变得容易多了;对于想寻找更好交易的人来说,简单多了,因为不再需要到处逛商店来货比三家。所有一切,只需轻轻按一下鼠标或者点击确认就可以完成,不会再腰酸脚痛。此外,不算运费,考虑一下到处寻找商店和比较所花的交通费用,电子购物事实上也能节省费用。对于 B2B 领域,电子商务削减了传统商业意义上的差旅费、商品展示费、场地租用费、仓储费以及销售人员工资等商业运作成本。其实,Internet 本身就是一个巨大的电子商务展台,它显著地降低了商业运作成本。

基于 Internet 进行的电子商务活动主要有:商务信息通过计算机网络进行传输,在网络上传输的信息是加密数据并保持完整性,贸易双方进行身份认证和确保交易的安全性。安全问题在电子商务的发展和应用中越来越突出,如何建立一个安全、便捷的电子商务应用环境,对信息提供足够安全的保护,已经成为商家和用户都十分关心的话题。目前,大多数用户端使用的计算机操作系统是微软的 Windows 系统和苹果的 Mac 操作系统,智能手机使用的操作系统有 Android、iOS、HarmonyOS 等,这些操作系统提供的安全性强度近些年来得到了提高,但仍然存在安全威胁。更让人担心的是,黑客使用一些病毒进行拒绝服务(Denial of Service,DoS)攻击,大多用户根本没有意识到自己的计算机已经被攻击。DoS 病毒利用多个系统发送大量请求信息包轰击网站,造成目标站点"死机",使得系统无法响应服务。2003年8月,冲击波(MSBlaster)和冲击波杀手(Nachi)病毒利用 Windows 操作系统等的远程过程调用 RPC 漏洞大量感染 Internet 的计算机,使得系统不断被要求重启,无法进行正常的操作和使用,危害面极广、危害后果极为严重。

一波未平,另一波又起。2003年9月中旬,另一个 Windows 操作系统的远程过程调用 RPC 接口又被发现存在多个远程安全漏洞。这些漏洞是由不正确处理畸形消息所造成的,漏洞实质影响了使用 RPC 的 DCOM 接口(此接口处理由客户端计算机发送给服务器的 DCOM 对象激活请求,如 UNC 路径)。攻击者通过 135(UDP/TCP)、137/UDP、138/UDP、139/TCP、445(UDP/TCP)和 593/TCP 端口进行攻击,而对于启动了 COM Internet 服务和 RPC over HTTP 的用户来说,攻击者还可通过 80/TCP 和 443/TCP 端口进行攻击。由于 Windows 的 DCOM 在处理参数的时候没有检查长度,因此通过提交一个超长(数百字节)的文件名参数可以导致堆溢出,从而使 RPC 服务崩溃。这样,攻击者利用这些漏洞向目标发送畸形 RPC DCOM 请求来取得本地系统权限,在系统上执行任意操作(如安装程序、查看或更改、删除数据或创建系统管理员权限的账户),严重影响 Windows 系统的正常运行。可以想象,在这些被病毒感染的计算机网络和电脑上进行电子商务操作,是很难保证其安全性的。

近些年来,智能手机操作系统安全事件时有发生。例如,2015年7月,意大利知名监控软件厂商 Hacking Team 遭遇数据泄露,其中著名的间谍软件 Android RCS 通过远程监控系统利用3个通用的提权漏洞,对 Android 2.0 到 Android 4.3 版本的系统实施提权攻击,非法获取 Root 权限,进而实现远程监控。2015年8月,KeenTeam 团队在黑帽大会上曝光了其利用一个提权漏洞实现的通用 Root 方案,号称可以对任何品牌的 Android 设备实施提权攻击。

2016 年 8 月苹果手机曝出 iOS"三叉戟漏洞",攻击者通过短信发送给手机两个链接,在用户点击链接后即可远程控制手机,并且窃取手机上的短信、邮件、通话记录、电话录音、存储的密码等隐私数据,还能监听并窃取 WhatsApp、微信等社交软件的聊天信息。该链接利用了苹果手机 iOS 操作系统中的 3 个 0-day 漏洞,这 3 个漏洞就是在安全圈名声大噪的"三叉戟漏洞"。2017 年 5 月,安全公司 Check Point 的报告显示,现有的 Android 系统中存在漏洞,该漏洞利用了在 Android 6.0 里启用的权限许可功能,这个功能允许用户手动同意请求手机相关权限的应用程序,可以在 Android 手机上直接运行盗号、广告和勒索软件。2017 年 4 月,360 安全报告显示:99.1%的 Android 设备受到中危级别漏洞的危害,99.9%的 Android 设备存在高危级别漏洞,87.7%的 Android 设备受到严重危害级别的漏洞影响。2017 年 5 月 17 日,苹果公司连发了 iOS 10.3.2 和 MacOS 10.12.5 新系统,紧急修复 20 多个漏洞。

电子商务应用的另一个风险是有效性、实用性问题。对一个运用 Internet 作为交易手段的商业组织,它需要投资数十亿美元进行信息基础建设。据有关公司发布的市场调查报告,黑客(Hacker)的攻击使得一些诸如 Yahoo 和 eBay 这样的热门网站出现暂时性"死机",它们的损失超过了 12 亿美元,严重影响了 Internet 上电子商务的应用和发展。著名的美国在线公司由于人为操作和技术上的失误,使得其 600 多万用户陷入瘫痪 10 小时。美国另一家网络在线通信服务公司的主干网出现重大故障,其后果是 40 万用户被迫中断联络 40 小时之久。因此,电子商务网站的访问无效或者网络瘫痪,将会促使顾客另外寻找新的供应商或者回到更传统的老办法——一家一家地逛商店来进行交易。

在 Internet 上进行电子交易自然需要安全、快捷的网络银行来支撑。然而,如果金融计算机网络系统缺乏安全防护、传输网络缺乏安全保障、转账支付缺乏安全通道、授权认证缺乏安全措施、个人私有信息和单位敏感信息缺乏保密措施,现代化的 Internet 就会出现好比使用"不加锁的储柜"存放资金、"公共汽车"运送钞票、"邮寄托寄"方式传送资金、"商店柜台"方式存取资金和"平信"邮寄机密信息的不安全局面。如此一来,用户运用 Internet 进行电子交易的热情和信心就会大打折扣。

为了保证基于 Internet 的电子商务的安全性,必须解决如下问题。

①信息的机密性。机密性要求保证系统存储的信息(用户个人资料、企业或者部门商业机密等)不泄露给非授权的人或实体,并且保证这些加密信息在网络传输过程中只有合法接收者才能获取和读懂。防止攻击者通过 Internet、搭线、在电磁波辐射范围内安装截收装置,或者在数据包经过的网关和路由器上截获数据,以获取用户的银行账号、密码以及企业商业机密等信息。

②信息认证。它检验信息的完整性,要求保证数据在传输过程中没有被非授权建立,没有在消息中插入信息以使得接收方读不懂或接收错误的信息,没有删除某条消息或者消息的某部分,没有改变信息流的次序或者更改替换信息的内容(如更改资金划拨方向等)和没有将信息截留并延迟一段时间后再重传给合法的接收方等现象。

③用户身份(实体)认证、数字签名。要求能够确认信息的发送方和接收方是否为合法用户并经过授权,以杜绝假冒他人身份发布指令调阅机密文件、冒充他人消费与栽赃、冒充主机

欺骗合法主机及合法用户、冒充网络控制程序套取或者修改使用权限和密钥信息等现象。

④可靠性。要求系统不能拒绝合法用户对网络系统中信息和资源的使用。

⑤不可抵赖性。系统确保发送方事后不能否认已经发送的数据和所执行的操作,接收方同样也不能事后否认已经接收的数据和执行了相应的操作。

⑥可控性。要求系统确保合法用户在指定的时间、指定的地点能够访问、控制、使用指定的资源。数据加密、身份和实体认证、信息认证、数字签名(电子签名)等技术取代了传统贸易中的纸质文件、手写签名和盖章,实现电子贸易的可靠性和不可抵赖性。

我们知道,由于传统的买卖双方是面对面地以一手交钱、一手易货的方式完成交易的,因此比较容易保证交易过程的安全性和可信性。而对于电子商务交易,买卖双方通过电话或者网络进行联系,跨越时空、互不谋面,交易双方彼此之间很难建立安全和信任的关系。因此,除了通常的计算机网络安全问题之外,电子商务领域面临的安全威胁还有以下几条。

①攻击者侵入网络数据库系统篡改用户信息、获取客户资料等商业机密。

②建立另一个与真正销售者服务器名字相似的服务器来假冒销售者,生成虚假交易数据、获取他人机密交易信息。

③信用威胁,买方提交订单后不付款或者延迟付款、卖方收到汇款后不发货或者无故延误交货。

④恶意竞争者以他人名义订购商品,以掌握竞争对手的库存信息、物流和资金流传输渠道及其方式。

⑤攻击者向销售商网络服务器发送大量虚假订单信息,阻塞通道、独占资源,使系统不能向其合法用户提供及时的服务。

⑥供应链攻击。其中以 Solar Winds 为代表的供应链攻击事件越发严重。最近的调查数据表明,大企业和中小型企业涉及第三方供应商(服务和产品)的数据泄露事件发生率分别为43%和38%。供应链攻击意味着攻击者仅需对一个供应商进行攻击,将会让成千上万的关联企业同时受到攻击。

我国的信息安全体系和信息安全基础设施建设起步较晚,但随着近年来国家的高度重视和大量物力与财力的投入,以及广大科研和工程技术人员的不懈努力,我们国家已经构建自己的信息安全体系,建设安全的 Internet 应用平台和示范工程。这些工作和成就为发展我国的安全电子商务事业奠定基础。电子商务在中国已经发展成为一个大有前途的行业。

1.2　电子商务安全体系结构

电子商务安全既是计算机和网络安全技术问题,又是安全管理问题。要确保电子商务的安全,首先需要加强对有关人员的电子商务技术安全教育,建立和完善电子商务法律和法规,严格按照各种法律、法规和制度来管理和运作电子商务。

在 Internet 上实现 B2B 和 B2C 电子商务活动时,因为需要处理资金支付等敏感问题,所以对安全技术提出了较高的要求。可以说,只有真正解决了电子商务的安全性问题,电子商务才会得到真正的推广和普及。当然,要实现电子商务的安全就必须付出相当的努力和代价。为此必须建立与国际接轨、具有我国特色的电子商务安全理论体系,开发具有我国自主知识产权的安全电子商务软件系统。

众所周知,Internet 横跨五大洲、覆盖全球,具有开放性,网上终端动态加入和退出、自适应能力要求高,网上用户众多、个性化突出,网络信息内容广泛、结构复杂,网络操作系统和数据库异构、信息融合难度大。这些因素都是构建电子商务安全体系必须面对的困难和现实。Internet 上的电子商务安全涉及安全路由选择、追踪和监控交易过程、控制资金流和物流、敏感信息保密、信息完整性、通信可靠性、身份和实体认证、交易公证和仲裁等问题,是一个综合性的电子商务信息系统安全工程。

安全电子商务系统通过 Internet,将商家、客户和银行三方连接起来,使用安全代理服务器和 CA 认证系统等实现电子商务交易数据的机密性、完整性、不可抵赖性等安全功能。其中,商家这一方由服务器安全代理、数据库管理系统、审计信息系统和 Web 服务器等部分组成;客户方的计算机安装 WWW 浏览器和客户安全代理软件。客户安全代理的主要任务是负责对敏感信息进行加密、解密和数字签名,与商家或银行服务器进行通信并通过 CA 认证系统和商家服务器安全代理或银行安全代理一起实现用户身份认证;银行安全代理通过与商家或客户进行通信,对商家、客户进行身份认证。

一个实用的安全电子商务系统必须有机集成现代计算机密码学、信息安全技术、网络安全技术和电子商务安全支付技术等。其中,电子商务安全技术是电子商务技术体系的重要组成部分。一个电子商务安全体系结构如图 1.1 所示。

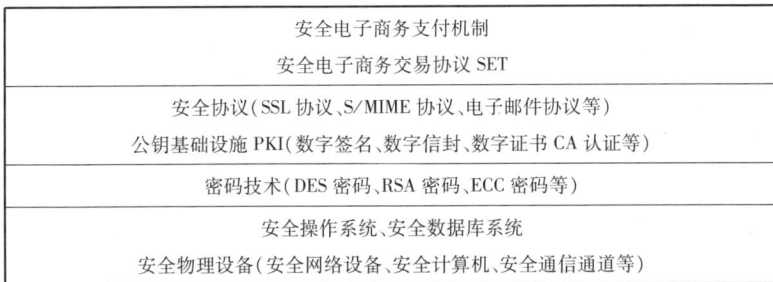

安全电子商务支付机制
安全电子商务交易协议 SET
安全协议(SSL 协议、S/MIME 协议、电子邮件协议等)
公钥基础设施 PKI(数字签名、数字信封、数字证书 CA 认证等)
密码技术(DES 密码、RSA 密码、ECC 密码等)
安全操作系统、安全数据库系统
安全物理设备(安全网络设备、安全计算机、安全通信通道等)

图 1.1　电子商务安全体系结构

从图 1.1 可知,安全电子商务是建立在安全的物理设备、安全操作系统、安全数据库、密码技术、数字签名、身份认证和信息认证、安全网络和安全应用协议之上的。安全物理设备包括安全网络设备、安全计算机、安全通信通道、安全存储系统与设备等。电子商务安全体系确保了电子商务活动的有效性、机密性、完整性和不可抵赖性。

密码技术利用密钥对敏感信息进行数学变换(密码算法),以达到保密的目的。密码技术包括密码算法的选取、密钥的生成和管理及分发等。密码技术分为对称密码系统和非对称密码系统两种。对称密码系统的加密密钥和解密密钥是相同的,它的安全性依赖于密钥的保护。目前,常用的商用对称密码系统是 DES 密码系统。对称密码系统加密、解密速度快,但密钥管理相当困难。非对称密码系统又称为公钥密码系统,它的加密密钥是公开的,存储在密钥数据库里,需要进行秘密通信的双方可以在网上查找出对方的加密密钥对数据进行加密,然后将密文发送给对方;对方接收到密文后使用只有其自己知道的解密密钥进行解密、恢复原文。公钥密码系统灵活且大大减少了密钥量,但速度相对较慢。著名的公钥密码系统有 RSA 密码系统和椭圆曲线密码系统 ECC。RSA 密码系统利用将两个大素数相乘生成一个合数是容易的、但将某个合数分解还原成两个素数却十分困难的事实来确保它的计算安全性。椭圆曲线密码系统利用椭圆曲线的离散对数问题的难解性来构造密码系统,使得破译者在有限时间内不能破解密码,它被认为是最具有应用前景的公钥密码技术。我们国家颁布中国国家商用密码算法。此外,近年来兴起的量子密码是一种基于量子力学原理和量子计算范式的密码体制,目前处于理论探索和实验研究阶段,量子密码将是一种很有发展潜力的新型密码系统。

众所周知,传统的方法是通过手工签名/盖章来保证文件的真实和有效性。而在电子商务应用中,文件是数字化信息。为了验证数据来源的可靠性和输入时间的不可否认性,必须应用新的验证手段和方式,于是数字签名技术应运而生。数字签名技术由数字签名算法、数字信封结构、公钥基础设施 PKI 等构成。其中,数字信封将待签名的数据、时间组合成整体以抵抗重传攻击和替换攻击,确保数字签名之法律效力。除了常规的数字签名之外,数字签名技术还包括盲签名(匿名签名)、双重签名、群签名、门限签名、代理签名、门限代理签名和不可否认门限代理签名等。安全电子交易协议 SET 应用了双重签名技术,使得当签名方希望验证方仅知道报价单、中间人只知道授权指令时,在签名方和验证方两者报价相同的情况下中间人可以进行授权操作。

在电子化、计算机网络环境下进行商务交易之前,交易双方必须确认对方的身份。由于交易的双方可能远隔千里,不可能也没必要谋面,因此身份认证工作就交由所谓的身份认证技术来实现。目前,常用的身份认证技术有个人 ID、口令、生物特征(指纹、视网膜、DNA 基因)、智能卡身份认证、Keberous 身份认证、移动计算环境下的身份认证等。数字证书是解决这一问题的有效方法。它通常是一个签名文档,标记特定对象的公开密钥。现在比较通用的做法是由大家普遍信赖的第三方——认证中心 CA 给交易用户签发数字证书并由认证中心 CA 来承担安全电子交易认证服务、确定用户身份的服务结构等。

身份认证仅仅用于完成对交易双方的鉴别。为了确认所交易的数据的完整性,电子交易的双方还需要进行信息认证。信息认证技术的作用:合法的接收者能够验证其所接收到的信息是否真实,发送者无法抵赖自己所发送的信息,而且接收者也无法抵赖自己已经接收信息,当发送者和接收者双方发生争执时可交由第三方仲裁;可以发现交易信息在传输过程中是否被延时、重传。

现代电子商务交易是在开放的 Internet 上运作的,因此要确保电子商务安全首先要求传输商务信息的计算机网络基础设施本身是安全的。安全计算机网络系统要求计算机是安全的,网络互联设备是安全的,操作系统是安全的,Web 协议是安全的。安全芯片、安全存储介质、安全电源系统等构成安全计算机。安全网络交换机、安全路由器和安全集线器等是主要的安全网络设备。操作系统的安全是计算机系统安全的关键技术,也是安全电子商务的关键要素。目前,在一般用户端上安装、使用的操作系统都存在着这样那样的安全漏洞,使各种业务应用系统的安全运行难以得到保障,尤其是某些国外公司设计的操作系统软件可以定时地将安装此操作系统的机器里的文件或者数据通过 Internet 自动发送出去,严重威胁用户个人的隐私、单位的商业机密和国家安全。安全网络协议是实现身份认证、数据加密、信息认证和不可抵赖等安全机制的基础,网络协议的安全性很大程度上决定了网络系统的安全性。安全网络协议包括安全的 TCP/IP 协议、SSL 协议、HTTP 超文本传输协议、IPsec 协议和 S/MIME 消息传送协议等。

为了确保基于 Internet 的电子商务系统的安全,还需要有虚拟专用网 VPN、防火墙、安全电子邮件、防治病毒、网络入侵检测等技术的支持。防火墙是一个建立在安全的内部网和不可信的外部网之间的强制的安全策略系统,它决定外部网用户可以访问内部网的什么信息、获取哪些服务以及哪些用户能够访问这些信息和服务,通过这些访问限制措施来确保内部网信息的安全。在电子商务领域,安全电子邮件意味着:一方面要有相应的技术来识别电子邮件传递的虚假商务信息;另一方面要有相应的措施和技术来防范和抗击电子邮件病毒引起的侵害。计算机病毒的感染和扩散将危害计算机和网络系统的正常运行,严重的甚至会导致整个系统的瘫痪。抗击病毒和制作病毒此消彼长,是一个长期、艰苦的斗争过程。为了取得抗击计算机病毒斗争的最后胜利、确保电子商务系统的安全运行,既需要有健全的计算机安全法律和电子商务安全法律作为保障,又需要有强大的计算机和电子商务安全理论与技术支撑。网络入侵检测的目的就是要检测用户访问计算机和网络系统的操作序列有无违反安全策略的行为和攻击迹象,及时报警并做出相应的措施。网络入侵检测技术是信息安全保障体系结构中四个不同层次上的重大关键技术之一。市场上已开发出一些入侵检测系统产品,在一定程度上发挥了积极的作用。目前,人们正规范公共入侵检测框架 CIDF 的体系结构、通信机制以及语言格式,并重点研究在分布式环境、移动计算环境、边缘计算下自适应的协同入侵检测模型、方法和技术。

基于健壮的计算机网络基础设施、数据安全技术、身份和信息认证技术以及网络安全技术,在安全的支付机制和交易协议支持下,一个完整、安全的电子商务系统就建立起来了,可以安全地应用和服务社会、造福人类。

1.3 安全电子商务的发展

电子商务安全问题伴随着电子商务的诞生而存在,伴随着电子商务的应用而发展。尤其是基于 Internet 的交易,其安全性更是电子商务发展和应用的关键。无论是国外的国际商业机器(IBM)公司的电子商务解决方案、甲骨文(Oracle)公司的电子商务解决方案,还是国内各银行推出的电子钱包、一卡通和一网通及其网上购物系统等,它们的安全性都得到了较好的体现。

IBM 电子商务解决方案的安全机制由 IBM Registry for SET 模块实现,它可以同时担当起持卡人认证中心、商家认证中心和付款网关认证中心的角色。其中,Administrator 提供服务器管理、密码和密钥管理，Approver 负责接收和检验 SET 证明申请的应用程序与特定的界面，SETCA Server 分布申请并处理 SET 证明申请和签名。

Oracle 电子商务解决方案从高端到低端均基于 Internet 体系结构，使用户可以在标准的浏览器上按照权限进行访问，通过 Web 页面完成报价、订单、支付、执行和服务等业务环节，在网络上构建企业的需求链、供应链和内部管理链，实现整个商务过程的信息化和电子化。因此，无论是在国外还是国内都有 Oracle 电子商务解决方案的成功应用实例。Oracle 电子商务解决方案的 Oracle8i 数据库安全机制采用了工业标准 X.509v3 证书提供的安全、单一的 dign-on 功能，使得用户只需验证一次而无须记住多个密码即可连接到数据库和其他应用中；其 Oracle 钱包存储 X.509 证书、私有密钥和委托证书等数据；其 Oracle Advanced Security 支持安全套接字层协议 SSL，支持 Java、确保 IIOP 连接的安全性，使用 Java Database Connectivity（JDBC）接口保护交易安全；提供了防止攻击者在网络上窃听、篡改和伪造消息的手段并且提供对客户机和服务器进行验证的技术。

中国银行采用安全电子交易协议 SET 建立了符合国际标准的安全认证中心 CA 和支付网关，在保障客户资金安全的同时实现长城电子借记卡的网上实时支付功能，为网络信息供应商提供便捷的支付工具。此外，中国银行采用 SET 协议、利用香港中银信用卡（国际）有限公司的支付网关，在国内推出基于长城国际卡的网上支付手段，使得任何持有带 Visa 或 Master Card 标志的信用卡持卡人都可通过该网关进行网上支付、完成网上购物等。

招商银行开发的"一卡通"和"一网通"系统采用 X.509 标准数字证书体系，运用数字签名技术和基于证书的强加密通信管道，确保电子银行业务和电子交易过程中客户身份认证和数据传输以及密码输入的安全。同时，招商银行推出国际信用卡网上支付的"VISA 验证"服务、提供跨国网上购物安全服务，用户使用信用卡进行全球网上支付时，交易界面会自动弹出有关信息，如果这些信息与用户在信用卡网站上设定的个人化信息一致，就说明这是一家通过"VISA 验证"的网上商家，刚刚进行的交易安全可靠，并通过输入交易密码的再次安全验证解决了网上支付无密码的状况，保证了客户个人资料和财产的安全。

Internet 是一种国际化、社会化、开放化和个性化特征明显的网络，无论是计算机系统结构还是操作系统平台，抑或是数据库平台都是异构的，信息不再局限于静态的文本文档，而是完全动态的多媒体内容，网上用户众多、关系复杂且动态加入/退出网络，这些都大大增加了网络管理的难度并带来不安全的隐患，使得基于 Internet 的电子商务应用安全性问题日益突出，电子商务的风险控制将是一个持久的课题。既便宜又有快速的计算能力的个人计算机机、平板电脑、智能手机以及商业组织结构的变化和更开放的电子商务模式使得 Internet 的规模越来越大，信息跨越网络实现共享，传统的安全手段已不能满足需要。

越是功能强大的电子商务应用就越需要更加开放的网络环境，这导致了防火墙技术有效性的缩减；日益庞大、复杂的电子商务组织和商业模式增加了电子商务内容的技术和法律风险；层出不穷的攻击针对的是诸如电子商务这样的应用而不是计算机系统本身。一些网络协议和应用系统的设计能够通过防火墙边界及防火墙技术进行某种程度的安全控制。防火墙可提供的安全能力与防火墙所使用的协议的控制粒度相关。一般的协议使用唯一的默认的端口运行,如 Telnet 使用 23 端口、Email 使用 25 端口、Syslog 使用 514 端口、80 端口运行 HTTP Web 服务等。如果能够知道哪个端口执行什么服务,那么就可以配置防火墙实现一个高层次粒度的控制,阻塞某些服务而允许通过另一些服务。防火墙的代理功能可以提供更深度的控制,比如对进来的 Telnet 会话增加认证。如果允许多种类型的服务使用同一端口的话,那么防火墙将很难区分各个应用程序和过滤服务(过滤恶意的代码),同时很难对数据通道进行访问控制。但是,更加开放的 B2B 链接使许多厂商正在以突破或者绕过防火墙而不是协商通过防火墙控制的方式来开发他们的电子商务应用,从而产生应用日益开放、自动互连和系统安全的新矛盾。因此,安全电子商务要求除了应用防火墙技术之外,还需要依靠更高层次的操作系统和商业应用程序来理解和控制安全风险。

不断变化的商业环境推动着商业组织之间更开放的交流和信息共享的需求。许多电子商务企业正在通过合并或者合作来扩大“电子商务大家庭”,将这些原来可能是竞争对手、互不信任的公司纳入一个统一的“可信任的网络”,通过信息共享程序来请求访问内部资源,这自然携带着隐含的安全问题(电子商务应用中非技术性的安全问题)。

电子商务内容安全的另一方面来自技术威胁。计算机病毒借助用户桌面上的应用程序和编程环境(例如 Microsoft Office 文档中的宏编程环境、工作组环境)进行传播,修改存储的文档或者删空硬盘、破坏商业用户的信任;像 IIS 这样的网页服务软件和浏览器也同样存在着大量的安全漏洞。值得庆幸的是,黑客们针对 UNIX 或 VMS 这样的操作系统编写的病毒和蠕虫大多都不成功。因此,安全电子商务系统要求人们尽量采用安全可靠的操作系统平台,最好是采用具有自主知识产权、独立开发的国产安全操作系统。

电子商务安全应用中所需要使用到的公开密钥等信息通常是存储在数据库之中的。如果对数据库的访问不加以控制、不采取任何安全措施,那么存储在数据库中的秘密信息就没有秘密可言。因此,必须解决好密钥数据库的安全问题。另外,在分布式网络、边缘计算环境下,密钥数据库的并发读并发写和同步更新问题仍然需要继续研究。

电子商务方面的隐私问题需要通过数据加密等技术来加以保证。但是,在电子商务应用中强调对机密信息进行保护的同时,也要考虑在法律授权下能够恢复出被加密的信息,这就需要我们解决密钥恢复技术问题,需要足够重视这方面的工作并加大对它的投入。

W3C 于 1998 年 2 月开发了具有良好的数据存储格式、可扩展性、高度结构化和便于网络传输的可扩展标记语言 XML。提出 XML 的一个主要目的是解决电子商务交易过程中信息和数据表达的复杂性,使交易变得方便简捷。但是如果应用通常的公钥基础设施 PKI 技术来解决基于 XML 的电子商务的安全问题,那么就需要 XML 应用程序支持整个 PKI,并且使用数字证书进行验证,这将使基于 XML 的电子商务应用变得复杂起来。同时,PKI 技术中的 X.509 证书使用了不同于 XML 的 ASN.1 语言进行描述,因此需要研究如何将 PKI 证书信息记入 XML 文档以保证 X.509 证书和 XML 文档同时在 Internet 上安全传输。此外,XML 支持第三代移动电话用户通过手机上网传输交易信息进行电子商务应用,但是移动电话的存储容量非常有限,难以应用现在的公钥基础设施 PKI 技术来进行身份验证和数字签名鉴别等工作。这些都表明人们需要进一步研究和开发基于 XML 的电子商务安全技术。

人们通过严格的形式化的逻辑验证,已经发现现在普遍使用的安全电子交易协议 SET 存在安全漏洞,因此,需要通过"防抵赖"和"可追踪(可溯源)"这两种机制来进一步保障 SET 中的信息安全。

电子商务应用离不开数字现金,提高数字现金支付系统的执行效率、解决数字现金的可分割性与可传递性、将群组盲签名技术应用到传统的离线数字现金方案以真实模拟现实生活及开发电子商务支付系统的基于通用标准的安全性测试与评估标准,这些将是安全电子支付系统中需要加以研究解决的问题。近些年来,新出现了比特币——点对点的电子现金系统,使区块链安全问题成为一个十分重要的新的安全问题,需要深入开展研究开发区块链安全技术及应用。

在电子商务安全管理与法律法规保障方面,多年来,我国陆续发布了信息系统安全保护、国际联网管理、商用密码管理、计算机病毒防治、安全产品检测与销售等方面的相关规定,制定实施了电子商务安全的人员管理制度、保密制度、跟踪与审计和稽核制度、应急措施制度、电子商务安全风险的识别与测量、电子商务风险管理流程和风险管理策略,颁布了《中华人民共和国电子签名法》等。我国已经正式开始施行《中华人民共和国电子商务法》《中华人民共和国网络安全法》和《中华人民共和国数据安全法》。这些为我国电子商务事业的健康发展提供了强有力的制度和法律保障。

1.4 本章小结

电子商务交易安全系统紧紧围绕传统商务在网络上应用时产生的各种安全问题,在计算机网络安全的基础上,保障电子商务过程安全、可靠进行。计算机网络安全与电子商务交易安全实际上是密不可分的,两者相辅相成,缺一不可。没有计算机网络安全作为基础,电子商务交易安全就犹如空中楼阁,无从谈起。没有电子商务交易安全保障,即使计算机网络本身再安全,仍然无法达到电子商务所特有的安全要求。

本章介绍了电子商务的安全问题、电子商务安全体系结构,以及电子商务系统安全技术问题、电子商务安全的管理和法律法规。期望读者通过本章的学习,对电子商务安全基本知识体系有一个总体的印象和认识。

习题 1

1. 试归纳总结电子商务应用中常见的安全问题。
2. 请分析电子商务安全体系结构中各层次安全技术的作用。
3. 请了解点对点的电子现金系统的安全问题。
4. 安全计算机网络系统具体有什么要求?
5. 请列举一些电子商务安全方面的法律法规。
6. 请查资料了解电子商务安全技术的新进展。

第 2 章
密码技术及应用

电子商务技术安全在很大程度上决定了电子商务发展的走向。没有技术的保障,电子商务的安全就无从谈起。技术保障中最重要的是密码学技术,加密技术及其应用提供了电子商务安全的技术保障。

本章主要介绍电子商务安全的技术基础,主要内容有对称密码系统和非对称密码系统、国密算法、数字签名、密钥管理、身份认证技术和信息认证技术。

2.1　对称密码系统和非对称密码系统

密码学是研究信息系统安全保密的科学,包含密码编码学和密码分析学两个分支。密码编码学对信息进行编码以实现隐蔽信息,而密码分析学则研究分析破译密码。两者相对独立、相互促进。加密和解密模型如图 2.1 所示。

图 2.1　加密和解密模型

所谓"加密",简单地说,就是使用科学的方法将原始信息(明文)重新组织变换成只有授权用户才能解读的形式(密文),而"解密"就是将密文重新恢复成明文。密码的出现可以追溯到远古时代,古代和早期的密码体制(又称"密码系统")有置换密码、希尔密码、维吉尼亚密码、替换式密码、恺撒密码、摩尔斯电码等。密码学和其他学科一样随着社会的发展而发展,先后经历了纯手工阶段、机械化阶段、电子阶段,而现在则进入了计算机和网络时代阶段。目前,密码学已发展成一门系统的技术科学,是集数学、计算机科学、电子通信等诸多学科于一身的交叉学科。

密码技术是电子商务系统采取的主要安全技术手段之一。密码技术为电子商务提供以下 4 种基本服务。

①机密性:满足电子商务交易中信息机密性的安全需求,可以避免敏感信息泄露。

②不可否认:防止交易伙伴否认曾经发送或者接收过某种文件或数据。

③验证:消息的接收者应能确认消息的来源,入侵者不可能伪装成他人。

④完整性:消息的接收者应能验证在传递过程中消息没有被篡改,入侵者不能用假消息代替合法消息。

密码技术可以有效地用于身份认证、信息认证、隐私敏感信息保护、数字版权保护等,以防止种种电子欺骗。密码技术是实现信息的机密性、完整性、可用性的有力手段,它可以在一种开放的、潜在不安全的环境中保证通信及存储数据的安全。可以说,密码技术是认证技术及其他许多安全技术的基础,也是信息安全的核心技术。

密码技术包括密码设计、密码分析、密钥管理、验证技术等内容。密码设计的基本思想是伪装信息,使局外人不能理解信息的真正含义,而局内人却能够解读伪装信息的真实含义。密码设计的中心内容就是数据加密和解密的方法。出于种种原因,密码算法实际上很难做到绝对保密,因此现代密码学的一个基本原则是:一切秘密寓于密钥之中。在设计加密系统时,总是将加密密码算法公开,用户只需要保密密钥。

根据不同的标准,密码体制的分类方法很多,其中最常用的分类是将密码体制分为对称密码体制(也称为单钥密码体制、秘密密钥密码体制、对称密钥密码体制)和非对称密码体制(也称为双钥密码体制、公开密钥密码体制)。

在对称密码体制中,解密密钥与加密密钥是相同的或者可以通过加密钥匙推导出来。早期使用的加密算法大多是对称密码体制,所以对称密码体制通常也称为传统密码体制(常规密码体制)。在这种密码体制下,有加密(或者解密)的能力就意味着必然也有解密(或者加密)的能力。对称密码体制的优点是具有很高的保密强度,甚至可以经受国家级破译力量的分析及攻击,但它的密钥必须通过安全可靠的途径传播。因而密钥管理成为影响使用对称密码体制系统安全的关键性因素,难以满足 Internet 网络系统的开放性要求。

20 世纪 70 年代产生了非对称密码体制。在这种密码体制下,人们把加密过程和解密过程设计成不同的途径。当密码算法公开时,在计算上不可能由加密密钥求得解密密钥,因而加密密钥可以公开,而只需要秘密保存解密密钥即可。

在信息传输和处理系统中,攻击者会通过各种办法(如搭线窃听、电磁窃听、声音窃听等)来窃取机密信息。他们虽然不知道系统所用的密钥,但通过分析可能从截获的密文推断出原来的明文或密钥,此过程称为密码分析。对保密系统采取截获密文进行分析的攻击类型称为被动攻击。现代信息系统还可能遭受的另一类攻击是主动攻击,非法入侵者、攻击者采用篡改、增添、重放、伪造等手段向系统注入虚假消息,达到利己害人的目的。

2.1.1 对称密码系统

目前商用的对称密码系统主要有 DES、IDEA 和 SM4 等。我们重点介绍数据加密标准 DES(Data Encryption Standard),它由 IBM 公司研制,并被国际标准化组织(ISO)认定为商用数据加密的国际标准。DES 技术采用 64 位密钥长度,其中 8 位用于奇偶校验,剩余的 56 位可以被用户使用。

1）DES 的产生和发展

DES 系统是由 IBM 公司的沃尔特·塔奇曼和卡尔·迈歇尔于 1971—1972 年研制成功的。该算法于 1975 年 3 月公开发表,1977 年被美国国家标准局(现在的美国国家标准与技术研究院)在联邦信息处理标准(FIPS)出版物第 46 号颁布为商用数据加密标准,这是美国国家标准局公布的第一个分组密码,并授权在非密级政府通信中使用。1980 年 DES 又成为美国国家标准协会(ANSI)的标准。自此 DES 成为国际上商用保密通信和计算机通信的最常用的密码系统。

随着 DES 的应用范围迅速扩大到美国以外的公司,某些美国军事部门也使用了 DES,这引起了美国国家安全局的忧虑,因为担心这种方法被敌对国使用,美国政府不允许出口该算法的加密软件。

2）DES 算法加密解密过程

DES 系统是一种分组密码,是为二进制编码数据设计的、可以对计算机数据进行密码保护的数学变换。DES 通过密钥对 64 位的二进制信息进行加密,把明文的 64 位信息加密成密文的 64 位信息。DES 系统的加密算法是公开的,其加密强度取决于密钥的保密程度。加密后的信息可用加密时所用的同一密钥进行求逆运算,变换还原出对应的明文。在 DES 系统中,64 位密钥中的 56 位用于加密过程,其余 8 位用于奇偶校验。确切地说,密钥分成 8 个 8 位的字节,在每一个字节中的前 7 位用于加密,第 8 位用于奇偶校验。

（1）DES 加密过程

DES 数据加密算法流程如图 2.2 所示。

DES 算法的加密步骤如下：

①将明文分组,每个分组输入 64 位的明文。

②初始置换(IP)。初始置换过程是与密钥无关的操作,仅仅对 64 位码进行移位操作。

③迭代过程,共 16 轮运算,这是一个与密钥有关的对分组进行加密的运算。

④逆初始置换(IP^{-1}),它是第②步中 IP 变换的逆变换,这一变换过程也不需要密钥。

⑤输出 64 位码的密文。

初始置换和逆初始置换是简单的移位操作。

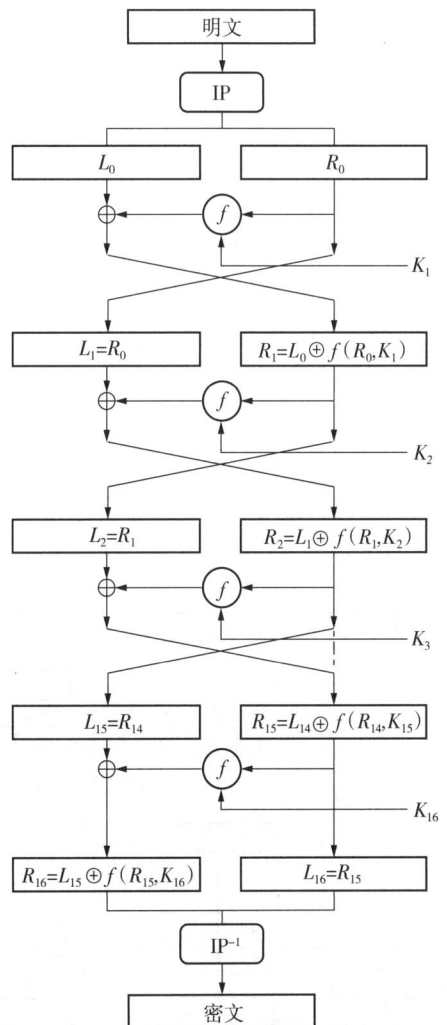

图 2.2 DES 数据加密算法流程图

DES 加密算法属于分组密码体制,在迭代过程这一步骤中,替代是在密钥控制下进行的,而移位是按固定顺序进行的。它将数据分组作为一个单元来进行变换,相继使用替代法和移位法加密,从而具有增多替代和重新排列的功能。迭代过程是 DES 加密算法的核心部分。

在图 2.2 中,设 B_i 是第 i 次迭代的结果,L_i 和 R_i 分别是 B_i 的左半部分和右半部分,K_i 是第 i 次迭代的 48 位子密钥,f 是进行替代、置换及密钥异或等运算的函数,$\oplus$ 是按位作不进位加法运算,而其中的一次迭代过程如图 2.3 所示。

（2）DES 解密过程

DES 的解密过程和加密过程使用相同的算法,解密时每一轮迭代所使用的密钥与对应的加密迭代轮次所使用的密钥是相同的,也就是说,如果各轮的加密密钥分别是 $K_1, K_2, K_3, \cdots, K_{15}, K_{16}$,那么解密密钥就是 $K_{16}, K_{15}, \cdots, K_2, K_1$。显然,DES 的解密过程是加密过程的逆过程。

DES 解密过程如图 2.4 所示。

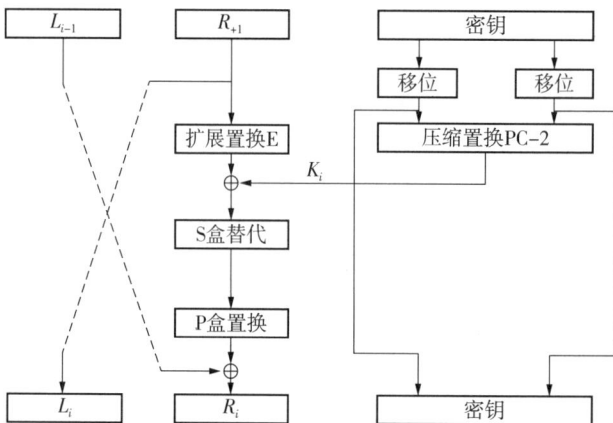

图 2.3　一轮迭代过程

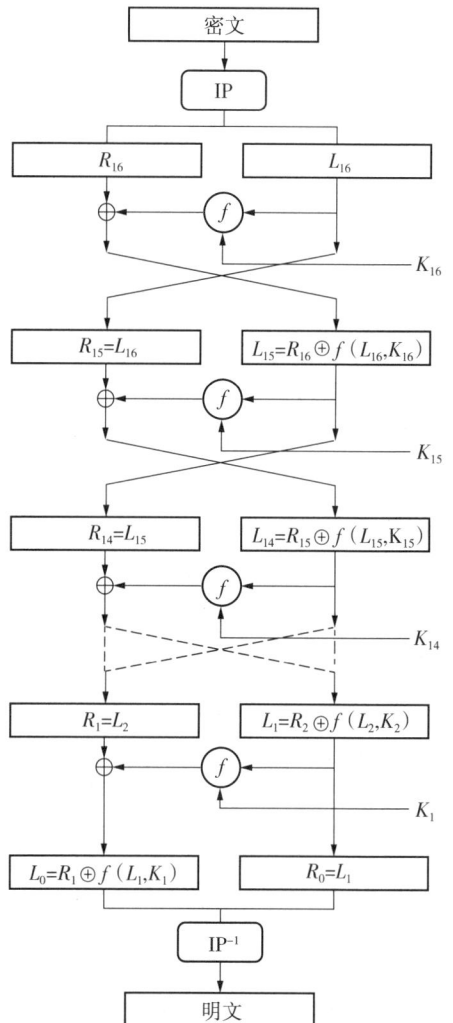

图 2.4　DES 解密过程

3）DES 系统的安全性

DES 加密算法重复地使用替代法和置换法来破坏对密码系统所进行的各种统计分析。DES 算法的设计者认为，替代法可将输出变换成输入的非线性函数，而置换法则是一种线性变换，它扩散了输出对输入的依赖性。通过连续使用这两种变换，将一种弱的密码变换变成一种强的密码变换。但是，长期以来，人们一直对 DES 的可靠性持怀疑态度，在密钥长度、迭代次数以及 S 盒的设计方面争论不休。

（1）弱密钥和半弱密钥

许多密码系统都有坏密钥，DES 也一样。如果 DES 密钥置换中所产生的 16 个子密钥均相同，则这种密钥称为弱密钥。不难知道，当密钥全是 1、全是 0，或者一半全是 1、另一半全是 0 时，将是弱密钥。以下给出 4 种十六进制的弱密钥（每个第 8 位是奇偶校验位）。

01	01	01	01	01	01	01	01
1F	1F	1F	1F	0E	0E	0E	0E
E0	E0	E0	E0	F1	F1	F1	F1
FE	FE	FE	FE	FE	FE	FE	FE

如果一个密钥能够解密用另一个密钥加密的密文，则这样的密钥称为半弱密钥，它们的 16 轮迭代仅仅产生了 2 个不同的子密钥，而不是 16 个不同的子密钥，以下是 6 对十六进制半弱密钥（每个第 8 位是奇偶校验位）。

01	FE	01	FE	01	FE	01	FE	和	FE	01	FE	01	FE	01	FE	01
1F	E0	1F	E0	0E	F1	0E	F1	和	E0	1F	E0	1F	F1	0E	F1	0E
01	E0	01	E0	01	F1	01	F1	和	E0	01	E0	01	F1	01	F1	01
1F	FE	1F	FE	0E	FE	0E	FE	和	FE	1F	FE	1F	FE	0E	FE	0E
01	1F	01	1F	01	0E	01	0E	和	1F	01	1F	01	0E	01	0E	01
E0	FE	E0	FE	F1	FE	F1	FE	和	FE	E0	FE	E0	FE	E1	FE	E1

因而，为了确保 DES 加密系统的安全性，选择密钥时不能使用弱密钥或者半弱密钥。

（2）DES 系统的破译和安全使用

研究表明，DES 加密算法经过 8 轮迭代后，密文基本上是所有明文和密钥位的随机函数。既然这样，为什么还要采用 16 轮迭代呢？近年来，人们试图降低迭代轮数，但都被成功攻破。Biham 和 Shamir 的差分密钥分析阐明了在迭代次数少于 16 次的情况下，对任意 DES 的已知明文的攻击比穷举攻击有效，而当迭代次数是 16 次时，采用穷举攻击却是最有效的。

对称分组密码算法最主要的问题是，由于加解密双方都要使用相同的密钥，因此在发送、接收数据之前，必须完成密钥的分发。因而，密钥的分发便成了 DES 加密体制中一个相当薄弱的环节。此外，当使用同一密钥对相同的信息块加密后，将得到相同的密文，这有可能为破译留下后门。

对 DES 加密体制，共有 2^{56} 个密钥可供用户选择。2^{56} 相当于 $7.6×10^{16}$，若采用穷举法进行攻击,假如 1 微秒钟穷举一个密钥,则需要用 2 283 年的时间,因此看起来是很安全的。但是 Diffie 和 Hellman 指出,如果设计一种 1 微秒钟可以核算一个密钥的超大规模集成芯片,那么它在一天内可以核算 $8.64×10^{10}$ 个密钥,如果由一百万个这样的集成芯片构成专用机,那么它可以在不到一天的时间里用穷举法破译 DES 密码。在 1994 年的世界密码学大会上,Matsui 提出一种攻击 DES 的"线性密码分析法",在一台普通的计算机工作站上,使用 2^{43} 个已知的明文及其密文,50 天内找到了 DES 的密钥。1998 年 7 月,美国电子新产品开发基金会(EFF)花了不到 25 万美元研制了一台计算机"Deep Crack",以每秒测试 $8.8×10^{10}$ 个密钥可能组合的速度,连续测试了 56 个小时,最终破译了 DES 密码。

4)DES 的改进

随着研究的深入,针对 DES 的缺陷,DES 算法在基本不改变加密强度的条件下,对 DES 进行了改进。

(1)DES 级联

DES 主要的密码学缺点就是密钥长度相对来说比较短。为了增加密钥长度,专家建议将一种分组密码进行级联,在不同的密钥作用下,连续多次对一组明文进行加密,通常把这种技术称为多重加密技术。对于 DES,也可以采用级联的方式来增加密钥长度以增强安全性。

在多重 DES 的级联方式的选择上,人们通常采用三重 DES。其基本原理是将 128 比特的密钥分为 64 比特的两组,对明文多次进行普通的 DES 加解密操作,从而增强加密强度。这种方法用两个密钥对明文进行三次加密。假设两个密钥是 k_1 和 k_2,三重 DES 的加密过程如下。

①使用密钥 k_1 进行第一次 DES 加密。

②用密钥 k_2 对第①步中 DES 加密的结果进行 DES 解密。

③将第②步中 DES 解密的结果再用密钥 k_1 进行 DES 加密。

三重 DES 是 DES 算法扩展其密钥长度的一种方法,可使加密密钥长度扩展到 128 比特(112 比特有效)或者 192 比特(168 比特有效)。这是密码学专家 Merkle 及 Hellman 推荐的方法,采用三重 DES 可以实现在不改变算法的基础上增加加密强度,减少因扩展加密强度而增加的各种开销。

(2)S 盒可选择的 DES 算法

Biham 和 Shamir 证明通过优化 S 盒的设计,甚至仅仅改变 S 盒本身的顺序,就可以抵抗差分密码分析,达到进一步增强 DES 算法加密强度的目的。

(3)具有独立子密钥的 DES

具有独立子密钥的 DES 是 DES 的另一种变形,在每轮迭代中都使用不同的子密钥,而不是由 56 比特密钥来产生子密钥。因为 16 轮 DES 的每轮都需要 48 比特密钥,所以这种变形的 DES 密钥长度是 768 比特,这一方法可以增强 DES 的加密强度,大大增强了破译 DES 密钥的难度。但是 Biham 和 Shamir 证明,利用 261 个选择明文便可破译这个 DES 变形,而不是原先所希望的 2 768 个选择明文,因此这种方法并不见得比 DES 更安全。

5) DES 的替代算法 AES

随着 DES 被破译的速度越来越快,DES 已经迫切需要被更新换代。1997 年 4 月 15 日,美国国家标准和技术研究院(NIST)发起征集高级加密标准 AES(Advanced Encryption Standard)算法的活动,并成立了 AES 工作组。其目的是确立一个非保密的、公开的、全球免费使用的加密算法,用于保护下一世纪政府的敏感信息,同时也希望能够成为秘密和公开部门的数据加密标准。1997 年 9 月 12 日,NIST 在联邦登记处(FR)公布了征集 AES 候选算法的通告。NIST 对 AES 候选算法有 3 条基本要求。

①对称密码体制。

②算法应为分组密码算法。

③算法明密文分组长度为 128 比特,应支持 128 比特、192 比特以及 256 比特的密钥长度。

1998 年 8 月 20 日,NIST 召开了第一次 AES 候选会议并公布了 15 个候选者。经过多次评测,NIST 选择了 Rijndael 算法。这种算法的两位设计者为国际质子中心的比利时密码专家 Joan Daemen 博士和 Vincent Rijmen 博士。

NIST 的 AES 标准选择小组撰写了有关 AES 的开发报告,这是一个综合的涉及面很广的报告。报告中对于各种有关 AES 的版本进行探讨,罗列了一些分析和评论。报告中提出了 Rijndael 算法的各种独特优点:Rijndael 在无论有无反馈模式的计算环境下的硬、软件中都能显示出非常好的性能;它的密钥安装时间很短,并具有很好的灵敏度;Rijndael 对内存容量需求非常低,因而适用于很多受限环境中;Rijndael 操作简单,并可抵御强大和实时的攻击;Rijndael 在数据块和密钥长度的设计上也很灵活,算法可提供不同的迭代次数;从全方位来考虑,Rijndael 汇聚了安全、性能好、效率高、易用和灵活等优点,使它成为 AES 密码体制最合适的选择。

2.1.2 非对称密码系统

非对称密码系统又称公开密钥密码系统。公开密钥密码系统(简称公钥体制)是现代密码学最重要的发明和进展。一般理解密码学就是保护信息传递的机密性,但这仅仅是当今密码学主题的一个方面,对信息发送和接收人的真实身份的验证、对所发送/接收信息在事后的不可抵赖以及保障数据的完整性是现代密码学主题的另一个方面。公开密钥密码系统对这两个方面的问题都给出了出色的答案。公开密钥密码学的概念由 Diffie 和 Hellman 于 1976 年提出,公开密钥密码体制最大的特点是采用两个不同的加密密钥和解密密钥,加密密钥公开,解密密钥保密,其他人无法从加密密钥和明文中获得解密密钥的任何消息,于是通信双方无须交换密钥就可以进行保密通信。自 1976 年以来,各种各样的公开密钥密码算法被提了出来。这些公开密钥密码算法都是建立在一定的数学基础之上的,按其建立的数学基础来分,这些经受住密码分析学家长时间分析检验的公钥算法可以分成三类:建立在大整数素因子分解基础上(如 RSA)、建立在有限域的离散对数问题上(如 ELGamal)以及建立在椭圆曲线之上(ECC)。将离散对数和素因子分解问题结合起来,又可以产生同时基于离散对数和素因子分解难题的公钥算法。还有一种素因子分解的特殊情况,就是数学中的二次剩余难题,基于二次剩余问题可以设计多种公钥算法。

1) RSA 密码系统

私钥密码系统要求保密通信双方使用的密钥是通过秘密信道传送的。将私钥密码系统用于大量用户的网络通信会给密钥的管理和更换带来极大不便。例如,若有 n 个网络用户需要作两两保密通信,则需要 $C(n,2)=n(n-1)/2$ 个密钥,当 $n=1\,000$ 时,$C(1\,000,2)\approx 500\,000$。这表明每个用户必须保存、牢记与其他 $n-1$ 个用户通信所需的密钥,显然是很不安全的。

美国斯坦福大学电子工程系的 Diffle 和 Hellman 于 1976 年在其论文《密码学的新方向》中提出了公钥密码的新思想:若用户 A 有一个加密密钥 k_a,一个解密密钥 k_b,k_a 公开而 k_b 保密,要求 k_a 的公开不能影响 k_b 的安全。若用户 B 要向用户 A 秘密地送去明文 m,则他查得 A 的公开密钥 k_a,并用 k_a 对 m 加密得密文 $c\equiv E_{k_a}(m)$;当 A 收到 c 后,使用只有 A 自己掌握的解密密钥 k_b 对 c 进行解密恢复出明文 $m\equiv D_{k_b}(c)$。

一年之后,麻省理工学院三位博士 Rivest, Shamir 和 Adleman 受 Diffle 和 Hellman 公钥密码思想的启发,设计了以他们姓名命名的 RSA 公开密钥密码算法。RSA 算法的关键思想是利用了将两个大素数相乘生成一个合数很容易,但要把一个大合数分解还原为两个素数却十分困难的事实。

假设要传送的明文为 m,那么可以将 RSA 密码算法描述如下。

(1)密钥的生成

①任选两个秘密的大素数 p 与 q。

②计算 n,使得 $n=p\times q$ 并且 $n>m$,然后公开 n。

③选择正整数 e,使得 e 与 $\psi(n)=(p-1)(q-1)$ 互素,公开 e,n 和 e 便是用户的公钥。

④计算 d,使 $e\times d \bmod \psi(n)=1$,$d$ 保密,d 便是用户的私钥。

(2)加密过程

$c=E(m)\equiv m^e \bmod n$,c 是对应于明文 m 的密文。

(3)解密过程

$m=D(c)\equiv c^d \bmod n$,m 是对应于密文 c 的明文。

关于 RSA 密码算法的安全性,从算法可知,若 $n=p\times q$ 被因子分解成功,则非常容易计算出私有密钥 d,从而可以攻破 RSA 密码系统。因此,我们必须非常注意 p、q 的选取。例如,从安全素数中选取 p、q,具有下列特点的素数 p、q 称为安全素数。

①p 和 q 的长度相差不大。

②$p-1$ 和 $q-1$ 有大素数因子。

③公因子 $(p-1,q-1)$ 很小。

另外,由于某些特殊的值特别容易进行因子分解,因此还需要避开这些值以提高 RSA 算法的安全性。可以增强 RSA 安全性的另一种方法是加大密钥长度,不过这将导致计算量的剧增。

因子分解是个不断发展的领域。自 RSA 算法发明以来,越来越有效的因子分解方法不断被发现,降低了破译 RSA 算法的难度。在 RSA 算法中,n 的长度是控制系统可靠性的重要因素。目前,大多数的应用系统采用 231、308 甚至 616 位的 RSA 算法。由于目前破解 RSA 密码系统的速度已经越来越快,因此专家建议采用 1 024 位的 RSA 算法。

下面举一个使用 RSA 密码进行加密、解密的例子。

【例 2.1】 用 RSA 密码算法对明文信息"public key encryptions"进行加密和还原。

第一步,假设选取素数 $p=43$ 和 $q=59$,则计算 $n=p×q=43×59=2\,537$,$\psi(n)=42×58=2\,436$,并且选取 $e=13$,解同余方程 $e×d \bmod 2\,436=1$ 得到 $d=937$。

第二步,将明文"public key encryptions"以两个字符为一组进行分组,得到:

$$\text{pu} \quad \text{bl} \quad \text{ic} \quad \text{ke} \quad \text{ye} \quad \text{nc} \quad \text{ry} \quad \text{pt} \quad \text{io} \quad \text{ns}$$

第三步,将明文数字化,用 00 表示 a,01 表示 b,02 表示 c,…,25 表示 z。这样将上述分组字符进行数字化成如下形式。

$$1\,520 \quad 0\,111 \quad 0\,802 \quad 1\,004 \quad 2\,404 \quad 1\,302 \quad 1\,724 \quad 1\,519 \quad 0\,814 \quad 1\,418$$

现在,讨论对明文数字 $m=1\,520$ 的加密 $c=E(m) \equiv m^e(mod\ n)=1\,520^{13}(\bmod 2\,537)=(1\,520^2)^6 1520(\bmod 2\,537)$。

由于 $(1\,520^2) \equiv 1\,730(\bmod 2\,537)$,因此 $c \equiv (1\,730)^6 1\,520(\bmod 2\,537)=(1\,730^2)^3 1\,520(\bmod 2\,537)$。注意到 $1\,730^2 \equiv 1\,777\ \bmod(2\,537)$,我们有 $c \equiv (1\,777)^3 1\,520(\bmod 2\,537)=(1\,777)^2(1\,777×1\,520)(\bmod 2\,537)$。因为 $1\,777^2 \equiv 1\,701\ \bmod(2\,537)$ 以及 $1\,777×1\,520 \equiv 1\,672(\bmod 2\,537)$,所以密文 $c \equiv 1\,701×1\,672(\bmod 2\,537) \equiv 95(\bmod 2\,537)=0\,095$。

读者可以应用上述同样的过程求得其他数字明文对应的密文。对明文信息"public key encryptions"采用 RSA 密码算法加密后得到的密文序列为:

$$0\,095 \quad 1\,648 \quad 1\,410 \quad 1\,299 \quad 1\,365 \quad 1\,379 \quad 2\,333 \quad 2\,132 \quad 1\,751 \quad 1\,289$$

使用类似加密的方法可以进行 RSA 解密运算。对密文数字 $c=0\,095$ 的解密过程为:

$$D(c) \equiv c^d \bmod n$$
$$\equiv 95^{937} \bmod 2\,537$$
$$= 1\,520$$

RSA 算法和 DES 算法各有优缺点。

①加、解密处理效率方面,DES 算法优于 RSA 算法。DES 算法的密钥长度只有 56 比特,可以利用软件和硬件实现高速处理;RSA 算法需要进行诸如至少 200 比特整数的乘幂和求模等多倍字长的处理,处理速度明显慢于 DES 算法。

②在密钥的管理方面,RSA 算法比 DES 算法更加优越。RSA 算法可公开分配加密密钥,对加密密钥的更新很方便。DES 算法要求通信前进行密钥分配,密钥的更换困难,对不同的通信对象,DES 需要产生和保管不同的密钥。

③在签名和认证方面,由于 RSA 算法采用公开密钥密码体制,因此能够很容易地进行数字签名和身份认证。

RSA 密码算法在许多系统(设备)中应用,例如,当时的诺基亚手机就采用了 RSA 密码系统。

2）椭圆曲线密码系统 ECC

1985 年，Koblitz 和 Miller 把椭圆曲线的研究成果应用到密码学中，分别独立提出在公钥密码系统中使用椭圆曲线的思想。他们虽没有发明出一种新的公钥密码算法，但他们采用椭圆曲线技术实现了已存在的密码算法如 Diffie-Hellman 算法等，这就是椭圆曲线密码学的开端。从提出椭圆曲线密码技术到 1995 年，人们对椭圆曲线密码技术的研究主要以理论为主。在这段时期，人们对椭圆曲线密码系统的安全性作了进一步的探讨；对椭圆曲线密码算法进行了初步的研究，提出了许多实现 ECC 操作的算法，其中对域和域操作算法的研究成果最为显著。1995 年以后，人们对椭圆曲线密码技术的研究开始偏重于应用方面。除了继续改善椭圆曲线密码算法的性能外，一些实验性的 ECC 系统已被实现，并且其性能也得到分析。从 1998 年起，一些国际化标准组织开始了研究椭圆曲线密码的标准化工作。1998 年年底美国国家标准与技术研究院（NIST）公布了专门针对椭圆曲线密码的 ANSI-F9.62 和 ANSI-F9.63 标准，1998 年，IEEE-P1363 工作组正式将椭圆曲线密码写入了当时正在讨论制订的"公钥密码标准"的草案中。

下面介绍 Weierstrass 方程和椭圆曲线的有关概念。

任意一条椭圆曲线都可以用一个三次方程来表示，这个三次方程一般称为 Weierstrass 方程。设 Weierstrass 方程为：

$$y^2 + a_1xy + a_3y = x^3 + a_2x^2 + a_4x + a_6$$

方程中的参数取自域 F 上，F 可以是有理数域、实数域或者有限域 $GF(q^r)$。参数定义如下：

$$b_2 = a_1^2 + 4a_2,$$
$$b_4 = 2a_4 + a_1a_3,$$
$$b_6 = a_3^2 + 4a_6,$$
$$b_8 = a_1^2a_6 + 4a_2a_6 - a_1a_3a_4 + a_2a_3^2 - a_4^2,$$
$$c_4 = b_2^2 - 24b_4,$$
$$c_6 = b_2^3 - 36b_2b_4 - 216b_6,$$
$$\Delta = -b_2^2b_8 - 8b_4^3 - 27b_6^2 + 9b_2b_4b_6,$$
$$j = c_4^3/\Delta$$

其中，Δ 称为 Weierstrass 方程（2.1）的判别式。设 E 是由方程（2.1）定义的曲线，当且仅当 $\Delta \neq 0$ 时 E 是光滑的，此时 Weierstrass 方程（2.1）给出的曲线就是椭圆曲线。

定义 2.1 设 F 是一个域，$\overline{F}$ 是 F 的代数闭域，$E: y^2 + a_1xy + a_3y = x^3 + a_2x^2 + a_4x + a_6, a_i \in \overline{F}$，定义椭圆曲线 $E(\overline{F})$ 为 $\overline{F} \times \overline{F}$ 上满足方程的点再加上一个无穷远点 O 所构成的集合，简记为 E。如果 $a_i \in \overline{F}$，则称椭圆曲线 E 定义在 F 上。

在密码系统中，我们比较关心的是有限域上的椭圆曲线。而有限域主要考虑素数域 F_p 和特征为 2 的域 F_{2m}。有限域 F_q 的秩是此域中元素的个数。当 q 是素数时，便存在秩为 q

的有限域,用 F_q 表示。如果 $q=p^m$,p 是一个素数,m 为正整数,便称 p 为 F_q 的特征值,m 为 F_q 的扩充度(extension degree)。目前制订的大部分标准限制指定椭圆曲线密码技术只能使用单个素数($q=p$)的基本有限域或者特征值为 2($q=2^m$)的有限域。

椭圆曲线上的点在所定义的加法运算下形成一个阿贝尔群(Abelian group)。令 E 是由 Weierstrass 方程(2.1)给出的椭圆曲线,则 E 上的两点 P 和 Q 相加的加法法则如下:

对所有的 $P,Q \in E$,

①$O+P=P$ 并且 $P+O=P$,即 O 是恒元;

②$-O=O$;

③如果 $P=(x_1,y_1) \neq O$,那么 $-P=(x_1,-y_1-a_1x_1-a_3)$;

④$Q=-P$,那么 $P+Q=O$;

⑤如果 $P \neq O$,$Q \neq O$,$Q \neq -P$,令 R 是 PQ 连线($P \neq Q$ 时)交椭圆曲线 E 所得的另一交点,或曲线 E 在点 P 的切线($P=Q$ 时)交曲线 E 所得的另一交点,那么 $P+Q=-R$。

计算 $P+Q=-R$,称作计算点 P 和点 Q 的加法,计算点 P 加点 P,也称作计算 P 的倍点。定义在特征值为 2 的域和秩为素数的域上的椭圆曲线具有不同的方程,具有不同的加法和倍点公式。

令 P 和 Q 是椭圆曲线 E 上不同的两个有理点。则直线 PQ 必交曲线 E 于另一有理点 R。如果沿 x 轴作关于 R 的对称点,将得到另一个点(图 2.5),我们称该点为点 $P+Q=-R$。

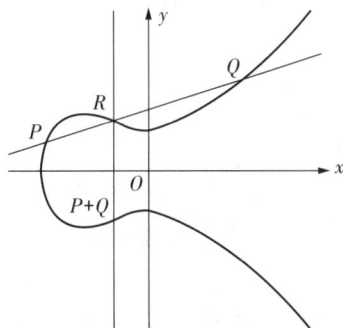

图 2.5 椭圆曲线上的加法操作

(1)定义在域 F_p 上的椭圆曲线加法公式

若椭圆曲线 E 定义在秩不为 2 和 3 的域 F_p 上,且 p 为素数,则曲线 E 的方程可简化如下。

$E:y^2=x^3+ax+b;a,b \in F_p$ 且 $4a^3+27b^2 \neq 0(\bmod p)$。令 $P=(x_1,y_1) \in E$,那么 $-P=(x_1,-y_1)$。如果 $Q=(x_2,y_2) \in E$,$Q \neq -P$ 且 $P \neq Q$,那么 $P+Q=(x_3,y_3) \in E$,这里 x_1,y_1,x_2,y_2,x_3 和 y_3 有下列关系:

$$x_3 = \lambda^2 - x_1 - x_2$$
$$y_3 = \lambda(x_1 - x_3) - y_1$$

其中

$$\lambda = \frac{y_2 - y_1}{x_2 - x_1}$$

（2）定义在域 F_{2^m} 上的椭圆曲线加法公式

若曲线 E 是定义在特征值 $P=2$ 的域 $K=F_q$（$q=2^n$，整数 $n \geqslant 1$）上，则其加法公式的形式依赖曲线 E 的 j-不变量 $j(E)$ 分为 j-不变量为 0 和 j-不变量不为 0 两种情况。

①$j(E) \neq 0$ 时的加法公式。

令 $P=(x_1, y_1) \in E$，那么 $-P=(x_1, y_1+x_1)$。如果 $Q=(x_2, y_2) \in E$，$Q \neq -P$ 且 $P \neq Q$，那么 $P+Q=(x_3, y_3) \in E$，这里

$$x_3 = \lambda^2 + \lambda + x_1 + x_2 + a_2$$
$$y_3 = \lambda(x_1 + x_3) + x_3 + y_1$$

其中

$$\lambda = \frac{y_2 + y_1}{x_2 + x_1}。$$

②$j(E)=0$（即 E 是超奇异椭圆曲线）时的加法公式。

令 $P=(x_1, y_1) \in E$，那么 $-P=(x_1, y_1+a_3)$。如果 $Q=(x_2, y_2) \in E$，$Q \neq -P$ 且 $P \neq Q$，那么 $P+Q=(x_3, y_3) \in E$，这里

$$x_3 = \lambda^2 + x_1 + x_2$$
$$y_3 = \lambda(x_1 + x_3) + y_1 + a_3$$

其中

$$\lambda = \frac{y_2 + y_1}{x_2 + x_1}。$$

下面，讨论椭圆曲线上的倍点公式。

为了计算点 P 加点 P，即 P 的倍点，过点 P 作椭圆曲线 E 的切线。因为 E 是由三次方程定义的，所以，切线必定与椭圆曲线 E 相交于且仅相交于另一点，我们称相交点为 R 点。作 R 点关于 x 轴的对称点得到椭圆曲线上的另一个点，即 P 的倍点，称该点为点 $[2]P=P+P$（图 2.6），为方便起见，常把"$[2]P$"写为"$2P$"，即 $[2]P$ 可以表述为 $2P$。若过点 P 的椭圆曲线 E 的切线垂直于 x 轴，那么切线交椭圆曲线 E 于无穷远点，此时 $P+P=O$，也就是说点 P 是一个阶为 2 的点（P 点的阶为 2）。椭圆曲线选择的域类型不同，倍点公式也不一样。

（3）定义在域 F_p 上的椭圆曲线倍点公式

特征值 P 为素数的倍点公式定义如下。

令 $P=(x_1, y_1) \in E$，$Q=(x_2, y_2) \in E$，且 $P=Q$，那么 $P+Q=(x_3, y_3)$，这里

$$x_3 = \lambda^2 - 2\lambda,$$
$$y_3 = \lambda(x_1 - x_3) - y_1,$$

其中

$$\lambda = \frac{3x_1^2 + a}{2y_1}。$$

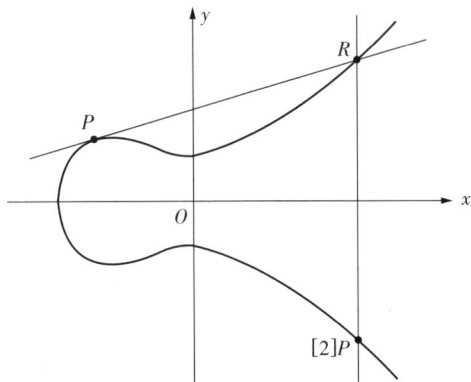

图 2.6　椭圆曲线上的倍点操作

（4）定义在域 F_{2^m} 上的椭圆曲线倍点公式

根据 j-不变量的不同,特征值为 2 的域有两种不同的倍点公式。

① $j(E) \neq 0$ 时的倍点公式。

令 $P=(x_1,y_1) \in E, Q=(x_2,y_2) \in E$,且 $P=Q$,那么 $P+Q=(x_3,y_3)$,这里 $x_3 = \lambda^2 + \lambda + a_4$, $y_3 = (x_1+x_3)\lambda + x_3 + y_1$,

其中

$$\lambda = \frac{y_1}{x_1} + x_1 。$$

② $j(E)=0$（即 E 是超奇异椭圆曲线）时的倍点公式。

令 $P=(x_1,y_1) \in E, Q=(x_2,y_2) \in E$,且 $P=Q$,那么 $P+Q=(x_3,y_3)$,这里

$$x_3 = \frac{x_1^4 + a_4^2}{a_3^2},$$

$$y_3 = \left(\frac{x_1^2 + a_4}{a_3}\right)(x_1 + x_3) + y_1 + a_3 。$$

椭圆曲线上的点乘（亦称数乘,scalar multiplication）操作是椭圆曲线密码系统的核心操作之一。椭圆曲线上的点乘操作定义为:给定一条椭圆曲线 E 和曲线上的一点 P,E 上的 P 点的点乘 xP 定义为点 P 与自身相加 x 次之和,即 $xP=P+P+\cdots+P$,共 x 个 P 相加。

椭圆曲线公钥密码系统的安全性依赖于椭圆曲线离散对数问题的计算困难性。

定义 2.2　设 G 是任一有限阿贝尔(加法)群,P 和 $Q \in G$ 为 G 的任意两点。如果已知存在整数 m,使 $Q=mP$,则如何由 P, Q 及 G 求出 m 的问题称为 G 上的离散对数问题。离散对数问题简记为 DLP（Discrete Logarithm Problem）。

定义 2.3　用 $E(K)$ 表示定义于有限域 F_q 上的椭圆曲线 E 在扩域 K 上的有理子群,P 和 $Q \in E(K)$ 为 $E(K)$ 的任意两点。且已知某个整数 m,有 $Q=mP$,则如何由 P, Q 及 E 求出 m 的问题称为 E 上的椭圆曲线离散对数问题。椭圆曲线离散对数问题简记为 ECDLP（Elliptic Curve Discrete Logarithm Problem）。

在椭圆曲线公钥密码系统中,密文不仅依赖于待加密的明文,而且依赖于一个随机数 k,所以,即使加密相同的明文,由于随机数不同,因此得到的密文也不同。由于这种加密体制的不确定性,因此又称为概率加密体制,它可以有效抵抗已知明文攻击。

就椭圆曲线密码来说,各种椭圆曲线密码体制的安全性都与求解相应曲线离散对数问题的困难性等价。目前针对 ECDLP 的求解方法主要有以下 3 种。

①针对一般 DLP 的 Pollard-ρ 方法以及依据椭圆曲线特殊性的改进方法。

②针对超奇异曲线的 MOV 演化算法。

③针对"畸形"曲线(Anomolus Curve)的 Smart 方法或 Semaev 方法。

到目前为止,对一般离散对数问题的求解仍没有很好的办法。假设离散对数问题所基于有限群的阶中的最大素因子是 n,则目前最好的求解方法(即 Pollard-ρ 方法)的时间复杂度是 $O\left(\sqrt{\dfrac{\pi n}{2}}\right)$。为避免这种攻击,椭圆曲线上有理点的数量要可以被一个足够大的素数 n 整除,ANSI X9.62 要求 $n > 2^{160}$,当确定一个有限域 F_q 后,应选择尽量大的 n。还必须指出,人们对基于两类特殊的曲线上的 ECDLP 已经找到了有效的求解方法。这两类曲线的一类是"超奇异"型曲线,另一类是"畸形"曲线。在实际应用中,应避免选用这两类曲线。

20 世纪 80 年代中期,一系列针对公钥密码系统应建立在椭圆曲线应用上的建议被提出。宏观上看,可以认为 ECC 是建立在椭圆曲线而非有限域上的公钥系统。这样,不论 RSA 还是 DSA 算法,都可以将其在椭圆曲线上实现。这具有更加诱人的现实意义,如果一种广泛使用的密码算法(比如 RSA)被淘汰,那么只要将其建立的数学基础——大素数分解改为椭圆曲线,则原来的系统就又可以继承重用了。从这个角度出发,可以说椭圆曲线密码系统并非新建了一种完全不同的密码体制,这样的系统安全性得到了保证而且没有增加系统的额外开销。因而,建立在有限域离散对数机制上的密码系统和建立在椭圆曲线上的密码系统可以被认为与其数学基础相关,它们均建立在解离散对数问题的难度上。椭圆曲线的独特之处在于提供了由"元素"和"组合规则"来组成群的构造方式。用这些群来构造密码算法,密钥长度减小、算法速度加快、存储空间占用减少,却没有减少密码分析的分析量,甚至非超奇异椭圆曲线离散对数问题的难度远远超过了有限域上离散对数问题的难度。

表 2.1 列出了 RSA、ECC 和 DSA 3 种公钥密码算法在安全强度相同情况下的密钥长度及系统参数的长度;图 2.7 对它们的密钥长度及密钥相应攻破时间进行了比较。可见,在安全强度相同情况下,ECC 算法所使用的密钥长度最短,这使得 ECC 算法的执行速度更快、占用存储空间更小、效率更高。并且当加密短消息时,ECC 算法所占用的带宽最小。这些优点使得 ECC 算法相对于其他公钥算法更具有竞争力。

表 2.1　密钥及系统参数长度表

密码算法	公钥长度/bit	私钥长度/bit	系统参数长度/bit
RSA	1 088	2 048	*n/a*
DSA	1 024	160	2 208

密码算法	公钥长度/bit	私钥长度/bit	系统参数长度/bit
ECC	161	160	481

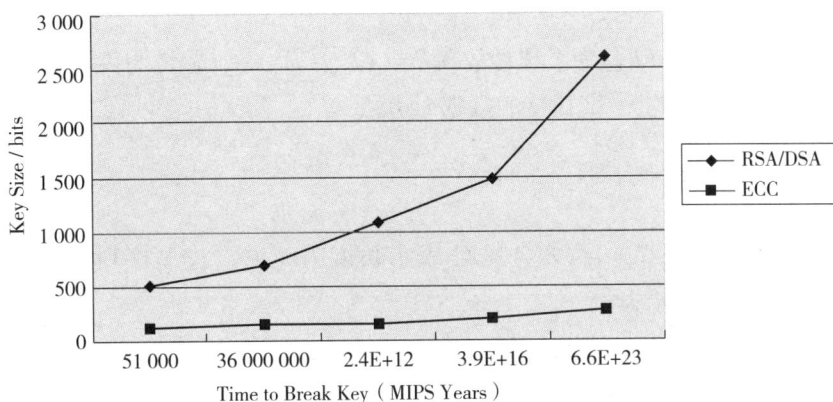

图 2.7 RSA/DSA 算法和 ECC 算法的难度比较

2.2 中国国家商用密码算法

为了保障中国商用密码的安全性,国内相关机构制定了一系列密码标准,包括 SM1、SM2、SM3、SM4、SM7、SM9、祖冲之密码算法(ZUC)等。其中"SM"代表"商密",即用于商用的、不涉及国家秘密的密码技术。

其中最基础最重要的是 SM4、SM3、SM2。SM4 为分组密码算法,用于替代 DES/AES 等算法,SM3 为 Hash(散列、杂凑)算法,用于替代 MD5/SHA-1/SHA-256 等算法,SM2 为基于 ECC 的公钥密码算法,包含数字签名、密钥交换和加解密,用于替换 RSA/Diffie-Hellman 等算法,它们共同构成了我国商用密码(简称国密算法)的基础架构。

2.2.1 SM4 算法

为配合我国 WAPI 无线局域网标准的推广应用,SM4 于 2006 年公开发布,2012 年 3 月成为中国国家密码行业标准(GM/T 0002—2012),2016 年 8 月成为中国国家标准(GB/T 32907—2016),2021 年 6 月,SM4 作为 ISO/IEC 18033—3:2010/AMD1:2021《信息技术 安全技术 加密算法 第 3 部分:分组密码 补篇 1:SM4》发布,正式成为国际标准。

SM4 密码算法是一个分组算法。该算法的分组长度为 128 比特,密钥长度也为 128 比特。加密算法与密钥扩展算法均采用非线性迭代结构,运算轮数均为 32 轮。数据解密和数据加密的算法结构相同,只是轮密钥的使用顺序相反。

SM4 分组密码算法主要包括加密算法、解密算法以及密钥的扩展算法 3 部分。

1)密钥及密钥参量

SM4 的密钥表示为 $MK=(MK_0,MK_1,MK_2,MK_3)$，其中 $MK_i(i=0,1,2,3)$ 为 32 比特的数据。

轮密钥表示为 $(rk_0,rk_1,\cdots,rk_{31})$，其中 $rk_i(i=0,1,\cdots,31)$ 为 32 比特的数据，轮密钥由加密密钥生成。

$FK=(FK_0,FK_1,FK_2,FK_3)$ 为系统参数，$CK=(CK_0,CK_1,\cdots,CK_{31})$ 为固定参数，用于密钥扩展算法，其中 FK_i,CK_i 均为 32 比特的数据 $i=0\sim31$。

2)轮函数 F

（1）轮函数的结构

设输入为 $(X_0,X_1,X_2,X_3)\in(Z_2^{32})^4$（$Z_2^n$ 表示长度为 n 的二进制序列集合），轮密钥为 $rk_i\in(Z_2^{32})^4$，轮函数 F 表示为：

$$F(X_0,X_1,X_2,X_3,rk_i)=X_0\oplus T(X_1\oplus X_2\oplus X_3\oplus rk_i)$$

（2）合成转换 T

合成转换 $T:Z_2^{32}\to Z_2^{32}$ 是一个可逆变换，由非线性变换 τ 和线性变换 L 复合而成，即 $T(\cdot)=L(\tau(\cdot))$。

①非线性变换 τ。

非线性变换 τ 使用 4 个 S 盒并行组成。假设输入的内容为 $A=(a_0,a_1,a_2,a_3)\in(Z_2^8)^4$，非线性变换 τ 的输出结果为 $B=(b_0,b_1,b_2,b_3)\in(Z_2^8)^4$，即：

$$(b_0,b_1,b_2,b_3)=\tau(A)=(Sbox(a_0),Sbox(a_1),Sbox(a_2),Sbox(a_3))$$

其中，S 盒数据如下：

	0	1	2	3	4	5	6	7	8	9	A	B	C	D	E	F
0	D6	90	E9	FE	CC	E1	3D	B7	16	B6	14	C2	28	FB	2C	05
1	2B	67	9A	76	2A	BE	04	C3	AA	44	13	26	49	86	06	99
2	9C	42	50	F4	91	EF	98	7A	33	54	0B	43	ED	CF	AC	62
3	E4	B3	1C	A9	C9	08	E8	95	80	DF	94	FA	75	8F	3F	A6
4	47	07	A7	FC	F3	73	17	BA	83	59	3C	19	E6	85	4F	A8
5	68	6B	81	B2	71	64	DA	8B	F8	EB	0F	4B	70	56	9D	35
6	1E	24	0E	5E	63	58	D1	A2	25	22	7C	3B	01	21	78	87
7	D4	00	46	57	9F	D3	27	52	4C	36	02	E7	A0	C4	C8	9E
8	EA	BF	8A	D2	40	C7	38	B5	A3	F7	F2	CE	F9	61	15	A1
9	E0	AE	5D	A4	9B	34	1A	55	AD	93	32	30	F5	8C	B1	E3
A	1D	F6	E2	2E	82	66	CA	60	C0	29	23	AB	0D	53	4E	6F
B	D5	DB	37	45	DE	FD	8E	2F	03	FF	6A	72	6D	6C	5B	51
C	8D	1B	AF	92	BB	DD	BC	7F	11	D9	5C	41	1F	10	5A	D8

	0	1	2	3	4	5	6	7	8	9	A	B	C	D	E	F
D	0A	C1	31	88	A5	CD	7B	BD	2D	74	D0	12	B8	E5	B4	B0
E	89	69	97	4A	0C	96	77	7E	65	B9	F1	09	C5	6E	C6	84
F	18	F0	7D	EC	3A	DC	4D	20	79	EE	5F	3E	D7	CB	39	48

假设输入数据为"EF",则经 S 盒变换后的值为表中第 E 行第 F 列的值,即 $Sbox(\mathrm{EF})=0x84$。

② 线性变换 L。

非线性变换 τ 的输出是线性变换 L 的输入。设输入为 $B\in Z_2^{32}$,输出 $C\in Z_2^{32}$,则:

$$C=L(B)=B\oplus(B<<<2)\oplus(B<<<10)\oplus(B<<<18)\oplus(B<<<24)$$

3)加解密算法

(1)加密算法

SM4 算法的加密算法流程包含 32 次迭代运算以及 1 次反序变换 R,假设明文输入为 $(X_0,X_1,X_2,X_3)\in(Z_2^{32})^4$,密文输出为 $(Y_0,Y_1,Y_2,Y_3)\in(Z_2^{32})^4$,轮密钥为 $rk_i\in(Z_2^{32})^4$($i=0$, $1,\cdots,31$)。加密算法的运算过程如下:

首先执行 32 次迭代运算:

$$X_{i+4}=F(X_i,X_{i+1},X_{i+2},X_{i+3},rk_i)=X_i\oplus T(X_{i+1}\oplus X_{i+2}\oplus X_{i+3}\oplus rk_i)(i=0,1,\cdots,31)$$

然后对最后一轮数据进行反序变换并得到密文输出:

$$(Y_0,Y_1,Y_2,Y_3)=R(X_{32},X_{33},X_{34},X_{35})=(X_{35},X_{34},X_{33},X_{32})$$

(2)解密算法

SM4 算法的解密算法和加密算法一致,只是在解密算法中所使用的轮密钥为(rk_{31}, $rk_{30},\cdots,rk_0$)。

(3)密钥扩展算法

SM4 分组密码算法的轮密钥是由密钥扩展算法生成的,密钥扩展算法的输入是加密算法所使用的加密密钥。假设加密密钥为 MK:

$$MK=(MK_0,MK_1,MK_2,MK_3)\in(Z_2^{32})^4$$

其中: $K_0=MK_0\oplus FK_0$,$K_1=MK_1\oplus FK_1$,$K_2=MK_2\oplus FK_2$,$K_3=MK_3\oplus FK_3$。

轮密钥生成方法为:

$$rk_i=K_i+4=K_i\oplus T'(K_{i+1}\oplus K_{i+2}\oplus K_{i+3}\oplus CK_i),\ i=0,1,2,\cdots31$$

T' 是将合成置换 T 的线性变换 L 替换为 L':

$$L'(B)=B\oplus(B<<<13)\oplus(B<<<23)$$

系统参数为 FK,取值如下:

$$FK_0=(\mathrm{A3B1BAC6}),FK_1=(\mathrm{56AA3350}),FK_2=(\mathrm{677D9197}),FK_3=(\mathrm{B27022DC})$$

对于固定参数 CK 的取值,设 $ck_{i,j}$ 为 CK_i 的第 j 字节,$i=0,1,\cdots,31$,$j=0,1,2,3$,即 $CK_i=$ $(ck_{i,0},ck_{i,1},ck_{i,2},ck_{i,3})\in(Z_2^8)^4$,则 $ck_{i,j}=(4i+j)\times7(mod\ 256)$。

固定参数 $CK_i(i=0,1,2,\cdots,31)$ 的具体取值为:

00070E15	1C232A31	383F464D	545B6269
70777E85	8C939AA1	A8AFB6BD	C4CBD2D9
E0E7EEF5	FC030A11	181F262D	343B4249
50575E65	6C737A81	888F969D	A4ABB2B9
C0C7CED5	DCE3EAF1	F8FF060D	141B2229
30373E45	4C535A61	686F767D	848B9299
A0A7AEB5	BCC3CAD1	D8DFE6ED	F4FB0209
10171E25	2C333A41	484F565D	646B7279

2.2.2 SM3 算法

SM3 算法是一种 Hash(散列,杂凑)算法,用于生成消息的散列值。SM3 于 2010 年 12 月发布,2012 年发布为中国密码行业标准(GM/T 0004—2012),2016 年发布为中国国家标准(GB/T 32905—2016),2018 年 10 日,含有 SM3 算法的 ISO/IEC 10118-3:2018《信息安全技术杂凑函数第 3 部分:专用杂凑函数》(第 4 版)由国际标准化组织(ISO)发布,正式成为国际标准。

SM3 算法的输入长度为 $l(1 \leqslant l \leqslant 2^{64}-1)$ 比特的消息 m,生成长度为 256 比特的 Hash 值。

1)SM3 的常量与函数

SM3 使用以下常量与函数。

(1)SM3 算法的初始值

初始值 IV 共 256 比特,由 8 个 32 位串联构成,其值为:

$IV = 7380166f4914b2b9172442d7da8a0600a96f30bc163138aae38dee4db0fb0e4e$

(2)SM3 算法的常量

常量 T_j 定义如下:

$$T_j = \begin{cases} 79cc4519 & 0 \leqslant j \leqslant 15 \\ 7a879d8a & 16 \leqslant j \leqslant 63 \end{cases}$$

(3)SM3 算法的布尔函数定义如下:

$$FF_j(X,Y,Z) = \begin{cases} X \oplus Y \oplus Z & 0 \leqslant j \leqslant 15 \\ (X \wedge Y) \vee (X \wedge Z) \vee (Y \wedge Z) & 16 \leqslant j \leqslant 63 \end{cases}$$

$$GG_j(X,Y,Z) = \begin{cases} X \oplus Y \oplus Z & 0 \leqslant j \leqslant 15 \\ (X \wedge Y) \vee (\neg X \wedge Z) & 16 \leqslant j \leqslant 63 \end{cases}$$

式中 X,Y,Z 均为 32 位数据。

(4)SM3 算法的置换函数定义为:

$$P_0(X) = X \oplus (X <<< 9) \oplus (X <<< 17)$$

$$P_1(X) = X \oplus (X <<< 15) \oplus (X <<< 23)$$

2)SM3 算法描述

SM3 算法对输入的消息 m,经过填充、迭代压缩,生成长度为 256 比特的 Hash 值。

（1）填充

对于消息 m,首先将比特"1"添加到消息的末尾,再添加 k 个"0",k 是满足 $k+l+1 \equiv 448$ mod 512 的最小非负整数。然后再添加一个 64 位比特串,该比特串由长度 l 的二进制表示,填充后的消息 m' 的比特长度为 512 比特的倍数。例如,对消息 01100001 01100010 01100011,其长度 $l=24$,经填充得到的比特串如下:

$$\underbrace{}_{} \quad \overset{423bit}{01100001\ 01100010\ 011000111\ 0000...00}\ \overset{64bit}{000...000000}$$

（2）迭代压缩

将填充后的消息 m' 按 512 比特进行分组:$m' = B^{(0)}B^{(1)}...B^{(n-1)}$,其中 $n = (l+k+65)/512$。对 m' 按如下方式迭代处理:

for $i=0$ to $n-1$ do

$\quad V^{(i+1)} \leftarrow CF(V^{(i)}, B^{(i)})$;

endfor

其中,CF 是压缩函数,$V^{(0)}$ 为 256 比特初始值 IV,$B^{(i)}$ 为填充后的消息分组,迭代压缩的结果为 $V^{(n)}$。

（3）消息扩展

将消息分组 $B^{(i)}$ 按以下方式扩展生成 132 个字 $W_0, W_1, \cdots, W_{67}, W'_0, W'_1, \cdots, W'_{63}$,用于压缩函数 CF:

第一步,将消息分组 $B^{(i)}$ 划分为 16 个字 $W_0, W_1, \cdots, W_{15}$;

第二步,执行下面操作:

for $j=16$ to 67 do

$\quad W_j \leftarrow P_1(W_{j-16} \oplus W_{j-9} \oplus (W_{j-3} <<< 15)) \oplus (W_{j-13} <<< 7) \oplus W_{j-6}$;

endfor

第三步,执行下面操作

for $j=0$ to 63 do

$\quad W'_j \leftarrow W_j \oplus W_{j+4}$;

endfor

（4）压缩函数

令 A, B, C, D, E, F, G 和 H 为字寄存器,SS_1, SS_2, TT_1 和 TT_2 为中间变量,压缩函数 $V^{(i+1)} = CF(V^{(i)}, B^{(i)})$,$0 \leq i \leq n-1$,状态更新过程如下:

$ABCDEFGH \leftarrow V^{(i)}$;

for $j=0$ to 63 do

$\quad SS_1 \leftarrow ((A <<< 12) + E + (T_j <<< j)) <<< 7$;

$SS_2 \leftarrow SS1 \oplus (A <<< 12)$；

$TT_1 \leftarrow FF_j(A,B,C) + D + SS_2 + W_j'$；

$TT_2 \leftarrow GG_j(E,F,G) + H + SS_1 + W_j$；

$D \leftarrow C$；

$C \leftarrow B <<< 9$；

$B \leftarrow A$；

$A \leftarrow TT_1$；

$H \leftarrow G$；

$G \leftarrow F <<< 19$；

$F \leftarrow E$；

$E \leftarrow P_0(TT_2)$；

endfor

$V^{(i+1)} \leftarrow ABCDEFGH \oplus V^{(i)}$.

其中,字的存储为大端,左边为高有效位,右边为低有效位。

最后输出 256 比特的散列值 $ABCDEFGH \leftarrow V^{(n)}$。

2.2.3 SM2 算法

SM2 是国家密码管理局于 2010 年 12 月发布的椭圆曲线公钥密码算法,在我国商用密码体系中被用来替换 RSA 算法。2012 年成为行业标准(标准号 GM/T 0003—2012),2016 年成为中国国家密码标准(标准号 GB/T 32918—2016),2017 年 11 月 SM2 随 ISO/IEC 14888-3:2018《信息安全技术带附录的数字签名第 3 部分:基于离散对数的机制》发布,正式成为国际标准。

SM2 包括加解密算法、数字签名算法和密钥交换协议 3 部分,本小节只讨论加解密算法,数字签名见 2.3.4。

根据 GB/T 32918.5—2017,SM2 使用素数域 256 位椭圆曲线,椭圆曲线方程为:

$$y^2 = x^3 + ax + b$$

用 p 表示 256 比特素数,$G(x_G, y_G)$ 为基点,n 为基点 G 的阶。曲线各参数取值的十六进制表示如下:

p:FFFFFFFE FFFFFFFF FFFFFFFF FFFFFFFF FFFFFFFF 00000000 FFFFFFFF FFFFFFFF

a:FFFFFFFE FFFFFFFF FFFFFFFF FFFFFFFF FFFFFFFF 00000000 FFFFFFFF FFFFFFFC

b:28E9FA9E 9D9F5E34 4D5A9E4B CF6509A7 F39789F5 15AB8F92 DDBCBD41 4D940E93

n:FFFFFFFE FFFFFFFF FFFFFFFF FFFFFFFF 7203DF6B 21C6052B 53BBF409 39D54123

x_G:32C4AE2C 1F198119 5F990446 6A39C994 8FE30BBF F2660BE1 715A4589 334C74C7

y_G:BC3736A2 F4F6779C 59BDCEE3 6B692153 D0A9877C C62A4740 02DF32E5 2139F0A0

1)密钥的生成

密钥生成的步骤如下:

①采用随机数发生器产生整数 $d \in [1, n-2]$；

②G 为基点，计算点 $P = (x_P, y_P) = [d]G$；

③密钥对是 (d, P)，其中 d 为私钥，P 为公钥。

2）SM2 加密算法

设需要加密的明文为比特串 M，其长度为 $klen$，用户 A 为发送方，用户 B 为接收方，为了对明文 M 进行加密，用户 A 需要利用 B 的公钥执行以下步骤：

步 1：用随机数发生器产生随机数 $k \in [1, n-1]$；

步 2：计算椭圆曲线点 $C_1 = [k]G = (x_1, y_1)$，将 C_1 的数据类型转换为比特串；

步 3：计算椭圆曲线点 $S = [h]P_B$，若 S 是无穷远点，则报错并退出；

步 4：计算椭圆曲线点 $[k]P_B = (x_2, y_2)$，将 x_2, y_2 的数据类型转换为比特串；

步 5：计算 $t = \text{KDF}(x_2 \| y_2, klen)$，若 t 为全 0 比特串，则转步 1；

步 6：计算 $C_2 = M \oplus t$；

步 7：计算 $C_3 = \text{Hash}(x_2 \| M \| y_2)$；

步 8：输出密文 $C = C_1 \| C_3 \| C_2$。

加密算法使用了一个密钥派生函数 KDF 和一个 Hash 函数。密钥派生函数的作用是从一个共享的秘密比特串中派生出密钥数据，KDF 函数需要调用 Hash 函数，在 SM2 中使用的 Hash 函数是 SM3。

3）SM2 解密算法

用户 B 收到密文 C 后，需要对其进行解密，用户 B 利用自己的私钥执行如下步骤：

步 1：从密文 C 中取出 C_1，将 C_1 的数据类型转换为椭圆曲线上的点，并验证 C_1 是否满足椭圆曲线方程，若不满足则报错并退出；

步 2：计算 $S = [h]C_1$，若 S 为无穷远点则报错并退出；

步 3：计算 $[d_B]C_1 = (x_2, y_2)$，将坐标 x_2、y_2 的数据类型转换为比特串；

步 4：计算 $t = \text{KDF}(x_2 \| y_2, klen)$，若 t 为全 0 比特串，报错并退出；

步 5：从 C 中取出比特串 C_2，计算 $M' = C_2 \oplus t$；

步 6：计算 $u = \text{Hash}(x_2 \| M' \| y_2)$（Hash 函数是 SM3），从 C 中取出 C_3，若 $u \neq C_3$，则报错并退出；

步 7：输出明文 M'。

2.3　数字签名

在传统的政治、军事、外交等的书面文件、命令和条约，以及商务贸易中的契约和个人之间的书信等，人们使用手写签名或印章，以便在法律上能够认证、核准、生效，保证协议各方的利益。在世界已经缩小为一个地球村的今天，我们希望通过电子设备，实现安全、快速的远距离交易。计算机网络的发展为系统间进行数据交换提供了手段，网络世界变得生机勃勃,但也显得危机四伏。在计算机网络系统的通信中,维护电子文档的安全成为至关重要和非常敏感的问题,特别在政府机关、商业部门以及外交和军事等领域。由此,数字签名应运而生,并开始用于商业、公务、政治等各种用途中,如电子邮件、电子转账和办公自动化等。此类交易伙伴间的关系表现为一种新型的关系,交易双方间没有在交易前首先去了解自己的交易伙伴并建立起信任,而是越来越多地在这类交易中使用数字签名技术。

数字签名是密码学中的重要问题之一,手写签名的每一项业务都是数字签名的潜在应用。数字签名可以提供以下基本的密码服务:数据完整性(确保数据没有未授权的更改)、真实性(数据来源于其声明的地方)以及不可否认性。因而,当需要对某个实体进行认证、传输密钥以及进行密钥分配时,便可以借助数字签名来完成这些任务。文件的制造者可以在电子文件上签一个可信的、不可伪造、不可改变、不可抵赖的数字签名,数字签名具有法律效力,签名者一旦签名便需要对自己的签名负责,接收者通过验证签名来确认信息来源正确、内容完整并且可靠。

2.3.1 数字签名的一般过程

数字签名其实是伴随着数字化编码的消息或逻辑上与数字化编码有一定关联的数据项,一般由签名算法、数字信封结构、公钥机制(PKI,普遍采用的标准为 ITU-TX.509)等部分组成。数字签名方案一般包括 3 个过程:系统的初始化过程、签名的产生过程和签名的验证过程。在系统的初始化过程中,要产生数字签名方案中用到的所有参数,包括公开和秘密参数。在签名产生的过程中,用户利用给定的算法对消息 m 产生签名 $sign(m)$,这种签名过程可以公开也可以不公开。在签名的验证过程中,验证者利用公开验证方法对给定消息的签名进行验证,得出签名的有效性。

1)系统的初始化

在系统的初始化过程中产生数字签名方案中的基本参数集合 (M,S,K,SIG,VER),其中 M 为消息集合、S 为签名集合、K 表示密钥集合(包含私钥和公钥)、SIG 为签名算法集合、VER 是签名验证算法集合。

2)签名产生过程

一次具体的签名产生过程如下:从密钥集合中选取密钥 $k \in K$;从签名算法集合中选取相应的签名算法 $sig_k \in SIG$;所采用的签名算法可以将消息集合中的消息映射成签名集合中的签名,即 $sig_k:M \to S$,对任意的消息 $m \in M$,用签名算法计算出签名 $s=sig_k(m)$,且 $s \in S$;将原来的消息和签名一起组合成签名消息组 (m,s) 发送签名验证者。数字签名的产生过程如图 2.8 所示。

3)签名验证过程

签名的验证过程是:从密钥集合中选取相应的解密密钥 $k \in K$,从签名验证算法集合中选取相应的签名验证算法 $ver_k \in VER, ver_k:M \times S \to \{T,F\}$。签名和消息在签名验证算法的验证下,结果只有真或假两种可能,即:

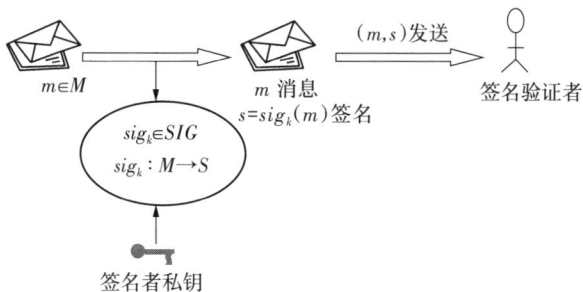

图 2.8　数字签名产生过程

$$ver_k(m,s)=\begin{cases}T & s=sig_k(m)\\ F & s\neq sig_k(m)\end{cases}$$

签名验证者收到签名消息组(m,s)后,用验证算法计算 $ver_k(m,s)$,若 $ver_k(m,s)=T$,签名有效,否则签名无效。数字签名的验证过程如图 2.9 所示。

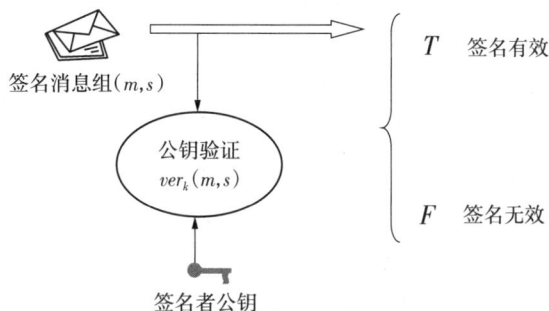

图 2.9　数字签名验证过程

4)数字签名的安全性

一个理想的数字签名协议至少需要具有如下特征。

①签名是真实的。签名使文件的接收者相信签名者是慎重地在文件上签字的。

②签名对选择明文的攻击具有不可伪造性,即 B 获得了 A 的签名,却不能用 A 的签名对其他消息伪造签名。

③签名不可重用。签名是文件的一部分,不法之徒不可能将签名转移到不同的文件上。

④签名的文件不可改变。签名后,文件不能改变。

⑤签名不可抵赖。签名后,签名者不能声称没有签过名。

5)数字信封结构

数字信封结构用来保证数据在传输过程中的安全,数字信封结构把待签名的数据、时间和数字签名结合成一个不可分割的整体,以抵抗重放攻击和代换攻击,确保签名的法律效力。

6)签名算法

签名算法一般由公开密钥密码算法(RSA、ECC、ELGamal、DSA、ECDSA、SM2 等)、对称密钥密码算法(DES、AES、SM4 等)和安全单向散列函数(MD5、SHA、SM3 等)构成。

（1）安全单向散列函数

单向散列函数有很多名字：压缩函数、收缩函数、消息摘要、指纹、密码校验、信息完整性检验以及操作检验码等。单向散列函数是许多协议的一个基本结构模块。

所谓安全单向散列函数，就是对于任意长度的信息 m，经过单向散列函数运算后，压缩成固定长度的数，并且满足以下条件：

①已知单向散列函数的输出结果，要求它的输入是很困难的，即已知 $c = \text{Hash}(m)$，求 m 是很困难的。

②已知消息 m，计算 $\text{Hash}(m)$ 是很容易的。

③已知 $c_1 = \text{Hash}(m_1)$，构造 m_2 使 $\text{Hash}(m_2) = c_1$ 是困难的。

④$c = \text{Hash}(m)$，c 的每一比特都与 m 的每一比特相关，并有高度敏感性，即每改变 m 的一比特，都将对 c 产生明显影响。

单向散列函数是公开的，对处理过程不用保密。单向散列函数的安全性就是它的单向性。可以把单向散列函数看作构成指纹文件的一种方法。如果你想验证某人持有一特定的文件（你同时也持有该文件），但你不想他将文件传给你，那么，就可以要求他将文件的单向散列函数值传送给你，如果他传送的值正确，那么几乎可以肯定地说他持有那份文件。

（2）数字签名中使用的签名算法

①假设签名方是 A，验证方是 B。则使用签名算法计算数字签名的过程如下。

A. A 使用单向散列函数得到待签名文件的散列值。

B. A 用对称密钥密码算法将文件加密。

C. A 使用公钥算法，用 A 的私钥加密文件的散列值生成数字签名并用 B 的公钥加密对称密钥密码算法中所使用的密钥。

D. A 将加密后的源文件、签名、加密密钥和时间戳存放在一个信封中发送出去。

②相应的验证过程如下。

A. B 使用公钥算法，用 B 的私钥解密 A 发送的加密文件的对称密钥，用 A 的公钥解密 A 发送的数字签名得到文件的散列值。

B. B 用对称密钥解密文件并自己使用单向散列函数生成散列值，若该值与 A 发送的散列值相等，则签名得到验证。

7）数字签名的分类

可以将数字签名方案按照公开密钥密码算法建立的数学基础进行分类：建立在大整数素因子分解基础上、建立在有限域的离散对数问题上以及建立在椭圆曲线（ECC）上的密码算法。将离散对数和素因子分解问题结合起来，又可以产生同时基于离散对数和素因子分解难题的数字签名方案，这一种数字签名方案只有当离散对数问题和素因子分解问题同时可解时才是不安全的，而在离散对数问题和素因子问题只有一个可解时，这种方案仍是安全的。还有一种素因子分解的特殊情况，就是二次剩余问题，这是数学中单独的一个难题，基于二次剩余问题同样可以设计多种数字签名方案，例如，Rabin 数字签名方案，1997 年，Nyang 和 Song 所设计的快速数字签名方案等。

还可以按照数字签名能够满足实际需要的特殊要求来进行分类:满足一般需求的基本数字签名、满足特殊需要的特殊数字签名以及满足多人共同签名需要的多重数字签名等。

2.3.2 基于 RSA 密码体制的数字签名

Rivest、Shamir 和 Adleman 于 1978 年提出了 RSA 数字签名和公钥算法。这是第一个较完善的公开密钥算法,它既能用于加密也能用于数字签名。RSA 数字签名算法如下。

1) 密钥的生成

密钥的生成和 RSA 密码算法相同。

2) 签名过程

计算 $S \equiv m^d \bmod n$,S 即对应于明文 m 的数字签名。签名者将签名 S 和明文 m 一起发送给签名验证者。

3) 验证签名过程

计算 $m' \equiv S^e \bmod n$,若 $m' = m$,则签名得到验证。

可以看出,RSA 数字签名算法和 RSA 加密算法的区别仅仅在于:RSA 加密算法加密过程使用用户公钥求幂、解密过程使用用户私钥求幂,而 RSA 数字签名算法签名过程使用用户私钥求幂、验证签名过程使用用户公钥求幂。这使 RSA 数字签名算法非常易于理解和通过使用计算机软件、硬件实现。

2.3.3 基于 DSA 密码体制的数字签名

1991 年 8 月,NIST 提出了数字签名算法 DSA,并将其用于数字签名标准 DSS 第一版中。1994 年 5 月 19 日,该标准(FIPS186-1)最终被颁布。DSA 的安全性建立在有限域上的离散对数问题求解困难之上的。

DSA 使用公开密钥,为接收者验证数据的完整性和数据发送者的身份;也可用于由第三方去验证签名和所签数据的真实性。DSA 算法使用一个单向散列函数 $H(m)$,标准中指定了安全散列算法(SHA)。DSA 算法描述如下。

1) 密钥的生成

①公开密钥的选取和生成:p 为 512 位到 1 024 位的素数;q 为 160 位并与 $p-1$ 互素的因子;$g = h^{(p-1)/q} \bmod p$,其中 h 小于 $p-1$,$g>1$;$y = g^x \bmod p$,y 是一个 p 位的数。

②私人密钥:$x<q$,它是一个 160 位的数。

2) 签名过程

选取 k 为一个小于 q 的随机数,计算签名 $r = (g^k \bmod p) \bmod q$ 和 $s = (k^{-1}(H(m)+xr)) \bmod q$。

3) 验证签名过程

计算 $w \equiv s^{-1} \bmod q$,$u_1 = (H(m) \times w) \bmod q$,$u_2 = (rw) \bmod q$ 和 $v = ((g^{u_1} \times y^{u_2}) \bmod p) \bmod$

q；若 $v=r$，则签名被验证。

现在分析算法 DSA 的安全性。由上述算法可知，从公钥推出私钥或者随机数 k 便是求解离散对数问题。使用 DSA 算法进行的每一次签名都需要一个新值 k，并且该值必须随机选择。如果恢复了 k，便可恢复出私人密钥；如果获得使用同一个 k 签名的两个消息，即使不知道 k 的任何信息，也可恢复私人密钥。因而，在 DSA 算法中，一个好的随机数发生器对系统安全是至关重要的。还可以看出，DSA 的安全性依赖于离散对数问题的安全程度，目前对DLP 问题已经有了亚指数时间的解法。另外，由于模数 p 和 q 是公开的，当某个机构对所有用户都只使用一对公钥时，便会使得即使花费较大代价攻击 DSA 算法也同样有利可图。当然，可以通过加大密钥长度来确保 DSA 算法的安全，可想而知，这会造成计算量的剧增。

2.3.4　SM2 数字签名

本节讨论 SM2 的数字签名功能，其参数见 2.2.3。

1）SM2 的签名算法

签名者 A 的密钥对包括其私钥 d_A 和公钥 $P_A=[d_A]G=(x_A,y_A)$，A 具有长度为 $entlen_A$ 比特的可辨别标识 ID_A，记 $ENTL_A$ 是由整数 $entlen_A$ 转换而成的两个字节数据，签名者和验证者都需要使用 SM3 算法求签名者 A 的杂凑值 $Z=\mathrm{SM3}(ENTL_A \parallel ID_A \parallel a \parallel b \parallel x_G \parallel y_G \parallel x_A \parallel y_A)$。

设待签名的消息为 M，为了获取消息 M 的数字签名 (r,s)，签名者 A 需要实现以下运算步骤：

步 1：置 $\bar{M}=Z_A \parallel M$；

步 2：计算 $e=\mathrm{SM3}(\bar{M})$，将 e 的数据类型转换为整型；

步 3：用随机数发生器产生随机数 $k \in [1,n-1]$，n 是基点 G 的阶；

步 4：计算椭圆曲线点 $(x_1,y_1)=[k]G$，将 x_1 的数据类型转换为整型；

步 5：计算 $r=(e+x_1) \bmod n$，若 $r=0$ 或 $r+k=n$ 则转步 3；

步 6：计算 $s=((1+d_A)^{-1} \cdot (k-r \cdot d_A)) \bmod n$，若 $s=0$ 则转步 3；

步 7：将 r、s 的数据类型转换为字节串，消息 M 的签名即为 (r,s)。

2）SM2 的签名验证算法

为了检验收到的消息 M' 及其数字签名 (r',s')，作为验证者的用户 B 需要实现以下运算步骤：

步 1：检验 $r' \in [1,n-1]$ 是否成立，若不成立则验证不通过；

步 2：检验 $s' \in [1,n-1]$ 是否成立，若不成立则验证不通过；

步 3：置 $\bar{M}'=Z_A \parallel M'$；

步 4：计算 $e'=\mathrm{SM3}(\bar{M}')$，将 e' 的数据类型转换为整型；

步 5：将 r'、s' 的数据类型转换为整型，计算 $t=(r'+s') \bmod n$，若 $t=0$，则验证不通过；

步 6：计算椭圆曲线点 $(x_1',y_1')=[s']G+[t]P_A$；

步 7：将 x_1' 的数据类型转换为整型，计算 $R=(e'+x_1')\bmod n$，检验 $R=r'$ 是否成立，若成立则验证通过；否则验证不通过。

2.3.5 特殊数字签名

迅猛发展的电子商务涌现了大量的对数字签名实现功能的特殊要求，一般的数字签名方案已经不能满足这些特别的签名需要，这时便需要借助于特殊数字签名。下面简单介绍一些常用的特殊数字签名。

1)盲签名

当签名者签署一份不知道内容的文件时，就需要使用盲签名。盲签名具有匿名的性质，因而在电子货币和电子投票系统中得到了广泛的应用。

2)双重签名

双重签名是安全电子交易(SET)协议使用的一种数字签名方案。当签名者希望验证者只知道报价单，中间人只知道授权指令时，能够让中间人在签名者和验证者报价相同的情况下进行授权操作。

3)群签名

群签名是指允许一个群体中的成员以整个群体的名义进行数字签名，并且验证者能够确认签名者的身份。群签名中最重要的是群密钥的分配，要能够高效处理群成员的动态加入和退出。一般的群密钥的管理可以分为两大类别：集中式密钥管理(密钥管理员产生密钥并分发给每一个群成员)和分散式密钥管理(由所有群成员共同建立群密钥)。

4)门限签名

对于有 n 个成员的群体，至少有 t 个成员才能代表群体对文件进行有效的数字签名。门限签名通过共享密钥方法来实现，它将密钥分为 n 份，只有当将超过 t 份的子密钥组合在一起时才能重构出密钥。门限签名在密钥托管技术中得到了很好的应用，某人的私钥由政府的 n 个部门托管，当其中超过 t 个部门决定对其实行监听时，便可重构密钥。

5)代理签名

代理签名是指允许密钥持有者授权给第三方，获得授权的第三方能够代表签名持有者进行数字签名。1996 年 Mambo 首次提出了代理签名的概念，之后，代理签名开始被广泛研究。目前全权代理、部分代理和授权代理三种不同的代理机制被提出。

6)门限代理签名

为了控制代理签名中授权的第三方不会乱用签名，此方案将密钥分配给 n 个代理者，只有超过 t 个人联合时才可以重构密钥。通过这样的方法可以限制代理者的权限。可以看出，门限代理签名实际上是门限签名和代理签名的综合应用。

7)不可否认的门限代理签名

不可否认的门限代理签名用来防止门限代理签名中的 t 个签名者同谋重构签名，该方案中参与代理签名的 t 人均不可否认其签名。

8）报文还原签名

报文还原签名是指具有报文还原功能的数字签名方案，它使得签名收方利用签名资料便可还原消息。

根据签名用户的数量，还可以将数字签名方案分为单个用户签名的数字签名方案和多个用户签名的数字签名方案。一般的数字签名是单个用户签名方案，而多个用户的签名方案又称为多重数字签名方案。随着分布式网络系统的发展，在分布式环境中实现高效率、抗攻击的多重数字签名显得尤其重要。1983 年，Ltakurak 首次提出多重数字签名的概念并提出一个签名次数固定的签名方案。之后，各种不同的多重数字签名方案被相继提出，较流行的多重数字签名方案有广播多重数字签名和顺序多重数字签名两种。

9）多重数字签名

这是一种需要多人对同一文件进行签名后文件才生效的数字签名。多重数字签名与特殊签名中的门限签名不同，多重数字签名中的签名者均有自己不同的一对密钥，而门限签名中的签名者多人共享一个密钥；多重数字签名中的签名者以个人的名义签名，而门限签名中的签名者代表集体签名。

10）广播多重数字签名

发送者将消息同时发送给每一位签名者进行数字签名，签名完毕后将结果发送到签名收集者计算整理，最终发送给签名验证者。

11）顺序多重数字签名

消息发送者预先设计一种签名顺序，将这种签名按顺序发送到每一位签名者进行数字签名，最终发送给签名验证者。

12）基于 ID 号的多重数字签名

1996 年，Chou 和 Wu 提出了两种基于 ID 号的多重数字签名协议，分别适用于广播多重数字签名和顺序多重数字签名。该签名算法为每个签名者分配 ID 号，算法基于大数因子分解难度，使用认证机构 CA。1999 年，Narn-Yin Lee 提出了对这两种多重数字签名进行攻击的方法。

13）签名权限各异多重数字签名

该方案由 Harn 于 1999 年提出。其特征是参与签名的各人均持有不同的签名权限，所以系统可以识别每个签名者，但是不能保证每个签名者只有一个签名权限。

14）使用自鉴定公钥的 ELGamal 型多重数字签名

该算法由 Yuh-Shihng Chang 于 2000 年提出，它通过验证多重数字签名来进行公钥的鉴定。其优点是减少了一般签名算法将公钥保存在公钥基础设施 PKI 中而验证算法时必须先从 PKI 中检索得到公钥的过程，缺点是签名中需要较多的参数。

15）基于文件分解的多重数字签名

该方案由 Tzong-Chen Wu 于 2001 年提出。当对一个内容广泛、包含不同主体的文件进行多重数字签名时，可以按主题将文件分解为一些不相交的子文件，让各个签名者分别对自己熟悉的部分而不是对整个文件进行签名，验证时可以通过群体的公共密钥进行验证。该方案的安全性基于求离散对数问题的难度。这种方案的好处是即使有很多人参与签名，但每个人仅仅对子文件签名，就不会造成签名后的文件变得很大；并且由于在网络中仅仅传输给每个签名者需要签名的子文件，因此对网络的通信带宽要求也很低。其缺点是每次签名前必须人工地将文件分割成不同领域的子文件并将其分别传输给不同领域的签名者。

16）Internet 上顺序多重数字签名方案

该方案由 Motomi 和 Miyaji 于 2001 年提出，该方案允许签名者修改文件，并且签名顺序任意，还可以增加或减少签名者人数。这种方案的好处是适应在 Internet 上对文件进行签名的特点；签名人数和顺序可能事先无法估计。

17）报文还原 ELGamal 型多重数字签名方案

具有报文还原功能的多重数字签名方案，它使得多重签名接收方利用签名资料便可还原消息。

现在，以数字签名技术为基础的电子签名已经在许多机构、场合应用。《中华人民共和国电子签名法》由中华人民共和国第十届全国人民代表大会常务委员会第十一次会议于 2004 年 8 月 28 日通过，自 2005 年 4 月 1 日起施行。当前版本为 2019 年 4 月 23 日第十三届全国人民代表大会常务委员会第十次会议修正。

2.4 密钥管理

所有的密码技术，无论使用的是对称密钥密码系统还是非对称密钥密码系统，无论是用作基本的加密还是数字签名，最终依赖的都是密钥。这是因为在现代密码体制中，加/解密算法是公开的，对信息的保护取决于对密钥的保护，而不是对算法或硬件本身的保护，即一个密码系统的安全性取决于密钥的安全性。密钥的管理是复杂的，而且对安全起了决定性的作用。密钥管理的内容包括密钥的生成、分配、存储、保护、验证、更新、丢失、销毁及保密等多个方面，要让需要使用密钥的特定系统事先知道密钥，还要保护密钥不被泄漏或者替换。

所有的密钥都有时间期限，这主要有两个原因。

①密码分析。攻击者可以使用数学分析方法来进行密码分析从而破解密码系统，攻击者获得大量有效的密文可以帮助他们加快密码分析的速度。密钥使用时间越长，攻击者收集密文的机会就越多。

②密钥有可能被泄漏。有时攻击者会在回收站或者一些旧磁盘上找到可能的密钥，有时甚至更简单地通过诱骗或者收买等手段便能得到密钥。因此，缩短密钥的使用期可以减

少危险的发生。

某一对密钥的使用周期称为密钥周期。密钥周期通常由以下几个阶段构成:密钥生成、密钥修改、密钥保护、密钥封装、密钥恢复、密钥分发、密钥撤销。

2.4.1 密钥的生成、修改与保护

1)密钥的生成

新生成的密钥需要登记,包括将产生的密钥与特定的应用绑定在一起。例如,用作数字签名的密钥必须和签名者的身份绑定在一起。这个绑定必须通过某一授权机构来完成,电子商务应用中通常由认证中心 CA 来担任这个工作。

如果用一个弱的密钥产生办法生成密钥,那么秘密信息就非常不安全。人们在选择密钥时经常会选择一个弱密钥(如姓名、出生日期、出生地等信息)作为密钥。这种选择和生成密钥的方法很容易受到字典攻击:攻击者使用一本公用的密钥字典,首先尝试最可能的密钥——用户的姓名、简写字母、账户以及其他有关的个人信息;接着攻击者使用从各种数据库中得到的单词,包括姓名名单、地点、名人姓名、卡通人物、电影和小说的标题、体育活动、机器、粗话及各种不同的置换形式。这种攻击是非常有效的,甚至能破解一般计算机上 40% 的口令。因此,密钥的生成应具有随机性。随机性就是具有不可预测性,密钥空间中的每一个密钥出现的概率都应相同。比如要生成 128 位的密钥,则每个 128 位的密钥应具有相等的可能性。使密钥产生具有随机性的方法是:若采用随机源就可以产生随机密钥,则用随机数生成器来生成随机密钥;如果没有随机数生成器,那么采用伪随机数生成器,伪随机数生成器的随机源是随机数种子,从密钥管理的观点来看,随机数种子也必须是随机的。浏览器在每一次的 SSL 会话中,应用程序代码将收集到的时间、进程 ID 和上一级进程 ID 作为随机数种子以生成密钥。

密钥生成方法主要有不重复密钥生成法和重复密钥生成法两种。

(1)不重复密钥生成法

这种方法采用随机数生成器或伪随机数生成器来生成密钥。ANSI X9.17 标准规定了一种不重复密钥产生方法,如图 2.10 所示。用来产生密钥的加密算法是三重 DES。设 k 是密钥生成中使用的一个秘密密钥,$E_k(X)$ 表示用密钥 k 对 X 进行三重 DES 加密,V_0 是一个秘密的 64 位种子,T_i 是时间标记。生成随机密钥 R_i 的方法是,首先计算 $R_i = E_k(E_k(T_i) \oplus V_i)$,然后生成下一次用的秘密种子 V_{i+1},其计算方法是 $V_{i+1} = E_k(E_k(T_i)R_i)$。

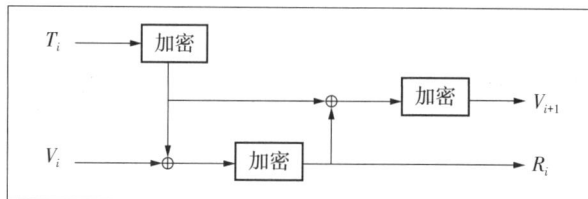

图 2.10 ANSI X9.17 密钥生成

这个算法产生 64 位的密钥。如果要产生 DES 密钥,简单调整每个字节的第 8 位奇偶性即可。如果要产生 128 位密钥,产生两个密钥后串接在一起即可。

(2)重复密钥生成方法

这种方法由一个初始密钥生成多个密钥。首先,如果初始密钥在密钥空间中是随机的,则由其生成的密钥也应该是随机的。其次,密钥生成的方法可以用迭代法,即可由一个初始密钥生成一个新密钥,接着再用新密钥作为初始密钥生成一个新密钥,依此类推,不断衍生出新的密钥。最后,密钥生成过程具有不可逆性,即由后继密钥不能推出其前导密钥。

2)密钥的修改

密钥的修改也称为替换密钥或者更新密钥,当一个合法的密钥即将过期时,就要使用密钥生成方法自动产生新的密钥。每生成一次新的密钥就需要进行一次新的密钥分发。

一种比较容易的解决办法是从旧密钥中产生新密钥。更新密钥使用的是单向函数。假设 A 和 B 共享使用同一密钥,那么他们可以使用同一个单向函数对密钥进行操作并得到相同的结果,从该结果中就可以得到新的密钥。但是,通过这种方法得到的新密钥只是与旧密钥一样安全,如果旧密钥泄漏,那么攻击者完全可以自己完成密钥更新功能,得到新密钥。

3)密钥的保护

人们对驻留在系统中的密钥采取物理的或者软件的保护措施。一般来说,网络节点中提供密码服务的密码装置要求是不可进入的封闭盒。密钥在最初产生、分发、安装、交换、恢复、撤销、传输以及被存储的过程中,不可以明文形式出现。

保护密钥安全的最直接的方法是让密钥驻留在密码装置之内,当密钥数量很大且经常需要修改时,这种方法的开销太大,几乎不可能实现。另一种可用的方法是由系统对这些密钥进行加密并控制它的使用。使用一个密钥来保护许多其他密钥的原理被定义为主密钥原理,极少量的主密钥驻留在密码装置之中将是安全、现实的。

数字信封技术用来保证密钥在传输过程中的安全。秘密密钥加密算法运算效率高,但密钥不易传递;而公开密钥加密算法密钥传递简单,但运算效率低,而且要求被加密的信息块长度要小于密钥的长度。数字信封技术结合了秘密密钥加密技术和公开密钥加密技术各自的优点,克服了秘密密钥加密技术中密钥的分发困难和公开密钥加密技术中加密所需时间较长的缺点,充分利用了秘密密钥加密技术的高效性和公开密钥加密技术的灵活性,保证了信息在传输过程中的安全性。

数字信封技术首先使用秘密密钥加密技术对要发送的数据信息进行加密,在这里还要附上加密者本人的数字签名,以确定加密者的身份。然后,利用公开密钥加密算法对秘密密钥加密技术中使用的秘密密钥进行加密。最后,将加密后的源文件、签名、加密密钥和时间戳放在一个信封中发送出去。数字信封技术是两层加密体制,在内层使用秘密密钥加密技术,每次传输信息都可以重新生成新的秘密密钥,以保证信息的安全性。在外层利用公开密钥加密技术加密秘密密钥,以保证秘密密钥传递的安全性。数字信封技术的应用使数据信息在公共网络中的传输有了安全保障。

2.4.2 密钥的封装和恢复

密钥恢复属于密钥备份的范畴。我们知道,加密的意义就在于信息没有密钥是不能恢复明文的,若解密密钥丢失或出于其他原因无法获得,要恢复加密了的数据就很困难。当出现以下3种情况时,我们便会感到束手无策。

①持有者不慎丢失密钥。例如,存有密钥的磁盘文件由于硬盘故障而丢失,或者用户忘记了从带保护的磁盘文件中恢复密码等。

②员工离开公司后可能会造成公司信息的丢失。因为员工可能出了意外无法或者出于不满而拒绝给出能恢复他加密公司信息所需要的解密密钥。

③法律需要强制执行或一些研究机构可能需要恢复加密的信息来支持其调查或其他活动。例如,法律执行机构有权依据法院指令,监听犯罪嫌疑人的通信信息,但需要获得解密密钥来还原截获的消息。

上述问题各不相同,但是解决这些问题的技术基本上是一样的,即需要有人持有敏感密钥的副本并在合适的情况下发放出来。为了在必要的情况下恢复数据加密密钥,必须在进行数据加密的同时以某种方式保存密钥信息,这就是密钥恢复。根据第三方持有密钥方式的不同,密钥恢复主要分为以下两种类型:

①密钥托管——采用由政府或一个可信赖的第三方机构来充当托管代理,持有用户真正的密钥或相应的密钥分量。

②密钥封装——采用若干个可信赖的第三方机构来获得以加密形式封装的密钥,并确保只有称为恢复代理的特定的可信赖的第三方机构可以执行解封操作以恢复埋藏在其中的密钥信息。

典型的密钥恢复系统有以下两种。

①美国的托管加密标准EES。美国政府于1993年4月颁布了具有密钥托管功能的加密标准EES,该标准规定使用专门授权制造的Clipper芯片实施商用加密。由美国国家安全局NSA主持开发的Clipper芯片实现了EES标准的防篡改性,其加密机制具有在法律许可时进行密钥合成的功能,可以用很少的代价破译密码。

②信息信托公司(TIS)的密钥恢复系统。此密钥恢复系统由数据恢复中心DRC和数据恢复字段DRF两种部件组成。DRC是由一个部门建立并为整个公司服务或者是由可信赖的联合单位建立并为公众提供服务的。DRF是附加在加密数据上的一个数据项,包含用户数据密钥的备份。当用户需要对加密数据进行紧急访问时,他首先从数据中提取DRF并将其传送到DRC,DRC在收到DRF后要求请求者提供其对数据的访问权,当验证请求者的访问权后,DRC用自己掌握的私钥解密数据密钥,并用保密协议返回给请求者,最后请求者使用此密钥解密数据。

2.4.3 密钥的分发和撤销

1)密钥的分发

密钥分发是指将密钥安全地发送到需要进行数据交换的交易伙伴双方而其他人无法看

到的方法。对于对称密码体制,当用户数量很少时,密钥分发问题很容易解决。但是当网络用户数量增大时,问题就变得非常复杂了,每个用户要保管好和不同交易伙伴通信所需要的不同密钥,并且可能还要经常更换密钥以防止攻击者知道密钥。相比之下,公开密钥体制的密钥管理比较简单,每个用户只需要保管好自己的私钥即可。

(1)对称密钥密码体制中密钥的分发

对称加密是基于共同保守秘密来实现的。对称加密技术要求通信双方必须采用相同的密钥并要求保证彼此密钥的交换是安全可靠的。实现对称密钥分发技术的方法有多种,对交换双方 A 和 B 来讲:①A 可以选择密钥并传送给 B。②由第三方选择密钥,并传送给 A 和 B。③如果 A 和 B 已经使用密钥,则一方可以用旧密钥加密新密钥,然后再传送给另一方。④如果 A 和 B 都与第三方 C 有加密连接,则 C 就可以通过对 A 和 B 的加密连接将密钥传送给 A 和 B。这是一种有效的密钥分发方法。

总的来说,密钥分发技术分为人工方式和自动方式两大类。人工方式分发密钥主要采用信使来传递密封邮件。自动方式主要有主密钥分发方式和密钥分发中心方式。主密钥分发方式将密钥分层,用高层次密钥保护低层次密钥。X9.17 标准将密钥分成两层,第一层是密钥加密密钥,第二层是数据加密密钥。密钥加密密钥用来加密需要分发的数据加密密钥,而数据加密密钥是用来加密需要保密传递的信息。密钥加密密钥通常采用人工方式分发。密钥分发中心方式在某个特定的网络中设置一个密钥分发中心(Key Distribution Center, KDC),网络通信用户的通信密钥由 KDC 集中管理和分配。网络中需要保密通信的用户各自都有一个和 KDC 共享的秘密密钥。如果两个用户 A 和 B 需要进行一次秘密会话,其方法如下。

①用户 A 向 KDC 请求一个与 B 通信的会话密钥。

②KDC 先产生一个随机会话密钥 K_s,接着分别用与 A 共享的秘密密钥 K_a、与 B 共享的秘密密钥 K_b 对 K_s 加密,得到 K_{sA} 和 K_{sB},并将 K_{sA} 和 K_{sB} 发送给 A。

③A 用与 KDC 共享的秘密密钥 K_a 解密 K_{sA},恢复 K_s。

④A 将另外一个未解密的 K_{sB} 发送给 B。

⑤B 用与 KDC 共享的秘密密钥 K_b 解密收到的未解密的 K_{sB},恢复 K_s。

⑥A、B 用 K_s 进行一次安全的会话。

(2)公开密钥密码体制中密钥的分发

在密钥管理问题上,虽然公开密钥密码体制将自己的加密密钥公开,但是公钥的完整性却是必需的,不允许攻击者使用其他数据冒充用户公钥,否则可能带来的问题是该密钥被恶意篡改,保密通信受到中间人攻击。因此,在公开密钥密码体制中进行安全密钥的分发最重要的问题是要确保公钥的完整性。

如何获取公钥呢? 假设交易伙伴双方是 A 和 B,A 想要得到 B 的公钥,那么第一种方法是 A 可以采用人工方式获得 B 的公钥,B 通过信使将密钥交给 A。第二种方法是 B 将其公钥 Email 给 A,A 可以用单向函数对该公钥生成一个 160 位的信息摘要并以 16 进制显示,这一特点称作密钥的指纹。然后 A 打电话给 B,让 B 在电话中对证指纹,如果双方一致,那么认可该公钥。

实现密钥分发的常用方法是数字证书。数字证书是一条数字签名的消息,它通常用于证明某个实体的公钥的有效性。数字证书具有一种公共格式,它将某一成员的标识符和一个公钥值绑定在一起。数字证书由一个大家都信任的证书权威机构的成员来签发,该成员称为认证中心(CA)。证书中除了包含密钥信息之外,还包含用户的姓名、地址、使用期限等信息。CA对证书的签名,证实了用户密钥的真实性。数字证书的类型有多种,它们包括以下4种。

①X.509公开密钥证书。

②简单PKI(Public Key Infrastructure)证书。

③PGP(Pretty Good Privacy)证书。

④属性(Attribute)证书。

使用数字证书的密码系统需要对证书进行管理。验证证书有效性是非常重要的,它检查证书管理者的公共密钥对证书是否有效,验证证书是否被修改、是否过期和是否被取消。

2)密钥的撤销

当密钥使用寿命已到必须更换时,就需要撤销旧密钥。密钥撤销包括清除旧密钥的所有踪迹。旧密钥在停止使用后,可能还要持续保密一段时间。例如,一段被加密的信息可能仍需要保密一段时间直到该信息不再有用为止。因此,密钥的机密性需要保持到该密钥保护的信息不再需要保密为止。在表明密钥的使用活动终结后,必须安全地撤销所有敏感密钥的副本,使得攻击者不可能通过研究旧的数据文件、存储内容或被抛弃的设备来确定出旧密钥。如果密钥是写在纸上的,那么必须完全切碎或烧掉;若密钥写在EEPROM硬件中,则应进行多次重写覆盖密钥;如果密钥固化成EPROM或者PROM硬件,那么应该粉碎芯片;如果密钥保存在计算机磁盘里,应多次重写覆盖磁盘存储的实际位置或将磁盘切碎。

2.5 身份认证技术

电子商务发展中的大部分问题和矛盾都集中在支付手段上。因此,技术上需要解决两大问题:安全传输问题和身份认证问题。安全传输问题是信息传输过程中遇到的安全问题;身份认证用于鉴别用户身份,即证实客户的真实身份与其所声称的身份是否相符。计算机网络系统的安全性取决于能否正确验证用户或者终端的个人身份。

传统的身份证明一般是通过检验"物"的有效性来确认该物对应的人的身份。"物"可以为徽章、工作证、信用卡、驾驶执照、身份证、护照等,其上含有个人照片(或者指纹、视网膜图样等),并有权威机构签章。这种依靠人工识别的身份验证方式正逐步被机器代替。在信息化社会中,随着信息业务的扩大,要求验证的对象集合也迅速扩大,密码、口令、密钥盘等均可作为验证身份的依据,因而大大增加了身份验证的复杂性和实现的困难性。

身份证明可以依靠下述3种基本途径之一或者它们的组合来实现。

①所知:个人所知道的或者所掌握的知识,如密码、口令等。

②所有:个人所具有的东西,如身份证、护照、信用卡、钥匙等。

③个人特征：如指纹、笔迹、声音、视网膜、虹膜以及 DNA 等。

电子商务不是面对面的交易，交易双方都无法直接确认对方的真实身份，交易伙伴是否值得信任成了电子商务交易中首先需要解决的难题。身份认证技术可以从身份的真实性和不可抵赖性两个方面来保证交易伙伴是值得信赖的。通过身份认证体系来确保交易双方身份的真实性；通过不可否认机制来确保交易双方事后都不可抵赖该次交易。身份认证可以是单方也可以是多方的，单方认证是通信一方对另一方的身份进行验证，而多方认证是通信双方彼此进行相互验证。

2.5.1　身份认证协议

身份认证系统一般由三方组成，一方是出示证件的人，称作示证者，又称申请者，由他提出某种要求；另一方是验证者，验证示证者出示证件的正确性和合法性，决定是否满足示证者的要求；第三方是攻击者，会窃听和伪装示证者骗取验证者的信任。认证系统在必要时也会有第四方，即可信赖的仲裁者参与、调解纠纷。身份认证体系应当满足以下要求。

①正确识别示证者的高概率性。

②攻击者伪装成功的小概率性。

③有效抵抗中间人攻击，验证者不可能重用示证者提供给他的信息伪装示证者。

④验证计算的有效性，验证身份时所需的计算量要小。

⑤通信有效性，为实现身份验证所需的通信次数和数据量要小。

⑥秘密参数安全存储。

⑦交互识别，示证者和验证者可以互相验证对方身份。

⑧仲裁者的实时参与，如在线公钥检索、在线黑名单检索等。

⑨仲裁者的可信赖性。

要制止通信窃取及重放等威胁，关键是认真设计身份认证协议。身份认证协议用来对系统有关的被验证方和系统本身之间的与验证有关的数据通信进行管理，它常常要依靠验证决策（通常指服务器系统的验证决策）来进行验证。验证协议一般建立在网络层协议或者应用层协议之上。

1）常用的身份认证技术

假定客户端的用户需要访问服务器，那么服务器可使用下列技术对用户进行身份认证。

（1）变换口令

用户给出的口令在客户端通过单向散列函数的处理成为变换后的口令形式，然后传送给服务器。服务器用同样的函数对其所存储的口令副本进行处理，若两个变换后的口令相同，则用户提供的是正确的口令值。采用单向散列函数后攻击者无法从传递的变换值中还原口令值。服务器只存储变换后的口令而不是明文形式的口令，这样可以使某些人入侵计算机并窃取口令的威胁减少。变换后的口令也容易受到字典攻击。攻击者编写一个常用口令表，然后用单向散列函数对所有口令进行运算并将结果存储起来，如果它们与从系统中偷出的加密口令相匹配，那么此口令就被破译。

（2）提问—应答

服务器向客户端发送一个称为提问的随机值,作为提问的随机值对于每个验证请求都是不同的,而用户的应答中必须包含该值。最简单的一种方法是将该随机值作为单向散列函数的附加输入来计算变换后的口令。服务器在处理用户应答的过程中,确认用户是否使用了正确的提问。这样可以防止重放攻击以及一般的字典攻击。

（3）时间戳

在从客户端到服务器的验证请求中嵌入正确的日期和时间,例如,将日期和时间作为单向散列函数的附加输入来计算转换后的口令。在处理应答时,服务器检查其所提供的时间是否合理。这是另一种防止重放攻击的方法。但它在实际应用中有一定的局限性,因为时间戳的应用依赖于系统必须具备安全、同步的时钟。如果发送者的时钟比接收者的时钟快,攻击者就可以利用这一时间差从发送者窃听消息,然后重放给接收者,这种重放将会造成一次相当成功的攻击(称为抑制重放攻击)。

（4）一次性口令

一次性口令类似于变换口令,但它可以防止重放攻击和窃取。因特网标准的一次性口令机制就是这方面的例子,它从 Bellcore 的 S/KEY 系统演化而来。从根本上说,这种机制还是一种变换口令的方法。用户的登录口令包含两部分:原始登录口令和一个整数 n。用户登录服务器时,客户端和服务器端都会对用户的登录口令执行 n 次某个单向函数,用户每登录一次,n 就减 1,每次生成一个不同的在线口令。服务器系统保存 n 的值和用户的原始登录口令。当用户登录服务器时,服务器也同时计算在线口令。当两个在线口令相同时,用户身份便得到认证。攻击者可以探测到一个在线口令,却不能生成下一个在线口令,因为单向函数是无法进行逆运算的。这种方法可以相对简单地在客户端和服务器系统中实施,而不需要任何一方存储明文形式的口令。

（5）数字签名

身份认证与数字签名密切相关,数字签名是实现身份认证的一个途径。数字签名是许多现代身份认证协议的基础。客户端通过对某个信息进行数字签名,或在信息的某个字段中使用数字签名,来证明其拥有某个特定的私人密钥。签名数据中还可以包含提问值或时间戳,由此来防止重放攻击。验证者只需使用示证者的公钥,便可以验证示证者的身份。值得注意的是:公钥虽然不适合对大量数据进行加密,但使用公钥对会话密钥或主密钥进行加密却是常用的。公钥的完整性非常重要,错误的公钥将导致秘密的泄漏。因此,用户公钥的管理在信息认证中显得举足轻重。

（6）零知识技术

零知识技术是以交互证明系统为基础的加密技术。该技术是一种不需要给出与信息有关的任何内容就能验证用户拥有该信息的方法。对于前面所列举的口令等身份认证技术,用户显示自己身份的信息等有可能在传输过程中被攻击者得到,攻击者便可以假冒用户从事非法活动。而零知识技术则可以使用户不透露身份的任何信息便可以使验证者确信用户拥有该身份。例如,单向散列函数就可以实现简单的零知识证明,用户需要向验证者证明自已拥有某份文件,但又不想将文件传送给验证者,便可以将文件的散列值传送给验证者。验证者通过计算自己手上文件的散列值,便可以确定用户是否拥有该文件。零知识技术的加密强度要比常规的加密技术强得多,而所需的处理资源则少得多。但许多零知识技术需要复杂的数据交换协议来传输较多的数据,而且要消耗大量的通信资源。

好的身份认证协议的设计通常结合上述多种技术,但事实证明这样的设计是很难实现的。除了要应付窃取和重放的威胁,身份认证协议还要考虑处理欺骗性威胁,即在配置中插入伪造的服务器系统。另外,还要考虑处理中间人攻击问题,即某个主动攻击者侵入两个系统之间的交换协议,随心所欲地读取、修改双方间传递的数据项。

验证协议常常与公开密钥密码算法结合在一起,以此来确保在正确的通信方之间建立起会话密钥。

2)常用的身份认证方法

(1)口令和个人识别码 PIN

口令(Password)是根据已知事务验证身份的方法,也是一种研究和使用最广的身份验证方法,如阿里巴巴打开魔洞的"芝麻开门"、军事上采用的各种口令以及现代通信网的接入协议等。当系统中用户较少时,每个用户可以分别拥有各不相同的口令,因而识别出口令就实现了个人身份的验证。当用户多时就不可能使每个用户得到各不相同的口令,系统中心则通过口令和个人身份的其他有关信息进行身份验证。几乎所有的个人身份验证机制都在一定程度上依赖口令。

对于基于口令的身份验证方法而言,其主要面临如下威胁。

①外部泄漏,攻击者通过电子系统或者网络以外的手段获得口令。

②猜测,攻击者不断试验不同的口令直到成功为止。

③通信窃取,如果用户通过通信线路或者网络传递口令时未加保护,则攻击者就可以通过监听通信内容来窃取口令。

④重放,即使口令是加密的,攻击者也很可能记录下加密的口令,然后伪装成合法的当事人重放。

⑤危及主机安全,攻击者渗透到含有口令数据库的计算机系统中。

要制止这些威胁需要有效的口令管理程序,需要进行有意识的培训,需要用户对自己的行为负责,还需要对系统设计进行认真仔细的验证。口令选择原则:易记、不难被人猜中或发现、抗分析能力强。在实际应用系统中,需要考虑和规定口令的选择办法、使用期限、字符长度、分配和管理以及在计算机系统内的保护等。在安全性要求较高的系统中,可采用随时间变化的口令。每次接入系统时都会有一个新口令,因而可以有效防止通信窃取和重放攻击。为避免危及主机安全攻击,个人身份和口令都不能以明文形式在系统中出现。

分发口令的安全性是极为重要的一环,通常采用邮寄方式。在安全性要求较高时,应该选派最可靠的信使传递。银行系统通常采用夹层信封,由计算机将口令印在中间纸层上,外边看不到,只有拆封才能读出。若用户收到的信封已被拆阅,可向银行声明拒用此口令。银行还会另外寄出一张磁卡,记录用户个人信息。用户只有两者均拥有才可以用它进行交易。

在网络环境下,只能传输口令的密文形式。

系统还可以采取一系列的控制措施来增加口令的安全性:不显示口令;限定口令有效期;限制口令试探次数;安全性较强的系统可以使用双口令;限制口令最小长度;封锁未授权的用户系统;特别保护系统管理员的 root 口令;由系统生成、分配口令给用户。

（2）个人令牌

个人令牌需要用户出示由个人正式持有的某种小型硬件设备。它的作用有些类似于钥匙,用于启动信息系统。该方法通常与申请人所知的某些事情(例如口令或 PIN 方法)结合使用。对攻击者来说,要想伪装成合法用户必须既知道 PIN 又得到令牌。

个人令牌可以采用不同的身份认证技术进行多种运作方式。

①存储式令牌。在令牌中存储某个秘密的数据值,当用户给出了正确的 PIN 时解开令牌锁后,再根据所采用的身份认证协议的需要来使用。

②数字签名令牌。令牌中含有持有数字签名所需要的私人密钥和运用该私人密钥对给定的数据值计算数字签名所需要的逻辑条件,可以将数字签名用在某个身份认证协议中。在生成数字签名之前,通常也要先给出正确的 PIN 来对令牌解锁。

③同步一次性口令生成器。令牌定期生成一个新的口令(如每隔一分钟生成一次),令牌持有者使用该口令对支持该验证方式的主机进行验证,一次性口令可以通过使用正确日期时间的单向函数和存储在令牌中的某个永久的秘密值来计算,但主机与令牌必须保持时间的同步。

④提问—应答。令牌运行在提问—应答协议的客户端,对目标主机传送来的提问值和存储在令牌中的永久秘密值运用单向函数进行运算,生成应答信息。令牌需要能抵御篡改以及能明显地察觉篡改,这样攻击者就很难探测令牌中所存储的秘密值或者克隆令牌。

令牌可以以各种物理的方式存在,如磁卡、人机界面令牌、IC 卡(存储器卡、逻辑加密卡和 CPU 卡)、PCMCIA 卡和 USB 令牌等。影响选择令牌物理形式的主要因素是令牌所需要的接口类型,需要考虑是否需要像电子接触接口这类专门的硬件接口或者可以简单采用人为接口。如果采用人为接口令牌,则总的花费可能比较少,因为不需要专门的接口硬件。一般地,在使用提问—应答式令牌或同步一次性口令生成器时,因为令牌传递数据量非常小,所以采用人为接口就很合适。但是,对于数字签名令牌,则必须采用硬件接口。

（3）生物统计方法

对于安全性较高的系统,由口令和个人令牌所提供的安全保障还不够完善,口令可能被泄漏,令牌可能丢失或被伪造。为此,可以在更高级的身份认证中采用生物统计学方法。生物统计学方法利用个人的某些生物特征或者行为特征来电子化地验证其身份。生物统计阅读器测量生理特征,并将测量的数值与规定值进行比较。个人特征有静态的和动态的,包括容貌、肤色、发质、身材、姿势、手印、指纹、脚印、唇印、颅相、口音、脚步声、体味、视网膜、血型、DNA、笔迹、习惯性签字、打字韵律及在外界刺激下的反应等。许多生物统计技术都是以加强对个人的验证为目标来进行开发的,有些可由人工鉴别,有些则需要借助仪器,并非所有场合都能采用。

有些个人特征会随时间变化,所以验证设备须有一定的容差。容差太小可能使系统经常不能正确认出合法用户,实际系统设计要在这两者之间作最佳折中选择。有些个人特征具有终生不变的特点,如 DNA、视网膜、虹膜、指纹等。个人特征具有因人而异和随身携带的特点,不会丢失而且难以伪造,极适用于个人身份认证。

尽管一些生物统计技术具有独特的强度,使得它们非常适合于某些特定范围内的应用,但是这种应用范围是非常狭小的。生物统计技术本身是不足以在安全电子商务中全面充当基本验证方法的。这是因为其安全性的强度和范围都非常有限,并且这类产品价格都比较高。当需要对身份进行特别强的验证时,可以利用生物统计技术来充当基本验证方法的补充(例如,可以用生物统计技术充当数字签名验证的补充)。

(4)Kerberos 认证机制

Kerberos 机制是基于对称加密系统的用户验证方法,它包含了复杂的验证协议。Kerberos 是麻省理工学院的雅典娜项目的一部分,雅典娜项目的目标是要建立一个基于客户机/服务器体系的强大的计算机教育网络。该客户机/服务器体系由大量的匿名工作站和相对较少的独立服务器构成。服务器提供例如文件存储、打印和邮件等服务,工作站主要用于交互和计算。系统希望服务器能够限定被授权用户访问,能够验证对服务器的请求。在此环境中,工作站存在如下 3 种威胁。

①用户可以访问特定的工作站并伪装成其他工作站用户。

②用户可以改动工作站的网络地址,伪装其他工作站发出请求。

③用户可以交换窃取信息并使用重放攻击来进入服务器或者进行破坏操作。

因此,一个完整的 Kerberos 环境包括 Kerberos 服务器、一组工作站和一组应用服务器,提供了工作站用户到应用服务器以及应用服务器到工作站的验证服务。

Kerberos 环境满足下列要求。

①Kerberos 服务器必须在其数据库中拥有所有参与用户的 ID(UID)和口令散列表。所有用户均在 Kerberos 服务器上注册。

②Kerberos 服务器必须与每一个服务器之间共享一个保密密钥,所有服务器均在 Kerberos 服务器上注册。

Kerberos 使用 DES 对称加密和在线验证服务器。每个当事人(合法的工作站用户)和每个应用服务器共享 Kerberos 服务器的对称密钥。客户端首先与 Kerberos 服务器通信,得到一个受保护的数据项,称为标签,然后将标签传送到应用服务器。客户端与 Kerberos 服务器之间的通信由其共享密钥保护。只有与 Kerberos 服务器共享正确的密钥的服务器才能翻译标签的结构。图 2.11 描述了 Kerberos 机制的处理过程。

Kerberos 体系包含 3 种信息交换顺序。

①验证服务交换(AS):这是客户机与 Kerberos 服务器之间的初次信息交换。客户机向 Kerberos 服务器发出访问应用服务器的请求,Kerberos 服务器响应,向客户机发送推荐的 Kerberos 服务器的标签。该交换通常发生在登录会话开始,即用户向客户端软件给出口令时,口令输入给某个单向函数来计算客户的秘密密钥。

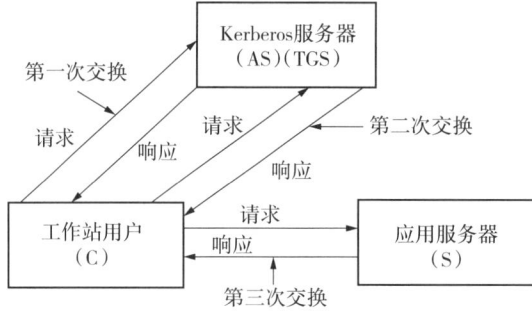

图 2.11　Kerberos 处理过程

②标签承认服务交换(TGS):这是客户机与某个称为标签承认服务器的 Kerberos 服务器之间的交换,交换时不需要使用客户的秘密密钥(客户系统可以在登录会话前删除所有与该敏感密钥有关的信息),而是使用在验证服务交换的早期所获得的标签。通过这一交换,客户可以获得进一步访问其他服务器所需要的标签。通常,标签承认服务交换发生在登录会话过程中客户需要访问一个新的服务器时。

③客户机/服务器验证交换(CS):这是客户端与实现客户端对服务器验证的,或者实现服务器对客户端验证的应用服务器之间的交换,交换时要使用在验证服务交换或者标签承认服务交换中获得的标签。AS 和 TGS 相继两次成功交换信息的结果是客户端和应用服务器共享由 Kerberos 服务器为它们生成的保密会话密钥。这为随后的多方验证和对通信会话的解密与完整性校验奠定了基础。

Kerberos 负责一个管辖区域(realm)。每一个辖区的 Kerberos 服务器与其他辖区内的 Kerberos 服务器之间共享一个保密密钥,两个 Kerberos 服务器互相注册。Kerberos 的吸引人之处主要在于它提供了较严格的保护和相对便宜的技术。Kerberos 第五版规范已经被 Internet 广泛采纳使用。与使用数字签名技术的现代身份验证方法相比,Kerberos 的缺点在于,它需要可信赖的在线服务器做 Kerberos 服务器,攻击者可以采用离线方式攻击用户口令,需要安全的同步时钟依靠时间戳来防止重放攻击,难以升级到任意多的用户规模。有的 Kerberos 认证机制结合了智能卡等基本用户身份认证技术,从而可以提供更高的安全性。

(5)基于公钥密码体制的身份认证

在基于公钥密码体制的身份认证机制中,服务器保存每个用户的公钥文件,所有用户保存自己的私钥。登录服务器时,基于公钥密码体制的身份认证机制按下列协议进行认证。

①服务器发送一个随机字符串给用户。

②用户使用自己的私钥对此随机字符串加密,并将此字符串和自己的名字一起传送回服务器。

③服务器在公开密钥数据库中查找用户的公钥,并使用公钥解密。

④若解密后字符串与第①步中发送给用户的字符串相同,则允许用户访问系统。

电子商务中用户的公钥由公钥机制 PKI 管理。公钥机制 PKI 是一种遵循 ITU-T X.509 标准的密钥管理平台,PKI 的基本机制是定义和建立身份认证和授权规则,然后分发、交换这些规则,并在网络之间解释和管理这些规则。PKI 体系结构把公钥密码和对称密码结合起来,在 Internet 上实行密钥的自动管理,保证网上数据的机密性。PKI 对数据加密、数字签名、数据完整性以及身份鉴别所需的密钥和认证实施统一的集中化管理,支持电子交易伙伴在网络环境下建立和维护平等的信任关系,保证网上在线交易的安全。它的核心内容就是为所有网络应用透明地提供采用加密和数字签名等密码服务所必需的密钥和证书管理。

PKI 由 PKI 用户、注册机构(RA)、认证机构(CA)、证书库和作废证书清单(CRL)等基本成分构成。RA 是证书的注册机构,是 PKI 的入口,负责受理 PKI 的服务申请,并将合法的申请上传给 CA。CA 是证书的签发机构,是 PKI 的核心。在使用公钥密码体制的网络环境中,CA 作为可信的机构对任何一个主体的公钥进行公证,其签名用来保证此公钥的确属于用户信息中所指定的用户。PKI 通过作废证书清单来进行作废证书的管理。各个 CA 周期性地发布作废证书列表,公布最新作废证书序号。

2.5.2 不可否认机制

有一些人面对自己做过的事实可能撒谎或为自己的利益着想作出否认,正因如此,不可否认机制一直是电子商务应用必不可少的组成部分。在传统的商务中,书面文件附上手写签名就是法律承认的签名者不可否认文件内容的实际例子。在电子商务领域,不可否认服务使通信用户可以防止另一方事后成功否认曾经发生过的交易事实。提供这种保护是通过收集有说服力的证据以便通过可信赖的第三方进行仲裁以解决争议。当然,从实践上看不可否认不是绝对的,它取决于包括可信赖的第三方所提供的服务在内的支持技术、程序和法律上的协议或机制的可靠性。

无论是双方还是多方通信,都包括两类主要的角色:发送方和接收方。不可否认机制也就相应地有 3 种类型:来源不可否认、接收不可否认和提交不可否认。来源不可否认是信息的发送方事后不可否认发送过该信息;接收不可否认是接收方事后不可否认接收过该信息;提交不可否认是指通信过程是否把有特定内容的特定消息提交到特定的目的地。

1)不可否认机制的实施阶段

为某一特定通信提供不可否认机制服务包括 5 个阶段,依次是:

①不可否认的请求。为了实现不可否认,通信的一方或者多方必须在消息的产生和送递之前同意使用不可否认机制服务,预先明确请求通信中使用不可否认机制,从而为提供不同程度的不可否认性生成必要的记录。

②生成记录。不可否认记录是否认争议中重要的证据形式,它记录了通信的生成或接收的历史数据。被认为可能否认通信的一方必须在记录的生成过程中提供事实依据,如记录包含通信内容的一部分副本、日期和时间等信息。这一过程可以由生成记录的一方自行进行,也可以由可信任的第三方参与实现。

③分发记录。在通信执行并已生成了适当的记录后,记录的发送方要将记录发送到使用的一方或各方。主要参与者可以使用可信任的第三方来接收、核实和保存记录。

④核实记录。接收方收到不可否认记录后,必须核实所得到的记录是否在即使发生争

议的情况下,也足以提供不可否认支持。安全电子商务实践和商业控制都要求这个核实过程应该是通信过程中的一项标准的程序,交易各方要确认不可否认证据符合已经制订的协议和标准。

⑤保留记录。核实记录的充足性以后,服务请求者或被指定的可信任的第三方必须保存好记录以方便以后可能使用的需要。

2)来源不可否认机制

来源不可否认机制帮助解决某一方是否生成了特定消息、何时生成的争议,假定生成消息就等于发送消息。来源不可否认机制通过提供在解决争议中使用的证据来保护接收者。

①来源不可否认机制涉及的争议如下。

A.接收者声称已经收到了一条消息,但被认定的发送者否认曾生成过该消息。

B.接收者声称收到的消息和被认定的发送者声明发送的消息不同。

C.接收者声称收到了一条在特定时间生成的特定消息,但被认定的发送者否认在该时间生成过那个特定消息。

②争议的真实情况有下面几种。

A.发送方在撒谎。

B.接收者在撒谎(或接收了误传)。

C.出现了计算机或者通信错误。

D.有攻击者介入欺骗了当事双方。

不可否认证据可以帮助排除计算机错误或攻击者介入的可能性。要想实现来源的不可否认,接收者必须要有能够把不同消息联系起来的证据(包括发送方的身份和消息内容)。此外,很多时候接收者还需要一些其他信息,如消息的生成日期和时间、接收者身份以及介入生成邮件或保留记录的可信任的仲裁者的身份。

③实现来源不可否认机制的方法有如下几种。

A.要求发送方对文件进行数字签名。消息的发送方对消息做数字签名,构成了不可否认记录。在记录核实阶段,由接收者确认数字签名,然后接收者留下数字签名和相应的消息,如图2.12所示。如果发送者以后否认曾发送了该消息的话,接收者就可以用他保留的经数字签名的消息来实现不可否认。接收者验证发送方数字签名时需要用到的公钥由可信赖的仲裁者提供,在电子商务中,由CA签署公钥证书来提供发送方的公钥,避免因公钥的有效性而引起纠纷。

B.通过可信任的仲裁者的数字签名来实现。应用可信任的仲裁者的数字签名,也可以实现来源的不可否认机制。仲裁者的数字签名可以单独使用,也可以配合消息发送方的数字签名一起使用。仲裁者独自使用数字签名时,该仲裁者即通过某种独立手段确认了发送方的身份,从而对消息来源进行了担保。在这种情况下,发送方把消息内容传送给仲裁者,仲裁者在原来的数据项上生成数字签名,原来的数据可能包括消息的内容、发送方的标志以及时间戳等信息,仲裁者把签署好的数据返回给发送方,发送方再传送给接收者,用作不可否认记录,如图2.13所示。

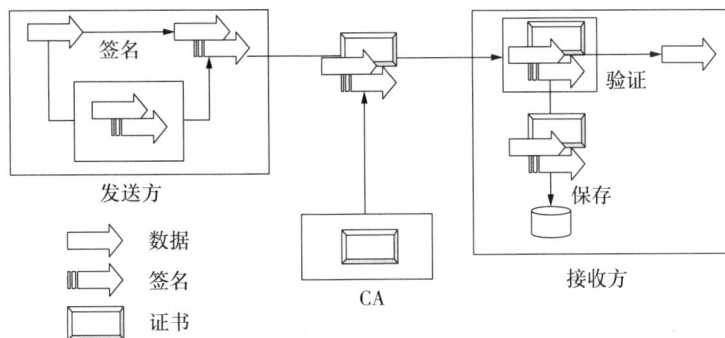

图 2.12 发送方的数字签名

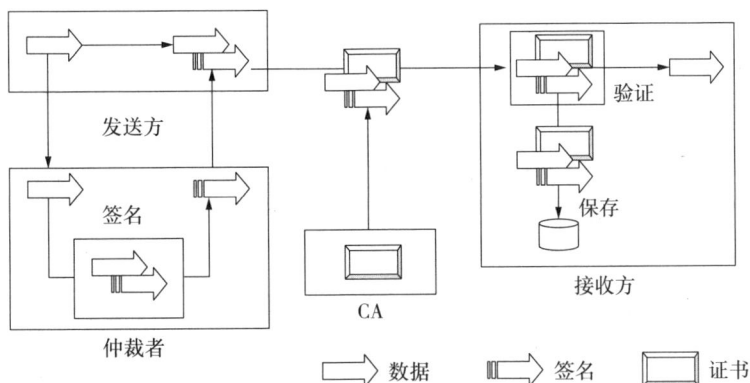

图 2.13 仲裁者的数字签名

在仲裁者添加数字签名之前,必须先核实记录的内容和来源以确认其真实性。发送方发出的记录必须有身份确认和数据完整性保护。仲裁者和发送方的数字签名可以一起使用。发送方把消息送给仲裁者之前自己先进行数字签名,仲裁者为发送方数字签名的有效性作担保。经仲裁者签署过的数据项也称为交易性证书。

C.通过可信任的仲裁者对消息摘要的数字签名来实现。这种方法是使用仲裁者的数字签名实现来源不可否认的一个变种,发送方先对消息内容用散列函数生成消息摘要,然后把消息摘要送给仲裁者,仲裁者将消息摘要、发送方标志以及其他数据生成自己的数字签名。该记录即为不可否认记录,它将被返回给发送方,由发送方传送给接收者。需要说明的是:仲裁者签署消息摘要可以减少网络中传输的数据量,同时有利于原始数据的保密。

D.内嵌可信任仲裁者的数字签名来实现。把仲裁者插入到发送方和接收方的通信路径上,也可以实现来源不可否认机制。仲裁者只要简单地获取和保存一份不可否认证据,以后便可以帮助解决对通信数据的来源、提交和内容方面的争议。内嵌可信任仲裁者的数字签名如图2.14所示。

作为证据的记录通常包括一份消息的副本或摘要、发送方和接收方的标志以及时间戳。在通信的发送方和仲裁者之间、在仲裁者和接收者之间需要应用数据完整性和消息来源确认服务。将仲裁者生成的数字签名作为不可否认记录的一部分,把签名后的消息传送给接收者确认和保存则是另一种内嵌仲裁者机制的变种。

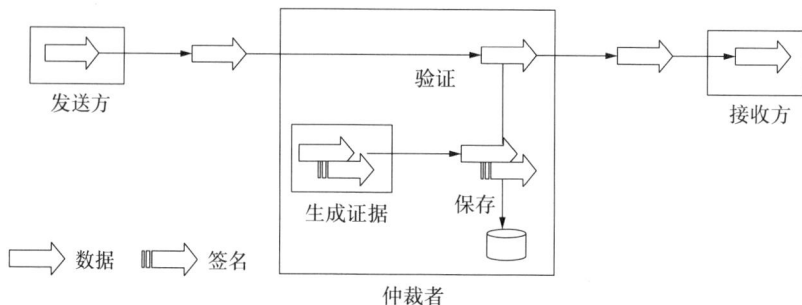

图 2.14　内嵌可信任仲裁者的数字签名

E.上述各种机制的有机组合。参与者可通过结合使用多种机制或者加入更多的手段来增加不可否认记录的强度。例如,可将不同系统产生的发送方的签名加上多个仲裁者的签名组合成一种机制。

3)接收不可否认机制

接收不可否认机制可以解决某一方是否收到特定消息、何时收到的争议。接收不可否认机制通过提供在解决争议中使用的证据来保护发送者。

接收不可否认机制涉及的争议有 3 条。

①发送者声称已经发出了一条消息,但被认定的接收者否认曾收到过该消息。

②发送者声称发出的消息和被认定的接收者声明接收的消息不同。

③发送者声称发送了一条在特定时间生成的特定消息,但被认定的接收者否认在该时间接收过此特定消息。

对于消息来源的争议,真实情况可能是某一方在撒谎、出现了计算机或通信错误、攻击者介入欺骗了他们。同样,不可否认证据可以帮助排除计算机错误或攻击者介入的可能性。要想实现接收的不可否认,发送者必须要有能够把不同消息联系起来的证据,至少包括接收方的身份和消息内容。此外,很多时候还需要消息发送的日期和时间、发送者的身份以及介入生成邮件或保留记录的可信任第三方的身份等信息。

实现接收不可否认机制的方法有以下几种。

①通过要求接收方对文件进行数字签名来实现。通过消息的接收方向发送方发送一份数字签名便可以实现接收不可否认机制。图 2.15 描述了这种机制的操作过程。

②通过可信任的接收代理来实现。这种方法将接收代理介入发送方和接收方之间的通信路径上,发送方把消息发送给接收代理,由接收代理将消息传送给接收方。这样可以防止某些接收方对某一通信不给出回执或者不按时发出回执。

③通过累进的接收报告来实现。在一些分布式通信应用中,有时候会涉及通过不同管理域来传递一份消息(如电子邮件)。这时,数据很有可能会在通信路途上丢失,而不能把责任归到任何一方。要解决这个问题,可以在通信线路的不同点上使用接收不可否认机制,将这些接收报告保存,便可提供完整的接收不可否认机制。

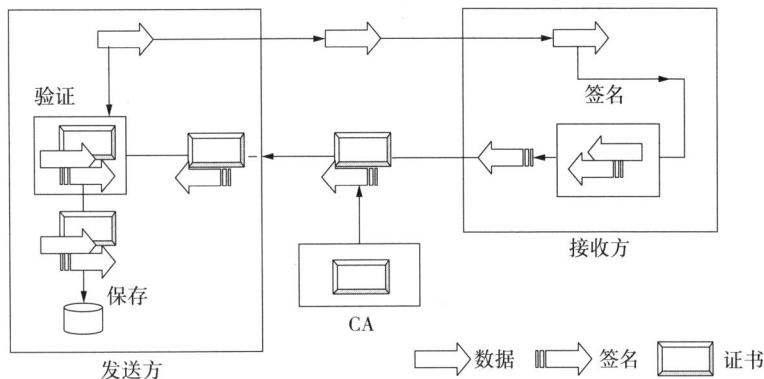

图 2.15　接收方签名的不可否认机制

4）提交不可否认机制

提交不可否认机制可以帮助防止和解决发送方和接收方是否传送或提交了特定信息、提交发生时间的争议。提交不可否认机制通过提供在解决争议中使用的证据来保护发送者。涉及的争议如下。

①发送者声称已经发出了一条消息，但被认定的接收者否认曾收到过该消息，而且认为发送者根本没有发送该消息。

②发送者声称发送了一条在特定时间生成的特定消息，但被认定的接收者否认在该时间接收过那个特定消息。

如果发送者和接收者所说的话都是真的，那么就是计算机或者网络系统出了故障或者攻击者欺骗了他们。提交不可否认机制对那些传送消息时间在法律上起关键作用的案例尤其有用。如，当在线交易的各方要向管理部门提交法庭文件或报告时，他们需要有力的证据来证明这些材料是准时的、或者是按某种特定顺序提交的。可以看出：在某些情况下，提交不可否认机制与接收不可否认机制类似，因而被视为后者的派生物。这两种不可否认机制都主要保护消息的发送者而不是接收者，它们的实施方法也相似。

2.6　信息认证技术

信息保密和信息认证有比较密切的关系，但二者是有区别的。信息的保密通过加密技术来实现，信息的认证通过认证技术来实现。但是，加密保护只能防止被动攻击，而认证保护可以防止主动攻击。被动攻击的主要方法是截取信息；主动攻击的最大特点是对信息进行有意的篡改，使其失去原有的意义。主动攻击比被动攻击更复杂、手段多、危害更大，后果也特别严重。信息认证用于保证数据通信双方的不可抵赖性和信息的完整性，它是指通信双方之间建立通信联系后，每个通信者对收到的信息进行验证以保证所收到的信息是真实的过程。

作为一种证实信息交换过程合法有效的手段，信息认证的工作主要有：

①证实报文是由其声明的发送者产生的。

②证实报文的内容在发出后没有被修改过（证实报文的完整性）。

③确认报文的序号和时间是正确的。

④如果收、发双方发生争执，那么仲裁者必须能够进行公正的裁决。由此可见，信息认证可使接收者识别信息的发送源、内容的真伪以及报文的时间。信息认证通常是基于密码体制进行的。身份认证与消息认证的区别是：身份认证一般都是实时的，通常证实消息来源无误、内容完整，而信息认证除了证实信息的合法性和完整性之外，还要知道信息的含义。

1）基于私钥密码体制的信息认证

假设电子商务交易通信双方为 A 和 B，A、B 的会话密钥（共享密钥）为 K_{AB}，M 为 A 发送给 B 的交易信息。基于对称密码体制的信息认证过程是：为防止 M 在公共信道传输时被窃取，A 首先将 M 加密后得到密文 $C = E_{K_{AB}}(M)$，然后再将 C 给传送 B；B 收到 C 之后，用会话密钥（共享密钥）为 K_{AB} 解密 C 还原 $M = D_{K_{AB}}(C)$。

因为 K_{AB} 为 A 和 B 的共享密钥，所以 B 可以确定 M 是由 A 发出的，即实现了信息来源认证。这种信息来源认证方法在认证的同时对信息 M 也进行了加密，但是这种方法不能提供信息的完整性鉴别。

单向散列函数则提供了一种很好的检验信息完整性的方法：发送方 A 先对 M 求单向散列值 $H(M)$，然后将 M 和 $H(M)$ 加密后得到 $C = E_{K_{AB}}(M | H(M))$，将 C 传送给 B；B 接收到 C 之后，使用 K_{AB} 解密 C 还原出 $M | H(M)$ 并验证附于消息 M 之后的散列值是否正确，从而既可认证信息的来源又可检验信息在传输过程中是否完整。

另外，为了检验信息的完整性，发送方还可以在信息中加入一个鉴别码并经加密后发送给接收方检验（有时只需加密鉴别码即可）。接收者利用约定的算法对解密后的信息进行运算，将得到的鉴别码与接收到的鉴别码进行比较，若二者相等则接收，否则拒绝。目前实现这种方法的基本途径是采用消息鉴别码（MAC，Message Authentication Code）。消息鉴别码也叫作数据鉴别码，它是由秘密密钥加密的单向散列函数。MAC 具有单向散列函数同样的特性，但 MAC 还包括一个密钥。只有拥有相同密钥的人才能鉴别这个散列值。这对在没有提供保密措施的情况下进行信息的完整性鉴别是非常有用的。将单向散列函数变成 MAC 的方法是用对称密码算法加密散列值。相应地，将 MAC 变成单向散列函数只需要将密钥公开即可。

2）基于公钥密码体制的信息认证

基于公钥密码体制的信息认证主要利用数字签名和单向散列函数技术来实现。假设 SA 为用户 A 的私钥，SB 为用户 B 的私钥，K_{PA} 为 A 的公钥，K_{PB} 为 B 的公钥，则 A 对信息 M 的散列值 $H(M)$ 的签名为 $Sig_{SA}H(M)$。A 将 M 和 $Sig_{SA}H(M)$ 发送给 B，B 通过 A 的公钥 K_{PA} 确认信息是由 A 所发出的，并且通过计算散列值还可以对信息的完整性进行鉴别。对需要保密信息的情形，A 可以使用 B 的公钥 K_{PB} 对信息进行加密，然后 B 可以使用自己的私钥 SB 对密文解密。

当然，在公钥体制下，为了检验信息的完整性，除了利用单向散列函数形成消息摘要的技术外，也可以采用传统的加入鉴别码的办法，即信息的发送者在消息中加入一个消息鉴别码(MAC),并用接收者的公钥加密后发送给接收者。接收者收到信息之后,首先使用自己的私钥解密,并经相应的算法对解密后的消息进行运算,将得到的鉴别码与收到的鉴别码相比较,若二者相等则接收信息,否则拒收。

2.7 访问控制机制

2.7.1 访问控制概述

访问控制是指控制访问电子商务服务器的用户以及访问者所访问的内容,限制访问者对重要资源的访问。访问控制是网络安全防范和保护的主要策略之一,它的主要任务是保证网络资源不被非法使用和访问。访问控制工作一方面限制访问系统的人员身份,这可以通过身份认证技术完成;另一方面限制进入系统的用户所做的工作,这可以通过访问控制策略(Access Control Policy)来实现。访问控制策略在系统安全策略级上表示授权,下面介绍访问控制的有关概念和策略。

主体(Subject)又称为发起者(Initiator),是一个主动的实体,是可以访问该资源的实体,通常指进程、程序或用户。客体(Object)是需要保护的资源又称为目标(Target),包括文件、设备、信号量等。主体和客体的关系是相对的。授权(Authorization)规定主体可以对客体执行的动作(例如读、写、执行或拒绝访问)。访问控制规定了主体对客体访问的限制,并在身份识别的基础上,根据客体的身份对其提出资源访问的请求加以控制。

主要的访问控制策略有:

1) 自主访问控制策略

自主访问控制策略可以用来控制用户对信息的访问。自主是指具有某种访问能力的主体能够自主地将访问权的某个子集授予其他主体。其依据是用户的身份和授权,并为系统中的用户和系统资源规定了用户允许对系统资源进行访问的方式(如读、写或者执行)。每个用户对系统资源进行访问的要求都要经过规定授权的检验,授权允许的就可以进行访问;否则禁止访问。自主访问控制策略的弹性使它们适合于多种系统和应用,因此被广泛使用,尤其在商业和工业环境中。然而,自主访问控制策略不能真正提供对系统中信息流的保护,因为攻击者要绕过授权中的访问权限是轻而易举的。例如,用户 A 具有对客体目标 O 的访问权限,而用户 B 没有对 O 的访问权限,但是用户 B 具有对用户 A 的访问权限。这样,用户 A 可以将客体 O 上的资源传递给用户 B,使不具备对 O 访问权限的 B 也可以拥有 O 的资源,从而产生安全漏洞。因此,自主访问控制的安全级别很低。

2) 强制访问控制策略

强制访问控制策略是在将系统中的用户与系统资源分类的基础上进行的控制访问。强制访问控制对系统各种客体进行细粒度的访问控制,即当用户或用户程序访问系统某个客体时,强制访问控制机制对这种访问的安全性进行检查。系统中的每个用户都属于某一安全级别。系统资源的安全级别反映了其中信息的敏感性,即信息未经许可的泄漏将导致的损害。用户的安全级别还反映了用户的可靠性,凭借这种可靠性,该用户不会把敏感信息泄漏给不允许获得该信息的用户。简而言之,安全级别就是等级组中的一个元素,这个等级组一般包括绝密(TS)、机密(C)、秘密(S)和非保密(U)。每个保密级别都控制本级别及其以下的级别。用户对系统资源的访问只有在其所处的安全级别符合某种关系时才被允许。

4 种强制访问控制策略如下:

①向下读取——用户的安全级别必须高于所读取系统资源的安全级别。

②向上写入——用户的安全级别必须低于所写入系统资源的安全级别。

③向下写入——用户的安全级别必须高于所写入系统资源的安全级别。

④向上读取——用户的安全级别必须低于所读取系统资源的安全级别。

利用上读/下写这两个策略,才能防止高层用户中的信息流入底层用户,从而保证信息的安全性。利用下读/上写这两个策略,可以保证数据的完整性。与自主访问控制策略不同,强制访问控制策略对用户及用户程序的行为进行限制,从而达到了更高的安全性。

3)基于角色的访问控制策略

基于角色的访问控制策略与其他访问控制策略不同之处在于基于角色的访问控制策略将用户分组,访问者的权限在访问过程中是变化的。角色访问控制与访问者的身份认证密切相关,通过确定该合法访问者的身份来确定访问者在系统中对哪类信息有什么样的访问权限。一个访问者可以充当多个角色,一个角色也可以由多个访问者担任。在特定的环境里,某一用户被分派一定的权限来访问网络资源;在另外一种环境里,这个用户又可以被分派不同的权限去访问另外的网络资源。角色对应特定主体或特定用户组。角色对应主体时,将特定角色操作的主体名与角色中取得的主体名相比较,以确定是否允许这个操作。当角色对应用户组时,则将特定角色操作中的组和角色中取得的组进行比较。

这种访问控制策略更便于授权管理、角色划分、职责分担、目标分级和赋予最小特权,也是访问控制发展的趋势。

2.7.2 访问控制机制

访问控制机制(Access Control Mechanisms)是访问控制策略的软硬件低层实现。访问控制机制与策略独立,可允许在一种访问控制策略中采用多种访问控制机制。可以使用包括入网访问控制、网络权限控制、目录级安全控制以及属性安全控制等多种手段来实现访问控制机制。

1)入网访问控制

入网访问控制为网络访问提供了第一层访问控制,它控制哪些用户能够登录到服务器并获取网络资源,控制授权用户入网的时间和准许他们在哪台工作站入网。用户的入网访问控制可以分为 3 个步骤:用户名的识别和验证、用户口令的识别和验证、用户账号的缺省限制检查。3 道关卡中只要任何一道未过,用户便不能进入网络。对用户的用户名和口令进行验证是防止非法访问的第一道防线。

2）网络权限控制

网络的权限控制是针对网络非法操作所提出的一种安全保护措施。用户和用户组被赋予一定的权限。控制用户和用户组可以访问哪些目录、子目录、文件和其他资源，可以指定用户能够对这些文件、目录、设备进行什么样的操作。权限控制有两种实现方式：受托者指派和继承权限屏蔽。受托者指派直接控制用户和用户组使用网络服务器的目录、文件和设备。继承权限屏蔽限制子目录从父目录那里继承哪些权限，就像一个过滤器。可以根据访问权限将用户分为特殊用户（系统管理员）、一般用户（系统管理员根据他们的实际需要为他们分配操作权限）和审计用户（负责网络的安全控制与资源使用情况的审计）。用户对网络资源的访问权限可以用访问控制表来描述。

3）目录级安全控制

网络允许授权用户对目录、文件、设备的访问。用户在目录一级指定的权限对所有的文件和子目录有效，用户还可以进一步对目录下的子目录和文件指定权限。对目录和文件的访问权限一般有系统管理员权限、读权限、写权限、创建权限、删除权限、修改权限、文件查找权限和访问控制权限。网络管理员应当为用户指定适当的访问权限，这些访问权限控制着用户对服务器的访问。上述 8 种访问权限的有机组合可以让用户有效地完成工作，同时能有效地控制用户对服务器资源地访问，从而加强了网络和服务器的安全性。

4）属性安全控制

当用文件、目录和网络设备时，网络系统管理员应给文件、目录等指定访问属性。属性安全在权限安全的基础上提供更进一步的安全性。网络上的资源都应预先标出一组安全属性。用户对网络资源的访问权限对应一张访问控制表，用以表明用户对网络资源的访问能力。属性设置可以覆盖已经指定的任何受托者指派和有效权限。属性往往能控制以下几个方面的权限：向某个文件写数据、拷贝一个文件、删除目录或文件，查看目录或文件、执行文件、隐含文件、共享文件以及系统属性等。

5）服务器安全控制

网络允许在服务器控制台上执行一系列的操作。用户使用控制台可以装载和卸载模块，可以安装和删除软件等。网络服务器的安全控制包括设置口令锁定服务器控制台以防止非法用户修改、删除重要信息或者破坏数据；设定服务器登录时间限制、非法访问者检测、关闭时间间隔。

服务器安全控制通常采用服务器认证方法实现。服务器认证就是验证想访问服务器的用户的身份，一般用数字证书进行验证。当服务器要求识别客户机和用户时，它会要求客户机发出一份证书。服务器可用多种方式对用户进行认证。

①证书是用户的许可证。如果服务器使用用户的公钥无法对证书的数字签名进行解密，就知道此证书不是来自真正的所有者。此过程防止了为进入安全服务器而伪造的证书。

②服务器检查证书上的时间标记以确认证书未过期，并拒绝为过期证书提供服务。

③服务器可以使用回叫系统，即根据用户名和为其指定的客户机地址的清单来核对用

户名和客户机地址。这种方法对客户机地址得到严格控制和管理的内部网是非常有用的，而对因特网进行系统管理则非常困难，因为用户可能在不同地点上网。但是，可信的认证中心所颁发的证书对客户机及其用户身份的确认起到了非常关键的作用。

用户名和口令的方法几十年来一直用于提供所属权限和安全的认证，它在一定程度上保护服务器，大多数操作系统都有用户名/口令的用户认证系统。服务器要采用用户名和口令对用户进行认证的话，就必须维护合法用户的用户名与口令数据库。这样的系统应允许增加或者删除用户，一般还提供口令更改工具和用户提醒工具以防忘记口令。

许多 Web 服务器系统都用固定格式的文件来存储用户名和口令。对于大型商务网站来说，由于成千上万的顾客要同时登录，不可能将用户名和口令存储在固定格式文件中，因此这些大网站一般会用工业级的数据库来存储用户名和口令。

服务器一般是以提供访问控制表的方式来限制用户的文件访问权限的。访问控制表是文件和其他资源，以及有权访问这些文件和资源的用户名的清单，每个文件都有自己的访问控制表。这样的系统对限制内部网服务器的文件访问非常方便，每人只能按照业务需要来访问指定的文件。服务器可以将文件访问分成读、写或运行等活动，从而对资源进行更细的控制。例如，允许某些用户阅读公司的企业概况，但不允许修改。

2.8 本章小结

本章主要介绍电子商务安全的基础——密码技术，包括加密和解密、数字签名、密钥管理、身份认证和信息认证等技术。

采用密码技术可以满足信息机密性的安全需求，避免敏感信息泄漏的威胁。当前主流的密码体制分为对称（私钥）和非对称（公钥）密码体制两种。对称密码体制的特点是解密密钥和加密密钥相同，密钥需要绝对保密。非对称密码体制的特点是加密密钥和解密密钥不同，加密密钥公开，而解密密钥保密。本章介绍了最具有代表性的几种密码算法，其中，DES 算法和 RSA 算法分别是对称密码和公钥密码算法，它们久经考验并得到广泛应用。SM4 是国内商业密码算法。而椭圆曲线密码体制 ECC 将是下一代主流的公钥密码体制，与 RSA 密码体制相比，它具有许多更好的特性。国内基于 ECC 制定了 SM2 算法，ECC 是密码算法研究和应用的一个重要的新方向，也是本章的一个学习难点。

数字签名是电子商务安全中的重要问题之一，手写签名的每一项业务都是数字签名的潜在市场。数字签名可以提供以下基本的服务：数据完整性（确保数据没有未授权的更改）、真实性（数据来源于其声明的地方）以及不可否认性。我国的电子商务应用中主要使用 RSA 数字签名技术，国际标准已开始使用 ECDSA，国内推荐使用 SM2，并开始在数字签名的实际应用中进行 RSA、DSA 向 ECDSA 的转变。

密钥管理是密码系统的一个重要组成部分，本章介绍了密钥生成、修改、封装、恢复、分发以及撤销等技术。密钥管理不仅影响系统的安全性，而且涉及系统的可靠性、有效性和经济性。身份认证和信息认证是密码技术在电子商务中的重要应用。

身份认证用于确定用户和自己申明的身份相一致,确保通信双方的不可抵赖性,系统的安全性常常取决于能否正确识别通信用户或终端的个人身份。

信息认证用于保证信息的完整性,主要通过数字签名和单向散列函数技术来实现。访问控制是网络安全防范和保护的主要策略,它的主要任务是保证网络资源不被非法使用和访问。

访问控制一是限制访问系统的人员的身份,这可以通过身份认证技术来完成;二是限制进入系统的用户所做的工作,这由访问控制策略来实现。访问控制机制是访问控制策略的软硬件低层实现。访问控制机制与策略独立,可允许在一种访问控制策略中采用多种访问控制机制。

本章涉及的知识点较多,难度较大,却是电子商务安全技术的重要基础知识。学好本章内容,对掌握后面相关章节的安全技术将有很大的帮助。

习题 2

1.简述对称密码系统和非对称密码系统的主要区别。

2.DES 的加密、解密迭代次数为什么是 16 次?

3.对大批量的数据文件,是采用对称密码系统(比如 DES)合适?还是采用非对称密码系统(比如 RSA)合适?

4.三重 DES 的加密密钥长度相当于多少位?

5.移动网络、无线网络、嵌入式系统应用的数字签名与认证是采用 RSA 密码系统好,还是采用 ECC 密码系统更好? 为什么?

6.我国常见的国家商用密码算法有哪些?

7.简述 SM4 算法的基本原理。

8.简述 SM2 加解密的基本原理。

9.简述数字签名的产生和验证过程。

10.简述对称密钥密码体制中密钥的分发过程。

11.身份认证的依据有哪些?

12.检测传输的数据信息是否被重放攻击,应采用身份认证技术还是信息认证技术?

13.用 RSA 算法如何实现基于提问/应答模式的双向身份认证?

14.DSS 数字签名采用的安全散列函数(算法)是 MD5 还是 SHA?

15.简述 Kerberos 身份认证的原理。

16.什么是不可否认机制? 简述不可否认机制与身份认证和数据完整性之间的关系。

17.访问控制机制中有哪些访问控制策略? 请简述其原理。

18.如果 n 个用户中任意 2 个用户之间采用 DES 系统进行数据保密通信,那么共需要多少个秘钥?

19.《中华人民共和国电子签名法》何时开始施行?

第3章
Internet 安全

现代电子商务系统的运作是基于 Internet 平台进行的。电子商务系统的安全依赖于 Internet 的安全。Internet 的安全技术、安全设施、安全策略和安全系统是解决电子商务安全和可靠性的基础。本章将介绍确保 Internet 安全的技术、设施、策略和系统等安全手段。这些安全手段包括防火墙技术、IPSec 协议和虚拟专用网、安全套接字层 SSL 协议、安全邮件协议、计算机病毒检测与防治、网络入侵检测系统以及区块链安全等,它们针对 Internet 的不同应用提供相应的安全策略,从不同的方面确保 Internet 的安全。

3.1 防火墙技术

防火墙(Firewall)是由计算机软件和硬件(如计算机、路由器)组合而成的一个或一组系统,处于企业或网络群体计算机与外界通道之间,用来加强 Internet 与内部网之间的安全防范。防火墙控制网络内外的信息交流,提供接入控制和审查跟踪,在外部网和内部网之间的界面构筑一个安全屏障。

3.1.1 防火墙的分类

1)包过滤技术(Packet Filter)

包过滤技术在网络层对数据包进行选择,如图 3.1 所示。选择的依据是系统内设置的访问控制表(Access Control Table)中描述的过滤逻辑。动态地检查 TCP/IP 数据流中每个数据包的报文类型、源 IP 地址、目的 IP 地址、所有 TCP 端口号、TCP 链路状态等因素,或它们的组合,然后依据一组预定义的规则删除不合乎逻辑的数据包。

包过滤技术一般由一个包检查模块来实现。包过滤可以安装在一个双宿网关上或一个路由器上,也可以安装在一台服务器上。数据包过滤防火墙能够控制站点与站点、站点与网络以及网络与网络之间的相互访问,但是它不能控制传输的数据包的内容。这是因为,数据包的内容是应用层数据,包过滤系统不能辨认。包检查模块位于操作系统的核心中,在操作系统或路由器转发包之前拦截所有的数据包。当把包过滤防火墙安装在网关上之后,则包过滤检查模块所处位置为系统的网络层和数据链路层之间。由于数据链路层表示实际中的网卡,网络层是第一层协议堆栈,因此防火墙位于软件层次的最底层。

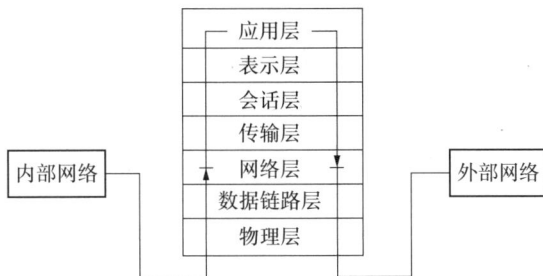

图 3.1　包过滤防火墙

　　包过滤防火墙利用检查模块来拦截和检查所有流经防火墙的数据,包括流入和流出的数据,其工作原理如下。检查模块验证这个包是否符合过滤规则,不符合规则的包要进行报警或通知管理员,并且丢弃不符合规则的数据包。防火墙将记录所有数据包的情况,无论是否符合过滤规则。对于丢弃的数据包,防火墙可以给发送方一个消息,也可以不发,这取决于包过滤策略。但如果都返回一个消息,攻击者可能会根据所拒绝的包的类型猜测包过滤规则的大致情况。因此,对于是否返回一个消息给发送者要慎重。

　　包检查模块能检查包中的所有信息,包括源 IP 地址、目的 IP 地址、协议类型(包括 TCP 包、UDP 包、ICMP 包等)、TCP 或 UDP 的源端口、TCP 或 UDP 的目的端口、ICMP 消息类型以及 TCP 包头中的 ACK 位。此外,TCP 的序列号、确认号、IP 校验和分割偏移也往往是需要检查的选项。

　　TCP 是面向连接的可靠传输协议,这是因为利用 TCP 协议通信的双方事先必须要建立起连接才能传输数据,并且通过以下 3 个条件来保证连接之后通信的可靠性:目标主机将按发送的顺序接收应用数据;目标主机将接收所有的应用数据;目标主机将不重复接收任何数据。对于错误的数据,采用重传的方法来保证数据的可靠到达。所以如果要阻止 TCP 的连接,仅阻止第一个连接请求包就够了,这是因为没有第一个数据包,接收端不会把后面的数据组装成数据流,并且不会建立起连接。

　　UDP 数据包中也包含源端口和目的端口,但与 TCP 数据包不同的是,UDP 数据包没有确认号、序列号、ACK 位等,所以 UDP 包的过滤特性和 TCP 包有所不同。包过滤防火墙无法检查 UDP 包是客户到服务器的请求还是服务器对客户的响应。要对 UDP 包进行过滤,防火墙应能够记住流出的 UDP 数据包,动态地过滤数据包。当一个 UDP 数据包要进入防火墙时,防火墙会检查它是否和流出的 UDP 包相匹配,若匹配则允许它进入,否则阻塞该数据包。UDP 返回包的特点是目的端口为请求包的源端口,目的地址为请求包的源地址,源端口为请求包的目的端口,源地址为请求包的目的地址。

　　ICMP 数据包用于主机之间、主机和路由器之间的路径选择、流量控制、差错控制和阻塞控制等,包过滤应根据 ICMP 的类型来进行过滤。ICMP 数据包被封装在 IP 包中。不同的消息类型用于不同类型的机器,如有的消息只能由路由器发出,由主机来接受。例如,当路由器禁止一个数据包通过时,通常路由器将返回一个 ICMP 报文给发送主机。黑客如果攻击内部网,通过分析返回的 ICMP 报文的类型可以知道哪种类型的数据包被禁止,他就可以大致分析出防火墙采用的过滤规则。因此,防火墙应该禁止返回有用的 ICMP 报文。

采用数据包过滤技术的防火墙通常安装在网络的路由器上,几乎所有的商用路由器都提供此项功能。这种基于路由器的防火墙比较简单易行、价格较低、对用户透明,对网络性能的影响很小。包过滤技术的缺点是没有用户的使用记录,这样就不能从访问记录中发现黑客的攻击记录。另外,它对 IP 欺骗式攻击无法防范,即黑客修改数据包头中的 Internet 协议地址,把 IP 地址改成可被接受的地址,以此骗取对企业内部网络的访问权限。

2)代理服务

在介绍代理服务防火墙之前,先介绍应用网关(Application Gateway)防火墙。应用网关防火墙在网络应用层上建立协议过滤和转发功能,如图 3.2 所示。它针对特定的网络应用服务协议,使用预先设定的数据过滤规则,并在过滤包的同时对数据包进行必要的分析、登记和统计,形成报告。在实际应用层网关防火墙时,通常将它安装在专用工作站系统上。

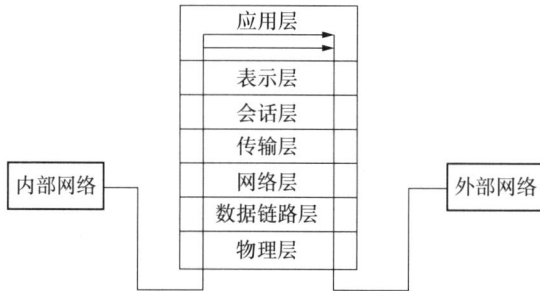

图 3.2　应用网关防火墙

应用网关防火墙和包过滤防火墙一样,仅仅依靠预定的规则来判定是否允许数据包通过。一旦数据包满足过滤规则,则防火墙内外的计算机系统建立直接联系,防火墙外部的用户就有可能直接了解防火墙内部的网络结构和运行状态,黑客们往往利用应用层网关防火墙这一特点对其内部网络实施非法访问和攻击。

针对包过滤技术和应用级网关技术存在的缺点,一种解决办法是将代理服务技术应用于防火墙的设计中。代理服务防火墙的特点是将所有跨越防火墙的网络通信链路分为两段,防火墙内外计算机系统间应用层的"链接"由两个代理服务器上的"链接"来实现,外部计算机的网络链路只能到达代理服务器,从而起到了隔离防火墙内外计算机系统的作用,如图 3.3 所示。此外,代理服务防火墙也对流经它的数据包进行分析、注册登记,形成报告,同时一旦发现网络有被攻击迹象时便通知网络管理员,并保留攻击痕迹。

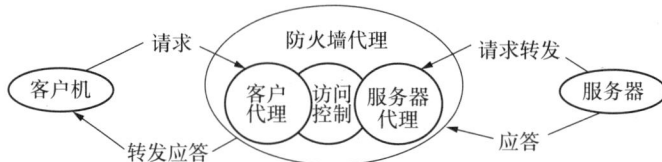

图 3.3　代理服务

代理服务技术针对每一个特定应用都有一个程序,它试图在应用层实现防火墙的功能,这和在网络层拦截所有信息流的包过滤技术完全不同。代理服务技术使得网络管理员能够实现比包过滤路由器更严格的安全策略:应用层网关对 Internet 服务进行管理,它采用为每种所需服务在网关上安装特殊代理编码(代理服务)的方式来实现管理,而不像数据包过滤技术那样利用检查模块来管理 Internet 服务在防火墙系统中的进出。这样,网络管理员就可以对服务进行全面的控制。如果网络管理员没有为某种应用安装代理编码,那么该项服务就不支持并且不能通过防火墙系统来转发。此外,管理员也可以根据需要配置代理编码。

双宿网关和堡垒主机都能够提供代理服务。用户只允许访问代理服务,但不允许注册到应用层网关中。这是因为如果允许用户注册到防火墙系统中,那么入侵者可能会在暗地里进行某些损害防火墙有效性的动作,防火墙系统的安全就会受到威胁。例如,入侵者可能获取 root 权限,在系统中安装木马程序来截取口令后便能够修改防火墙的安全配置文件。

提供代理的应用层网关主要有以下优点。

①应用层网关有能力支持可靠的用户认证并提供详细的注册信息。

②用于应用层的过滤规则相对于包过滤路由器来说更容易配置和测试。

③代理工作在客户机和真实服务器之间完全控制会话,所以可以提供很详细的日志和安全审计功能。

④提供代理服务的防火墙可以被配置成唯一的可被外部看见的主机,这样可以隐藏内部网的 IP 地址,保护内部主机免受外部主机的攻击。

⑤通过代理访问 Internet 可以解决合法的 IP 地址不够用的问题,因为 Internet 所见到的只是代理服务器的地址,内部不合法的 IP 通过代理可以访问 Internet。

然而,应用层代理也具有一些明显的缺点。

①代理服务器具有解释应用层命令的功能(如解释 FTP 命令、Telnet 命令等),因此,可能需要提供很多种不同的代理服务器(如 FTP 代理服务器、Telnet 代理服务器),并且所能提供的服务和可伸缩性是有限的。

②应用层网关不能为 RPC、talk 和其他一些基于通用协议簇的服务提供代理。

③应用层实现的防火墙会造成明显的性能下降。

④每个应用程序都必须有一个代理服务程序来进行安全控制,每一种应用升级时,代理服务程序一般也要升级。

⑤应用层网关要求用户改变自己的行为,或者在访问代理服务的每个系统上安装特殊的软件,比如,透过应用层网关的 Telnet 访问要求用户通过两步而不是一步来建立连接。不过,特殊的端系统软件可以让用户在 Telnet 命令中指定目标主机而不是应用层网关来使应用层网关透明。

从发展的观点来看,应用层代理网关适应 Internet 的通用用途和需要。但是,Internet 的环境在不断动态变化,目前新的协议、服务和应用不断出现,代理不再能处理 Internet 上的各种类型的传输,不能满足新的商业需求,不能胜任对网络高带宽和安全性的需要。

3）**状态检查**（State Inspection）

状态检查技术能在网络层实现所需要的防火墙能力。状态检查防火墙采用了在网关上执行网络安全策略的、称之为状态检测模块的软件引擎。检测模块在不影响网络正常工作的前提下，抽取相关数据来监测网络通信的各层，并将这些抽取的数据(称为状态信息)动态地保存起来作为以后制定安全决策的参考。检测模块能够对这些状态信息进行分析，更新状态数据和上下文信息，为跟踪无连接的协议提供虚拟的会话信息。防火墙根据从传输过程和应用状态所获得的数据以及网络设置和安全规则来产生一个合适的操作，要么拒绝，要么允许，或者加密传输。任何安全规则没有明确允许的数据包将被丢弃或者产生一个安全警告，并向系统管理员提供整个网络的状态。

状态检查防火墙是新一代的防火墙技术，它克服了包过滤和应用层代理两种方法的限制，通过不断开客户机/服务器的模式来提供一个完全的应用层感知。这种防火墙监视每一个有效连接的状态，并根据这些信息决定网络数据包是否能够通过防火墙系统。它在网络层截取数据包，然后分析这些数据包，并且将当前数据包及其状态信息和前一时刻的数据包及其状态信息进行比较，从而得到该数据包的控制信息，以达到保护网络安全的目的。并从这些接收到的数据包中提取与安全策略相关的状态信息，将这些信息保存在一个动态状态表中，其目的是验证后续的连接请求，这样提供了一个高安全性的方案，系统的执行效率提高并且具有很好的伸缩性和扩展性。另外，状态检查技术的另一个优点是它能够监测 RPC 和 UDP 之类的端口信息。

状态检查防火墙具有以下优点。

①状态检查防火墙工作在数据链路层和网络层之间，它从这里截取数据包，确保防火墙能够截取和检查所有通过网络的原始数据包。防火墙首先根据安全策略从数据包中提取有用信息，保存在内存中；然后将相关信息组合起来，进行判断，得到相应的操作(允许数据包通过、拒绝数据包、认证连接、加密数据等)。状态检查防火墙虽然工作在协议栈较低层，但它监测所有应用层的数据包，从中提取 IP 地址、端口号、数据内容等有用信息，这样安全性就得到很大的提高。

②这种防火墙不需要协议栈的上层处理任何数据包，系统减少了处理高层协议头的开销，执行效率提高很多；另外，在防火墙系统中一个连接一旦建立起来，就不用再对这个连接做更多工作，系统可以去处理别的连接，执行效率明显提高。

③防火墙系统不区分每个具体的应用，只是根据从数据包中提取出的信息、对应的安全策略及过滤规则处理数据包，当有一个新的应用时，它能动态地产生新应用的新规则，而不用像应用代理防火墙那样另外编写代码，所以具有很好的伸缩性和扩展性。

④状态检查防火墙不仅支持 TCP 的应用，而且支持基于无连接协议的应用。对于无连接的协议，连接请求和应答没有区别，包过滤和应用代理防火墙对此类应用要么不支持，要么开放一个大范围的 UDP 端口，这样暴露了内部网，降低了安全性。状态检查防火墙实现基于 UDP 的应用安全是通过在 UDP 通信之上保持一个虚拟连接来完成的。防火墙保存通过网关的每一个连接的状态信息，允许记录穿过防火墙的 UDP 请求包，当 UDP 包在相反方

向上通过时,依据连接状态表确定该 UDP 包是否被授权,若已被授权则通过,否则拒绝。如果在指定的一段时间内响应数据包没有到达、连接超时,则该连接被阻塞,这样所有的攻击都被阻塞,UDP 应用安全也就实现了。

3.1.2　防火墙体系结构

防火墙体系结构主要包括安全操作系统、过滤器、网关、域名服务和 E-mail 处理 5 个部分,如图 3.4 所示。

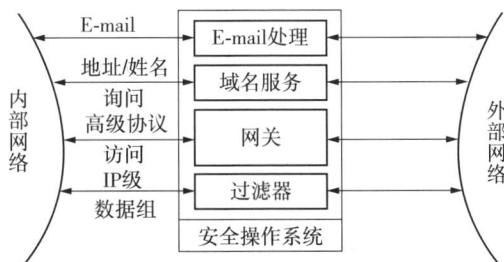

图 3.4　防火墙的组成

其中过滤器执行防火墙管理机构制定的一组策略规则,根据策略规则检验各数据组,决定是否放行。这些规则按照 IP 地址、端口号以及各类应用等参数来确定。有的防火墙可能在网关两侧设置两个内、外过滤器,外过滤器保护网关不受攻击,网关提供中继服务、辅助过滤器控制业务流,而内过滤器在网关被攻破后提供对内部网络的保护。防火墙本身必须建立在安全操作系统所提供的安全环境中,安全操作系统可以保护防火墙的代码和文件免遭入侵者攻击。这些防火墙的代码只允许在给定主机系统上运行,这种限制可以减少非法穿越防火墙的可能性。具有防火墙的主机在 Internet 界面上被称为堡垒主机。

3.1.3　防火墙的实施

1)屏蔽路由器防火墙

屏蔽路由器防火墙也称为包过滤路由器防火墙,它可以由厂家生产专门的路由器,也可以通过配置主机来实现。这种防火墙被放置于 Internet 和内部网络之间,是连接内外网络的唯一通道,所有的数据包都必须通过它的检查,如图 3.5 所示。在路由器上可以安装基于 IP 层的数据包过滤软件,实现数据包过滤的功能。包过滤路由器在内外网络之间完成数据包的转发,并利用包过滤规则来判断接纳或拒绝数据包。一般的过滤规则为:内部网络上的主机可以直接访问 Internet,但 Internet 上的主机对内部网络上的机器进行访问是有限制的。从外部来看,这种类型的防火墙系统对没有特别允许的数据包都拒绝。

屏蔽路由器防火墙价格低并且易于使用,但如果配置不当的话,路由器可能容易受到攻击,这是因为它允许在内部网络和外部网络之间直接交换数据包,使攻击可能会扩展到所有主机以及路由器所允许的全部服务器上。因此,这就意味着可以从 Internet 上直接访问的主机要支持复杂的用户认证,并且要求网络管理员不断地检查网络以确定网络是否受到攻击。

另外,若有一个包过滤路由器被渗透,则内部网络上所有系统都可能会受到损害。单纯由屏蔽路由器构成的防火墙的危险地带包括路由器本身以及路由器允许访问的主机。

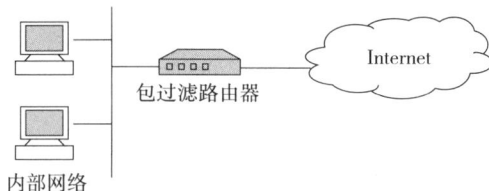

图 3.5　包过滤路由器防火墙

2) 屏蔽主机网关防火墙

屏蔽主机网关防火墙由包过滤路由器和堡垒主机组成,如图 3.6 所示。屏蔽主机网关防火墙实现了网络层安全(包过滤)和应用层安全(代理服务),入侵者在攻击内部网络之前,必须首先渗透两种不同的安全系统,因此它所提供的安全等级比包过滤防火墙要高。

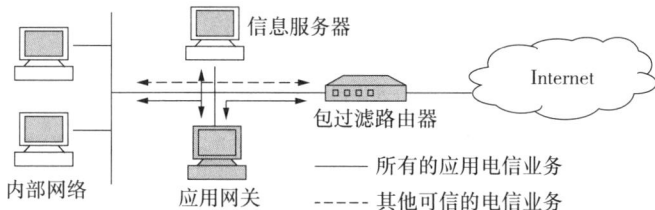

图 3.6　屏蔽主机网关防火墙

这种防火墙系统将堡垒主机配置在内部网络上,而包过滤路由器则放置在内部网络和 Internet 之间。将过滤规则配置在路由器上,使得外部系统只能访问堡垒主机,而发给内部网络中其他主机的信息全部被阻塞。堡垒主机成为从外部网络唯一可直接访问的主机,这样就确保了内部网络不受未被授权的外部用户的攻击。由于内部主机与堡垒主机处于同一网络,因此内部网络中的主机是采取直接访问 Internet 还是使用堡垒主机上代理服务的方式来访问 Internet,需要由有关的安全策略来决定。通过在路由器配置过滤规则使 Internet 只接受来自堡垒主机的内部数据包,就可以强制内部用户使用代理服务。

屏蔽主机网关防火墙的优点如下。

①如果受保护网络是一个没有子网和路由器的虚拟扩展本地网,那么内部网络的变化不影响堡垒主机和屏蔽路由器的配置。

②可以将提供公开信息服务的服务器(如 Web 服务器、FTP 等)放置在由包过滤路由器和堡垒主机共用的网段上。如果要求特别高的安全特性,那么可以让堡垒主机运行代理服务以使得内部和外部用户在与信息服务器通信之前必须先访问堡垒主机;否则,将路由器配置成让外部用户直接访问公共信息的服务器。

3) 双宿主机网关防火墙

双宿主机网关防火墙采用了在一台堡垒主机上安装两块网卡的方法对内部网络进行保

护。两块网卡分别与内部网络和外部网络相连,如图 3.7 所示。在堡垒主机上安装并运行防火墙软件可以转发应用程序和提供有关的服务。

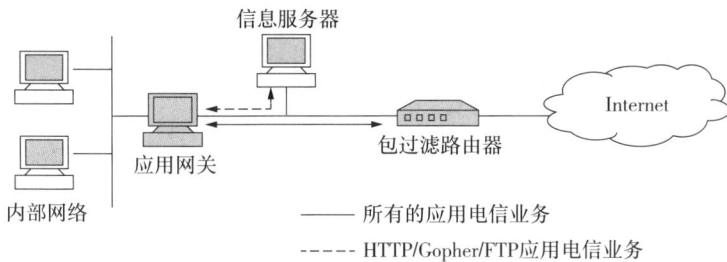

图 3.7　双宿主机网关防火墙系统

对于双宿主机网关防火墙,堡垒主机是唯一能从 Internet 上直接访问的内部资源,因此内部系统中只有堡垒主机本身可能受到攻击。如果允许用户注册到堡垒主机,那么整个内部网络上的主机都会受到被攻击的威胁。这是因为如果允许注册、入侵者侵入堡垒主机并将其配置修改为只具有路由功能,那么外部网络上的任何用户均可以随便访问内部网络。因此,保证堡垒主机的牢固可靠、避免被渗透和不允许用户注册是至关重要的。

4)屏蔽子网防火墙

屏蔽子网防火墙在内部网络和外部网络之间建立一个被隔离的子网,利用两台分组过滤路由器将这一子网分别与内部网络和外部网络隔开,在子网内构成一个"非军事区"DMZ,网络管理员将堡垒主机、信息服务器以及其他公用服务器配置在这个子网中,如图 3.8所示。内部网络和外部网络都可以和被屏蔽的子网进行通信,但它们不能穿过被屏蔽子网直接通信。屏蔽子网中唯一可访问的是堡垒主机,它能够支持终端交互或作为应用网关代理。

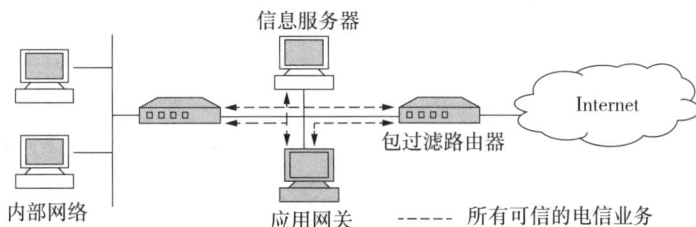

图 3.8　屏蔽子网防火墙

对于来自 Internet 的信息,与 Internet 相连的路由器用于防范通常的外部攻击并管理Internet 到 DMZ 网络的访问,它只允许外部系统访问堡垒主机或者信息服务器;而与内部网络相连的路由器提供第二层防御,只接受源于堡垒主机的数据包,对 DMZ 到内部网络的访问进行管理。对于去往 Internet 的数据包,与内部网络相连的路由器管理内部网络到 DMZ网络的访问,它允许内部系统只访问堡垒主机或信息服务器;而与 Internet 相连的路由器只接收来自堡垒主机的去往 Internet 的数据包,并利用代理服务技术对这些数据包进行管理。

配置屏蔽子网防火墙系统的优点是：

①入侵者必须突破或渗透外部路由器、堡垒主机和内部路由器 3 个不同的设备才能入侵内部网络。

②由于外部路由器只向 Internet 通告 DMZ 网络的存在，所以对于 Internet 上的系统来说，内部路由器以及内部网络是"不可见"的。

③由于内部路由器只向内部网络通告 DMZ 网络的存在，内部网络上的系统不能直接通往 Internet，这样就保证了内部网络上的用户必须通过驻留在堡垒主机上的代理服务才能访问 Internet。

④包过滤路由器直接将数据发送给 DMZ 网络所指定的主机，这样就不需要将堡垒主机设置成双宿堡垒主机。

⑤由于 DMZ 网络与内部网络不同，将网络地址转换器安装在堡垒主机上，从而能够避免对内部网络进行重新编址或重新划分子网。

攻击者试图攻击设置了屏蔽子网防火墙的内部网络的话，他必须完全破坏防火墙，包括堡垒主机、子网主机及连接内部网络、外部网络和屏蔽子网的路由器。如果系统禁止网络访问路由器或只允许内部网络中的某些主机访问它，那么在这种情况下攻击者必须先侵入堡垒主机，然后攻击内部网络的主机，再返回来破坏屏蔽路由器，同时在整个过程中不能引发警报，这样做是比较困难的。因此，屏蔽子网防火墙具有较高的安全性。

5）安全服务器网络防火墙

安全服务器网络防火墙采用分别保护的策略对内部网络实施保护。在堡垒主机上安装 3 块网卡，防火墙系统把公共服务器设置为一个独立的网络并与堡垒主机上的其中一块网卡相连，另外两块网卡分别与 Internet 和内部网络相连。这时，公共服务器既是内部网络的一部分，但又与内部网关完全隔离，这就是安全服务器网络技术，如图 3.9 所示。

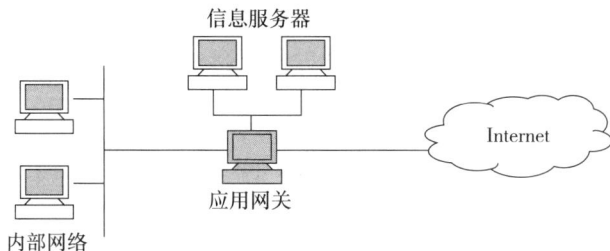

图 3.9 安全服务器网络

安全服务器网络防火墙提供的安全性要比屏蔽子网防火墙好。这是因为安全服务器网络与外部网络和内部网络之间都有防火墙保护，一旦安全服务器网络受到破坏，内部网络仍会处于防火墙的保护之下；而屏蔽子网防火墙一旦受到破坏，内部网络便暴露于攻击之下。

在实际应用中，究竟采用哪种防火墙，主要取决于网络向用户提供什么样的服务以及网络能接受什么等级的风险，还要取决于经费、投资的大小或技术人员的技术、时间等因素。

3.2 IPSec 和虚拟专用网

3.2.1 IPSec 协议

IPSec 是 IETF 于 1998 年 11 月公布的 IP 安全标准。其目标是为 IPv4 和 IPv6 提供具有较强的互操作能力、高质量和基于密码的安全。IPSec 在网络层上对数据包进行高强度的安全处理,提供数据源验证、无连接数据完整性、数据机密性、抗重播和有限业务流机密性等安全服务。IPSec 协议对 IPv4 是可选的,对 IPv6 是强制性的。

IPSec 规范中包含大量的文档。其中最重要的是在 1998 年 11 月发布的。

①RFC 2401:安全体系结构概述。

②RFC 2402:包身份验证扩展到 IPv4 和 IPv6 的描述。

③RFC 2406:包加密扩展到 IPv4 和 IPv6 的描述。

④RFC 2408:密钥管理能力规范。

1)IPSec 体系结构

IPSec 的体系结构如图 3.10 所示。

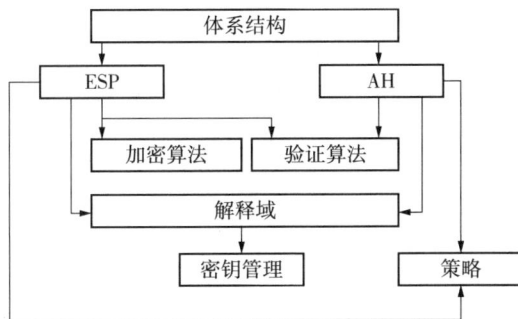

图 3.10　IPSec 体系结构

IPSec 的体系结构各部分包括以下内容:

①体系结构,包括一般的概念、安全需求、定义以及定义 IPSec 技术的机制。

②封装安全有效载荷 ESP(Encapsulating Security Payload),使用 ESP 进行包加密的报文包格式和一般性问题,以及可选的认证。

③验证头 AH(Authentication Header),使用 AH 进行包认证的报文包格式和一般性问题。

④加密算法,描述各种加密算法如何用于 ESP 中。

⑤验证算法,描述各种身份验证算法如何用于 AH 和 ESP 身份验证选项中。

⑥解释域,彼此相关各部分的标志符及运作参数。

⑦密钥管理,Internet 密钥交换协议 IKE(Internet Key Exchange)是默认的密钥自动交换协议。

⑧策略,决定两个实体之间能否通信以及如何进行通信,策略的核心由安全关联 SA(Security Association)、安全关联库 SAD(Security Association Database)、安全策略库 SPD(Security Policy Database)3 部分组成,策略部分是唯一尚未成为标准的组件。

2) **安全关联** SA(Security Association)

安全关联 SA 是 IP 的身份认证和保密机制中最关键的概念。一个 SA 就是通信发送者和接收者之间的一个单向关系。如果需要对等关系,即双向安全交换,则需要两个 SA。SA 用一个三元组(安全参数索引,目的 IP 地址,安全协议标志符)来唯一标识:

①安全参数索引 SPI(Security Parameters Index)是分配给该 SA 的一个位串,并且只有在本地有效,SPI 出现在 AH 和 ESP 报头中,使接收系统在处理一个收到的数据包时选择 SA。

②目的 IP 地址(IP Destination Address)是该 SA 的目标终点的地址,它可以是一个最终用户系统或一个网络系统,如防火墙或路由器。虽然原则上讲,目的 IP 地址可以是单播地址、广播地址或多播地址,但是目前的 SA 管理机制只支持单播地址的 SA,所以以下的讨论只限于点到点的通信。

③安全协议标志符(Security Protocol Identifier)指出关联是否是 AH 还是 ESP 的安全关联。

因此,任何 IP 包中,SA 是由 IPv4 或 IPv6 头中的目的地址和内部扩展头(AH 或 ESP)中的安全参数索引所唯一标识的。

每一个 IPSec 在处理 IP 业务流时没有统一的标准,但为了确保互操作性,IPSec 提供了 SA 的通用模型,包括安全关联库 SAD、安全策略库 SPD 和选择符(Selector)。其中,SAD 定义了与每一个活动的 SA 相关联的参数,这些参数如下:

①序数计数器(Sequence Number Counter),它是 32 位值的字段,用于生成 AH 或 ESP 头中的序数。

②计数器溢出位(Sequence Counter Overflow),表明序数计数器是否溢出,如果溢出,将生成一个可审核的事件,并禁止该 SA 下一步的包传送。

③反回放窗口(Anti-replay Window),用于判断入站的 AH 或 ESP 包是否回放。

④身份验证报头信息(AH Infomation),包括认证算法、密钥、密钥生存期以及与 AH 一起使用的其他参数。

⑤加密报头信息(ESP Information),包含加密和认证算法、密钥、初始值、密钥生存期以及与 ESP 一起使用的其他参数。

⑥SA 的生存期(Lifetime of this Security Association),它为时间间隔或字节计数,到期时一个 SA 必须用一个新的 SA 替换或终止,并且指示所发生的活动。

⑦IPSec 协议模式(IPSec Protocol Mode),包括隧道、运输和通配符。

⑧通路 MTU(Path MTU),指任何遵从的最大传送单位和老化变量。

IPSec 策略为用户提供了很大的灵活性,因此其服务可应用于 IP 数据报。对每一个数据报(无论进入或外出)都有 3 种可能的处理:被丢弃、应用 IPSec 以及绕过 IPSec。在 IPSec 中,SPD 对如何处理 IP 数据报进行明确的规定,并且说明采取何种方式实施保护。SPD 定

义了 IP 数据报和数据报所需的 SA。每一个 SPD 都由一组 IP 和上层协议字段值定义,称为选择符。这些选择符用来过滤外出的数据包,以便将它映射为特定的 SA。这些选择符包括以下内容:

①目的 IP 地址(IPv4 或 IPv6),该地址可能是单一 IP 地址或者一个地址范围(形式有数值范围、地址+掩码、通配地址等),地址范围用于多个目的系统共享一个 SA(如网关内的主机)。

②源 IP 地址(IPv4 或 IPv6),与目的 IP 地址相似。

③操作系统中的用户标志(User ID)。

④数据敏感级别(Data Sensitivity Level),用于向系统提供数据报的安全性。

⑤传输层协议(Transport Layer Protocol),它从 IPv4 头中的协议字段或 IPv6 的下一个头字段中获得。

⑥源/目的端口,它们可以是单独的 TCP 或 UDP 端口值或一个通配符端口。

通信双方如果要用 IPSec 建立一条安全的传输通路,那么需要事先协商好将要采用的安全策略,包括使用的加密算法、密钥、密钥的生存期等。当双方协商好使用的安全策略之后,双方就建立了一个 SA。SA 可以进行传输模式和隧道模式的组合。传输模式的 SA 用于两台主机间。在 IPv4 中,传输模式的安全协议头插入到 IP 包头之后、高层传输协议之前。在 IPv6 中,该模式的安全协议头出现在 IP 头及 IP 扩展头之后、高层协议头之前。目的 IP 地址选项可以放在安全协议头之前或之后。

隧道模式的安全关联主要针对关联双方中至少有一方是安全网关的情况。通过安全网关时,IPSec 报文要进行分段和重组操作,并且可能要经过多个安全网关才能到达安全网关后面的目的主机。因此,在这种情况下最好使用隧道模式,"外部" IP 头指明进行 IPSec 处理的目的地址,"内部" IP 头指明最终的目的地址。安全协议头出现在外部 IP 头和内部 IP 头之间。ESP 和 AH 都支持这两种模式,有关的细节将在以下的内容中进行介绍。

3)封装安全载荷 ESP

ESP 协议主要用来处理对 IP 数据包的加密,此外对认证也提供某种程度的支持。ESP 是与具体的加密算法相独立的,几乎可以支持各种对称密钥加密算法,如 DES、TripleDES、RC5 等。为了保证各种 IPSec 实现之间的互操作性,目前 ESP 必须提供对 56 位 DES 算法提供支持。ESP 协议数据单元格式如图 3.11 所示。

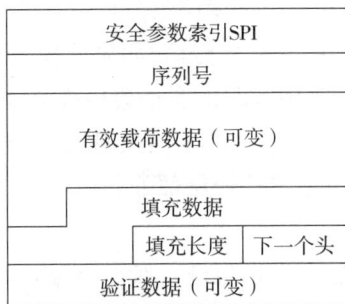

图 3.11 ESP 协议数据单元格式

ESP 各字段分别表示：

①一个 32 位值的 SPI,它用来标志发送方处理 IP 数据包时使用的加密策略,当接收方看到这个信息就知道对收到的 IP 数据包应该如何处理。

②序列号,它是 32 位的单调递增的计数器值,用来区分使用同一组加密策略处理不同的数据包,提供反重放功能。

③有效载荷数据(可变),在传输模式下,它属于传输层的部分;在隧道模式下,它是被加密的 IP 包。

④填充数据,它占据 0~255 字节,主要用来扩展明文长度,保证密文为 32 位的整数倍数来靠右对齐填充长度和下一个头字段。

⑤8 位的填充长度,指出该字段即将处理的填充字节数。

⑥下一个头,占 8 位,用来指出有效负载部分使用的协议,可能是传输层协议 TCP 或者 UDP,也可能是 IPSec 协议 ESP 或者 AH。

⑦验证数据(可变),它的字段长度可变但必须是 32 位的整数倍数。

使用 ESP 进行安全通信之前,通信双方需要先协商好一组将要采用的加密策略,包括使用的算法、密钥以及密钥的生存期等。通常,ESP 可以作为 IP 的有效负载进行传输,IP 的头指出下一个协议是 ESP,而非 TCP 或者 UDP。由于采用了这种封装形式,因此 ESP 可以使用原有的网络进行传输。

前面已经提到用 IPSec 协议进行加密可以有两种工作模式,这就意味着 ESP 协议有传输模式和隧道模式两种工作模式。

(1)传输模式

ESP 的传输层模式操作为所有使用它的应用程序提供机密性。ESP 的传输模式如图 3.12所示。

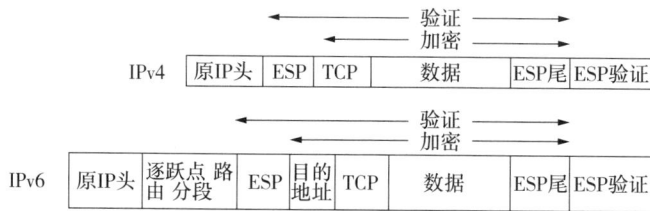

图 3.12　ESP 传输模式

在源节点,数据块由 ESP 尾和整个传输层部分构成,然后加密数据块,并使用加密后的数据块替换数据块的明文,形成 IP 包进行传输,如果选择身份认证,则需要增加 ESP 验证位;然后包路由到目的节点,每一个中间路由器都会检查 IP 报头,并加上明文 IP 扩展报头,但不检查密文;目的节点检查 IP 报头,并加上明文 IP 扩展报头,然后根据 ESP 报头的 SPI 对包的其余部分进行解密,以恢复明文传输层部分。

(2)隧道模式

ESP 工作在隧道模式时,将整个数据包进行加密作为 ESP 的有效负载,如图 3.13 所示。传输模式适用于保护支持 ESP 功能的主机之间的连接,而隧道模式在包含防火墙或是其他类型安全网关的网络配置中很有效。如果安全网关参与通信,那么加密仅仅发生在外部主机和安全网关之间,或者发生在两个安全网关之间,这样,内部网络的主机不必再处理加密。

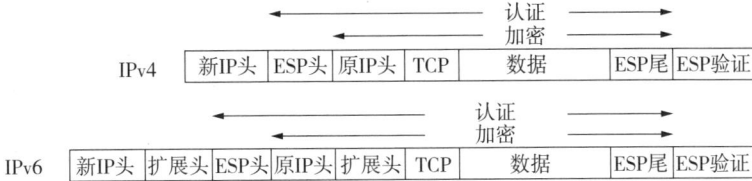

图 3.13 ESP 隧道模式

4) 验证报头 AH

AH 只涉及认证不涉及加密,AH 头比 ESP 头简单多了,其结构如图 3.14 所示。

AH 虽然在功能上和 ESP 有些重复,但 AH 除了可以对 IP 的有效负载进行认证外,还可以对 IP 头实施认证。主要是处理数据时,可以对 IP 头进行认证,而 ESP 的认证功能主要是面对 IP 的有效负载。与 ESP 相似,AH 也可用于传输模式和隧道模式中。

对于使用 IPv4 的传输模式,AH 插在原 IP 头和 IP 有效载荷之间。在 IPv6 中,AH 被看作端对端的有效载荷,中间路由器不会检查或对它进行处理,因此,将 AH 放置于 IPv6 头、逐跃点、路由和分段字段之后,如图 3.15 所示。在隧道模式下的 AH 将验证整个初始 IP 包,AH 的位置在原 IP 头和新 IP 头之间,如图 3.16 所示。原 IP 头包含了原始的源和目的地址的信息,而新 IP 头有可能包含了不同的 IP 地址,如防火墙地址或是其他安全网关的地址。

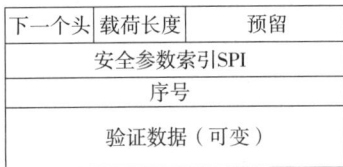

图 3.14 AH 结构示意图

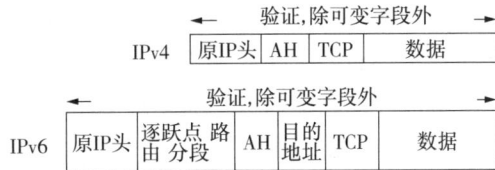

图 3.15 AH 传输模式

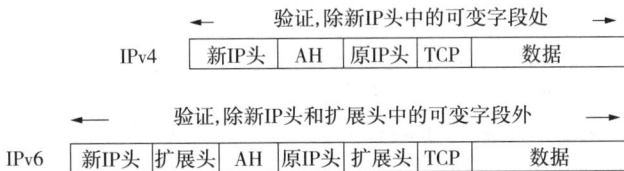

图 3.16 AH 隧道模式

5) Internet 密钥交换 IKE

IPSec 体系结构支持两种类型的密钥管理。

①人工密钥管理。系统管理员使用每个系统本身的密钥以及其他通信系统的密钥来人工配置系统,这对小型的相对静态的环境来说是非常实用的。

②自动密钥管理。系统能够根据需要自动地为 SA 创建密钥。IPSec 的默认自动密钥管理协议是 IKE 协议,当应用环境规模较大、参与通信的节点位置不固定时,IKE 可以自动地为参与通信的实体协商 SA,并对 SAD 进行维护,以保障通信的安全。

IKE 协议主要提供 3 方面的功能。

①对通信双方使用的协议、加密算法和密钥进行协商。

②密钥交换机制。

③跟踪对以上这些约定的实施。IKE 属于一种混合型协议,由 Internet 安全关联和密钥管理协议 ISAKMP(Internet Security Association and Key Management Protocol)以及 Oakley 密钥确定协议(Oakley Key Determination Protocol)组成。ISAKMP 为 Internet 密钥管理提供了用于身份认证和密钥交换的框架,还提供了具体的协议支持,包括用于安全属性的协商格式。此外,ISAKMP 定义了两个阶段:

①协商创建一个通信信道 IKE SA,并对该信道进行验证,为双方进一步的 IKE 通信提供机密性、消息完整性以及消息源验证服务。

②使用已建立的 IKE SA 建立 IPSec SA,而 Oakley 密钥确定协议基于 Diffie-Hellman 算法的密钥交换协议并提供附加的安全性。Oakley 密钥确定协议定义了用户通信时使用的交换模式。

(1)交换模式

IKE 分别在 ISAKMP 的两个阶段定义了不同的交换模式。第一阶段有对身份进行保护的"主模式"交换以及根据基本 ISAKMP 文档制定的"野蛮模式"交换。第二阶段使用"快速模式"交换。IKE 本身还有两种交换方式。

①为通信双方协商一个新的 Diffie Hellman 组类型的"新组模式"交换。

②为在 IKE 通信双方之间传送错误及状态消息的 ISAKMP 信息交换。

主模式交换提供了身份保护机制,它经过策略协商交换、Diffie Hellman 共享值和 nonce 交换以及身份验证交换这 3 个步骤共交换 6 条消息。在消息的第一次交换过程中,通信双方需要协商好 IKE SA 的各项参数,并对交换的其余部分拟定规范。发起者在第一条消息中选择安全参数的提议值,将其放在 ISAKMP 头的部分;而响应者在第二条消息中选定可接收的安全参数值,将其放在 ISAKMP 头的部分。在消息的第二次交换中,通信双方会交换 Diffie Hellman 共享值以及伪随机 nonce。此时,通信双方可完成他们的 Diffie Hellman 交换,并生成 SKEYID 状态。在最后一次消息交换过程中,通信双方各自拟定自己的身份,并相互交换验证散列摘要。交换的最后两条消息需要采用 SKEYID 制定密钥进行加密。主模式交换使用的是预共享密钥方式解决密钥交换问题。

野蛮模式交换也分为 3 个步骤,但只交换 3 条消息:第一条消息用来协商策略,交换 Diffie Hellman 公开值必需的辅助数据以及身份信息;第二条消息认证响应方;第三条消息认证发起方,并为发起方提供在场的证据。与主模式交换相同,野蛮模式交换也是为了建立一个 IKE SA 和密钥,然后可用 IKE 为其他安全协议建立安全关联,但是野蛮模式只需要用到主模式一半的消息。由于对消息的数量进行了限制,因此野蛮模式也限制了它的协商能力,并且不能提供身份保护。在野蛮模式交换过程中,发起者会提供一个保护套件列表、Diffie Hellman 共享值、nonce 以及身份资料。所有这些信息都是随第一条消息传送的。作为响应者,则需要回应一个选定的保护套件、Diffie-Hellman 共享值、nonce、身份资料以及一个验证载荷。发起者将它的验证载荷作为最后一条消息来传送。

当需要进行远程访问时,由于响应者不可能提前知道发起者的地址,并且通信双方都打算使用预共享密钥验证方法,那么要想建立 IKE SA,野蛮模式的交换便是唯一可行的交换方法。另外,如果发起者已经知道响应者的策略,或者对响应者的策略有着非常全面的理解,那么利用野蛮模式进行交换,它们就能更快地创建 IKE SA,没有必要利用 IKE 协商的全部功能。

在 ISAKMP 的第一阶段,无论通过主模式交换还是通过野蛮模式交换,建立好 IKE SA 之后,在第二阶段可用快速模式为其他安全协议(如 IPSec)生成相应的 SA。对一次快速模式交换来说,它是在以前建立好的 IKE SA 的保护下完成的。通过一次主模式或野蛮模式交换,许多快速模式交换都可以完成。快速模式交换通过 3 条消息建立 IPSec:前两条消息协商 IPSec SA 的各项参数值,并生成 IPSec 使用的密钥;第二条消息还为响应方提供在场的证据;第三条消息为发起方提供在场的证据。在一次快速模式交换中,通信双方需要协商拟定 IPSec 安全关联的各项特征,并为 IPSec 安全关联生成密钥。IKE SA 保护快速模式交换的方法是:对其进行加密,并对消息进行验证。消息的验证算法通常是协商好的散列函数,密钥由 IKE SA 的 SKEYID 的值制定。这种验证除了能提供数据完整性保护之外,还能对数据源的身份进行验证。通过加密可以保障交换的机密性。

通信双方可通过新组模式交换协商新的 Diffie-Hellman 组。新组模式交换属于一种请求/响应交换。发送方发送提议的组的标志符及其特征,如果响应方能够接收提议,就用完全一样的消息应答。

对于 ISAKMP 信息交换,参与 IKE 通信的双方均能向对方发送错误及状态提示消息。这实际上并非真正意义上的交换,而只是发送单独一条消息,不需要确认。

(2)IKE 安全机制

IKE 提供的安全机制包括以下内容:

①机密性保护。IKE 使用 Diffie-Hellman 组中的加密算法。IKE 共定义了 5 个 Diffie-Hellman 组,其中 3 个组使用乘幂算法(模数位数分别是 768、1024、1 680 位),另两个组使用椭圆曲线算法(字段长度分别是 155、185 位)。因此,IKE 的加密算法强度高,密钥长度大。

②完整性保护及身份验证。在 ISAKMP 两个阶段的交换中,IKE 通过交换验证载荷(包括散列值或数字签名)保护交换消息的完整性,并提供对数据源的身份验证。IKE 使用预共享密钥、数字签名、公钥加密和改进的公钥加密 4 种验证方法。

③抵抗拒绝服务攻击。对任何交换来说,第一步都是 cookie 交换。每个通信实体都生成自己的 cookie,cookie 提供了一定程度的抵抗拒绝服务攻击的能力。如果再进行一次密钥交换,直到完成 cookie 交换,才进行诸如 Diffie-Hellman 交换所需的乘幂运算。这样,便可以有效地抵抗某些拒绝服务攻击(如,简单使用伪造 IP 源地址进行的溢出攻击)。

④防止中间人攻击。中间人攻击包括窃听、插入、删除、修改消息、将消息反送回到发送者、重放旧消息以及重定向消息。ISAKMP 的特征能阻止这些攻击成功。

⑤完美向前保密。它的意思是即使攻击者破解了一个密钥,也只能还原这个密钥加密

的数据,而不能还原其他的加密数据。要达到理想的完美向前保密,一个密钥只能用于一种用途,生成一个密钥的素材也不能用来生成其他的密钥。我们把采用短暂的一次性密钥的系统称为完美向前保密。如果要求对身份的保护也是完美向前保密,则一个 IKE SA 只能创建一个 IPSec SA。

（3）IKE 的实现

IKE 是一个用户级的进程,它启动后作为后台守护进程运行。在需要使用 IKE 服务前,它一直处于不活跃状态。可以通过两种方式请求 IKE 服务。

①当内核的安全策略模块要求建立 SA 时,内核触发 IKE。

②当远程 IKE 实体需要协商 SA 时,可触发 IKE。

内核为了进行安全通信,需要通过 IKE 建立或更新 SA。IKE 同内核间的接口有：

A.第一种请求方式与 SPD 通信的双向接口。当 IKE 得到 SPD 的策略信息后,把它提交给远程 IKE 对等实体;当 IKE 受到远程 IKE 对等实体的提议后,为了进行本地策略校验,必须把它交给 SPD。

B.第二种请求方式同 SAD 通信的双向接口。IKE 负责动态填充 SAD,向 SAD 发送消息(SPI 请求和 SA 实例),也要接收从 SAD 返回的消息(即 SPI 应答)。

IKE 为请求创建 SA 的远程 IKE 对等实体提供了一个接口。当节点需要安全通信时,IKE 与另一个对等实体通信,协商建立 IPSec SA。如果已经创建了 IKE SA,就可以直接通过阶段 2 交换创建新的 IPSec SA;如果还没有创建 IKE SA,就要通过两个阶段的交换创建新的 IKE SA 及 IPSec SA。

6）IPSec 服务与应用

在前面的章节中已经介绍了传输模式的安全关联和隧道模式的安全关联两种类型。传输模式的安全关联应用在两台主机之间,而隧道模式的安全关联则在通信双方至少有一方是安全网关或防火墙的情况下。单独的安全关联不能同时支持 AH 和 ESP 服务,必须采用安全关联的组合方式才能同时支持 AH 和 ESP。另外,需要同时利用安全网关和端系统的 IPSec 服务时,也必须采用 SA 组合方式。

我们把提供一系列 IPSec 服务所应用的安全关联组合形象地称为"安全关联束"。安全关联组合成的"束"有两种方式:传输邻接方式和循环嵌套方式。传输邻接方式不需要调用隧道技术来实现多个协议,而循环嵌套方式则需要利用隧道技术实现多层协议,并允许多层嵌套。这两种方式也可以联合起来工作。

同时支持 ESP 和 AH 关联的方式有 3 种：

①对需要保密保护的数据进行 ESP 处理,然后再加上 AH 认证字段。

②采用传输邻接方式,内部是 ESP SA,外部是 AH SA。在这种方式下,ESP 不带有认证选项,内部 SA 在传输模式下生成带有 IP 头或 IP 扩展头的加密报文;然后,用 AH 认证包括 ESP 以及初始 IP 头或 IP 扩展头的不可变字段。

③采用传输—隧道束方式,内部 SA 应用传输模式的 AH,外部的 SA 应用隧道模式的 ESP。在这种方式下,AH 认证包括 IP 负载和 IP 头(或 IP 扩展头)的不可变字段;ESP 加密

包括整个被认证的内部报文。加密后,多出了一个新的外部 IP 头(或 IP 扩展头)。

同时利用安全网关和端系统的 IPSec 安全关联的方式有 4 种,如图 3.17 所示。其中,方式 1 包括 4 种情况:传输模式下的 AH、传输模式下的 ESP、传输模式下外部 ESP SA 和内部 AH SA,以及外部隧道模式下的 AH 或 ESP。方式 2 只在安全网关之间提供安全保护,主机不应用 IPSec 机制。在此种方式下,只需要网关之间一个单一 SA 隧道,该隧道支持 AH、ESP 以及带有认证头的 ESP。此方式无须嵌套机制,因为 IPSec 服务应用在整个内部报文上。方式 3 在方式 2 的基础上增加端到端的安全性。方式 4 支持远程终端通过 Internet 接入到防火墙后面的服务器或工作站上,这种方式只能采用隧道模式。

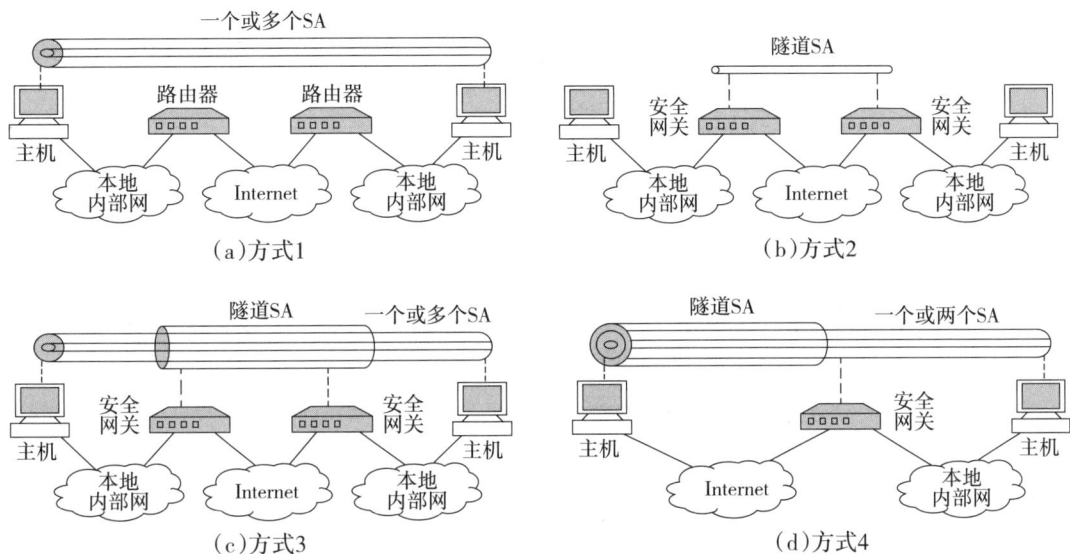

图 3.17　安全关联组合方式

IPSec 在 IP 层提供安全服务,使得系统可以选择所需要的安全协议,确定该服务所用的算法,并提供安全服务所需的任何加密密钥。IPSec 提供的服务见表 3.1。

表 3.1　IPSec 提供的服务

项目	AH	ESP(仅加密)	ESP(加密+认证)
访问控制	*	*	*
连接完整性	*		*
数据源认证	*		*
拒绝重放包	*	*	*
保密性		*	*
有限保密性		*	*

综上所述,IPSec 具有以下特点。

①在防火墙或路由器中实现时,可以对所有跨越边界的流量实施强安全性,而公司内部

或工作组不必招致与安全相关处理的负担。

②在防火墙中实现 IPSec,可以防止 IP 旁路。

③IPSec 在传输层之下,因此对应用透明,不必改变用户或服务器系统上的软件。

④IPSec 可以对最终用户透明,无须训练用户。

根据需要,IPSec 可以提供个人安全性。这对非现场工作人员以及在一个组织机构内为一个敏感应用建立一个安全的虚拟子网是有用的。

3.2.2 虚拟专用网 VPN

虚拟专用网 VPN(Virtual Private Network)是利用不可靠的公用 Internet 作为信息传输媒介,通过附加的安全隧道、用户认证和访问控制等技术实现与专用网络相类似的安全性能,从而实现对重要信息的安全传输的一种手段。

1)VPN 系统的结构

VPN 系统的结构如图 3.18 所示。

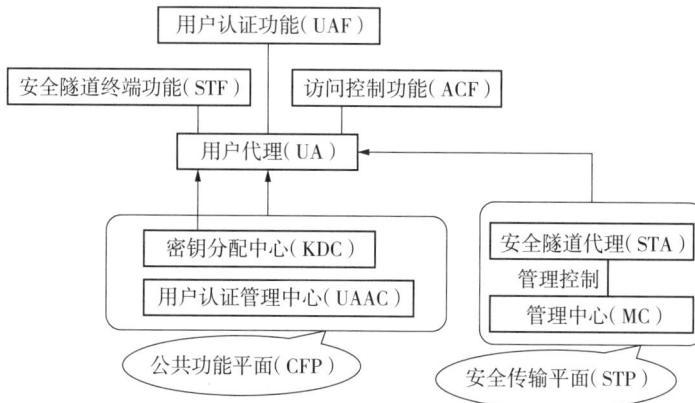

图 3.18　VPN 系统结构

VPN 用户代理 UA(User Agent)向安全隧道代理 STA(Secure Tunnel Agent)请求建立安全隧道,安全隧道代理接收到请求后,在 VPN 管理中心 MC(Management Center)的控制和管理下在公用 Internet 上建立安全隧道,然后进行用户短信息的透明传输。VPN 用户代理又包括安全隧道终端功能 STF(Secure Tunnel Function)、用户认证功能 UAF(User Authentication Function)和访问控制功能 ACF(Access Control Function)3 个部分,它们共同向用户高层应用提供完整的 VPN 服务。安全隧道代理和 VPN 管理中心组成了 VPN 安全传输平面 STP(Secure Transmission Plane),在公用 Internet 基础上实现信息的安全传输和系统的管理功能。公共功能平面 CFP(Common Function Plane)是安全传输平面的辅助平面,由用户认证管理中心 UAAC(User Authentication&Administration Center)和 VPN 密钥分配中心 KDC(Key Distribution Center)组成,其主要功能是向 VPN 用户代理提供相对独立的用户身份认证与管理以及密钥的分配管理。用户认证中心与 VPN 用户代理直接联系,向安全隧道代理提供 VPN 用户代理的身份认证,必要时也可以同时与安全隧道代理联系,向 VPN 用户代理和安全隧道代理提供双向的身份认证。

下面,分别对安全传输平面和公共功能平面作详细的介绍。

(1)安全传输平面

安全传输平面包括安全隧道代理和 VPN 管理中心两部分。安全隧道代理在 VPN 管理中心组织下将多段点到点的安全通路连接成端到端的安全隧道,它是 VPN 的主体,其主要作用如下。

①安全隧道的建立和释放。按照用户代理的要求,在用户代理和安全隧道代理之间建立点到点的安全通道,然后在此安全通道中进行用户身份验证和服务等级协商的必要交互,接着在管理中心的控制下建立发送端到目的端之间由若干个点到点的安全通道依次连接组成的端到端的安全隧道。将初始化过程置于安全通道中进行,可以保护用户身份验证等重要信息的安全。在信息传输结束之后,由通信双方的任一方代理提出释放隧道连接请求。

②用户身份的验证。在安全隧道建立的初始化过程中,安全隧道代理要求用户代理提交用户认证中心提供的证书,通过证书验证以确认用户代理身份。必要时,还可进行用户代理对安全隧道代理的反向认证,以进一步提高系统的安全性。

③服务等级的协商。用户身份验证通过之后,安全隧道代理与用户代理进行服务等级的协商,根据其要求与 VPN 系统的资源现状,确定可能提供的服务等级并报告至 VPN 管理中心。

④信息的透明传输。安全隧道建立之后,安全隧道代理负责通信双方之间信息的透明传输,并根据商定的服务参数进行相应的控制。

⑤远程拨号接入。为了实现异地接入功能,安全隧道代理还需要与远程、拨号用户的用户代理进行必要的接口适配工作,进行协议的转换等处理。这是远程接入 VPN 所特有的功能。

⑥安全隧道的控制与管理。在安全隧道连接维持期间,安全隧道代理还要按照管理中心发出的 VPN 网络性能及服务等级有关的管理命令,对已经建立的安全隧道进行管理。

VPN 管理中心只与安全隧道代理直接联系,负责协调安全传输平面上的各安全隧道代理之间的工作,是整个 VPN 的核心部分,其主要功能包括:

①安全隧道的管理与控制。确定最佳路由,并向该路由上包含的所有安全隧道代理发出命令,建立连接。隧道建立以后,VPN 管理中心继续监视各隧道连接的工作状态,对出错的安全通道,VPN 管理中心负责重新选择路由并将连接更换到替代路由。在信息传输过程中用户要求改变服务等级或者为了优化优化整个网络性能,对已建立的隧道服务等级进行变更时,VPN 管理中心向相应隧道连接上的安全隧道代理发出更改服务等级命令。

②网络性能的监视与管理。VPN 管理中心不断监视各安全隧道代理的工作状态,收集各种 VPN 性能参数,并根据收集到的信息对 VPN 网络进行故障排除、性能优化。同时,VPN 管理中心还负责实现对各种 VPN 网络事件进行日志记录、用户计费、追踪审计、故障报告等常用的网络管理功能。

(2)公共功能平面

公共功能平面作为安全传输平面的辅助平面,向 VPN 用户提供相对独立的用户身份认

证与管理及密钥的分配管理,分别由用户认证管理中心和 VPN 密钥分配中心完成。用户认证管理中心的功能有:

①用户认证。以第三者的客观身份向 VPN 用户代理和安全隧道代理之中的一方或双方提供用户身份的认证,以便服务使用者和服务提供者之间能够确认对方的身份。

②用户管理。这是与用户身份认证功能直接相联系的用户管理部分,对各用户(包括 VPN 用户代理、安全隧道代理及认证管理中心)的信用程度和认证情况进行日志记录,并可在 VPN 管理层与建立安全隧道双方进行服务等级协商时提供参考。这里的管理是面向服务的,有关用户权限与访问控制等方面的用户管理功能不在这里实现。

VPN 密钥分配中心向需要进行身份验证和信息加密的双方提供使用密钥的分配、回收与管理。在 VPN 系统中,用户代理、安全隧道代理、认证管理中心都是密钥分配中心的用户。

2)VPN 的实施方案

(1)通过 Internet 实现远程用户访问

VPN 支持以安全的方式通过公共 Internet 远程访问企业资源。与使用专线拨打长途或(1-800)电话连接企业的网络接入服务器不同,VPN 用户首先拨通本地 ISP 的网络接入服务器,然后 VPN 软件利用与本地 ISP 建立的连接在拨号用户和企业 VPN 服务器之间创建一个跨越 Internet 或其他公共 Internet 的虚拟专用网络,如图 3.19 所示。

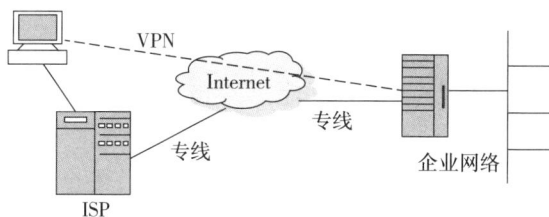

图 3.19 通过 Internet 实现远程用户访问方案

(2)通过 Internet 实现网络互连

可以采用以下两种方式使用 VPN 连接远程局域网络。

①使用专线连接分支机构和企业局域网。不需要使用价格昂贵的长距离专用线路,分支机构和企业端路由器可以使用各自本地的专用线路通过本地的 ISP 连通 Internet,如图 3.20所示。VPN 软件使用与本地 ISP 建立的连接和 Internet 网络在分支机构和企业端路由器之间创建一个虚拟专用网络。

②使用拨号线路连接分支机构和企业局域网。不同于传统的使用连接分支机构路由器的专线拨打长途或(1-800)电话连接企业网络接入服务器的方式,分支机构端的路由器可以通过拨号方式连接本地 ISP。VPN 软件使用与本地 ISP 建立起的连接,在分支机构和企业端路由器之间创建一个跨越 Internet 的虚拟专用网络。

应当注意在以上两种方式中,通过使用本地设备在分支机构和企业部门与 Internet 之间建立连接。无论是在客户端还是服务器端,都是通过拨打本地接入电话建立连接,因此 VPN

可以大大节省连接的费用。建议作为 VPN 服务器的企业端路由器使用专线连接本地 ISP，VPN 服务器必须一天 24 小时对 VPN 数据流进行监听。

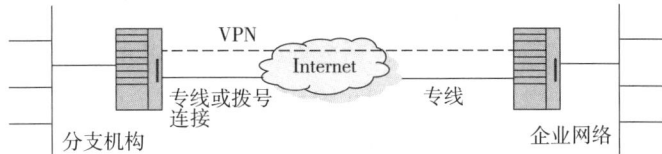

图 3.20　使用专线连接分支机构和企业局域网方案

（3）连接企业内部网络计算机

在企业的内部网络中，考虑到一些部门可能存储重要数据，为确保数据的安全性，传统的方式只能把这些部门同整个企业网络断开，从而形成孤立的小网络。这样做虽然保护了部门的重要信息，但是由于物理上的中断，其他部门的用户无法共享数据，造成通信上的困难。采用 VPN 方案通过使用一台 VPN 服务器实现与整个企业网络的连接，同时又能够保证保密数据的安全性。路由器虽然也能实现网络之间的互联，但是不能对流向敏感网络的数据进行限制，所以企业网络管理人员通过使用 VPN 服务器，赋予只有符合特定身份要求的用户才能连接 VPN 服务器获得访问敏感信息的权利。此外，可以对所有 VPN 数据加密从而确保数据的安全性，没有访问权限的用户无法看到部门的局域网，如图 3.21 所示。

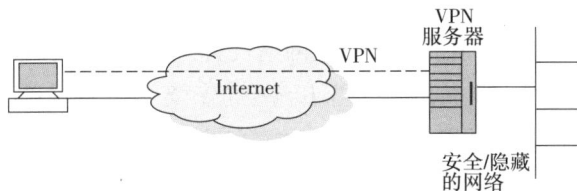

图 3.21　连接企业内部网络计算机

3）隧道技术

实现 VPN 的关键技术有：

①安全隧道技术（Secure Tunneling Technology），该技术通过将待传输的原始信息经过加密和协议封装处理后，再嵌套装入另一种协议的数据包送入网络中，像普通数据包一样进行传输。经过这样的处理，只有源端和目的端的用户对隧道中的嵌套信息能够进行解释和处理，而这些信息对于其他用户而言无意义。

②用户认证技术（User Authentication Technology），在正式的隧道连接开始之前需要确认用户的身份，以便系统进一步实施资源访问控制或用户授权。

③访问控制技术（Access Control Technology），由 VPN 服务的提供者与最终网络信息资源的提供者共同协商，确定特定用户对特定资源的访问权限，以此来实现基于用户的访问控制，从而提供对信息资源最大限度的保护。

在 VPN 的关键技术中，最重要的是安全隧道技术，因此以下着重介绍隧道技术。隧道技术是一种通过使用公共 Internet 基础设施在网络之间传递数据的方式。使用隧道传递的数据（或负载）可以是不同协议的数据帧或数据包，隧道协议将这些各种类型的数据帧或数据包重新封装在新的包头中发送。新的包头提供了路由信息,从而使封装的负载数据能够通过 Internet 传送。被封装的数据帧或数据包在隧道的两个端点之间通过公共 Internet 进行路由,我们把所经过的逻辑路径称为隧道。一旦被封装的数据到达网络终点,数据将被解包并转发到最终目的地,所以隧道技术是指包括数据封装、传输和解包在内的全过程。隧道所使用的传输网络可以是任何类型的公共 Internet,本节主要以目前普遍使用的 Internet 为例进行说明。此外,企业网络同样可以创建隧道。

(1)隧道类型

隧道分为自愿隧道和强制隧道两种类型。

①自愿隧道。当一台工作站或路由器使用隧道客户软件创建到目标隧道服务器的虚拟连接时,建立自愿隧道。为实现这一目的,客户端计算机必须安装适当的隧道协议。自愿隧道需要有一条 IP 连接(通过局域网或拨号线路)。使用拨号方式时,客户端必须在建立隧道之前创建与公共 Internet 的拨号连接。例如,Internet 拨号用户必须在创建 Internet 隧道之前拨通本地 ISP 取得与 Internet 的连接。对企业内部网络来说,客户机已经具有同企业网络的连接,由企业网络为封装负载数据提供到目标隧道服务器路由。VPN 不仅能够使用拨号连接,其实 VPN 只要求支持 IP 的 Internet。一些客户机(如家用 PC)可以通过拨号方式连接 Internet 建立 IP 传输,这只是为创建隧道所作的初步准备,并不属于隧道协议。

②强制隧道。目前,一些商家提供能够代替拨号客户创建隧道的拨号接入服务器。这些能够为客户端计算机提供隧道的计算机或网络设备,包括支持 PPTP 协议的前端处理器、支持 L2TP 协议的 L2TP 接入集线器或支持 IPSec 的安全 IP 网关。例如,对于前端处理器,为了正常发挥功能,前端处理器必须安装适当的隧道协议,同时必须在与客户计算机建立起连接时能够创建隧道。以 Internet 为例,客户机可以向位于本地 ISP 的能够提供隧道技术的网络接入服务器发出拨号呼叫。企业可以与某个 ISP 签订协议,由 ISP 为企业在全国范围内设置一套前端处理器。这些前端处理器可以通过 Internet 创建一条到隧道服务器的隧道,即隧道服务器与企业的专用网络相连。这样,就可以将位于不同地方的前端处理器合并成企业网络端的一条单一的 Internet 连接。由于客户只能使用由前端处理器创建的隧道,因此将这种隧道称为强制隧道。一旦最初的连接成功,所有客户端的数据流将自动地通过隧道发送。使用强制隧道,客户端计算机建立单一的 PPP 连接,当客户拨入网络接入服务器时,一条隧道将被创建,所有的数据流自动通过该隧道路由。可以将前端处理器配置为所有的拨号客户创建到指定隧道服务器的隧道,也可以将其配置为基于不同的用户名或目的地而创建的不同隧道。

自愿隧道技术为每个客户创建独立的隧道。在强制隧道技术中,前端处理器和隧道服务器之间建立的隧道可以被多个拨号客户共享,而不必为每个客户建立一条新的隧道。因此,一条隧道中可能会传递多个客户的数据信息,只有在最后一个隧道用户断开连接之后才终止整条隧道。

(2)隧道协议

为了创建隧道,隧道的客户机和服务器双方必须使用相同的隧道协议。隧道技术可以分别以第 2 层或第 3 层隧道协议为基础。第 2 层隧道协议使用数据帧作为数据交换单位，PPTP、L2TP 和 L2F(第 2 层转发)都属于第 2 层隧道协议,它们都是将数据封装在点对点协议 PPP 帧中通过 Internet 发送。第 3 层隧道协议使用数据包作为数据交换单位,IP over IP 和 IPSec 隧道模式都属于第 3 层隧道协议,都是将 IP 包封装在附加的 IP 包头中通过 IP 网络发送。

对于像 PPTP 和 L2TP 这样的第 2 层隧道协议,创建隧道的过程类似于在双方之间建立会话:隧道的两个端点必须同意创建隧道并协商隧道各种配置变量,如地址分配、加密或压缩等参数。在绝大多数情况下,通过隧道传输的数据都利用基于数据包的协议发送。隧道维护协议被用来作为管理隧道的机制。第 3 层隧道技术通常假定所有配置问题已经通过手工过程完成,这些协议不对隧道进行维护,而第 2 层隧道协议(PPTP 和 L2TP)则不像第 3 层隧道协议那样,它必须包括对隧道的创建、维护和终止。

隧道一旦建立,数据就可以通过隧道进行发送。隧道客户端和服务器使用隧道数据传输协议准备传输数据。例如,当隧道客户端向服务器端发送数据时,客户端首先给负载数据加上一个隧道数据传送协议包头,然后把封装的数据通过 Internet 发送,并由 Internet 将数据路由到隧道的服务器端。隧道服务器端收到数据包之后,去除隧道数据传输协议包头,然后将负载数据转发到目标网络。

隧道协议的类型主要有以下几种。

①对点隧道协议 PPTP。PPTP 是一个第 2 层的协议,将 PPP 数据封装在 IP 数据包内之后通过 IP 网络传送,它还可用于专用局域网络之间的连接。PPTP 使用 TCP 连接对隧道进行维护,使用通用路由封装技术把数据封装成 PPP 数据帧通过隧道传送。另外,可以对封装 PPP 帧中的负载数据进行加密或压缩。

②第 2 层转发协议 L2F。L2F 是 Cisco 公司提出的隧道技术。作为一种传输协议,L2F 支持拨号接入服务器将拨号数据流封装在 PPP 帧内通过广域网络传送到 L2F 服务器(路由器),L2F 服务器将数据包解包后重新发送到网络。L2F 没有确定的客户方,并且只在强制隧道中有效。

③第 2 层隧道协议 L2TP。L2TP 结合了 PPTP 和 L2F 协议的优点。L2TP 是一种网络层协议,支持封装的 PPP 帧在 IP、X.25、帧中继或 ATM 等的网络上进行传送。当使用 IP 作为 L2TP 的数据包传输协议时,可以使用 L2TP 作为 Internet 网络上的隧道协议。L2TP 还可以直接在各种广域网上使用,而不需要使用 IP 传输层。IP 网络上的 L2TP 使用 UDP 和一系列的 L2TP 消息对隧道进行维护,同样使用 UDP 将 L2TP 协议封装的 PPP 帧通过隧道发送,并且可以对封装 PPP 帧中的负载数据进行加密或压缩。

④IPSec 隧道模式。IPSec 是第 3 层的协议标准,支持 IP 网络上数据的安全传输。除了对 IP 数据流的加密机制进行了规定之外,IPSec 还制订了 IP over IP 隧道模式的数据包格式,一般被称为 IPSec 隧道模式。一个 IPSec 隧道由一个隧道客户和隧道服务器组成,两端都配置使用 IPSec 隧道技术,采用协商加密机制。为实现在专用或公共 IP 网络上的安全传输,IPSec 隧道模式使用安全方式封装和加密整个 IP 包。然后将加密的负载再次封装在明

文 IP 包头内通过网络发送到隧道服务器端。隧道服务器对收到的数据包进行处理,在去除明文 IP 包头,对内容进行解密之后,获得最初的负载 IP 包。负载 IP 包在经过正常处理之后被路由到位于目标网络的目的地。IPSec 隧道模式具有以下的功能和局限:首先,它只能支持 IP 数据流。其次,它工作在 IP 协议栈的底层,因此应用程序和高层协议可以继承 IPSec 的行为。最后,它由一个安全策略(一整套过滤机制)进行控制,安全策略按照优先级的先后顺序创建可供使用的加密和隧道机制以及验证方式。当需要建立通信时,双方机器执行相互验证,然后协商使用何种加密方式。此后,所有数据流都将使用双方协商的加密机制进行加密,然后封装在隧道包头内。

(3)隧道的功能

隧道的创建需要具有如下功能。

①用户验证。第 2 层隧道协议继承了 PPP 协议的用户验证方式。许多第 3 层隧道技术都假定在创建隧道之前,隧道的两个端点相互之间已经了解或已经经过验证。一个例外情况是 IPSec 协议的 ISAKMP 协商提供了隧道端点之间进行的相互验证。

②令牌卡(Tokencard)支持。通过使用扩展验证协议(EAP),第 2 层隧道协议能够支持多种验证方法,包括一次性口令、加密计算器和智能卡等。第 3 层隧道协议也支持使用类似的验证方法,如 IPSec 协议通过 ISAKMP/Oakley 协商确定公共密钥证书验证。

③动态地址分配。第 2 层隧道协议支持在网络控制协议协商机制的基础上动态分配客户地址。第 3 层隧道协议通常假定隧道建立之前已经进行了地址分配。

④数据压缩。第 2 层隧道协议支持基于 PPP 的数据压缩方式。例如,Microsoft 的 PPTP 和 L2TP 方案使用 Microsoft 的点到点加密协议(MPPE)。

⑤数据加密。第 2 层隧道协议支持基于 PPP 的数据加密机制,例如,Microsoft 的 PPTP 和 L2TP 方案支持在 RSA/RC4 算法的基础上选择使用 MPPE。第 3 层隧道协议可以使用类似的加密方法,如 IPSec 通过 ISAKMP/Oakley 协商确定几种可选的数据加密方法;L2TP 协议使用 IPSec 加密保障隧道客户端和服务器之间数据的安全。

⑥密钥管理。作为第 2 层协议的 MPPE 依靠验证用户时所生成的密钥定期对其更新。IPSec 在 ISAKMP 交换过程中公开协商公用密钥,同时对其进行定期更新。

⑦多协议支持。第 2 层隧道协议支持多种负载数据协议,从而使隧道客户能够访问使用 IP、IPX 或 NetBEUI 等多种协议企业网络。相反,第 3 层隧道协议,如 IPSec 隧道模式只能支持使用 IP 协议的目标网络。

4)VPN 技术的优点

VPN 技术具有以下优点。

①信息的安全性,采用安全隧道技术实现安全的端到端的连接服务,确保信息资源的安全。

②易扩充性,用户可以利用 VPN 技术方便地重构企业专用网络,实现异地业务人员的远程接入。

③方便管理,VPN 将大量的网络管理工作放到 Internet 服务提供者一端来统一实现,从

而减轻了企业内部网络管理的负担;同时,VPN 也提供信息传输、路由等方面的智能特性及其与其他网络设备相独立的特性,也便于用户进行网络管理。

④显著的成本效益,利用现有 Internet 发达的网络构架组建企业内部专用网络,从而节省了大量的投资成本及后续的运营维护成本。

3.3　Web 安全协议

随着计算机网络技术向社会各部门、各层次延伸,各单位之间信息交互不断增加,网络安全已经成为现代计算机网络应用的最大障碍,也是急需解决的问题之一。有时,需要在 Web 上传输重要或敏感的数据,所以 Web 的安全问题也引起人们的关注。Web 的安全问题主要存在于计算机网络安全中,除此之外 Web 还存在以下问题。

①Internet 具有双向性,Web 服务器上的 Web 很容易受到攻击。

②虽然 Web 浏览器很容易使用,Web 服务器的配置和管理也比较简单,但其下层的软件却非常复杂,这些复杂的软件也许会隐藏许多潜在的安全漏洞。

③Web 服务器可以作为一个入口进入公司或代理的整个计算机系统,一旦 Web 服务器遭到破坏,攻击者不仅可以访问 Web 本身的数据或系统,还可以访问与服务器相连接的本地站点的数据和系统。

实现 Web 安全的途径、方法有多种。例如,可以使用 IPSec 协议实现 Web 安全,也可以使用 SSL(Secure Socket Layer)——安全套接层协议来实现 Web 的安全。

Netscape 公司在推出 Web 浏览器第一版的同时,提出了安全通信协议 SSL。SSL 采用公开密钥技术,其目标是在服务器和客户机两端同时实现支持,保证两个应用之间通信的保密性和可靠性。目前,SSL 协议已经成为 Internet 上保密通信的工业标准。现行的 Web 浏览器普遍将 HTTP 和 SSL 相结合,从而实现安全通信,如图 3.22 所示。

SSL握手协议	SSL更改密码规格协议	SSL警报协议	HTTP
SSL记录协议			
TCP			
IP			

图 3.22　SSL 协议栈

SSL 协议是在 Internet 基础上提供的一种保证机密性的安全协议。它能使客户机/服务器应用之间的通信不被攻击者窃听,并且始终对服务器进行认证,还可以选择对客户机进行认证。SSL 协议要求建立在诸如 TCP 这样的可靠的传输层协议之上。SSL 协议的优势是它独立于应用层协议,高层的应用层协议(如 HTTP、FTP、Telnet)能透明地建立于 SSL 协议之上。SSL 协议在应用层协议通信之前就已经完成加密算法、通信密钥的协商以及服务器认证工作,在此之后应用层协议所传送的数据都会被加密,从而保证通信的私密性。

1) SSL 记录协议

在 SSL 协议中,所有的传输数据都被封装在记录中。记录是由记录头和长度不为 0 的记录数据组成的。所有的 SSL 通信,包括握手信息、安全空白记录和应用数据都使用 SSL 记录层。SSL 记录协议包括了对记录头和记录数据格式的规定。SSL 的记录头可以使用 2 个或者 3 个字节长的编码,它包含的信息有记录头的长度、记录数据的长度、记录数据中是否有粘贴数据。其中,粘贴数据是在使用块加密算法时填充实际数据,使其长度恰好是块的整数倍。记录的最高位为 1 时,不含有粘贴数据,记录头的长度为 2 个字节,记录数据的最大长度为 32 767 个字节;最高为 0 时,含有粘贴数据,记录头的长度为 3 个字节,记录数据的最大长度为 16 383 个字节。当数据头长度是 3 个字节时,次高位有特殊的含义:次高位为 1 时,标志所传输的记录是普通的数据记录;次高位为 0 时,标志所传输的记录是安全空白记录(被保留用于将来协议的扩展)。记录头中数据长度编码不包括数据头所占用的字节长度。

SSL 记录数据包含 MAC 数据、实际数据和粘贴数据 3 个部分。MAC 数据用于数据完整性检查。计算 MAC 所用的散列(Hash)函数由握手协议中的 CIPHERCHOICE 消息确定。若使用 MD2 和 MD5 算法,则 MAC 数据长度为 16 个字节。MAC 的计算公式为:MAC 数据 = Hash(密钥,实际数据,粘贴数据,序号)。当会话的客户端发送数据时,密钥是客户的写密钥(服务器用读密钥来验证 MAC 数据);而当会话的客户端接收数据时,密钥是客户的读密钥(服务器用写密钥来产生 MAC 数据)。序号是一个可以被发送和接收双方递增的计数器。每个通信方向都会建立一个计数器,分别被发送者和接收者拥有。计数器有 32 位,计数值循环使用,每发送一个记录计数值就递增一次,序号的初始值为 0。

SSL 数据单元的形成过程如图 3.23 所示。

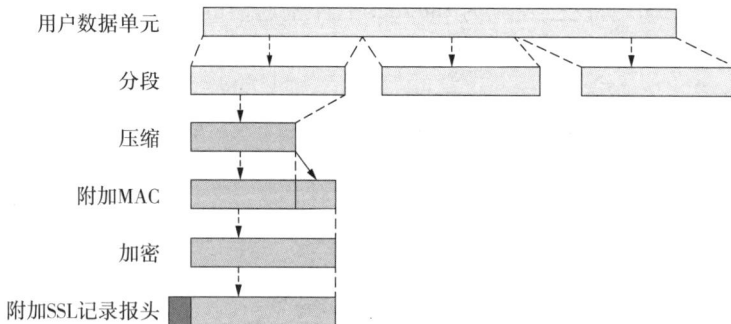

图 3.23 SSL 数据单元形成过程

2) SSL 更改密码规格协议

SSL 更改密码规格协议是 SSL 的 3 个特定协议之中最简单的一个。它由单个消息组成,该消息只包含一个值为 1 的单个字节,作用是使未决状态复制为当前状态,更新用于当前连接的密码组。

3）SSL 警报协议

警报协议用来为对等实体传送 SSL 的相关警报消息。当其他应用程序使用 SSL 时,根据当前状态确定警报消息,同时警报消息被压缩和加密。警报协议的每条消息包含两个字节:第一个字节表示消息的严重性,它有两个值,取 1 时表示警报级,取 2 时为错误级;第二个字节包含了指示特定警报的代码。SSL 规范定义的错误警报有:接收到不适当的消息、接收到错误 MAC、解压缩函数的输入不合适、发送方不能产生可接受的安全参数组、握手消息的某个字段超过值域或与其他字段不相符等。

4）SSL 握手协议

SSL 中最复杂的部分就是握手协议。该协议允许服务器和客户机相互验证,协商加密和 MAC 算法以及密钥,用来保护在 SSL 记录中发送的数据。握手协议在任何应用程序的数据传输之前使用。握手协议由一系列客户机与服务器之间交换的消息组成。SSL 握手协议包含两个阶段:第一个阶段用于建立机密性通信信道;第二个阶段用于客户认证。

第一阶段是通信的初始化阶段,通信双方都发出 hello 消息。当双方都接收到对方的 hello 消息时,就有足够的信息确定是否需要一个新的密钥。若不需要新的密钥,双方立即进入握手协议的第二个阶段;否则,此时服务器方的 server-hello 消息中包含的信息(包括服务器所持有的证书、加密规约和连接标志等)使客户方产生一个新的密钥。若密钥生成成功,客户方发出 client-master-key 消息;否则发出错误消息。最终当密钥确定以后,服务器方将向客户方发出 server-verity 消息,这是因为只有拥有正确公钥的服务器才能解开密钥。图 3.24 为第一阶段的流程。需要注意的是,每一个通信方向都需要一对密钥,所以一个连接需要 4 个密钥,分别是客户方的读密钥、客户方的写密钥、服务器方的读密钥和服务器方的写密钥。

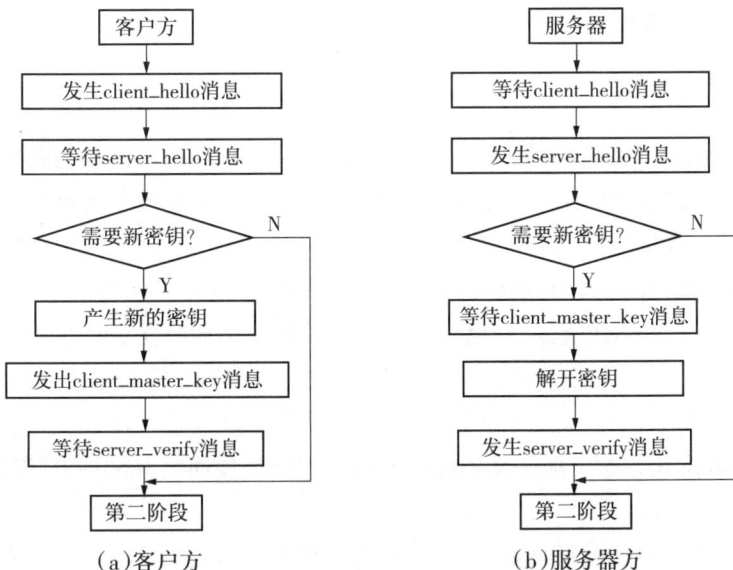

图 3.24　机密性通信信道的建立过程

第二阶段的主要任务是对客户进行认证,此时服务器已经被认证了。服务器方向客户方发出认证请求消息 request-certificate。当客户方收到服务器方的认证请求消息时,发出自己的证书,并且监听对方回送的认证结果。而当服务器方收到客户方的认证时,认证成功返回 server-finish 消息,否则返回错误消息。到此为止,握手协议全部结束。

SSL 握手协议的认证算法采用 X.509 数字证书标准、使用 RSA 算法进行数字签名来实现。在第一阶段中服务器进行认证时,只有用正确的服务器方的写密钥加密 client_hello 消息形成的数字签名才能被客户正确地解密,从而验证服务器的身份。若通信双方不需要新的密钥,则它们各自所拥有的密钥已经符合上述条件。如果通信双方需要新的密钥,服务器方应首先在 server_hello 消息的服务器证书中提供服务器的公钥。服务器用其私钥才能正确地解密由客户方使用服务器公钥加密的 master_key,从而获得服务器方的读密钥和写密钥。

同样的道理,对于客户方来说,只有用正确的客户方的写密钥加密的消息才能被服务器方用其读密钥正确地解密。当客户收到服务器方发出的 request-certificate 消息时,客户方首先使用 MD5 消息的散列函数获得服务器方信息的摘要,然后客户方使用自己的读密钥加密摘要形成数字签名,从而被服务器方认证。

3.4　安全电子邮件协议

在分布式环境中,电子邮件是最常用的一项基于网络的应用,它可以跨越所有体系结构和供应商平台。用户希望能够做到向直接和间接连接到 Internet 上的其他人发送邮件,而不管对方使用的是主机操作系统还是通信程序套件。随着人们对电子邮件的依赖性日益增长,对身份验证和机密性的需求也随之增长,其中,PGP(Pretty Good Private)和 S/MIME(Secure/Multipurpose Internet Mail Extension)协议的应用最为广泛。

3.4.1　PGP 协议

PGP 协议的创始人是美国的 Phil Zimmermann,它提供了机密性和身份验证服务,可以用在电子邮件和文件存储应用中。它对邮件进行保密以防止非授权者阅读,还能给邮件加上数字签名从而使收信人可以确认邮件的发送者,并能确信邮件没有被篡改。PGP 协议提供了一种安全的通信方式,而事先并不需要用任何保密的渠道来传递密钥。Zimmermann 采用了 RSA 公钥体制、对称加密体制、用于数字签名的邮件文摘算法、加密前压缩算法以及密钥认证管理机制等设计方法,并将这些算法集成到独立于操作系统和处理器的通用应用程序中。PGP 在各种平台上运行的各种版本在全世界都可以免费使用,并且适用范围非常广泛,从需要选择标准化方案来加密文档和消息的公司到想要通过 Internet 或其他网络与他人安全通信的个人都适用。

PGP 协议提供了身份验证、保密性、压缩、电子邮件兼容性以及分段 5 种服务。

1）身份验证

PGP 协议在实现身份验证时也提供了数字签名服务。发送方首先创建消息,用 SHA-1 算法生成消息的 160 位散列值,然后用发送方私钥的 RSA 加密该散列值,并将结果附在消息上;接收方收到消息后,用公钥的 RSA 来解密消息,恢复散列值,并且再生成消息的新散列值,与接收到的解密后的散列值相比较,如果两个值相符合,则说明消息是真实的。身份验证过程如图 3.25 所示。SHA-1 和 RSA 的组合提供了一种有效的数字签名方案。由于使用了 RSA 算法(也可以使用 DSS 算法),接收方可以确保只有私钥的拥有者才能生成签名;SHA-1 算法的使用使接收方可以确保没有其他人能够生成与散列值相对应的新消息或生成原始消息的签名。一般情况下,签名是附在签名的消息或文件上的,但有时可允许分离签名,它可以独立于所签名的消息而存储和传送。例如,在以下的环境中就需要使用分离签名:用户可能需要维护一个单独的签名日志,其中包括所有发送和接受的消息;可执行程序的分离签名可以检测出随后的消息是否感染了病毒;在需要多个实体签名一个文档时,比如签名有效合同,每个人的签名是独立的,因此可以使用分离签名,否则签名就得嵌套。

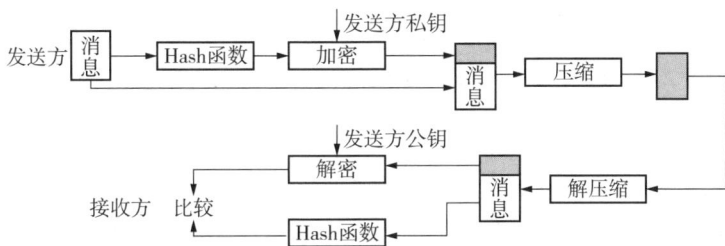

图 3.25　PGP 身份验证过程

2）保密性

PGP 的保密功能可以使用常规加密算法 CAST-128 等将传送的消息或者存储在本地的文件加密。在 PGP 中,每个常规密钥都只使用一次。也就是说,每个消息都会产生随机的 128 位新密钥。这样,即使在文档中把它当作会话密钥,可事实上它只是一次性密钥。由于密钥只使用一次,因此把会话密钥绑定到消息上与消息一起传送。为了保护密钥,需要用接收方的公钥进行加密。其步骤如图 3.26 所示。

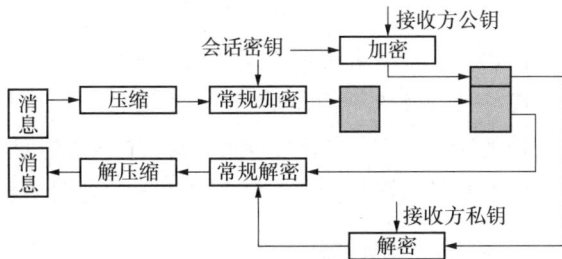

图 3.26　PGP 保密技术

发送方首先生成一个消息和只适于此消息的随机 128 位数字作为会话密钥,用具有会话密钥的 CAST-128 或者 IDEA、TDEA 算法加密消息,然后用接收方公钥的 RSA 加密会话密钥,并附在消息上。接收方使用具有私钥的 RSA 解密消息,恢复会话密钥,最后用会话密钥来解密消息。

PGP 允许将保密性和身份验证两种服务用在同一消息上,如图 3.27 所示。首先,生成明文消息的签名并附在消息上,然后使用 CAST-128 或者 IDEA、TDEA 算法加密明文消息的签名,用 RSA 算法加密会话密钥。这一步骤反过来更合适:加密消息,然后生成加密消息的签名,这样更有利于存储明文消息的签名。

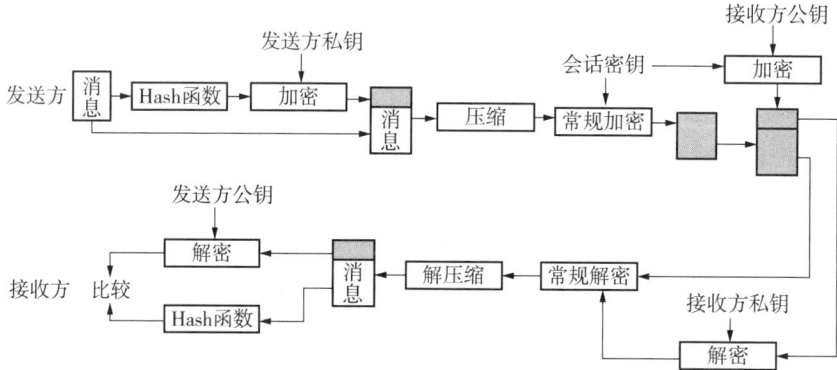

图 3.27　PGP 同时使用保密技术和身份验证过程

3)压缩

在默认情况下,PGP 协议在签名之后、加密之前进行消息压缩,这样有利于减少在电子邮件传送和文件存储时的磁盘空间。另外,由于压缩消息比原始明文的长度小,使加密分析更加困难,因此在压缩后使用消息加密可以增强密码技术的安全性。

4)电子邮件兼容性

在使用 PGP 时,至少需要部分加密传送的消息。如果只使用签名服务,则使用发送方的私钥加密消息。如果使用的是机密性服务,则使用一次性对称密钥加密消息和签名。这样,部分或所有结果的消息块都由随机的 8 位位组构成。但是,许多电子邮件消息只允许使用由 ASCII 文本构成的块。为了适应这种限制,PGP 提供了把未处理的 8 位二进制串转换成可打印的 ASCII 字符串服务,这种服务使用的方案是基数 64 转换。在传送时,如果需要,可以使用压缩明文的散列值来生成签名;然后再压缩明文和签名。如果要求机密性服务,则加密压缩明文或压缩签名和明文,并将常规加密密钥的加密公钥附在上面。最后,整个消息块被转换成基数 64 的格式。接收方收到消息后,首先将接收到的块从基数 64 的格式转换成二进制形式;如果消息是加密的,接收方恢复会话密钥并解密消息,然后解压缩结果块。如果消息是经过签名的,接收方可以恢复传送的散列值并与自己计算的散列值相比较。

5)分段与重组

通常的电子邮件机制限制邮件的长度。例如,Internet 上有些设施的最大长度设定为50 000个字节,任何大于此长度的消息必须分成若干个小段,每个段都要单独邮寄。为了适应这种限制,PGP 自动将超长的消息分成可以通过电子邮件发送的小段,分段工作是在所有其他处理(包括基数 64 转换)完成之后进行的。这样,会话密钥组件和签名组件只在第一段的开始出现一次。在接收端,PGP 必须打开所有的电子邮件报头。

PGP 协议使用了一次性会话常规密钥、公钥、私钥和逐段常规密钥。对于每一个密钥,都需要有生成不可测会话密钥的方法,并且能够允许用户拥有多个公钥/私钥对;对于每个 PGP 实体,都必须维护自己的公钥/私钥对文件以及通信双方的公钥文件。

(1)会话密钥的生成

每个会话密钥都与单个消息相关,只在加密和解密消息时使用。下面以 CAST-128 算法为例讨论会话密钥生成的过程。CAST-128 算法生成随机的 128 位数字。这种随机数字生成器的输入由 128 位密钥和两个作为明文加密的 64 位数据块构成。CAST-128 算法生成两个 64 位的加密文本块,这两个文本块被链接起来形成 128 位的会话密钥。随机数字生成器的明文输入由两个 64 位块构成,是从 128 位的随机数字流中得到的。这些数字以用户击键输入为基础,根据击键计时和实际键入的字符生成随机流。这样,如果用户按照正常的频率随机击键,就会生成正常的随机输入,这种随机输入与 CAST-128 算法生成的会话密钥的输出结合起来形成生成器的输入码。对于给定的 CAST-128 算法的密钥矩阵来讲,结果是一系列不可预测的会话密钥。

(2)密钥标志符

会话密钥附在加密消息上。会话密钥本身是用接收方的公钥加密的,因此只有接收方才能够恢复会话密钥,从而恢复消息。如果每个用户都采用单独的公钥/私钥对,则接收方自然会知道使用接收方的唯一私钥来解密会话密钥。当每个用户有多个公钥/私钥对时,可以利用用户 ID 和密钥 ID 的组合来唯一识别一个密钥,并且只需传送较短的密钥 ID 即可。但是,这种方法必须分配和存储密钥 ID,才能使得发送方和接收方将密钥 ID 和公钥对应起来。PGP 给每个用户公钥指定一个密钥 ID,这在用户 ID 中可能是唯一的。与公钥相关的密钥 ID 至少由 64 位数构成,也就是说,公钥的密钥 ID 等于(公钥 mod 2^{64})。

PGP 协议的数字签名也需要密钥 ID,这是因为发送方可能使用某个私钥来加密消息摘要,所以接收方必须知道应该使用哪个公钥。相应地,消息的数字签名组件中包括了所需公钥的 64 位密钥 ID,接收消息时,接收方可以验证发送方公钥的密钥 ID,然后再验证签名。

所传送的消息由消息体、签名(可选)和会话密钥(可选)构成,如图 3.28 所示。

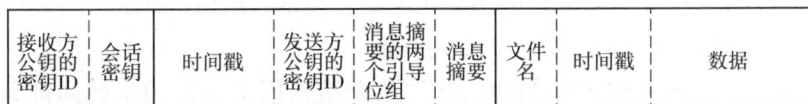

接收方公钥的密钥ID	会话密钥	时间戳	发送方公钥的密钥ID	消息摘要的两个引导位组	消息摘要	文件名	时间戳	数据

图 3.28 PGP 消息的常用格式

消息部分包括被存储或传送的实际数据、文件名和表明创建时间的时间戳。签名部分包括以下内容。

①时间戳:表明生成签名时间。

②消息摘要:160 位 SHA-1 摘要,利用发送方的私有签名密钥加密,摘要从签名的时间戳开始算起,直到与消息部分的数据部分连接为止。在摘要中引入签名的时间戳,这样能够

防止重放攻击。

③消息摘要的两个引导 8 位位组:通过将前两个明文 8 位位组的副本与解密摘要的前两个 8 位位组进行比较,可以使接收方能够确定在身份验证时用来解密消息摘要的正确公钥,这些 8 位位组还可以作为消息的 16 位帧检查序列。

④发送方公钥的密钥 ID:识别用于解密消息摘要的公钥和用来加密消息摘要的私钥。消息部分和可选的签名部分可以进行压缩,还可以用会话密钥进行加密。会话密钥部分包含会话密钥和接收方公钥的标志符,这个公钥被发送方用作加密会话密钥。

(3)密钥环

密钥 ID 对 PGP 的操作非常重要,任意一个 PGP 消息中都包括两个提供机密性和身份验证的密钥 ID,这些密钥需要存储并用对称方式进行组织,以便所有实体能够被高效使用。PGP 提供一种称为私钥环的数据结构用来存储此节点的公钥/私钥对,并提供另一种称为公钥环的数据结构用来存储此节点已知的其他用户的公钥。图 3.29 给出了私钥环的通用结构,可以把它看成一张表,表中每一行代表该用户所拥有的一个公钥/私钥对。

时间戳	密钥ID	公钥	加密的私钥	用户ID
⋮	⋮	⋮	⋮	⋮

图 3.29   私钥环的通用结构

其中,时间戳表示此对密钥创建的时间;密钥 ID 为公钥的第 64 位,也就是(公钥 mod 2^{64});公钥为公钥/私钥对的公钥部分,而私钥是公钥/私钥对的私钥部分;用户 ID 通常是用户的电子邮件地址,但用户可以选择将不同的名称与密钥对相关联,也可以多次重用同一用户 ID。

私钥环利用用户 ID 和密钥 ID 进行索引。因为私钥环只能存储在创建并拥有该密钥对的用户机器上,而且只能由此用户访问,这使私钥的安全性达到最高。私钥自身并不存储在密钥环中,该密钥利用 CAST-128 或者 IDEA、TDEA 算法进行加密。首先,用户选择用于加密私钥的口令。系统再利用 RSA 算法生成新的公钥/私钥对,用 SHA-1 算法计算该口令的Hash(散列)值,然后废弃该口令。最后,把 128 位 Hash 值作为密钥,系统利用 CAST-128 算法加密私钥,之后废弃 Hash 值,经过加密的私钥被存储在私钥环中。此后,当用户访问私钥环以获取私钥时,必须提供口令。PGP 可以检索已经加密的私钥、生成口令的 Hash 值,并使用具有 Hash 值的 CAST-128 算法将加密私钥解密。

图 3.30 给出了公钥环的通用结构。这种数据结构用来存储用户已知的其他用户的公钥。

时间戳	密钥ID	公钥	拥有者信任	用户ID	密钥合理性	签名	签名信任
⋮	⋮	⋮	⋮	⋮	⋮	⋮	⋮

图 3.30   公钥环的通用结构

下面,介绍在消息传送和接收过程中如何使用密钥环。为了方便起见,在以后的讨论中忽略压缩和基数 64 转换。图 3.31 给出了消息的传送过程。

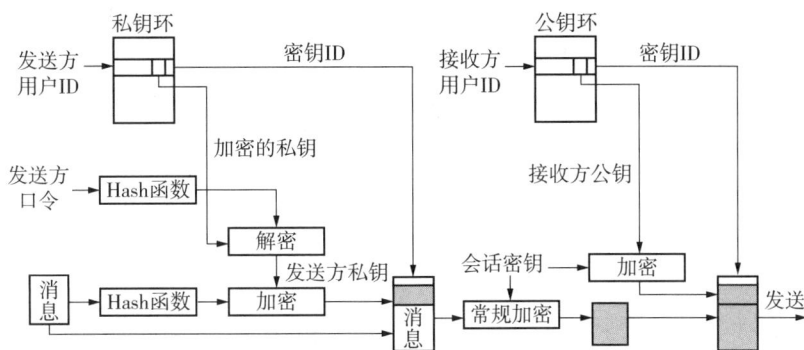

图 3.31　消息的传送过程

①假定消息已经经过了签名和加密。PGP 发送实体执行如下操作：

A.签名消息。PGP 用发送方的用户 ID 作为索引，首先从私钥环中检索出发送方的私钥，如果命令中没有提供用户 ID，则取环中第一个私钥；接着 PGP 提示用户输入口令来恢复未加密的私钥；最后构造消息的签名部分。

B.加密消息。PGP 生成会话密钥并加密消息；然后，PGP 使用接收方的用户 ID 作为索引从公钥环中得到接收方的公钥；最后构造消息的会话密钥部分。

②接收操作的步骤见图 3.32。

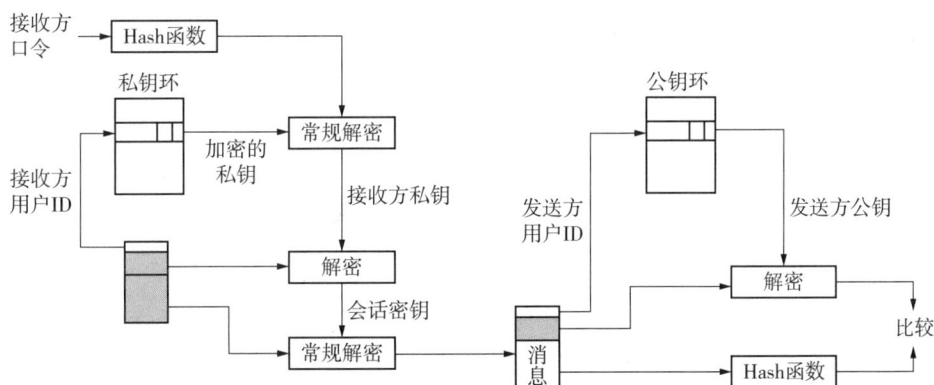

图 3.32　PGP 接受实体的操作过程

A.解密消息。PGP 使用消息的会话密钥部分中的密钥 ID 作为索引，首先从私钥环中检索得到接收方的私钥；然后 PGP 提示用户输入口令来恢复未加密的私钥；最后 PGP 恢复会话密钥并解密消息。

B.身份验证消息。PGP 使用消息的密钥部分中的密钥 ID 作为索引，首先从公钥环中检索得到发送方的公钥；然后 PGP 恢复传送来的消息摘要；最后 PGP 计算出接收消息的消息摘要，并与传送来的消息摘要相比较进行身份验证。图 3.32 给出了 PGP 接收实体的操作过程。

（4）公钥管理

PGP 包含一系列的函数和格式，以提供有效的机密性和身份验证服务。为了实现系统所有的服务功能,还必须解决公钥管理的问题。公钥管理问题的实质为:用户 A 必须建立包含其他用户公钥的公钥环,以便利用 PGP 进行相互操作。假定用户 A 的密钥环包含 B 的公钥,而事实上此密钥是属于 C 的。例如,如果 A 是从 B 发布公钥的公告板获得的密钥,但公告板是由 C 协调的。这种情况将导致两种威胁:

①C 能够向 A 发送消息并伪造 B 的签名,这样 A 就把消息当作从 B 发送来的。

②C 能够阅读从 A 到 B 的加密消息。

可以使用多种方法来降低用户的公钥环含有错误公钥所造成的威胁。A 想要获取 B 的可靠公钥的方法如下。

①通过物理手段从 B 获得公钥。B 可以将其公钥存储到软盘上并将其交给 A,然后 A 可以从软盘上将密钥装入系统。这种方法十分安全,但其应用限制也是很明显的。

②通过电话来验证密钥。如果 A 可以通过电话识别出 B,A 可以向 B 打电话,让他在电话中口述基数 64 格式的密钥。更实用的选择是:B 可以通过电子邮件消息将密钥传送给 A。A 用 PGP 生成 160 位 SHA-1 摘要,并用 16 进制格式显示,这叫作密钥的“指纹”。然后,A 就可以给 B 打电话,要求他在电话中口述此“指纹”,如果两个“指纹”相符,密钥就得到了验证。

③从相互信任的个体 D 那里得到 B 的公钥。为了达到此目的,引入 D 要创建签名的证书。证书包括 B 的公钥、密钥的创建时间以及密钥的有效期。D 生成此证书的 SHA-1 摘要,用他的私钥进行加密,并把签名附在证书上。因为只有 D 能够创建签名,所以没有人能够伪装 D 的签名来创建假的公钥。签名的证书可以由 B 或 D 直接发送给 A,也可以发布到公告板上。

④从可信的证书权威机构那里得到 B 的公钥,而且公钥也是由证书权威机构进行创建和签名的。A 可以访问证书权威机构,提供自己的用户名并接收签名的证书。

3.4.2 多用邮件扩展协议 S/MIME

MIME 是一种正式的 Internet 电子邮件扩充标准格式,但它未提供任何安全服务功能。S/MIME 在 MIME 基础上增加了数字签名和加密技术,主要用于电子邮件或相关的业务,也可以用于 Web 业务。一些著名软件公司如 Microsoft、Novell、Lotus 等都支持该协议。

S/MIME 在功能上与 PGP 非常相似,两者都提供了签名和加密消息的功能。S/MIME 提供了以下功能。

①封装的数据。对于一个或多个接收方,它的构成是任何类型的加密内容和加密内容的加密密钥。

②签名的数据。首先对需要签名内容的消息摘要采用签名者的私钥进行加密,然后将内容和签名用基数 64 转换进行编码,签名的数据消息只能由具有 S/MIME 功能的接收方才能查看。

③明文签名的数据。与签名的数据一样对内容进行数字签名,但只有签名用基数 64 转换进行编码。这样,不具有 S/MIME 功能的接收方虽然不能够验证签名,但能够查看消息内容。

④签名和封装的数据。只进行签名和只进行封装的实体可以相互嵌套,也就是说,加密的数据可以被签名,签名的数据或明文签名的数据也可以加密。

S/MIME 合并了 3 种公钥算法。数字签名的首选算法是 DSS,加密会话密钥的首选算法为 Diffie-Hellman 算法,RSA 算法是用于签名和会话密钥加密的首选算法。这些算法与 PGP 中的使用相同,它们提供了高水平的安全性。对于创建数字签名的 Hash(散列)函数来讲,S/MIME 规范推荐使用 160 位的 SHA-1 算法,但需要支持 128 位 MD5 算法。S/MIME 规范讨论了选择何种加密算法的步骤。

S/MIME 使用签名、加密或者两者兼有的方式来确保 MIME 实体的安全。MIME 实体可以是完整的消息;在 MIME 的内容类型非单一时,MIME 是提示消息的一个或多个部分。发送的消息都要转换成规范形式。在实际应用中,对给定的类型和子类型要针对消息内容选择适当的规范形式。

S/MIME 使用了多种新的 MIME 内容类型,见表 3.2。

表 3.2 S/MIME 的内容类型

类　型	子类型	S/MIME 参数	说　明
大部分	已签名		两部分明文签名的消息:消息和签名
应用	pkcs7-mime	签名的数据	签名的 S/MIME 实体
	pkcs7-mime	封装的数据	加密的 S/MIME 实体
	pkcs7-mime	弱签名的数据	仅包含公钥证书的实体
	pkcs7-signature	—	大部分/已签名消息类型的签名子部分的内容类型
	pkcs10-mime	—	证书注册请求消息

在多数情况下,应用安全算法会使得部分或全部消息成为由任意二进制数据表示的对象。然后,可以利用基数 64 转换编码将此对象装入 MIME 外部消息中。对于不同的内容类型,准备 S/MIME 消息的步骤如下。

①准备封装的数据 MIME 实体的步骤。

首先,为特定的对称加密算法生成伪随机会话密钥。

然后,对于每个接收方而言,用接收方的公共 RSA 密钥加密会话密钥,并为每个接收方准备一个 RecipientInfo 块,它包括发送方的公钥证书、用来加密会话密钥的算法标识符以及加密的会话密钥。

接下来,利用会话密钥加密消息的内容。封装的数据由经过加密的内容和 RecipientInfo 块构成。然后,将此消息利用基数 64 转换进行编码。接收方在接收到消息时,为了恢复加密的消息,先去掉基数 64 编码,再利用接收方的私钥来恢复会话密钥。

最后,接收方利用会话密钥来解密消息内容。

②MIME 实体准备签名数据的步骤如下。

首先,选择生成消息摘要算法(SHA-1 或 MD5)并计算需要签名内容的消息摘要或者

Hash 值。

　　然后,用签名者的私钥加密消息摘要,同时准备 SingerInfo 块,它包括签名者的公钥证书、消息摘要算法的标识符、用来加密消息摘要的算法标志符以及加密的消息摘要。

　　最后,将消息利用基数 64 转换编码。当接收方收到消息时,首先去掉基数 64 编码,然后利用签名者的公钥来解密消息摘要。接收方独立计算出消息摘要,并与解密的消息摘要相比较来验证签名。

3.5　计算机病毒及其防治

3.5.1　计算机病毒及其分析

　　计算机病毒(Computer Virus)的概念由美国加利福尼亚大学 Fred Coben 博士于 1983 年 11 月 3 日在美国计算机安全学术会议上首次提出。计算机病毒是指无用的、有害的计算机程序,它干扰和妨碍甚至破坏正常的程序运行。它是一种能够通过修改其他程序而“感染”这些程序的程序,修改后的程序中包含了病毒的一个副本,使得这些程序就能够继续感染其他程序。生物学中的病毒是一小片遗传代码,它们能够接管正常细胞的生理过程,使它产生成千上万个源病毒的完整拷贝。与生物学中的情况相同,计算机病毒是有生命力的。一个计算机病毒就是一个小的自我复制程序,它通常通过附加一个自己的拷贝来感染其他的计算机程序。当计算机病毒寄居到一台主机以后,它一般会暂时控制计算机的磁盘操作系统。然后,当受感染的计算机和未受感染的软件接触的时候,就会把一份新的病毒拷贝添加到该程序中,从而导致病毒从一台计算机传播到另一台计算机。病毒传染的途径通常是用户把磁盘带到另一个系统中或通过网络把程序传送到另一个系统中造成的。

1)计算机病毒的生命期

　　计算机病毒把自己依附到其他程序中,当宿主程序运行的时候,一旦病毒程序被执行,它就能按照病毒制作者的意图进行删除、修改等操作。计算机病毒的生命期会经历 4 个阶段。

　　①休眠期。此期间计算机病毒处于休眠状态,但病毒会被某些事件激活,如特定的日期、磁盘容量超过某一限制值等。当然,并不是所有的病毒都有这个过程。

　　②传播期。计算机病毒把一个和自己完全一样的副本附加到其他程序中,或者存放到磁盘的特定系统区域中。这样每个受感染的程序就包含了一个病毒副本,它们也将进入传播期。

　　③触发期。计算机病毒被激活,此期间它能够完成自己的“使命”。触发期也可以被各种系统事件(例如,该副本拷贝自身的次数)激活。

　　④执行期。计算机病毒执行自身的操作,这些操作可能对计算机系统无害(例如,在屏幕上显示一行信息),但也可能破坏程序或者数据文件。

　　一旦计算机病毒通过感染某个程序而进入一个系统,那么执行这个已感染的程序就会感染系统中其他一些或全部的可执行文件。因此,如果最初能够防止计算机病毒进入系统,就能够完全防止系统被感染。但是,防止计算机病毒进入系统是一件非常困难的事情,这是因为病毒可以是本系统之外任意一个程序的一部分。

2) 计算机病毒的种类

目前,多种不同种类的计算机病毒存在。

①文件感染或寄生病毒。这是最传统、最常见的计算机病毒形式。文件感染通过在现有文件或文件区域中附加一些代码来修改可执行程序的内容,使启动程序时该病毒代码首先被执行。这种类型的病毒会感染后缀为 COM、EXE 和 SYS 等的文件。病毒可能存储在磁盘、磁鼓和光盘中,或通过网络来传送。多数寄生病毒是常驻内存的,所以可能会传染用户调用的程序。另外,也有一些病毒不将自己安装在内存中,而是寻找磁盘中未被感染的程序然后将其感染实施病毒传播。

②引导型病毒。这类病毒感染主引导记录或引导记录,当系统从已感染此类病毒的磁盘启动时,它就开始传播。

③隐身病毒。此类病毒可以通过压缩技术或者其他更复杂的技术令程序感染以后的长度和未感染前的一样。例如,计算机病毒可以在磁盘 I/O 例程中插入截获代码,当用这些例程来读取磁盘中的可疑部分的代码时,此类病毒就会返回原来未受感染的程序,从而逃避反病毒软件的检测。

④变形病毒。这是一种每次感染时都会发生变形的计算机病毒,它使得根据计算机病毒特征码来检测病毒变得不可能。此类病毒在复制时便会产生一些在功能上等价但在形式上不同的副本,其目的是躲避扫描病毒程序的检测。在这种情况下,病毒各个副本的特征码都不一样。为了产生这些变化,病毒会随机插入一些冗余的指令或交换相互独立的指令的顺序。

⑤宏病毒。根据美国国家计算机安全协会的统计,有一种新类型的病毒占全部计算机病毒的 2/3,它就是宏病毒。宏病毒是一种基于 Word 和其他办公软件(例如 Microsoft Excel 等)中的宏产生的计算机病毒。实际上,宏是嵌入在一个字处理文档或其他类型文件中的一段可执行程序。通常用户使用宏自动完成一些重复性的工作,以便减少直接击键的次数。宏语言通常是某种版本的 Basic 编程语言。用户可以通过宏定义一个击键序列,然后把它设置好,这样就可以通过敲击功能键或特定的组合键来启动这个宏。之所以能够创建宏病毒,是因为还有一种自动执行的宏,这种病毒不需要用户显示启动就能够自动运行。常见的自动执行事件包括打开文件、关闭文件和启动应用程序。一旦宏运行起来,病毒就可以把自身复制到其他文档中、删除文件、对用户系统进行其他方面的破坏。宏病毒在传播时,首先自动宏或命令依附到一个 Word 文档中,然后通过电子邮件或磁盘把它输入到一个系统中,在文档打开以后的某个时候执行该宏。宏把自身拷贝到全局宏文件中,当下一次启动 Word 时就会激活受感染的全局宏,当这个宏执行时就会进行自我复制并破坏系统。Word 版本的不断提升可以增强对宏病毒的免疫能力。

3.5.2　计算机病毒防治技术

计算机病毒防治技术可以直观地分为病毒预防技术、病毒检测技术以及病毒清除技术。

计算机病毒的预防技术是指通过一定的技术手段防止计算机病毒对系统的传染和破坏。实际上病毒预防技术是一种动态判定技术,它对病毒的行为规则进行分类处理,而后在程序运行中凡有类似的规则出现即可以认定它是计算机病毒。预防技术包括磁盘引导区保护、加密可执行程序、读写控制技术和系统监控技术等。例如,防病毒卡的主要功能是对磁盘提供写保护、监视在计算机和驱动器之间产生的信号以及可能造成危害的命令;并且它可以判断磁盘当前所处的状态(例如,哪一个磁盘将要进行写操作、是否正在进行写操作、磁盘是否处于写保护等因素)来确定病毒是否将要发作。计算机病毒的预防包括两部分:对已知病毒的预防和对未知病毒的预防。目前,对已知病毒的预防可以采用特征判定技术或静态判定技术,而对于未知病毒的预防则是一种动态的行为规则的判定技术。

所谓计算机病毒的检测技术是指通过一定的技术手段判断出特定计算机病毒的一种技术,它是针对特定病毒的。检测技术有两种:一种是根据计算机病毒的关键字、特征程序段内容、病毒特征以及传染方式、文件长度的变化,在特征分类的基础上建立的病毒检测技术。另一种不针对具体病毒程序,而对某个文件或数据段进行检测和计算并保存其结果,以后定期或不定期地利用保存的结果对该文件或数据段进行检测。若出现差异,则表示该文件或数据段的动态性已遭到破坏,说明已染上了病毒,从而检测到病毒的存在。

而计算机病毒的消除技术则是计算机病毒检测技术发展的必然结果,是计算机病毒传染程序的逆过程。目前,消除病毒大都通过在某种病毒出现后对其进行分析后研制出来的具有相应解毒功能的软件进行。这类软件技术发展往往是被动的,带有滞后性,而且由于计算机软件所要求的精确性,解毒软件有其局限性,对有些变种病毒的消除无能为力。

在网络环境下,防范病毒显得尤为重要,这是因为:第一,网络感染的病毒会有更大的破坏力。第二,遭到病毒破坏的网络要进行恢复非常麻烦,而且有时恢复几乎不大可能。目前,网络大都采用客户机/服务器的工作模式,需要服务器和工作站结合来解决病毒问题。网络防病毒的基本方法和技术有以下几条。

1)工作站防毒芯片

这种方法将防治病毒功能集成在一个芯片并安装在网络工作站上,以便经常性地保护工作站及其通往服务器的途径。如果将工作站存取控制与病毒保护能力合二为一地插在网卡的 EPROM 槽内,用户还可以免除许多烦琐的管理工作。例如,Trend Micro Devices 公司的解决办法是要求网络上每个工作站都安装网卡,而网卡上有一个 Boot ROM 芯片。由于多数网卡的 Boot ROM 的空间并没有被充分利用,因此如果安全程序足够小的话,就可以把它安装在网卡的 Boot ROM 的剩余空间内,而不必另插一块芯片。

2)基于服务器的防毒技术

基于服务器的防病毒方法大都采用以 NLM(NetWare Loadable Module)可装载模块技术

进行程序设计,以服务器为基础,提供实时扫描病毒能力。较有代表性的产品有 Intel 公司的 LANdesk Virus Protect 和北京威尔德电脑公司的 LAN clear for NetWare 等,都采用了以服务器为基础的防病毒技术,使服务器不受感染,病毒也就失去了传播途径。这种技术一般具有以下功能:对服务器中的所有文件进行扫描、实时在线扫描、服务器扫描选择、自动报告功能及病毒存档和工作站扫描。

3)对用户开放的病毒特征接口

计算机病毒层出不穷,要使防病毒系统能对付不断出现的新病毒,就要求所开发的防治病毒软件具有自动升级的功能。其做法是一方面开放病毒特征数据库;另一方面,用户可随时对碰到的带毒文件进行病毒特征分析,自动将病毒特征加入特征库,以随时增强抗病毒能力。

常用的杀毒软件(系统)有 Windows 10 及以上的病毒与威胁防护、腾讯电脑管家、金山毒霸、360 安全卫士、卡巴斯基安全软件等。

3.6　网络入侵检测

在 20 世纪 80 年代初期,Anderson 使用了"威胁"这个术语,其定义与入侵的含义相同,将入侵或威胁定义为未经授权蓄意尝试访问信息、篡改信息、使系统不可靠或不能用。入侵是指有关试图破坏资源的完整性、机密性及可用性的活动。

3.6.1　网络入侵的类型

1)漏洞扫描

扫描器是一种自动检测远程或本地主机安全性弱点的程序。通过使用扫描器,可以发现远程服务器的各种 TCP 端口的分配、它们提供的服务以及它们的软件版本,直接或间接地了解到远程主机所存在的安全问题。扫描器通过选择远程 TCP/IP 不同的端口服务,并记录目标给予的回答,可以搜集到很多关于目标主机的各种有用的信息。例如,是否能匿名登录访问 FTP 服务,是否有可写的 FTP 目录,是否能用 Telnet 以及 HTTPD 是用 root 还是普通用户登录运行等。

对于一个功能较完备的扫描器,它能对操作系统与服务程序所存在的各种系统漏洞和 Bug 进行检测。目前比较成熟的扫描器有 SATAN、Nessus、ISS 等。传统的扫描器使用系统调用 connect( )连接目标的端口,如果函数返回成功就认为这个端口是开放的,采用这种方法可以利用多线程加快扫描速度。但这样的扫描在目标上留下大量的日志,对于黑客来讲是不安全的,因此黑客们常常采用秘密扫描来解决这个问题。秘密扫描有以下几种方式。

①TCP SYN 扫描。这种技术也称为 half-open 扫描,向一个端口发送一个 SYN,如果端口是打开的,那么会接收到 SYN|ACK,否则会收到 RST,很少有操作系统会记录这样的日志,其缺点是攻击者在 UNIX 环境下必须具有 root 权限。

②TCP FIN 扫描。向一个端口发送 FIN,如果端口是开放的,通常会忽略掉这个包,否则会回复 RST。由于某些操作系统在 TCP 实现的时候留有一个 bug,所以这种方法并不完全准确。

③分片扫描。在发送一个扫描数据包时,人为地将数据包分成多个 IP 分片,这种方法可以绕过某些包过滤程序。但是,需要注意的是有些程序不能正确地处理 IP 分片,分片扫描可能会造成系统崩溃。

④TCP reverse ident 扫描。Dave Goldsmith 于 1996 年指出,ident 协议允许 TCP 连接得到进程所有者的用户名,即使这个进程并不是连接的发起方。

⑤FTP 跳转攻击。FTP 协议支持连接上服务器 A,然后让 A 向目标 B 发送数据,现在一般的 FTP 都不支持这种功能。如果目标是扫描端口,可以使用 port 命令,声明 B 的某个端口处于监听状态,如果这个端口的确是打开的,FTP 服务器会返回 150 和 226,否则返回错误信息 425。这种扫描方式可以很好地隐藏攻击者的身份,在某些条件下可以穿越防火墙,缺点是扫描的速度比较慢。

⑥UDP ICMP 端口不可到达扫描。这种方法使用 UDP 协议,向一个端口发送 UDP 包。一个打开的 UDP 端口不会发送任何回应,但如果端口是关闭的,有些系统会返回 ICMP_PORT_UNREACH 信息。由于 UDP 是不可靠的,所以这种扫描方法也不会完全可靠,并且 UDP 扫描通常比较慢。

2) 口令破解

如果黑客能够猜测或者确定用户的口令,那么他就能获得主机或者网络的访问权,并且能够访问到合法用户所能访问到的任何资源。口令攻击主要有以下几种方式。

①词典攻击。在口令的设置过程中,有许多个人因素在起作用,可以利用这些因素来帮助解密。出于口令安全性的考虑,禁止把口令写在纸上,因此很多人都设法使自己的口令容易记忆,这就给黑客提供了可乘之机。贝尔实验室的计算机安全专家 R. Morris 和 K. Thompson 提出了这样一种攻击的可能性:可以根据用户的信息建立一个他可能使用的口令词典,例如,个人的姓名、生日或电话号码等。然后,每次取出一个条目经过 crypt( ) 函数变换,并与口令文件的密文口令进行匹配比较,若一致则口令被破解。

②强行攻击。许多人认为如果使用足够长的口令,或者使用足够完善的加密模式,就能有一个攻不破的口令,但事实上破解口令只是个时间的问题。例如,可能要花 200 年才能破解一个高级加密方式,但是起码它是可以被攻破的,而且破解时间随着计算机速度的提高而减少。如果有速度足够快的计算机能尝试字母、数字、特殊字符所有的组合,且最终能破解所有的口令,这种类型的攻击方式称为强行攻击。强行攻击基本上是 CPU 速度和破解口令时间的矛盾。

③组合攻击。词典攻击只能发现词典单词口令,但是速度快。强行攻击能发现所有口令,但是破解时间很长。组合攻击就是使用词典单词并在单词尾部将若干字母、数字或者特殊字符组合起来进行攻击的一种方法。

3）拒绝服务攻击

拒绝服务攻击过量使用资源而致使其他合法用户无法访问系统，从而导致系统瘫痪或明显降低系统的性能。拒绝服务攻击可能是蓄意的，也可能是偶然的。当未被授权的用户过量使用资源时，攻击是蓄意的；当合法用户无意地操作而使得资源不可用时，则是偶然的。拒绝服务攻击大致可以分为两类：一类是由错误配置或者软件弱点导致的，某些拒绝服务攻击是由协议固有的缺陷或者对协议的实现不当导致的，这类攻击可以通过开发商发布简单的补丁来解决。另一类拒绝服务攻击利用合理的服务请求来占用过多的服务资源（这些服务资源包括网络带宽、文件系统空间容量、CPU 时间等），致使服务超载，无法响应其他请求，导致系统资源匮乏。常见的拒绝服务攻击方法有：

①邮件炸弹。这是一种最简单的拒绝服务攻击。设想某个用户发现信箱里有 1 万封信，这时，一般的用户唯一的方法就是删除所有邮件。对于服务器来说，邮件炸弹会大量消耗硬盘空间，阻塞网络带宽。这类攻击之所以能够容易得逞，最主要的原因就是当初建立邮件协议标准时，侧重于提供最有效的服务，却没有考虑到对邮件的来源进行有力的验证。但对于 Sendmail 8.10.0 以后的版本，mail 服务器抗拒绝服务攻击的能力大大提高了，系统管理员只需配置如下参数即可：最少自由块的数目、最大邮件的大小、自动重建别名、队列平均负荷、平均符合拒绝临界点、最大的守护进程的子进程数、最大的报头长度、最大 MIME 编码报文长度、每封邮件的最多接收者等。

②Flood。Flood 的字面意思是“淹没”，它是拒绝服务攻击的一种手法。攻击者利用高带宽的计算机通过大量发送 TCP、UDP 和 ICMP Echo Request 报文，将低带宽的计算机“淹没”，以降低对方计算机的响应速度。其中最简单的一种方法就是在 UNIX 下使用 ping-f IP，这种通过发送异常的、大量的 ping（因特网包探索器）来杀死服务器的方法也称为 Ping of Death。另一种常用的攻击手法称为 SYN flood，攻击者有意不完成 TCP 的 3 次握手过程，其目的就是让等待建立某种特定服务的连接数量超过系统所能承受的极限，从而使得系统不能建立新的连接。虽然所有的操作系统对每个连接都设置了一个计时器，如果计时器超过规定数就释放资源，但是攻击者可以持续建立大量新的 SYN 连接来消耗系统资源。显然，由于攻击者并不想完成 3 次握手过程，因此无须接收 SYN/ACK，也没有必要使用真实的 IP 地址。

③Smurf。这是一种向广播地址发送伪造的 ICMP 数据包的攻击方式。攻击者使用被欺骗的受害者的 IP 地址向一个广播地址发送 ICMP 回响请求通信。在一个多层访问的广播网络上，这就会造成潜在的数以千计的计算机对每个 ping 信号作出响应。设想发送一个 IP 包到广播地址 192.168.1.0，这个网络中有 50 台计算机，将会收到 50 次应答，广播地址在这里起到了放大器的作用，Smurf 攻击就是利用了这种作用：如果 A 发送 1 K 大小的 ICMP Echo Request 到广播地址，那么 A 将收到 $1K \times N$ 的 ICMP reply，其中 N 为网络中计算机的总数。当 N 等于 100 万时，产生的应答将达到 1 GB，这将会大量消耗网络的资源。如果 B 假冒 A 的 IP 地址，那么收到应答的是 A，对 A 来说就是一次拒绝服务攻击。

④Teardrop。在早期 BSD UNIX 实现的网络协议中，处理数据包分段时存在漏洞，后来的一些操作系统都沿用了 BSD 的代码，因此这个漏洞在 Linux、Windows 95/NT 中都是存在

的。物理网络层通常给所能传输的帧加一个尺寸上限,IP 将数据包的大小与物理层的帧的上限相比较,如果需要则进行分段。在 IP 报头中设置了一些域用于分段:标志域为发送者传输的每个报文保留一个独立的值,这个数值被拷贝到每个特定报文的每个分段,标志域中有一位作为"更多分段"位。除了最后一段之外,该位在组成一个数据包的所有分段中被置位,分段偏移域含有该分段自初始数据包开始位置的位移。对于有 teardrop 漏洞的操作系统,如果接收到"病态的"数据分段,例如,一个 40 字节的数据包被分为两段,第一段数据发送 0~36 字节,而第二段发送 24~27 字节,则在某些情况下会破坏整个 IP 协议。因此,必须重新启动计算机才能恢复。

⑤Land。Land 攻击是针对种类繁多的 TCP 实现发起的拒绝服务攻击。此程序通过发送一个 TCP SYN 数据包使源地址与目的地址相同,源端口与目的端口相同。当攻击者利用 Land 向一台计算机发起攻击时,先给目标计算机发送一个数据包以便打开一个链接,这个数据包已经被改动而使源地址和目的地址、源端口与目的端口相同。当目的主机接收到数据包并发送信息给源主机时,这些信息将被传送到目的主机自身,从而导致大多数计算机不知道怎样处理而瘫痪或挂起。

传统的拒绝服务攻击只是一台计算机向受害者发起攻击,然而在 2000 年,一种新型的攻击方法产生了,这就是分布式拒绝服务 DDoS(Distributed Denial of Service)攻击。攻击者可以在多台计算机上或与他人合作,同时向一个目标主机或网络发起攻击。这就使得防御变得困难,被攻击者在同一时间内所收到的大量数据包不止是一台主机发送来的。

4)系统后门

如果攻击者获得系统的 root 权限,那么即使系统管理员安装了安全补丁程序,攻击者仍然可以轻松地进出系统。为了达到目的,一般采用的方式是在系统中安装后门。提到后门程序很多人会想到特洛伊木马程序,特洛伊木马程序的威胁成功,依赖于用户的疏忽。如果系统安装了一个比较好的杀毒软件或防火墙,或者系统管理员经常检查系统开放了哪些端口,特洛伊木马程序攻击是很难成功的。

如果想要在操作系统上安装后门,就必须了解系统中的某些关键文件的位置和格式,从根本上讲攻击者对系统了解越多,可以利用的机会就越多。以下是两种在 UNIX 下安装后门的方法:

①给系统增加一个 uid 为 0(root)的无口令账号。

②修改 inetd.conf 文件,这种方法无需本地账号就可以成为 root。

5)缓冲区溢出攻击

大多数的攻击都是基于缓冲区溢出进行的。攻击者试图在一个不够大的缓冲区接收器里存储过量的信息,就是一次缓冲区溢出(buffer overflow)攻击。实现这种攻击的条件是只要程序的使用者给出的数据超出该程序所能存储的最大值即可。例如,一个程序只能接收 50 个字符,而用户却输入了 100 个字符。这样由于过多的数据输入到了一个不够大的缓冲区接收器,该程序将不能控制它,多出的部分将写入内存。缓冲区溢出攻击是最具潜伏性的信息安全问题。缓冲区溢出将导致系统安全受到三个方面的攻击：关于可用性的拒绝服务攻击、针对数据完整性的攻击以及针对数据机密性的攻击。

常见的缓冲区溢出攻击方式如下。

①NetMeeting 缓冲区溢出。这种攻击将导致攻击者的代码在客户端被执行。NetMeeting 中有一个叫 SpeedDial 的工具，当客户点击它的时候自动链接到一台远程服务器上，它所用到的一个动态链接库可被缓冲区溢出攻击并被执行任意的二进制代码。如果一个恶意的网页制作者链接到一个特殊编排的 NetMeeting 的 SpeedDial 入口进行缓冲区溢出攻击，将导致 NetMeeting 停止响应或挂起。

②Outlook 缓冲区溢出。通过 Internet 攻击者可以向 Outlook 客户发送一个带有畸形头信息的电子邮件来产生缓冲区溢出，从而在受害者计算机上执行任意代码。

③Linuxconf 缓冲区溢出。Linuxconf 是系统管理员使用的工具，它在处理 HTTP 头信息上存在漏洞，这将导致缓冲区溢出产生。Linuxconf 是大多数 Linux 版本自带的程序。在许多情况下，该程序在管理员不知情的情况下被安装在系统上并打开一个远程访问端口，远程攻击者可以利用这一程序攻击目标计算机。Linuxconf 可以通过 Web 进行远程访问。这就意味着程序必须处理 Web 头信息来获得程序所需要的关键信息。因为该程序不对 Web 信息进行错误检测，所以攻击者可以在 HTTP 头信息中插入过量的信息，从而导致受害计算机缓冲区溢出。

6) Web 攻击

对 Web 的攻击是 Internet 上最流行的一种攻击方式。由于有些 Web 服务器在安全性上考虑不周，因此攻击 Web 比较容易上手，比通过缓冲区溢出获得 root 然后安装后门要容易得多。近年来，对 Web 的攻击随着 IIS 安全漏洞的大量发现而达到顶峰。IIS 是一种非常流行的允许在 Internet 或者 Intranet 上发布信息的 Web 服务器，它具有灵活的脚本和服务器端功能，通过与其他流行的编程工具（例如，VB、ASP.net 等）结合，可以很容易地在 IIS 上建立应用程序。IIS 的各个版本都存在着安全漏洞：①IIS4.0/5.0 缓冲区溢出漏洞。这个缓冲区溢出主要存在于.htr、.idc 和.stm 文件中，其攻击原理是后缀名为.asp、.htr、.idc 的文件由 IIS 内部一个叫 ISM.DLL 的程序来处理。如果文件名过长就会导致程序内部堆栈溢出。②泄漏源码漏洞。IIS4.0 包含了一个大而全面的称为 "Exploration Air" 的演示站点，它使用了很多 IIS 4.0 的 Web 技术，在每一个页面的底端都有一个 "How It Works" 按钮，点击这个按钮可以将页面代码解析成有色标签的脚本。这样就泄漏了源码，IIS 的许多漏洞都与泄漏 ASP 源码有关。

近些年来，网络攻击的手段愈发高级且影响巨大。网络钓鱼、鱼叉攻击、ATP 攻击（高级可持续威胁攻击，定向威胁攻击）、勒索软件等攻击手段也层出不穷。所谓鱼叉攻击是指攻击者利用木马程序作为电子邮件的附件，并给邮件附件命名一个极具诱惑力的名称，发送到目标电脑上，诱导受害者去打开附件来感染木马病毒。所谓 ATP 攻击是指攻击者对特定对象展开的持续有效的攻击活动，这种攻击活动具有极强的隐蔽性和针对性，通常会运用受感染的各种介质、供应链和社会工程学等多种手段实施持久的且有效的威胁和攻击。APT 攻击入侵特定对象的途径主要有：①以智能手机、平板电脑和 USB 等移动设备为目标和攻击对象，继而入侵特定对象信息系统。②社交工程的恶意邮件，攻击者针对特定对象发送钓鱼邮件，以此作为使用 APT 手段进行攻击的源头。③利用防火墙、服务器等系统漏洞继而获取访问特定对象网络信息系统的有效凭证信息。APT 攻击试图通过一切方式，绕过基于代码的传统的防病毒软件、防火墙、入侵防御系统 IPS 等安全技术方案（安全设备），且更长时间地潜伏在特定对象网络信息系统中，使传统安全防御技术体系难以侦测。

3.6.2　网络入侵的检测方法

网络入侵的检测方法一般有两种，分别是异常检测（anomaly detection）和误用检测（misuse detection）。异常检测提取正常模式审计数据的数学特征，检查事件数据流中是否存在与之相违背的异常模式。误用检测则搜索审计事件数据流，查看其中是否存在预先定义的误用模式。

1）异常检测

异常检测是目前入侵检测系统研究的重点，其特点是通过对系统异常行为的检测，可以发现未知的攻击模式。异常检测的关键问题在于正常使用模式（normal usage profile）的建立以及如何利用该模式对当前的系统/用户行为进行比较，从而判断出与正常模式的偏离程度。"模式（profile）"通常由一组系统的参量（metrics）来定义。所谓"metrics"是指系统/用户行为在特定方面的衡量标准。每个参量都对应于一个门限值（threshold）或对应于一个变化区间。

异常检测基于这样一个假设：无论是程序的执行还是用户的行为，在系统特征上都呈现出紧密的相关性。例如，某些特权程序总是访问特定目录下的系统文件，而程序员则经常编辑和编译 C 语言程序，其正常活动与一个打字员的正常活动肯定不同。这样，根据各自不同的正常活动建立起来的模式（profile）便具有用户特性。入侵者即使使用正常用户的账号，其行为并不会与正常用户的行为相吻合，因而可以被检测出来。但事实上入侵活动集合并不等于异常活动集合，如图 3.33 所示。系统处理时存在两种可能性：一是将不是入侵的异常活动标识为入侵，称为伪肯定（False Positives），造成假报警；二是将入侵活动误以为是正常活动，称为伪否定（False Negatives），造成漏判，其严重性比第一种情况高得多。

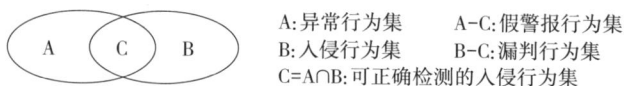

A:异常行为集　　A-C:假警报行为集
B:入侵行为集　　B-C:漏判行为集
C=A∩B:可正确检测的入侵行为集

图 3.33　异常行为集与入侵行为集相交而不等时产生假警报和漏判的情形

（1）统计异常检测方法

统计异常检测方法根据异常检测器观察主体的活动，然后产生刻画这些活动的行为的轮廓。每一个轮廓保存、记录主体当前行为，并定时地将新的正常的行为轮廓加入到行为轮廓库中，通过比较当前的轮廓与已存储的轮廓来判断异常行为，从而检测出入侵行为。

设 $M_1, M_2, \cdots, M_n$ 为轮廓（profile）的特征参量，这些参量可以是 CPU、I/O 和邮件的使

用、文件访问数量以及网络会话时间等。用 $S_1, S_2, \cdots, S_n$ 分别表示轮廓中参量 $M_1, M_2, \cdots,$ M_n 的异常测量值。这些值表明了异常程度,若 S_i 的值越高,则表示 M_i 的异常性越大。将这些异常测量值平方后加权计算得出轮廓异常值:$a_1 S_1^2 + a_2 S_2^2 + \cdots + a_n S_n^2, a_i > 0$,这里 a_i 表示轮廓与参量 M_i 相关的权重。一般而言,参量 $M_1, M_2, \cdots, M_n$ 不是相互独立的,需要有更复杂的函数处理其相关性。

统计异常检测方法具有一定的优势。使用该方法可以揭示某些我们感兴趣的、可疑的活动,从而发现违背安全策略的行为;另外在维护上比较方便,不像误用检测系统那样需要对规则库不断地更新和维护。其缺陷是:首先,使用统计方法的大多数入侵检测系统是以批处理的方式对审计记录进行分析的,它不能提供对入侵行为的实时检测和自动响应的功能。其次,统计方法的特性导致了它不能反映事件在时间顺序上的前后相关性,因此事件发生的顺序通常不作为分析引擎所考察的系统属性。然而,许多预示着入侵行为的系统异常都依赖于事件的发生顺序,在这种情况下,使用统计方法进行异常检测就有了很大的局限性。最后,如何确定合适的门限值(threshold)也是统计方法所面临的棘手问题。门限值如果选择得不恰当,就会导致系统出现大量的错误报警。

(2)基于神经网络的异常检测方法

人工神经网络模型试图模仿生物神经系统,通过接收外部输入的刺激,不断获得并积累知识,进而具有一定的判断预测能力。尽管神经网络模型的种类很多,但其基本模式都是由大量简单的计算单元(又称为节点或神经元)相互连接而构成的一种并行分布处理网络。基于神经信息传输的原理,节点之间以一定的权值进行连接,每个节点对 N 个加权的输入求和,当求和值超过某个阈值时,节点成"兴奋"状态,有信号输出。节点的特征由其阈值、非线性函数的类型所决定,而整个神经网络则由网络拓扑、节点特征以及对其进行训练所使用的规则所决定。

将神经网络用于异常检测,其方法主要是通过训练神经网络,使之能在给定前 N 个动作或命令的前提下预测出用户下一个动作或命令。网络经过对用户常用的命令集进行一段时间的训练后便可以根据已存在网络中的用户特征文件来匹配真实的动作或命令。神经网络有多种模型,在入侵检测系统中,一般采用前向神经网络和逆向传播法 BP(Back Propagation)对检测模型进行训练。基于神经网络的入侵检测模型如图 3.34 所示。

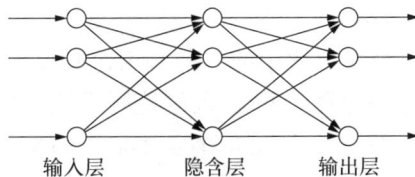

图 3.34　基于神经网络的入侵检测模型

此模型有一个输入层集,接受二进制输入信号。这些二进制输入信号对应于已经保存在信息库中的相关事件。神经网络的输出层用来指示可能的入侵。它根据问题相关事件的数量、规则数量和入侵行为的数量等,确定模型中需要多少个隐含层,隐含层神经元的数目则取决于训练用的样本数以及经验积累。神经网络的每一层由一个或者多个神经元组成，前一层的输出作为后一层的输入，每层神经元与其下一层的神经元相连，并赋以合适的权值。

使用基于神经网络的异常检测系统的好处在于：能够很好地处理噪声数据，并不依赖于对所处理的数据统计假设，无须考虑如何选择特征参量的问题，很容易适应新的用户群。它存在的问题是：一是小的命令窗口（即 n 的大小）将造成伪肯定，即造成假报警，而大的命令窗口则造成许多不相关的数据，同时增加伪否定的机会，即造成漏判。二是神经网络拓扑结构只有经过相当的训练才能确定下来。三是入侵者可能在网络学习阶段训练该网络。

（3）基于规则的异常检测方法

基于规则的异常检测方法假设事件序列不是随机的而是遵循可辨别的模式。其特点是考虑了事件序列及相互联系。系统利用动态的规则集来检测入侵。归纳引擎根据已发生事件的情况来预测将来发生的事件的概率，根据此概率动态产生规则，归纳引擎为每一种事件设置可能发生的概率。其归纳出来的规则一般可写成如下形式：

$$E_1, E_2, \cdots, E_k, (E_{k+1}, P(E_{k+1})), \cdots, (E_n, P(E_n))$$

其含义为，如果在输入事件流中包含事件序列 $E_1, E_2, \cdots, E_k$，则事件 $E_{k+1}, \cdots, E_n$ 会出现在将要到来的事件流的概率分别为 $P(E_{k+1}), \cdots, P(E_n)$。按照这种检测方法，当规则的左边匹配，但右边的概率值与预测值相差较大时，该事件便被标志为异常行为。

这种检测方法的优点是：基于规则的序列模式能够检测出传统方法难以检测的异常活动；所建立起来的系统具有很强的适应变化的能力；可以很容易检测到企图在学习阶段训练系统的入侵者。但这种检测方法会使不出现在规则库中的入侵被漏判。一种解决方法是：将所有未知事件作为入侵事件，这样将增加伪肯定；将所有未知事件作为非入侵事件，这样将增加伪否定。

2）误用检测（misusedetection）

误用检测是指根据已知的入侵模式来检测入侵。入侵者常常利用系统和应用软件中的弱点进行攻击，而这些弱点易组织成某种模式，如果入侵者攻击方式恰好与检测系统模式库中的模式匹配，则入侵者被检测到。显然，误用检测依赖于模式库，如果没有构造好模式库，就不能检测到入侵者。误用检测将所有攻击形式化存储在入侵模式库中。

（1）基于串匹配入侵检测方法

基于串匹配入侵检测方法是最早使用的一种误用检测技术。下面以 Snort 系统为例讲述基于串匹配的入侵检测方法的原理。Snort 入侵检测系统的检测规则库采用了一种二维链表的结构。二维链表的横向节点称为 Rule Tree Node（RTN 节点），纵向节点称为 Option Tree Nodes（OTN 节点）。规则库中的每条规则由规则头（Rule Header）和规则选项（Rule Option）两个部分组成。其中，规则头决定了该规则处于二维链表横向的哪一个 RTN 节点；规则选项决定了该规则处于二维链表纵向的哪一个 OTN 节点。RTN 节点主要包括 4 部分内容：规则头信息，包括数据包的源地址和目的地址、源端口和目的端口等；处理函数集，它指的是一组用来检查数据包中的信息是否与该规则头信息相同的函数集（按照链表的形式组织）；RTN 指针，指向下一个 RTN，用于构筑横向的链表；OTN 指针，指向下一个 OTN，用于构筑纵向的链表。每个横向的 RTN 都对应一条由纵向节电 OTN 节点构成的链表。OTN 节点的主要内容包括：规则选项信息，负责描述规则的各种附加选项信息，例如报警时所给出的消息（msg）、登记的文件名（logto）等；处理函数集；OTN 指针，指向下一个 OTN，用于构筑纵向的链表。如图 3.35 所示。

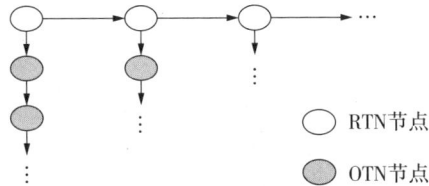

图 3.35　Snort 入侵检测系统的规则库二维链表结构

　　Snort 系统在检测过程中，它一次获取并解析一个数据包，产生相应的 Packet 结构。首先进行横向链表的检索。从二维链表的第一个 RTN 节点开始，依次调用该 RTN 节点所对应的处理函数，将该 RTN 节点所包含的规则头信息和当前数据包生成的 Packet 结构中的对应数据进行比较，如果有一个处理函数的返回值是"假"，那么说明该数据包和该 RTN 不符合，就定位到下一个 RTN，重复上述处理过程。直到在某个 RTN 上所有处理函数都返回"真"，就开始进行纵向链表的检索。纵向链表检索的过程与 RTN 的检索类似，首先定位于该 RTN 指向的纵向链表的第一个 OTN 上，依次调用该 OTN 所对应的处理函数。如果该 OTN 中至少有一个处理函数返回"假"，那么检索就继续下去，直到某个 OTN 的所有处理函数的返回值为"真"为止。此时说明所检测的数据包具有该 OTN 对应的攻击特征，系统就根据预先定义的响应方式进行处理。

　　基于串匹配的入侵检测方法具有原理简单、扩展性好、检测效率高和实时性好等优点，但只适用于比较简单的攻击方式，并且误警率较高。

　　（2）基于专家系统的误用检测方法

　　基于专家系统的误用检测方法首先使用类似于 if-then 的规则格式输入已有的知识（攻击模式），然后输入检测数据（审计事件记录），系统根据知识库中的内容对检测数据进行评估，判断是否存在入侵行为模式。利用专家系统进行检测的优点在于把系统的推理控制过程和问题的最终解答相分离，即用户不需要理解或干预专家系统内部的推理过程。当然，要达到该目的，用户必须把决策引擎和检测规则以编码的方式嵌入到系统中。专家系统中的攻击知识通常使用 if-then 的语法规则表示。if 部分表示攻击发生的条件序列，当这些条件满足时，系统采取 then 部分所指明的动作。

　　当使用专家系统进行入侵检测时，存在以下一些实际问题：处理海量数据时存在效率问题；缺乏处理序列数据的能力，即缺乏分析数据前后的相关性问题；专家系统的性能完全取决于设计者的知识和技能；只能检测已知的攻击模式（误用检测的通病）；无法处理判断的不确定性；规则库的维护同样是一项艰巨的任务，更改规则时必须考虑到对知识库中其他规则的影响。

（3）基于状态转移法的误用检测方法

状态转移法（state transition approaches）采用优化的模式匹配技术来处理误用检测问题，它采用系统状态和状态转移的表达式描述已知的攻击模式。基于状态转移的入侵检测方法主要有状态转移分析（state transition analysis）和着色 Petri 网（colored petri nets）方法。

状态转移分析是一种使用状态转移图（state transition diagrams）来表示和检测已知攻击模式的误用检测技术。状态转移图中的节点表示系统的状态，弧线代表每一次状态的转变。所有入侵者的渗透过程都可以看作从有限的特权开始，利用系统存在的脆弱性，逐步提升自身权限的过程。图中的断言（assertions）是在每种系统状态下得到的，相应的且针对该状态的判断结果。利用状态转移图检测入侵的过程如下：在任一时刻，当一定数量的入侵模式与审计日志部分匹配时，一些特征动作已经使得检测系统到达各自状态转换图中的某些状态。如果某一状态转换图到达了终止状态，则表示该入侵模式已经成功匹配；否则，当下一个特征动作到来时，推理引擎能把当前状态转变成满足断言条件的下一状态。如果当前状态的断言条件不能满足，则状态转换图会从当前状态转换到最近的能满足断言条件的状态。

基于状态转移分析的入侵检测方法的优点是：状态转移图提供了一种直观的、独立于审计数据格式的入侵表示；状态转换能够表达包含入侵模式特征动作的部分顺序；采用特征动作的最小可能子集来检测入侵行为，使得同一入侵的多个不同变种也能被检测出来。状态转移分析方法也存在着不足，对特定状态断言的评估要用到一些审计日志中没有提供的有关信息，如用户权限等。因而，要求推理引擎必须实时同目标主机通信以获取所需信息（包括文件类型、文件属性等）。推理引擎和目标主机的交互通信会造成推理引擎的性能降低。

对于采用着色 Petri 网方法的入侵检测模型，每个入侵都被表示成一个着色 Petri 网。整个特征匹配过程由标记（token）的动作构成，标记在审计记录的驱动下，从初始状态向最终状态（标志入侵发生的状态）逐步前进。处于不同状态时，标记的颜色用来代表事件所处的系统环境（context）。当标记出现某种特定的颜色时，预示着目前的系统环境满足了特征匹配的条件，此时就可以采取相应的响应动作，这种满足匹配条件时事件所处的系统环境定义为警戒点（guards）。

基于着色 Petri 网的入侵检测方法的优点主要有：针对模式匹配过程，系统只需要指定匹配的内容，而无须关心匹配的方式；多个攻击事件流分别与模式库中每个事件流的模式进行匹配，而无须合并事件流；入侵特征具有跨平台的可移植性，当应用在不同系统中时，无须为了适应不同的审计记录格式而进行重新的编写工作。其缺陷是尽管在定义入侵特征时可以尽可能地通用化，但系统对于检测未知的攻击仍然无能为力。

（4）基于模型的误用入侵检测方法

该方法利用了基于模型的误用入侵检测系统原理：特定的入侵模式可以由特定的可观察的活动推导出来。通过观察，可以从特定入侵模式的一系列活动中推导、检测出入侵企图。基于模型的误用入侵检测系统通常由 3 个模块组成。

①预期模块（anticipator），它使用活动模型和模式模型来预测模式库中下一个期望发生的事件，模式模型是许多已知的入侵模式的知识库。

②计划模块(planner),它将该预期事件转化成所在审计日志中应表示的格式,计划模块利用预期模块所预测的信息来计划下一步查找的数据。

③解释模块(interpreter),它在审计日志中查找数据。

这种模型的特点在于:计划模块和解释模块都知道自己在每一步中该去搜索什么,这样审计日志中的大量误用的噪声数据就被过滤掉了,因而性能得到明显提高。而且,系统可以根据入侵模式模型预测攻击者下一步要采取的动作。

3)混合检测方法

(1)基于生物免疫的入侵检测

生物免疫系统由多种免疫细胞组成,它通过区分"自我"和"非自我"来实现机体的防卫功能。"自我"是指自身的细胞,"非自我"是指病原体、毒性有机物和内源的突变细胞(致癌)或衰老细胞。免疫细胞能对"非自我"成分产生应答,以消除它们对机体的危害;但对"自我"成分,则不产生应答,以保持机体内环境动态稳定、维持机体健康。免疫系统的功能由这些免疫细胞的交互作用来实现。基于生物免疫学的入侵检测模型的主要思想是区分"自我"和"非自我"。"自我"指正常的行为,而"非自我"指异常的行为。基于生物免疫的入侵检测系统遵循分布式保护、多样性、适应性、记忆性和可扩充性等原则。图 3.36 给出了基于生物免疫系统的入侵检测系统模型。

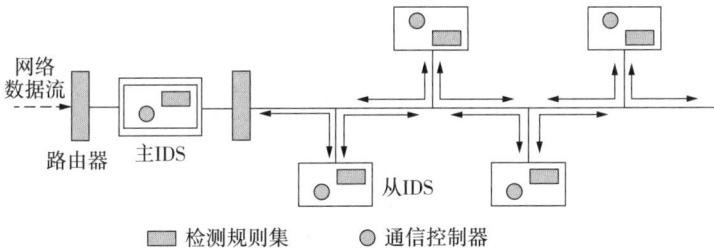

图 3.36　基于生物免疫系统的入侵检测系统模型

此模型包括一个主入侵检测系统(主 IDS)和若干个从入侵检测系统(从 IDS)。主 IDS 扮演人体免疫系统中骨髓和胸腺的角色,负责生成若干检测规则集。检测规则集描述了网络数据包的异常通信模式。每个检测规则集都是唯一的,并且被传送给一个从 IDS。从 IDS 位于本地主机上,它使用检测规则集来发现"非自我"的网络通信模式。主 IDS 和所有从 IDS 之间不断地进行信息交互。在人体中,骨髓和胸腺不断地产生各种被称为抗体的检测细胞并将这些细胞输送到淋巴结。抗体在淋巴结处对所有的活细胞进行监视,从而发现被称为抗原的入侵淋巴结的细胞。在基于生物免疫的入侵检测模型中,本地主机、检测规则集和网络入侵行为分别被看作人体的淋巴结点、抗体和抗原。检测规则集在本地主机上对网络通信模式进行监视,以便及时识别并防止入侵。

(2)基于 Agent 的入侵检测方法

Agent 实际上可以看作在网络中执行某项特定监视任务的软件实体,通常以自治的方式在目标主机上运行,它本身只受操作系统的控制,因此不会受到其他进程的影响。Agent 的独立性和自治性为系统提供了良好的扩展性和发展潜力。一个 Agent 可以简单地对一段时间之内某条命令被调用的次数进行计数,也可以应用复杂的数学模型对特定应用环境中的入侵作出判断。

美国 Purdue 大学设计的基于自治代理的入侵检测系统 AAFID(Autonomous Agents For Intrusion Detection)是一种比较成功的分布式入侵检测系统模型。它采用分布式部件进行数据收集,各检测部件按层次型结构进行组织,在各自所在的主机进行检测,相互之间可交换信息,并在检测到入侵时进行响应。AAFID 体系结构如图 3.37 所示。

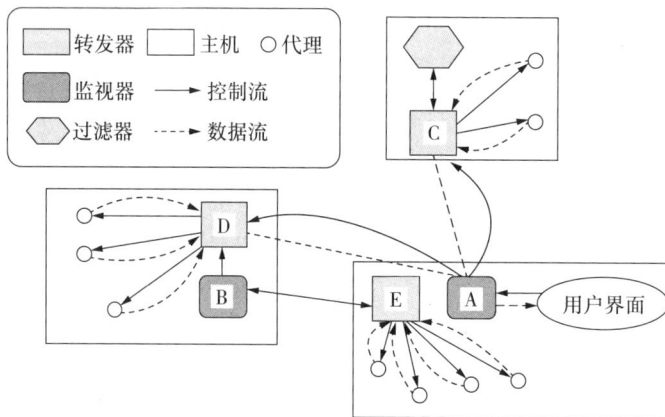

图 3.37　基于自治代理的入侵检测系统 AAFID 体系结构

AAFID 系统由代理(agent)、转发器(transition)、监视器(monitor)、过滤器(filter)和用户界面(interface)组成。另外,AAFID 系统中用于各实体之间信息交换的通信机制也是系统功能的重要组成部分。基于不同的通信要求需要选择适当的通信机制,例如,主机内实体通信和网络间实体通信所选择的通信机制就有所不同。

转发器通过不同代理送来的报告,能够对主机的状态有一个全面的了解;监视器通过不同的转发器发来的报告,对监视的网络有一个全面的了解。转发器负责收集主机上各个代理提供的信息,并且和外界进行通信。每个被分布式入侵检测系统监视的主机上都有一个转发器,它既要控制相应代理的工作,又要对代理送来的数据进行处理,还要对监视器发来的请求进行响应。

监视器控制转发器的工作,并对转发器送来的数据进行处理。监视器和转发器最大的区别是:监视器控制不同主机上的转发器,而转发器控制一个主机上的代理。监视器与用户界面通信,从而为整个分布式 IDS 提供了管理的入口。此外,高级控制是通过公共的 API 函数进行的,API 方法包括访问监视器的信息、操作使用监视器、发送命令给低层实体。如果两个监视器控制同一个转发器,则存在如何确保信息和行为的一致性问题,目前 AAFID 还没有给出解决方法。

过滤器可以看作代理的一个数据选择和抽象的层次。代理在收集主机信息时,遇到两个问题:其一是一个系统中可能有多个代理使用同一个数据源,例如在 Unix 中使用同一个日志文件,每个代理都对数据源处理一遍便意味着重复劳动。其二是可能有一种代理在不同的 Unix 版本中都要用到,但不同的 Unix 版本日志文件的存放位置可能不同,文件格式也可能不同,这就意味着要写几个代理来适应不同的版本。而过滤器的提出正是为了解决这两个问题。代理向过滤器提出条件,过滤器返回符合条件的记录。过滤器还将处理与系统版本相关的问题,使同一功能的代理能用于不同的操作系统。

用户界面为用户提供可视化的图形来进行管理,并将用户的指令传达给监视器。

基于 Agent 的入侵检测技术的优点:系统结构的扩展非常方便;多个 Agent 可以被配置成一个 Agent 组,每个 Agent 执行各自的功能,通过将各 Agent 的功能融合起来得出最终入侵检测结果。它的缺点是:如何根据具体的网络系统环境,设计相应的检测系统结构、设置合适的 Agent、选择及配置 Agent 检测模型和运行参数,都是需要综合考虑的问题。如果多个监视器对同一问题作出不一致的报告,此时就需要一种协调机制对信息的一致性作出判断。在 Agent 发现入侵到监视器并接收到入侵报告这段时间的时延问题,也是入侵检测系统需要解决的问题。

3.7　区块链安全

3.7.1　区块链技术

2008 年 10 月,化名为"中本聪(Satoshi Nakamoto)"的学者在密码学论坛上公开了一篇题为《比特币:一种点对点的电子现金系统》的论文,提出了利用工作量证明(Proof of Work,PoW)和时间戳机制构造交易区块的链式结构,该方案剔除了可信第三方,实现了去中心化的匿名支付。比特币于 2009 年 1 月上线并发布创世块,标志着首个基于区块链技术应用的诞生。区块链技术起源于比特币,是以比特币为代表的众多数字货币方案的底层核心技术,其最初设计目的是解决电子支付中过度依赖可信第三方的问题。区块链是一种典型的分布式账本技术,它通过共识等多边自治技术手段支持数据验证、共享、计算、存储等功能。区块链技术的应用已从最初的数字货币延伸至金融、供应链管理、物联网、医疗健康、司法存证、版权管理、智能制造等行业。我们国家十分重视推动区块链研究发展与应用。《"十三五"国家信息化规划》中将区块链列入战略性前沿科技之一。国内外先后成立了 R3 CEV、超级账本项目(Hyperledger)和中国分布式总账基础协议联盟等区块链联盟,组织开展区块链相关工作。

区块链是一种按时间顺序将包含有效交易信息的数据区块连接形成的链式数据结构,并使用 Hash 机制;利用密码学产生的链式数据结构来存储和验证数据,利用对等网络和共识机制来生成和更新数据,利用脚本代码(智能合约)操作数据。区块链是对等网络、密码学、共识机制、智能合约等核心技术的综合体,具有去信任、防篡改、可追溯、高可用等特性。

对等网络(P2P 网络)是一种分布式系统架构,网络中不存在中心权威节点,所有节点具有同等地位,且交互时无须通过中心节点,均承担着新节点发现、网络路由、数据验证、存储等功能,节点动态加入或退出网络。区块链采用了公钥密码技术对区块数据进行加密解密等工作。

区块链共识问题是指，使网络中信任关系薄弱的节点针对区块有效性达成一致意见，且保存一致的数据副本。区块链采用共识机制使网络中各节点独立维护一份区块链副本并向区块链中写入数据，其余节点及时同步更新数据，且节点之间维持一致的区块链视图，以实现系统稳定、可靠运行。所谓智能合约，密码学家 Szabo 将其定义为"一套以数字形式定义的承诺，包括合约参与方可以在上面执行这些承诺的协议"。区块链中的智能合约可理解为部署在区块链上的可共享的程序代码。区块链中的智能合约具有 3 个特点：其一是公开透明性，任何节点都可查看合约代码；其二是不可篡改性，保证存储数据的不可更改；其三是可"自动"执行性，外部事件触发预设条件后，智能合约按照预先封装的响应规则执行相应操作，完成相关功能。智能合约已在开源公有区块链平台以太坊（具有可编程性）、面向企业级应用的区块链平台 HyperledgerFabric 等实现。

区块链可以分为无许可区块链和许可区块链两类。无许可区块链是一种完全去中心化的分布式账本技术，允许节点自由加入和退出，无须通过中心节点注册、认证和授权，网络节点地位平等，共享整个区块链账本，可自由选择是否参与数据验证等维护系统稳定的关键环节。但是，无许可区块链缺乏身份认证和隐私保护机制，需要依靠经济激励机制激励网络节点自发地维护系统，面临安全隐患多、匿名性弱、激励策略不相容等问题。无许可区块链适用于食品安全供应链溯源、知识产权管理等完全公开、大众监督、全网自治的应用场景。许可区块链是一种受限共享分布式账本技术，许可区块链中存在一个或多个节点具有较高权限，这些节点可以是可信第三方，也可能是几个高权限节点之间仍然互不信任，需要协商制定区块链维护规则和访问控制权限，只有经过相应功能授权的节点才可访问数据、参与系统维护。许可区块链具有维护成本低、共识效率高、匿名性强、数据吞吐量大等优势，但是它往往面临高权限节点易受攻击、信任缺失等问题。许可区块链适用于跨行清算、医疗保险理赔等小范围、数据交互频繁的机构之间或机构内部共享数据服务等应用场景。

3.7.2　区块链安全模型与技术体系

区块链的安全目标是数据安全、共识安全、隐私保护、智能合约安全和内容安全。随着区块链的逐步应用，其安全问题日益突出。区块链面临的安全威胁包括技术安全（共识机制、智能合约、网络传输、区块数据）、生态安全（钱包、交易所、矿池）和使用安全 3 个方面。

区块链受到的技术安全威胁主要发生在对等网络、共识机制和智能合约 3 个层面。由于对等网络缺乏身份验证、数据验证、网络安全管理等机制，因此其拓扑结构和路由协议极易受到诸如伪造多个身份的女巫攻击、限制目标节点与其余节点交互的日蚀攻击、冲突交易或双重支付在分离的分区中也能被验证通过的克隆攻击，影响网络中的数据传输，进而影响共识过程。智能合约漏洞分为浪子合约、贪婪合约、自杀合约、死后合约等，它是影响交易层安全性实现的主要因素。其中浪子合约是指一个合约如果在某时刻被触发后，那么立刻或者经过多次交易将代币转移到任意地址，代币的转移违背了原始合约意图。贪婪合约是指一个合约如果只能接收代币，而不能发出代币，那么这个合约账户将会锁定大量代币，使全网流通的代币数量下降。有些合约允许代币消耗尽或者被攻击者攻击时,合约的拥有者可以用后备选项"杀死"合约,如果一个合约可以被任何人"杀死",那么这个合约就被称为自杀合约,自杀合约是极脆弱的合约。死后合约是指,当合约被终止时,合约代码和全局变量将从区块链中被清除,从而阻止其代码的进一步执行,但是所有被终止的合约可以继续收到交易。虽然这样的交易不能再调用合约的代码,但是如果代币随它们一起发送,那么代币会被添加到合约余额中,从而被无限期锁定。为此,需要有基于以太坊智能合约的矿池 SmartPool、智能合约分析器(如 Oyente、Securify 和 Mythril)和定量框架(区块链模拟器和安全模型)等区块链安全保障技术,其中 SmartPool 用于解决区块链矿池引起的 51% 攻击问题,智能合约分析器可以检测合约中的漏洞,定量框架可以在区块链安全和性能之间做出正确权衡。

区块链生态安全主要包括交易所、钱包和矿池安全。交易所是区块链生态的中心组织,是加密数字货币流通的主要场所,它收集了大量个人信息、购买记录等用户信息,存在着信息泄露或者是被攻击等安全威胁。为记录数字货币私钥、地址和区块链数据,已经推出了相当于银行账户的数字钱包。用户可以通过分散的方式对数字货币进行存储、发送和接收,根据联网状态可将数字钱包分成热钱包和冷钱包。区块链系统中钱包的口令通常是用户的常用口令,通过撞库攻击,黑客比较容易恢复出钱包的私钥。据有关资料统计,20 多款主流数字货币钱包中有 80% 以上存在安全隐患。

区块链使用安全是指用户使用过程中个人账号管理不善,造成私钥丢失、密钥泄露,以及被欺诈、被钓鱼、遭遇病毒木马入侵等安全问题。为确保区块链的应用安全,可利用密码学技术来保证数据无法被篡改,通过对等网络和共识机制来防止数据丢失和被恶意更改,利用中继网络来减少传输延迟,利用虚拟机作为智能合约执行环境来对合约调用所需资源进行隔离和限制,以抑制合约漏洞或恶意合约的影响范围。此外,区块链平台用户应尽量使用安全的冷钱包存储私钥,口令设置需要与其他口令不同以预防撞库攻击。交易平台需要对员工进行安全培训,严格实施权限管理,谨慎开放服务器端口,定期进行安全监测,建立实施完善的应急处理措施。

区块链安全运行与应用需要从实现区块链算法安全、协议安全、实现安全、使用安全和系统安全几个方面来支撑。区块链安全由 3 个层次构成:

①应用层:基于区块链的上层应用和平台,主要包括可编程货币、可编程金融和可编程社会,该层的安全性通过安全监管、访问控制、隐私保护和安全审计等措施来实现。

②网络与共识层:该层区块链的对等网络和共识机制的安全性主要通过 Hash 算法、数据的传输机制与验证机制来实现。

③数据层:该层由区块结构、链式结构与交易信息构成,其安全性可通过 Hash 函数、非对称密码、数字签名、Merkle 树、私钥管理等技术来保证。一个三层结构的区块链安全模型如图 3.38 所示。支撑区块链安全的技术体系架构如图 3.39 所示。

在区块链安全技术体系中,网络和存储层安全技术体系包括以下内容:安全和健壮的对等网络,以防范网络瘫痪和被隔离攻击的风险;安全的分布式存储系统,以防范数据丢失、不一致、被篡改的风险;传播验证机制,以防范区块和交易数据的泄漏、伪造和篡改风险;以期达到安全的区块链网络通信和可靠的分布式数据存储。

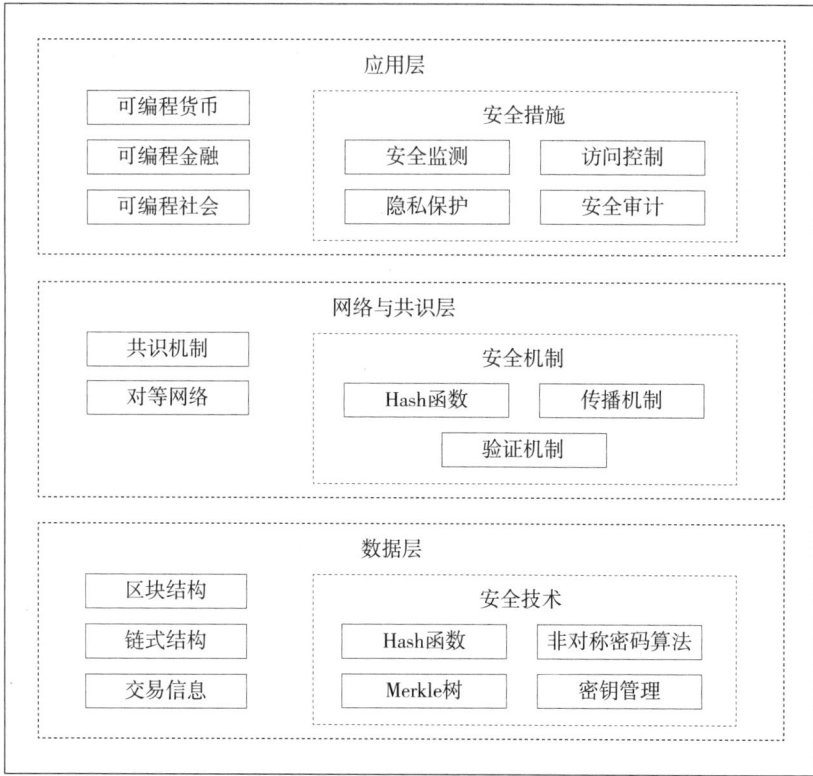

图 3.38　区块链三层安全模型

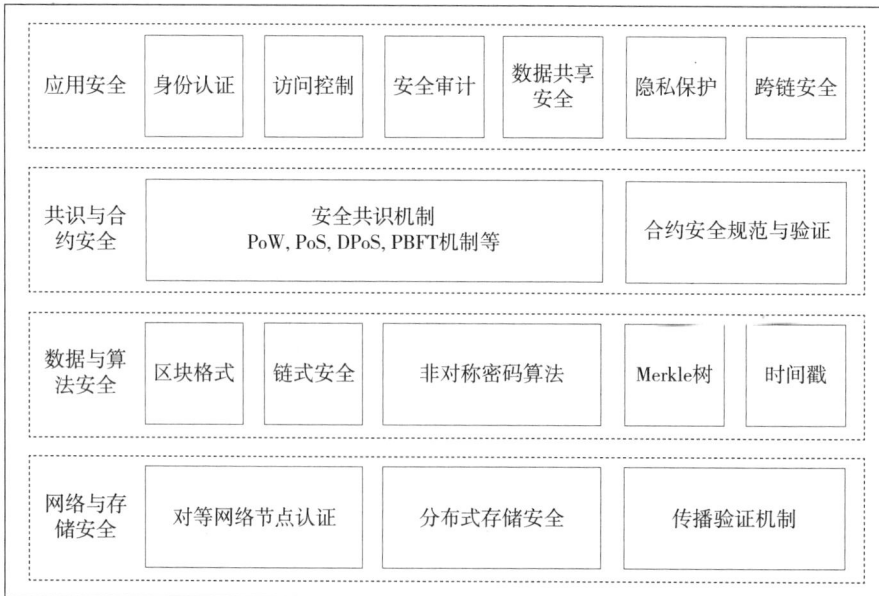

图 3.39　区块链安全技术体系架构

数据和算法层安全技术体系包括：安全合理的区块 Merkle 树、MPT 树结构、时间戳、Hash 技术、非对称密码技术，以有效提高大量交易数据的验证和定位速度，保障区块链数据的可靠性、完整性和不可篡改性。Merkle 树（默克尔树）是区块链的重要数据结构，其作用是快速归纳和校验区块数据的存在性和完整性。Merkle 树通常包含区块体的底层（交易）数据库、区块头的根 Hash 值（Merkle 根）以及所有沿底层区块数据到根 Hash 的分支。Merkle 树运算过程一般是将区块体的数据进行分组 Hash，并将生成的新 Hash 值插入 Merkle 树中，如此递归执行下去直到只剩最后一个根 Hash 值并记为区块头的 Merkle 根。Merkle 树可以是二叉树或者多叉树，其叶节点的 value 是数据集合的单元数据或者单元数据 Hash（哈希），非叶节点的 value 则是根据它下属所有的叶节点值，按照 Hash（哈希）算法计算得到。常见的 Merkle 树是比特币采用的二叉 Merkle 树，其每个 Hash 节点包含两个相邻的数据块或其 Hash 值。Merkle 树的优点是，极大地提高了区块链的运行效率和可扩展性，使区块头只需包含根 Hash 值而不必封装所有底层数据，从而使得 Hash 运算可以高效地运行在智能手机甚至物联网设备上；此外可支持"简化支付验证"协议，即在不运行完整区块链网络节点的情形下，也能够对（交易）数据进行检验。MPT 树（Merkle Patricia Tree）是以太坊中的一种加密认证的数据结构，可以用来存储所有的（key, value）对。以太坊区块的头部包括 1 个区块头、1 个交易的列表和 1 个 uncle 区块的列表，其中区块头部包括了交易的 Hash 树根，用于校验交易的列表。在对等网络上传输的交易是一个简单的列表，它们被组装成一个叫作 trie 树的特殊数据结构，来计算 Hash 值。

在共识和合约层安全技术体系中，依据公有链、联盟链等不同应用场景，设计安全的共识机制（如：工作量证明机制 PoW、权益证明机制 PoS、股份授权证明机制 DPoS、实用拜占庭容错机制 PBFT）或者可插拔共识机制，以实现在分布式、高效和安全之间取得适当的平衡，且有效防范共识攻击；通过规范编码格式、设置正确的操作逻辑和采用形式化验证手段确保智能合约的安全性，严格防范出现交易顺序依赖、时间戳依赖、误操作异常、可重入攻击等漏洞。交易顺序依赖是指：一笔交易被传播出去并被挖掘人认同包含在一个区块内需要一定的时间，如果一个攻击者在监听到网络中对应合约的交易，然后发出他自己的交易来改变当前的合约状态，如对于悬赏合约，减少合约回报，则有一定概率使这两笔交易包含在同一个区块下面，并且排在另一个交易之前，完成攻击。这意味着，如果某个用户正在揭示拼图或其他有价值的秘密的解决方案，恶意用户可以窃取解决方案并以较高的费用复制其交易，以抢占原始解决方案。时间戳是一个唯一的标识某一刻时间的字符序列，它是表示一份数据在某个特定时间之前已经存在的、完整的、可验证的数据。数据块时间戳可用于各种应用，挖掘人可以通过设置区块的时间戳来尽可能满足有利于他的条件，例如设置锁定一段时间的资金以及时间相关的各种状态变化的条件语句。

应用安全机制包括身份认证、访问控制、安全审计、数据共享安全、隐私保护和跨链安全等技术，以满足区块链应用系统的保密性、完整性、可用性、真实性和不可否认性等安全需求。区块链上的身份认证实现技术有两种：一是提出基于区块链的分布式 PKI 体系，实现不可篡改的身份认证功能；二是在现有的以认证中心 CA 为中心的公钥基础设施 PKI 系统上进行改进,以实现公开、透明的证书审计与撤销。基于区块链的访问控制技术分为基于智能合约进行访问控制和链上链下协同的数据访问控制技术。链上链下协同的数据访问控制技术(如 Ouad-dah 等)通过链上链下数据协同,将数据授权信息在区块链上进行登记留存,保障链下数据访问历史的可追溯性。区块链上的数据共享安全包括:区块链上的数据安全共享、多方数据安全共享和数据隐蔽传输。区块链系统中的隐私数据可以分为身份隐私和数据隐私。身份隐私是指用户身份信息和区块链匿名地址间的关联数据,本质是交易双方公钥的 Hash 值,对身份隐私数据保护的方法是混币机制。混币机制可以分为基于中心化的混币机制和基于去中心化的混币机制。在基于中心化的混币机制中,发送者将资金发送给中心节点,中心节点负责将接收到许多发送者发来的资金进行打乱和分配,将指定的金额发送给指定的接收者。中心化的混币机制存在如下局限性:

①在等待足够的在线参与者进行混合或执行公平性交换的互动过程中,会产生较高的延迟。

②中心化节点存在单点故障问题,可能容易受到拒绝服务攻击,成为分布式区块链网络的瓶颈。

③用户需要支付相当高的混合费用或保证金。去中心化的混币机制根据混币协议来实现混币过程,不需要中心混币节点,能够有效避免中心化混币机制存在的信息盗窃和额外费用问题。隐私数据是区块链上存储的数据,包括区块链系统中的交易信息以及拓展业务内涉及的业务数据。为保护区块链系统上的数据隐私,可以只将交易数据的 Hash 值上链,实际数据存储在链下的中心化数据库中不上链;也可以先链下加密再上链,即先在链下通过加密的方式将隐私数据加密后,再将密文上链存储。区块链中可以用于隐私数据加密的技术有同态加密、零知识证明、zk-SNARK 等。

下一代的空间信息网络(SINs)可视为传统网络的扩展,是实现 6G 通信的关键架构,它对高速、可靠和实时的无线通信有着强烈的需求。近年来,学者们致力于探索区块链在 SINs 安全通信(访问认证和密钥协商协议)中的应用研究。

3.8 本章小结

本章首先介绍了防火墙技术,包括不同类型防火墙的功能、防火墙的体系结构以及如何配置网络的防火墙。其次介绍了 IPSec 协议,它在网络层上对数据包进行高强度的安全处理,提供数据源验证、无连接数据完整性、数据机密性、抗重播和有限业务流机密性等安全服务;虚拟专用网 VPN 利用 Internet 为媒介实现与专用网络相类似的安全性能;实现 Web 安全的 SSL 协议通过服务器和客户机之间的相互认证,使客户机/服务器应用程序之间的通信不被攻击者窃听;PGP 和 S/MIME 协议提供服务用来确保电子邮件的安全;计算机病毒有多种类型,其防治技术也多种多样;网络的攻击手段有漏洞扫描、拒绝服务攻击等,针对不同的攻击主要有两种异常检测方法和误用检测方法,分别用来发现新的攻击手段和识别已存在的攻击手段,有时也将两种检测方法混合使用,以达到更好的检测攻击的效果。最后介绍近几年来新出现的不依赖第三方的区块链技术、区块链安全模型及安全技术体系。

习题 3

1.简述防火墙状态检查技术的原理。

2.请列举你知道目前的防火墙产品。

3.在 IPSec 协议中,安全关联 SA 可以进行哪两种方式的组合? 简要描述组合后 4 种方式的情形。

4.VPN 由哪几部分构成? 各部分的作用分别是什么?

5.简述 SSL 握手协议的过程。

6.PGP 中密钥环的结构如何? 请描述它们在消息的发送和接收的过程中是如何完成加/解密工作的。

7.MIME 和 S/MIME 分别有哪些内容类型?

8.计算机病毒主要有哪几类? 网络防病毒的手段主要有哪些?

9.请列举目前常用的几种防病毒软件。

10.黑客入侵的手段主要有哪些? 请再举出一些本书中未列出的入侵手段。

11.比较异常检测方法和误用检测方法的异同。

12.在基于 Agent 的异常检测方法中,各个代理的作用是什么?

13.Snort 入侵检测系统采用的主要技术(方法)是什么?

14.基于人工神经网络的入侵检测方法可以检测异常入侵行为吗? 训练人工神经网络的目的是什么?

15.DoS、DDoS 攻击造成的危害是什么?

16.区块链受到的技术安全威胁发生在哪些层面?

17.简述区块链生态安全的主要内容。

18.区块链安全模型中各层安全由哪些措施实现和保障?

19.简述区块链安全技术体系的主要内容。

第 4 章
公钥基础设施 PKI 与数字证书

　　Internet 的开放性和匿名性给电子商务应用带来了巨大的安全风险,为解决 Internet 的安全问题,越来越多的安全协议如 SSL、SET、S/MIME 等以及安全服务规范公钥基础设施 PKI(Public Key Infrastructure)得到了广泛的应用。本章首先介绍公钥基础设施及其标准的发展,让读者对公钥基础设施有大致的了解;其次介绍公钥基础设施的组成,包括认证中心、数字证书库、密钥备份及恢复系统、证书作废系统、应用接口等基本构成部分;最后描述 PGP 协议的公钥基础设施应用,阐述公钥基础设施的相关协议,给出 PKI 的信任模型,对公钥基础设施评估进行了描述。

　　在公钥密码系统中,向最终用户保证密钥的真实性以及确定它确实来自所希望的主体是至关重要的。其主要原因是,公钥在传输过程中很容易受到破坏和控制。如果一个攻击者可以用一个伪造的公钥来替代某个用户的合法公钥,则他就可以伪造签名,从而可以将加密的信息泄露给非预期的主体。在少量的可信用户范围内,解决第一个问题是比较容易的。最简单的方法是手工分发方式,即某个用户通过使用磁盘的方式将公钥分发给其他用户。手工分发公钥方式对地理上分布的大量用户而言,是比较困难和不切合实际的,而且也将带来安全问题。因此,数字证书被提出。数字证书亦称公钥证书,它提供了一种系统的、可扩展的、统一的、易于控制的、安全的公钥分发方法。数字证书是一种防篡改的数据集合,它可以证明一个公钥确实是某个终端用户的。为了证实这种关系,需要一组可信赖的第三方实体来担保用户的身份。第三方实体被称为证书签发机构(CA),它向用户发放和管理证书。每个证书都包含有用户的公钥值和关于其身份的无二义的其他信息。证书签发机构(CA)亦称认证机构,它用自己的私钥对证书进行数字签名,这样就可以安全地传输和存储数字证书了。本章介绍数字证书及其使用方法和所应用的技术标准等内容。

4.1 公钥基础设施(PKI)概述

4.1.1 PKI 的基本概念

PKI 是利用公钥密码理论和技术建立的提供安全服务的基础设施,PKI 的简单定义是指一系列基础服务,这些基础服务主要用来支持以公开密钥为基础的数字签名和加密技术的广泛应用。

PKI 以公钥加密技术为基本技术手段来实现安全性。公钥体制是目前应用最广泛的一种加密体制,在这一体制中,加密密钥与解密密钥各不相同,发送信息的人利用接收者的公钥发送加密信息,接收者再利用自己专有的私钥进行解密。这种方式既保证信息具有机密性,又保证信息具有不可抵赖性。作为基于公钥理论的安全体系,PKI 把公钥密码和对称密码结合起来,希望从技术上解决身份认证、信息的完整性和不可抵赖性等安全问题,为网络应用提供可靠的安全服务。PKI 通过管理在开放网络环境中使用的公钥和数字证书,使用户可以在多种应用环境下方便地使用加密和数字签名技术,为用户建立起一个安全和值得信赖的网络运行环境,保证了网上数据的机密性、完整性和有效性。

PKI 最初主要应用于 Internet 环境,由于其技术上的明显优势,PKI 在电子商务和电子政务领域得到了广泛应用。目前,PKI 已成为解决电子商务安全问题的技术基础,是电子商务安全技术平台的基石。PKI 体系结构采用证书管理公钥,通过第三方的可信机构,把用户的公钥和用户的其他标志信息(如名称、Email、身份证号等)捆绑在一起,以便在 Internet 上验证用户的身份。在国外,PKI 已被银行、证券、政府等的大量核心应用系统采用。美国 IDC (International Data Corporation)的 Internet 安全资深分析家认为,PKI 技术将成为所有应用的计算基础结构的核心部件。B2B 电子商务活动需要的认证、不可否认等功能只有 PKI 产品才有能力提供。

4.1.2 PKI 的基本组成

PKI 最基本的元素是数字证书,所有的安全操作主要都是通过证书来实现的。PKI 的部件还包括签署这些证书的认证中心(CA)、登记和批准证书签署的登记机构(RA)以及存储和发布这些证书的电子目录。除此之外,PKI 中还包括证书策略、证书路径、证书的使用者等。所有这些都是 PKI 的基本部件,它们有机地结合在一起构成了 PKI。

一个完整的 PKI 应用系统至少应具有以下部分:认证中心 CA(Certificate Authority)、数字证书库(Certificate Repository, CR)、密钥备份及恢复系统、证书作废系统、应用接口等基本构成部分。其中,认证中心和数字证书库是 PKI 的核心。

1)认证中心 CA

CA 是数字证书的申请及签发机关,它是 PKI 的核心执行机构,也是 PKI 的核心组成部分,业界人士通常称它为认证中心。从广义上讲,认证中心还应该包括证书申请注册机构

RA（Registration Authority），它是数字证书的申请注册、证书签发和管理机构。

为了保证电子商务交易中信息的安全性，需要使交易各方能够相互信任，并通过信任验证机制互相验证。这种信任及信任验证机制是通过参加电子商务的各方的数字证书认证实现的。因此，CA 具备权威性的特征。数字证书是公钥体制的一种密钥管理媒介，它是一种权威性的电子文档，如同网络环境中的身份证。数字证书用于证明在网络上进行信息交流及商务交易活动的各个主体的身份，具有唯一性和权威性。从技术上来说，证书的作用就是绑定主体的身份以及其与公钥的匹配关系，而 CA 就是确立这种绑定关系的机构，它为每个使用公开密钥体系的用户发放一个数字证书，并负责管理 PKI 结构下的所有用户（包括各种应用程序）的证书，把用户的公钥和用户的其他信息捆绑在一起，以保证数字证书的真实可靠，并证明主体的身份及其与公钥的匹配关系，即在网络上验证用户的身份。CA 还要负责用户证书的黑名单登记和黑名单发布，确保网上电子交易的安全。

CA 的主要职责包括：

①验证并标志证书申请者的身份。当交易双方在网络上进行交易时，交易双方互相提供自己的证书和数字签名，由 CA 对交易双方的身份进行有效性和真实性的认证。交易方首先要在 CA 的注册机构 RA 进行注册、申请证书。证书的申请有在线申请和亲自到 RA 申请两种方式。CA 对申请者进行审核，若审核通过则生成证书并颁发给申请者。证书的颁发也有两种方式：一是在线直接从 CA 下载；二是 CA 将证书制作成介质（磁盘或 IC 卡）后，由申请者带走。CA 对证书申请者的信用度、申请证书的目的、身份的真实可靠性等问题进行审查，确保证书与身份绑定的正确性。

②确保 CA 用于签名证书的非对称密钥的质量和安全性。为了防止被破译，CA 用于签名的私钥长度必须足够长并且私钥必须由硬件卡产生。

③管理证书信息资料。CA 管理证书序号和 CA 标志，确保证书主体标志的唯一性，防止证书主体名字的重复。在证书使用中确定并检查证书的有效期，保证不使用过期或已作废的证书，确保网上交易的安全。CA 发布和维护作废证书列表 CRL，当证书持有者向 CA 申请废除证书时，CA 通过认证核实后，即可将该证书废除，并通知有关组织和个人，将作废证书写入"黑名单"发布在证书作废列表中，以供交易时在线查询，防止交易风险。当证书持有者的证书过期或丢失，则可以通过更新证书的方法使用新证书继续参与网上认证。CA 还对已签发证书的使用全过程进行监视跟踪，作全程日志记录，以备发生交易争端时，提供公正依据，参与仲裁。

当 CA 签发新证书或废除证书时，新签发或废除的证书都加入到轻量级目录访问协议 LDAP（Lightweight Directory Access Protocol）服务器上，CA 通过 LDAP 服务器维护着用户证书和作废证书列表 CRL。用户通过访问 LDAP 服务器就能够得到他人的数字证书或能够访问黑名单。通常 CRL 签发为一日一次，CRL 的状态同当前证书状态有一定的滞后，证书状态的在线查询向在线证书状态协议 OCSP（Online Certificate Status Protocol）服务器发送 OCSP 查询包，查询包中含有待验证证书的序列号和验证时戳。OCSP 服务器返回证书的当前状态并对返回结果加以签名。在线证书状态查询比 CRL 更具有时效性。

由此可见,CA 是保证电子商务、电子政务、网上银行、网上证券等交易的权威性、可信任性和公正性的第三方机构。

2)数字证书与证书库

随着电子商务技术的不断发展,电子商务的安全性越来越成为人们关注的问题。通过 Internet 进行电子商务交易时,由于交易双方并不在现场交易,因此如何确认交易双方的合法身份就成为一个重要的问题。同时,交易信息在网上传输时必须保证安全性,否则交易双方的商业秘密就可能会被窃取。数字证书的出现,解决了电子商务中的交易安全问题。由于数字证书认证技术采用了加密传输和数字签名,在技术上保证了交易过程中交易双方身份的认证以及交易信息的安全传输(不可否认性和数据完整性),因此在国内外的电子商务中得到了广泛的应用。

数字证书是一个经 CA 数字签名的、包含证书申请者个人信息及其公开密钥的文件。数字证书的作用类似于现实生活中的身份证,由权威机构颁发。基于公开密钥体制的数字证书是电子商务安全体系的核心,其用途是利用公共密钥加密系统来保护与验证公众的密钥。数字证书由可信任的、公正的权威机构 CA 颁发,是网络上交易双方真实身份证明的依据。数字证书可以保证信息在发送过程中不被除发送方和接收方以外的其他人窃取;信息在传输过程中不被篡改;通过数字证书,可以确认发送方和接收方的身份并且能使相关方对所发送/接收的信息不能抵赖。

数字证书的格式一般采用由国际电信联盟(ITU-T)制定的数字证书国际标准 X.509。最初的 X.509 版本公布于 1988 年,X.509 第 3 版在 1995 年获得批准。X.509 证书格式预留了扩展,以提供更多的灵活性及特殊环境下所需的信息传送,用户可以根据自己的需要进行扩展。目前,X.509 标准已在编排公共密钥格式方面被广泛接受,并使用于许多网络安全应用程序,包括 IP 安全(IPSec)、安全套接层(SSL)、安全电子交易(SET)、安全邮件扩展(S/MIME)等。

证书库用于 CA 颁发证书和撤销证书。用户可以从证书库获得其他用户的证书和公钥。用户可以从证书库中查询得到与之通信的实体的公钥,也可以验证通信对方的证书是否已进入"黑名单"。证书库支持分布式存储,即可以采用数据库镜像技术,将 CA 所签发的证书中与本组织有关的证书和证书撤销列表存放到本地,以提高证书的查询效率,减少向总目录查询的瓶颈。系统必须保证证书库的完整性,以防止伪造、篡改证书等非法操作。

3)密钥备份及恢复系统

密钥备份及恢复是密钥管理的主要内容,密钥的备份与恢复必须由可信的机构来完成,CA 可以充当这一角色。

如果用户出于某些原因将解密数据的密钥丢失,那么已被加密的密文将无法解开、造成合法数据丢失。为避免这种情况的发生,PKI 提供了密钥备份与密钥恢复机制。当用户证书生成时,加密密钥即被 CA 备份存储;当需要恢复时,用户只需向 CA 提出申请,CA 就会为用户自动进行密钥恢复。密钥备份与恢复只能针对解密密钥,签名私钥为确保其唯一性而不能够做备份。

密钥的备份和恢复必须保证密钥的机密性和完整性,其一般处理过程如下:在 CA 向申请者发放数字证书时进行密钥备份,将密钥产生机构的私钥经过加密之后存储到条件交付机构;同时,还要存储用条件交付机构中的公钥加密得到的对称密钥(会话密钥)。完成这些步骤后,密钥产生机构立即删除该私钥在系统中留下的痕迹,以确保其安全性。密钥备份过程如图 4.1 所示。

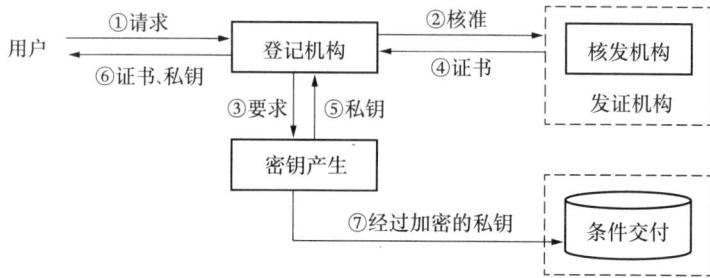

图 4.1　密钥备份过程

当用户提出恢复密钥的请求时,恢复中心首先从数据库中找到被条件交付机构加密的会话密钥送往条件交付机构进行解密,再利用解密得到的会话密钥解密用户的私钥。密钥恢复过程如图 4.2 所示。一次密钥恢复过程完成后,密钥恢复中心立即删除该密钥在系统中留下的痕迹,以防密钥泄露。

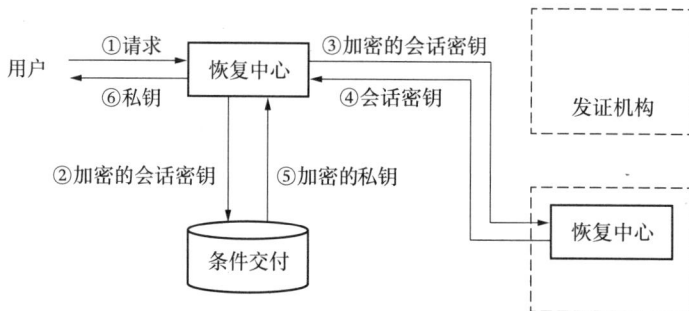

图 4.2　密钥恢复过程

4)证书更新与证书作废处理系统

一个证书的有效期是有限的,这种规定在理论上是基于当前非对称密码算法和密钥长度的可破译性分析。在实际应用中,由于长期使用同一个密钥有被破译的危险,因此,为了保证安全,证书和密钥必须有一定的更换频度。为此,PKI 对已发放的证书必须有一个更换措施,这个过程称为"密钥更新或证书更新"。

证书更新一般由 PKI 系统自动完成,不需要用户干预。即在用户使用证书的过程中,PKI 也会自动到目录服务器中检查证书的有效期。当有效期快结束时,PKI/CA 会自动启动更新程序,生成一个新证书来代替旧证书。

证书作废处理系统是 PKI 的一个必备的组件。与日常生活中的各种身份证件一样,证书有效期以内也可能需要作废,原因可能是密钥介质丢失或用户身份变更等。为此,PKI 必须提供作废证书的一系列机制。作废证书有如下 3 种策略:作废一个或多个主体的证书;作废由某一对密钥签发的所有证书;作废由某 CA 签发的所有证书。作废证书一般通过将证书列入作废证书表 CRL 来完成。通常,在系统中由 CA 负责创建并维护一张及时更新的 CRL,由用户在验证证书时负责检查该证书是否列在 CRL 之中。CRL 一般存放在目录系统中。证书的作废处理必须在安全及可验证的情况下进行,系统还必须保证 CRL 的完整性。

5)证书应用管理系统

证书应用管理系统面向具体的应用,完成对某一确定证书的应用和管理任务,主要有应用该证书进行加密、签名、验证签名,以及对证书的保存、证书的安全、证书的可信度验证等功能,达到 PKI 体系透明应用的目的。

6)PKI 应用系统接口

PKI 的价值在于使用户能够方便地应用加密、数字签名等安全服务,因此一个完整的 PKI 必须提供良好的应用接口系统,使各种各样的应用能够以安全、一致、可信的方式与 PKI 交互,确保所建立起来的网络环境的可信度;同时,降低管理维护成本,确保安全网络环境的完整性和易用性。

为了向应用系统屏蔽密钥管理细节,PKI 应用接口系统需要实现以下功能:完成证书的验证工作;为应用提供统一的密钥备份与恢复支持;确保用户的签名私钥始终只在用户本人的控制之下,阻止备份签名私钥的行为;根据安全策略自动为用户更换密钥;向应用提供历史密钥的安全管理服务;为所有应用访问公用证书库提供支持;为所有应用提供统一的证书作废处理服务;完成交叉证书的验证工作,为所有应用提供统一模式的交叉验证支持;支持多种密钥存储介质,包括 IC 卡、PC 卡、安全文件等;PKI 应用系统接口应该是跨平台的。

4.1.3 PKI 的相关标准

如果要发挥 PKI 的作用,那么必须为其建立标准。PKI 发展的一个重要方面就是标准化问题。目前已经有许多提供公钥基础设施产品的供应商,以及更多使用该基础设施的应用产品的供应商。为了保持 PKI 产品之间的兼容性,PKI 标准化成了 PKI 不可避免的发展趋势。PKI 标准是建立互操作性的基础,PKI 标准化主要有两个方面:一类用于定义 PKI,另一类用于 PKI 的应用。大部分 PKI 产品为保持兼容性,将会对这两种标准进行支持。随着 PKI 的进一步发展,新的标准也在不断增加和更新。

在 PKI 的技术框架中,许多方面都经过了严格的定义,如用户注册流程、数字证书格式、数字签名格式、作废证书列表格式和证书申请格式等。PKI 体系中最基础的一个国际标准是国际电信联盟 ITU X.509 协议。该标准并非要定义一个完整的、可互操作的 PKI 认证体系,其主要目的在于定义一个规范的数字证书格式,以便为基于 X.509 协议的目录服务提供一种强认证手段。

公钥加密标准 PKCS(Public Key Cryptography Standards)是在 RSA 安全标准基础上发展

起来的一组公钥密码学标准。PKCS 标准定义了许多基本的 PKI 部件,包括证书申请、证书更新、证书作废发布、扩展证书内容,以及数字签名、数字信封的格式等方面一系列相关协议。

PKCS 已经公布了以下的标准。

①定义 RSA 公钥算法加密和签名机制的 PKCS#1。它主要用于组织 PKCS#7 中所描述的数字签名和数字信封。

②定义 Diffie-Hellman 密钥交换协议的 PKCS#3。

③描述利用从口令派生出来的安全密钥加密字符串的方法的 PKCS#5。它主要用于加密从一个计算机传送到另一个计算机的私钥,不能用于加密消息。

④描述数字证书(主要是 X.509 证书的扩展格式)标准语法的 PKCS#6。

⑤PKCS#7 标准。PKCS#7 与 PEM 兼容,无需其他密码操作就可以将加密的消息转换成 PEM 消息。PKCS#7 主要定义一种通用的消息语法,包括数字签名和加密等用于增强的加密机制。它指定了一种用来对电子邮件等进行消息保护的信封格式。变种的 PKCS#7 仅包含签发的证书加上在 ASN.1 卷中某一层次的高级证书,而不包括整条信息。

⑥描述私钥信息格式的 PKCS#8,该信息包括公钥算法的私钥以及可选的属性集等。

⑦PKCS#9 标准,它定义了一些用于 PKCS#6 证书扩展、PKCS#7 数字签名和 PKCS#8 私钥加密信息的属性类型。

⑧用于描述证书请求语法的 PKCS#10。PKCS#10 定义了请求从认证机构获得证书的消息格式,利用该格式提出请求的实体可以提供自己的公钥以及其他在证书请求中所需要的值。

⑨PKCS#11 标准。它定义了一套独立于技术的程序设计接口,用于智能卡和 PCMCIA 卡之类的加密设备。

⑩描述个人信息交换语法标准的 PKCS#12。它描述将用户公钥、私钥、证书和其他相关信息打包的语法。

⑪椭圆曲线密码体制标准 PKCS#13。

⑫伪随机数生成标准 PKCS#14。

⑬密码令牌信息格式标准 PKCS#15。

其中,PKCS#2 和 PKCS#4 已经被合并到 PKCS#1 中。

自 PKI 应用的早期开始,PKCS#10 以及变种的 PKCS#7 的结合就已经成为流行的证书请求和证书发布协议,这很大程度上是由于生成和解析这些数据结构的软件在通用的软件开发平台上可以广泛运用。

由 Internet 工程任务组 IETF 和 PKI 工作组 PKIWG(Public Key Infrastructure Working Group)所定义的一组具有互操作性的公钥基础设施协议,如安全的套接层协议 SSL、传输层安全协议 TLS、安全的多用途 Internet 邮件扩展协议 S/MIME 和 IP 安全协议 IPSEC 等属于 PKI 的应用标准。S/MIME 标准是用于发送安全报文的 IETF 标准,它采用了 PKI 的数字签名技术并支持消息和附件的加密,无须收发双方共享相同的密钥。S/MIME 委员会采用 PKI

技术标准实现 S/MIME,适当扩展了 PKI 的功能。目前,该标准包括密码报文语法、报文归法、证书处理以及证书申请语法等方面的内容。SSL/TLS 标准利用 PKI 的数字证书来认证客户和服务器的身份,也可以应用于基于客户机/服务器模型的非 Web 类型的应用系统,是 Internet 中访问 Web 服务器最重要的安全协议。IPSEC 标准是 IETF 制定的 IP 层加密协议,PKI 技术为其提供了加密和认证过程的密钥管理功能,主要用于开发新一代的虚拟专用网络 VPN。

4.1.4　PKI 的功能

PKI 利用现代密码学中的公钥密码技术作为基础,在开放的 Internet 网络环境中提供数据加密以及数字签名服务。因此,一个完整的 PKI 产品应具备以下功能:根据 X.509 标准发放证书、生密钥对、密钥备份及恢复、证书与密钥对的自动更换、加密密钥和签名密钥的分隔、管理密钥和证书、支持对数字签名的不可抵赖性、密钥历史的管理、为用户提供 PKI 服务(如用户安全登录、增加和删除用户、恢复密钥、检验证书等)。其他相关功能还包括交叉认证、支持 LDAP 协议、支持用于认证的智能卡等。此外,将 PKI 的特性融入各种应用(如防火墙、浏览器、电子邮件、群件、网络操作系统等)也正在成为趋势。在具体应用中,各部分的功能是有弹性的,有些功能并不在所有的应用中出现,PKI 的许多详细功能要根据业务的操作规程确定。以下是对 PKI 主要功能的简要介绍。

1)产生、验证和分发密钥

根据密钥生成模式的不同,产生及验证公私钥对的方式有两种。

①用户自己生成密钥对。用户自己选取产生密钥的方法,负责私钥的存放,向 CA 提交自己的公钥和身份证,CA 对用户进行身份认证,并对密钥的强度和持有者进行审查。当 CA 对用户的审查通过后,对用户的公钥产生证书,并将证书发放给用户,最后 CA 负责将证书发布到相应的目录服务器上。用户也可以自己产生密钥对后到登记机构 RA 去申请证书。此时,由 RA 对用户的身份进行认证,认证通过后以数字签名的方式向 CA 提供用户的公钥及相关信息。再由 CA 完成对公钥强度检测产生证书,将签名的证书返回 RA,然后由 RA 发放给用户或者由 CA 通过电子邮件的方式将证书发放给用户。这种方式适用于分布式密钥生成模式。

②CA 为用户产生密钥对。用户向 CA 中心申请产生获得密钥对,并且保存好自己的私钥,同时将公钥送到 CA 或 RA,然后按方式①申请证书。这种方式适用于集中式密钥生成模式。

证书、密钥有一定的生命期限。当用户的私钥泄露或密钥长度增加时,用户都需要更换密钥对。PKI 应能提供完全自动的密钥更换以及新证书的分发工作。

2)交叉认证

由于每个 CA 只能覆盖一定的域(即作用范围),当隶属于不同 CA 的用户需要交换信息时,就需要引入交叉证书和交叉认证。

交叉认证是指这样的过程:两个 CA 安全地交换密钥信息,使这两个 CA 都可以有效地验证另一方密钥的可信任性。交叉认证扩展了 CA 域之间的第三方信任关系,允许不同的 CA 域之间建立并维持可信赖的关系。交叉认证是 PKI 必须完成的工作,从技术的角度来看,交叉认证要制作两个 CA 之间的交叉证书。当 CA"甲"和 CA"乙"进行交叉认证时,CA"甲"制作一个证书并在上面签名,这个证书上包含有 CA"乙"的公钥,反之亦然。因此,不管用户属于哪一个 CA,都能保证每个 CA 信任另外一个,而在一个 CA 的用户通过第三方信任的扩展也可以信任另一个 CA 的用户。

3)证书的获取和验证

在验证信息的数字签名时,用户必须事先获取信息发送者的数字证书,以便对信息进行解密验证并验证发送者身份的有效性。在 PKI 体系中,可以采取以下几种方式获得证书。

①发送者发送签名信息时,附加发送自己的证书。

②单独发送证书信息的通道。

③可从访问发布证书的目录服务器获得证书。

④从证书的相关实体(如 RA)处获得证书。

另外,发送证书的同时,也可以发布证书链。这时,接收者拥有证书链上的每一个证书,从而可以验证发送者的证书。验证证书的过程就是迭代寻找证书链中下一个证书和它相应的上级 CA 证书的过程。用户从最后一个证书(用户已确认可以信任的 CA 证书)所签发的证书有效性开始,检验每一个证书。一旦对该证书验证后,就提取该证书中的公钥,用于检验下一个证书,重复这个过程直到验证完发送者的签名证书,并将该证书中包括的公钥用于验证签名。

4)证书的保存和废止

PKI 实体在本地存储证书,以减少在 PKI 体系中获得证书的时间,提高证书签名的效率。在存储每个证书之前,应该验证该证书的有效性。PKI 实体可以选择存储其证书链上其他实体所接收到的所有证书,也可以只存储数字签名发送者的证书。证书存储区存满后,一般会删除最少使用的那些证书。证书存储单元应对证书进行定时管理维护,清除已作废的证书、过期的证书和在一定时间内未使用的证书。证书存储数据库还要与最新发布的作废证书列表 CRL(Certificate Revocation List)文件比较,删除 CRL 文件中已发布的作废证书。

当 PKI 中某实体的私钥被泄露时,被泄密的私钥所对应的数字证书应被作废。证书的终止方式有两种。

①如果是密钥泄露,那么证书的持有者应以电话或书面的方式通知相应的 CA。

②如果是因关系中止,那么应由原关系中组织方面出面通知相应的 RA 或 CA。

废止证书的处理过程:如果 RA 得到通知,RA 应通知相应的 CA。在作废请求得到确认后,CA 将在数据库中为该证书打上作废标志,并在下次发布 CRL 时将其加入证书作废列表并标明作废时间。在 CRL 中的证书作废列表时间是有规定的,过期后即可删除。

5)密钥的恢复和更新

如果密钥泄露、证书作废,泄密实体则会获得一对新的密钥,并要求 CA 产生新的证书。

每一个下属实体产生新的密钥时,都会获得 CA 用新私钥签发的新证书,而原来用泄密密钥签发的旧证书将作废,并被放入 CRL 中。在具体做法上,可采取双 CA 的方式来进行泄密后的恢复,即每一个 PKI 实体的公钥都由两个 CA 签发证书,当一个 CA 泄露密钥后,得到通知的用户可转向另一个 CA 的证书链,通过另一个 CA 签发的证书来验证签名。

当密钥泄露时,可以产生新密钥和新证书。但是,即使在密钥没有被泄露的情况下,密钥也应定时更换。

6)CRL 的获取

证书作废列表 CRL 可以定期产生,也可以在每次有证书作废请求后实时产生。每一个 CA 均可以产生 CRL,CA 应将其产生的 CRL 及时发布到目录服务器上。CRL 的获取可以有多种方式,如 CA 产生 CRL 后,自动发送给下属各实体;或由使用证书的各 PKI 实体自行从目录服务器获得相应的 CRL。

4.2 PKI 的互操作信任模型

从互操作的角度看,一个信任模型代表了一个独立的信任域,建立域间操作就是将这些独立的域连接起来,在不同的域之间建立信任关系,从而形成了更大的 PKI 框架。这个连接后形成的新框架称为互操作模型。互操作模型实际上是扩展信任模型。在互操作模型中需要解决用户信任的起点不变和信任的传递两个问题。保持信任起点不变和信任传递路径的简洁是建立互操作的基本原则。

1)域间交叉认证

交叉认证的最根本目的是建立信任关系。认证中心 A 为认证中心 B 颁发交叉证书的目的有两个:一是对 B 进行授权,二是承认 B 的存在。交叉认证又分为域间交叉认证和域内交叉认证,其中前者在两个 PKI 域之间进行认证,后者在同一域内的两个 CA 之间进行认证。

实现域间互操作的一个方案是建立域间交叉认证。早期的泛欧计划 ICE-TEL 即采用的域间交叉认证方式。域间交叉认证的最大好处是各 PKI 域仍然保持自治,因此外部的信任关系不影响到内部的信任关系,依托方对信任起点的信任保持不变。

直接在各 PKI 域之间建立域间交叉认证一般适用于 PKI 域数量不多的情况。这是因为,当所需要连接的 PKI 域增加时,交叉认证的数量级是 PKI 域的平方,而且建立交叉认证本身也是个复杂的过程,认证路径的建立和验证都很困难。

2)桥 CA 体系

桥 CA 是为克服直接交叉认证中的复杂性而设计的。为减少交叉认证的数量,一个特殊的桥 CA 被专门用来与各 PKI 域中的第一级 CA 建立交叉认证。通过桥 CA,各 PKI 域只需将本域内的第一级 CA 与桥 CA 进行交叉认证,便与其他 PKI 域建立了信任关系。桥 CA 在整个信任关系中只起到一个连接桥梁的作用,并不对最终用户颁发证书。

与直接建立交叉认证相比,桥 CA 结构可以将更多的 PKI 域连接起来,大大减少系统所需建立交叉认证的数量。对于 n 个独立的 PKI 域,建立双向交叉认证关系的数量为 n。显然,对每个组织而言,只需建立一个交叉认证,这大大降低了管理负担。需要注意的是,桥 CA 的引入也带来管理桥 CA 的新问题。在实际操作中,桥 CA 可由共同信任的第三方(如政府或行业联盟)来运营管理。

3)可信第三方认可模型

除了通过交叉认证建立 PKI 互操作方式之外,也可以由可信第三方认可模型实现 PKI 互操作。所谓可信第三方认可模型是指通过可信任权威机构对 CA 进行检验评估,对于通过检验的予以认可。此模型的主要特征是,不是在 CA 之间建立交叉认证或交叉认可,而是通过共同信任的权威机构进行审计,对通过审计的 CA 颁发认可证书,依托方通过检验 CA 是否具有认可证书来决定是否信任该 CA。澳大利亚政府的 Gatekeeper 计划和亚太经济合作组织 APEC 电信工作组所提出的"交叉承认"均属于可信第三方认可模型。

在交叉认证模型中信任与否是由 CA 来决定的,而可信第三方认可模型由依托方进行信任裁决。这无疑增加了依托方的负担,依托方除了要处理正常的证书(如 X.509)信息外,还要处理认可信息(如认可证书)。可信第三方认可模型需要解决由谁来充当可信任第三方的问题。在实际运作中,可以选择政府作为可信任的第三方。例如,Gatekeeper 计划是将政府作为共同信任的权威机构。将政府作为可信任机构来实现 PKI 的互操作,限定了互操作的范围只能是本国范围内的 CA。对于如何在国际间实现 PKI 互操作仍需探索。

4.3 认证中心

认证中心(CA)是认证系统的重要组成部分,它的功能有:证书发放、证书更新、证书撤销和证书验证等,其中最核心的功能是发放和管理数字证书。认证中心的具体功能如下。

①接收并验证终端用户数字证书的申请。

②确定是否接收终端用户数字证书的申请——证书的审批。

③向申请者颁发数字证书/拒绝证书的发放。

④接收、处理终端用户的数字证书更新请求及证书的更新。

⑤接收终端用户数字证书的查询、撤销。

⑥产生和发布证书废止列表(CRL)。

⑦数字证书的归档。

⑧密钥归档。

⑨历史数据归档。

认证中心组成部分包括以下部分。

①注册服务器。通过 Web 服务器建立的站点,可为客户提供每日 24 小时的服务。因此,客户可在自己方便的时候在网上提出证书申请和填写相应的证书申请表,免去了排队等候等烦恼。

②证书申请受理和审核机构。它负责证书的申请和审核,其主要功能是接受客户证书

申请并进行审核。

③认证中心服务器。它是数字证书生成、发放的运行实体,同时提供发放证书的管理、证书废止列表的生成和处理等服务。

4.3.1 认证路径

正如身份证的签发机构是公安局一样,在数字证书系统中,发放数字证书的机构是认证机构。我们知道,全国有很多个公安局,它们所发放的身份证在全国范围内均是有效的,同样,全世界的认证机构也可以有很多个。现在的问题是如何使用户获得多个认证机构的公钥,从而获得大量的密钥对持有者的公钥。这就引出了所谓的证书链或认证路径问题。要解决这个问题,从理论上来讲,可以先申请一个证书,然后循环地获得越来越多的认证机构的公钥。目前,所采取的办法:开始时,一个公钥用户需可靠地获得一个或多个被称为可信任或称为根认证机构的公钥。然后,只要该公钥用户所信任的根认证机构和一些密钥对持有者之间存在着认证路径(中间可能会经过若干个中介认证机构),则该公钥用户就可以获得并使用这些密钥对持有者的公钥。

为了使用某个异地通信方的公钥,我们所面临的问题是证书用户必须找到一条有效的完整的认证路径,而且寻找该路径的范围应该是简单、方便和高效的。要解决问题,在很大程度上要依赖于构造认证机构 CA 间结构关系的规则或协定。因为借助 CA 间的结构关系,才能使一些认证机构能够验证其他认证机构的身份。这些结构关系的协定称为信任模型。目前常用的信任模型有层次模型、网状模型、混合模型、桥接模型和多根模型,下面分别介绍这 5 个模型。

4.3.2 层次信任模型

证书认证层次结构模型可以描绘为一棵倒挂的树。在这棵倒挂的树上,最上层(根)叫作根 CA(root CA),根 CA 对整个公钥基础设施 PKI 系统的所有实体都有特别的意义,它充当信任的根或"信任锚(trust anchor)"——也就是认证的起点或终点。在根 CA 下面的是子 CA(subordinate CA),即中介 CA(intermediate CA)。子 CA 从属于根 CA,用中间节点表示,从中间节点再伸出分支。在此模型中,层次结构中的所有实体都信任唯一的根 CA。这个层次结构按如下规则建立:

①根 CA 认证直接连接在它下面的 CA。
②每个 CA 都认证零个或多个直接连接在它下面的 CA。
③倒数第二层的 CA 认证终端实体。

图 4.3 是一个层次结构信任模型的例子,其中大写字母代表的实体是认证机构,小写字母代表的是终端的实体(用户),箭头表示源实体已经给目标实体签发了数字证书。所有的认证路径都是从根认证机构 Z 开始,证书用户必须把根认证机构作为其唯一最终可信任者,也就是说,它们必须持有根认证机构的公钥的副本,并且通过独立的途径使其生效。寻找一条通向任一个终端实体的认证路径是很容易的,比如任何证书用户都可以通过使用一个有 4

份证书所组成的认证路径来取得 a 公钥的有效副本:①由 Z 为 X 签发的证书(注意证书用户均信任 Z 的公钥)。②由 X 为 Q 签发的证书。③由 Q 为 A 签发的证书。④由 A 为终端实体 a 签发的证书。

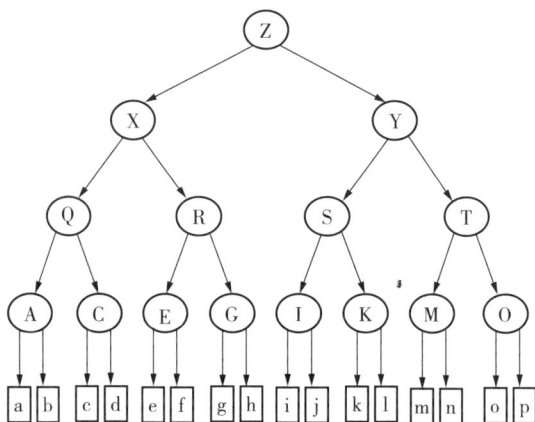

图 4.3 层次结构的信任模型

在证书认证层次结构模型中,包括中介 CA 和终端实体的每个实体都必须拥有根 CA 的公钥,该公钥的安装是随后所有通信进行证书处理的基础,因此必须通过一种安全的方式来完成。例如,可以通过信件等物理途径取得这个密钥;也可以选择通过电子方式取得该密钥,然后再通过其他机制来确认它。

值得注意的是,在一个多层的层次结构中,终端实体直接被其上层的 CA 认证(也就是颁发证书),但是它们的信任锚是另一个不同的根 CA。如果是没有子 CA 的层次结构,则对所有终端实体来说,根和证书颁发者是相同的。这种层次结构被称作可信颁发者层次结构。

下面用一个例子来说明在证书认证层次结构模型中进行认证的过程。假设 B 的证书是由 CA_2 签发的,而 CA_2 的证书是由 CA_1 签发的,CA_1 的证书又是由根 CA 签发的。如果 A 是一个持有根 CA 的公钥 K_R 的终端实体,则 A 检验 B 的证书的过程如下:由于 A 能够验证 CA_1 的公钥 K_1,因此它可以提取出可信的 CA_1 的公钥。然后,这个公钥可以被用作验证 CA_2 的公钥,类似地就可以得到 CA_2 的可信公钥 K_2。公钥 K_2 能够被用来验证 B 的证书,从而得到 B 的可信公钥 K_B。A 现在就可以根据密钥的类型来使用密钥 K_B,比如对发送给 B 的消息加密或者用来验证所有据称是 B 的数字签名,从而实现 A 和 B 之间的安全通信。

4.3.3 网状信任模型

与层次信任模型不同,认证网状信任模型的"信任锚"不是唯一的,任意 CA 证书都可作为信任的起始点。在网状信任模型中,不存在所有实体都信任根 CA,终端实体通常都选取直接给自己发证的 CA 为"信任锚",如图 4.4 所示。

在网状信任模型中,每对相邻的 CA 之间通过互相签发对方的证书来实现"交叉认证",这样就在 CA 间构成了一个双向的信任关系网。与层次信任模型中每个 CA 只有唯一的根 CA 不同,网状信任模型中每个 CA 都有多个根 CA,从而使在证书链的选取上存在着多种方式,这也在一定程度上增加了证书链的构造复杂度。在这种模式下构造的证书链有可能是一个死循环。例如,实体 a 信任 CA_Y,实体 b 信任 CA_U,则当 a 对 b 的证书进行验证时,证书链的起始点为 CA_Y 的证书,终点为 b 的证书,但中间的证书路径有多条,其中最短的一条路径是 $CA_Y \rightarrow CA_V \rightarrow CA_U \rightarrow b$。

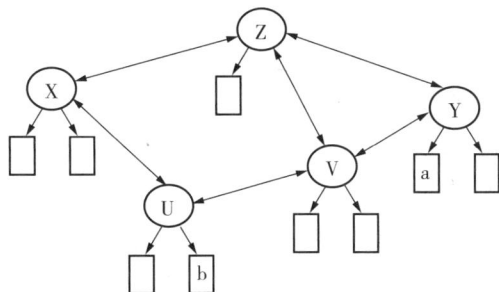

图 4.4　网状信任模型

网状信任模型特别适合作为不是上下级关系的多个企业之间的 PKI 系统构建模式,因为大家不用事先确定一个共同信任的根 CA,每个企业都可以有自己的“信任锚”。

4.3.4　混合信任模型

当多个企业(每个企业的内部的信任模型都为层次模型)需要建立相互信任关系时,可通过每两个企业的根 CA 互签证书来实现,从而使企业的根 CA 之间构成网状模型,而企业内部则形成层次模型,这种模型被称为混合信任模型,如图 4.5 所示。

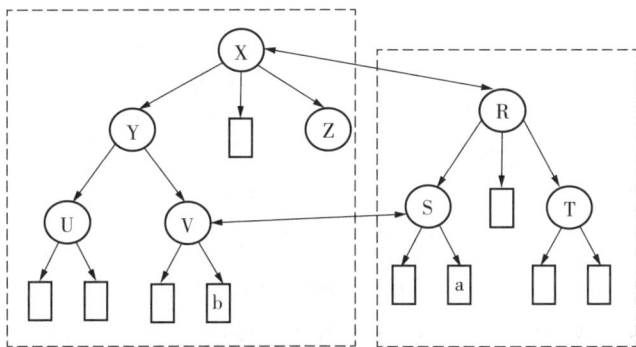

图 4.5　混合信任模型

混合信任模型中有多个根 CA 存在,所有的非根 CA(子 CA)都采用从上到下的层次模型进行认证,而根 CA 之间则采用网状模型进行交叉认证,不同信任域的非根 CA 之间也可进行交叉认证,这可以缩短证书链的长度。在这种模式中,每个终端实体都把各自信任域的根 CA 作为“信任锚”。证书链的构造也非常简单:同一信任域的证书链构造就等同于层次模型下的证书链构造,证书链由自上而下的唯一的一条认证路径组成;不同信任域的证书链构造与层次模型类似,只是证书链的起始点是另一信任域。

例如,实体 a 的“信任锚”是 CA_S 的证书,实体 b 的“信任锚” CA_V 的证书。当进行认证时,其证书链为 $CA_R \rightarrow CA_X \rightarrow CA_Y \rightarrow CA_V \rightarrow b$。这是一条比较容易构造的证书链,所有证书的

认证都可以通过这种方法来实现。如果不同信任域的某些非根 CA 之间也事先进行了交叉认证,那么证书链的长度也许会更短些。例如,a 认证 b 的证书链可这样构造:$CA_R \to CA_S \to CA_V \to b$。

4.3.5　桥接信任模型

混合信任模型可以为几个独立的信任域建立信任关系,它通过根 CA 之间相互签发交叉证书来实现。这种模型适合少量信任域的应用,但是对于需要建立信任关系的信任域数目很多的情形,这种模型就难以胜任了。例如,对于有 n 个信任域的情形,若采用混合信任模型来建立信任关系,则总共需要 $n(n-1)$ 个交叉证书。当 n 很大时,每个信任域的根 CA 都需要签发大量的交叉证书,这很不利于存储和管理。桥接信任模型正是为了解决这个问题而被提出来的。

在桥接信任模型中,有一个专门进行交叉认证的机构——桥 CA。它的作用是为不同信任域签发交叉证书,从而在不同信任域之间架起一座相互沟通的桥梁。桥接信任模型如图 4.6 所示。

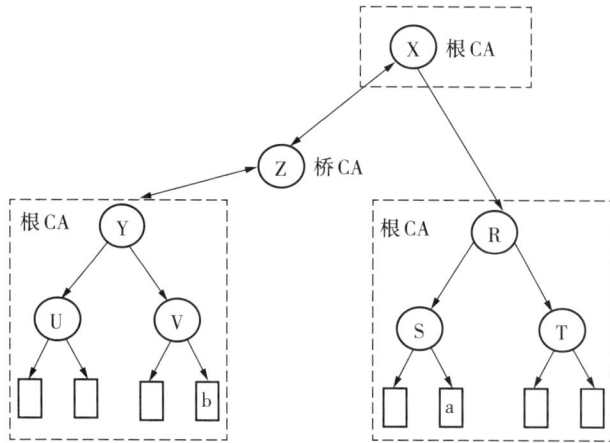

图 4.6　桥接信任模型

对于混合信任模型,每增加一个信任域,原来的每个信任域都要与新增的这个信任域相互签发交叉证书,这不便于信任域的扩展。而在桥接信任模型中,信任域的扩展是很方便的。每增加一个信任域,只需桥 CA 与这个信任域的根 CA 互签交叉证书即可,其余的信任域无须作任何改动。

在桥接信任模型中,"信任锚"的选取和证书链的构造与混合信任模型相同。

4.3.6　多根信任模型

在多根信任模型中,每个终端实体都有多个"信任锚"可供选择,每个"信任锚"都是自签名的根证书。证书链的构造也非常简单,验证方只需从被验证证书开始向上追溯,直到一个自签名的根证书为止。若根证书在验证方的"信任锚"集合中,那么这个证书就能被认证。多根信任模型如图 4.7 所示。

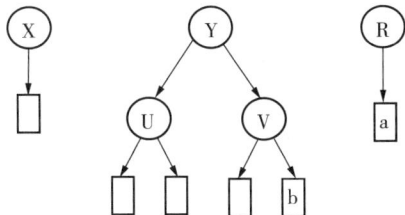

图 4.7　多根信任模型

多根信任模型主要应用于基于浏览器的应用中,许多根 CA 证书被预装在标准的浏览器上。这些证书确定了一组浏览器用户的"信任锚"。实际上,多根信任模型也可以看作是一种层次信任模型,最顶层的根 CA 相当于浏览器厂商,而与被嵌入的证书相对应的 CA 就是它所认证的 CA。但是,这种认证并不是通过签发证书来实现的,而只是物理地将 CA 的证书嵌入到浏览器中。

多根信任模型在便捷性和互操作简单性方面的优势是比较明显的,但它也存在着许多安全隐患。例如,浏览器的用户自动地信任预装的所有证书,而这些根证书里也许有一个非法的根 CA(用户不信任该 CA),但是由这个根 CA 签发的证书也能通过认证。这种认证能够通过的原因是:浏览器用户一般不知道收到的证书是哪一个根证书验证的。在嵌入到其浏览器的多个根证书中,浏览器用户可能只认可所给出的 CA,但并不了解其他 CA。然而,在多根信任模型中,浏览器平等而绝对地信任这些 CA,并接受它们中任何一个签发的证书。

此外,多根信任模型还有一个潜在的安全隐患:没有实用的机制可废除嵌入到浏览器中的根证书。如果发现一个根证书是非法的或者与根证书相应的私钥被泄露,要使全球的每个浏览器都自动地废除该证书的使用是不可能的。

4.4　数字证书

4.4.1　数字证书的构成

数字证书又称公钥证书,它是标志网络用户身份信息的一系列数据,用来在网络通信中识别通信各方的身份,即要在 Internet 上解决"我是谁"的问题,就如同现实中我们每一个人都要拥有一张证明个人身份的身份证或驾驶执照一样,以表明我们的身份或某种资格。

数字证书是由权威公正的第三方机构即 CA 中心签发的,以数字证书为核心的加密技术可以对网络上传输的信息进行加密和解密、公钥签名和签名验证,信息的机密性、完整性,交易实体身份的真实性,签名信息的不可否认性,从而保障网络应用的安全性。数字证书体系采用公钥密码体制,即利用一对互相匹配的密钥进行加密、解密。每个用户拥有一把仅为本人所掌握的私有密钥(私钥),用它进行解密和签名;同时拥有一把公开密钥(公钥),用于加密和验证签名。当发送一份保密文件时,发送方使用接收方的公钥对数据加密,而接收方则使用自己的私钥解密,这样,信息就可以安全无误地到达目的地了。即使被第三方截获,由于其没有相应的私钥,也无法进行解密。

数字证书实现在网络环境下将公钥安全地分发给可信赖的实体。数字证书由认证机构签发,为证书主体所有。证书主体是指持有相应私钥的个人、设备或其他实体。当证书的主体是个人或法人实体时,一般将这类持有证书的主体称为认证机构的用户。简单的数字证书如图4.8所示。

在使用数字证书的过程中,应用公钥加密技术建立起一套严密的身份认证系统,它可以保证:信息除发送方和接收方外不被其他人窃取。信息在传输过程中不被篡改。接收方能够通过数字证书来确认发送方的身份。发送方对于自己发送的信息不能抵赖。

以电子邮件为例,数字证书主要可以解决下列问题。

①保密性。通过使用收件人的数字证书对电子邮件加密,只有收件人才能阅读加密的邮件,这样保证在 Internet 上传递的电子邮件信息不会被他人窃取,即使发错邮件,收件人由于无法解密也不能够看到邮件内容。

图 4.8　简单的数字证书

②完整性。利用发件人数字证书在传送前对电子邮件进行公钥签名不仅可确定发件人身份,而且可以判断发送的信息在传递的过程中是否被篡改过。

③身份认证。在 Internet 上传递电子邮件的双方互相不能见面,所以必须有某种方法确定对方的身份。利用发件人数字证书在传送前对电子邮件进行公钥签名即可确定发件人身份,而不是他人冒充的。

④不可否认性。发件人的数字证书只有发件人唯一拥有,发件人利用其数字证书在传送前对电子邮件进行公钥签名后,发件人就无法否认发送过此电子邮件。

数字证书具有一个很重要的特性:证书可以通过无须使用保密设备、鉴别设备和完整性设备来保证安全的系统或通道进行分发和存储。数字证书之所以能做到这一点,是因为:A.公钥没有保密的需要,证书也无须保密。B.证书具有自我保护功能,即证书所包含的认证机构的签名提供了鉴定和完整性保护。如果证书在存储和分发过程中被篡改,公钥用户能够检测到这种篡改,因为可以利用证书中认证机构的数字签名进行验证。因此,数字证书可以通过文件服务器、目录服务系统以及为提供安全性保护的通信协议来分发。

使用数字证书的主要好处是,只要知道认证机构的公钥,就可以安全地获取各通信方的公钥。目前,随着公钥密码技术在网络中的广泛应用,数字证书也广泛运用于发送安全电子邮件、访问安全站点、网上证券、网上招标采购、网上签约、网上办公、网上缴费、网上税务等安全电子事务处理和安全电子交易活动。

4.4.2　X.509 证书标准

目前最广泛应用的证书是 X.509 标准所规定的证书格式。X.509 由国际电信联盟电信标准分局(ITU-T)提出,是目录业务 X.500 系列的一个组成部分。这里所说的目录是维护用户信息数据库的服务器或分布式服务器集合,用户信息包括用户名和用户网络地址的映射和用户的其他信息。X.509 定义了 X.500 目录向用户提供认证业务的一个框架,目录的作用是存放用户的数字证书。由于 X.509 所定义的证书结构和认证协议已被广泛应用于 S/MIME、IPSec、SSL/TLS 以及 SET 等诸多应用过程,因此 X.509 已成为一个重要的标准。X.509的基础是公钥密码体制和数字签名,但其中未特别指明使用哪种密码体制,也未特别指明数字签名中使用哪种 Hash 函数,这也是其得以广泛应用的原因之一。

用户的数字证书是 X.509 的核心问题,证书由某个可信赖的认证机构 CA 建立,并由 CA 或用户自己将其放入目录中,以供其他用户方便使用。X.509 证书的一般格式如图 4.9 所示。图 4.10 给出的是一个具体的 X.509 证书。

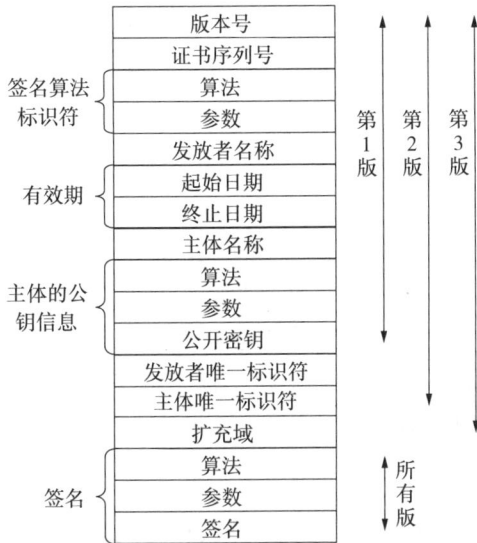

图 4.9 X.509 证书的一般格式

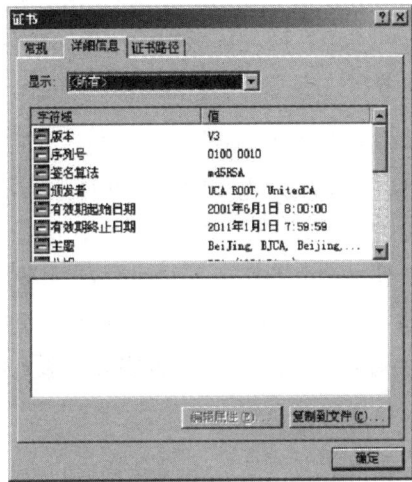

图 4.10 具体的 X.509 证书格式

证书中的数据域有:

①版本号。其默认值为第 1 版。如果证书中有发放者唯一标识符或主体唯一标识符,则版本号一定是 2,如果有一个或多个扩充域,则版本号为 3。

②证书序列号。它是一个整数,由 CA 发放的每个证书的序列号是唯一的。

③签名算法标识符。签名算法所用的算法及其参数。

④发放者名称。建立和签署证书的 CA 的名称。

⑤有效期。包括证书有效期的起始时间和终止时间两个数据项。

⑥主体名称。证书所属用户的名称,即此证书用来证明持有密钥用户的相应的公钥。

⑦主体的公钥信息。它包括主体的公钥、使用这一公钥的算法的标识符及相应的参数。

⑧发放者唯一标识符。这一数据项是可选的,当发送者(CA)的名称被重新用于其他实体时,使用这一标识符来唯一标识发放者。

⑨主体唯一标识符。这一数据项也是可选的,当发送者(CA)的名称被重新用于其他实体时,则用这一标识符来唯一地标识主体。

⑩扩充域。可以包括一个或多个扩充的数据项,仅在第 3 版中使用。

此外,签名域给出 CA 用其密钥对各域进行 Hash 值运算得到的签名结果以及签名算法标识符。

4.4.3 其他证书格式

1)SPKI 证书

除了 IETF 的 PKIX 工作组致力于发展 X.509 证书之外,还有一个独立的 IETF 工作组致力于为 Internet 提供一个简单的公开密钥基础设施,即简单公开密钥基础设施 SPKI。该工作组的目标是发展支持 IETF 数字证书格式、签名和其他格式以及密钥获取协议的 Internet 标准,使密钥证书格式以及相关协议简单易懂,易于实现和使用。尽管 SPKI 证书在很多方面都和 PKI 数字证书一样,但是两者在语法上和某些情况下,这些字段的语义是不同的,并且有些字段在两种证书中无法等价映射;另外,两者的名称约定是完全不一样的,SPKI 采用简单分布式安全基础设施 SDIS 中定义的名称。

2)PGP 证书

PGP 证书对电子邮件和文件进行加密和数字签名,主要供私人使用。PGP 定义了在两个实体间传递信息和文件的报文格式,同时定义了两个实体间传递密钥时的证书格式。但 PGP 证书和 X.509 证书之间存在显著的不同,首先它们的信任模型是完全不同的,这便造成了 PGP 的用户群体和 X.509 证书的用户群体之间互操作的障碍,这不仅是协议不兼容的问题,更主要的原因是提供公钥安全服务的底层基础是不兼容的。

3)属性证书

数字证书不是传递权限信息的最佳工具,为此,ANSI 提出了一种被称为属性证书的解决方案。属性证书将一条或多条附加信息绑定给相应的证书持有者,证书内容可能包括成员资格信息、角色信息以及其他任何与证书持有者的权限或访问控制有关的信息。属性证书与数字证书最大的区别在于:前者包含被证实的属性,而后者包含一个被证实的公钥。属性证书通常用来传递一个给定主体的属性(通常是短期的)以便于灵活、可扩展的特权管理,它尤其适用于对系统资源的访问控制以及基于角色的授权和访问控制。属性证书为电子商务应用提供了一个重要的授权技术。

4.4.4 证书的发行

1)注册机构 RA

认证中心 CA 的用途是接受个人申请,核查其中信息并颁发证书。然而,在许多情况下,把证书的分发与签名过程分开是很有好处的。因为签名过程需要使用 CA 的私钥,私钥只有在离线状态下才能安全使用,但分发的过程要求在线进行,所以常常使用注册机构(RA)来完成整个注册过程。一个认证机构可能对应多个注册机构,而且这些注册机构可能是分散的。这样安排的意义是很明显的,例如发放证书时,申请人需亲自到场,出具身份证明文件、交换实物标记或进行生物测定，以便确定申请人的身份。

注册机构 RA 虽然不承担证书发放的任务，但它可以承担确认、批准或拒绝证书申请人，然后再由认证机构给经过批准的申请人发放证书。注册机构的主要功能如下。

①注册、注销以及批准或拒绝对用户证书属性的变更要求。

②对证书申请人进行合法性确认。

③批准生成密钥对或证书的请求以及恢复备份密钥的请求。

④接受和批准撤销或暂停证书的请求(需要相应认证机构的支持)。

⑤向有权拥有身份标记的人当面分发标记或恢复旧标记。

注册机构和认证机构可能是不同的法律实体。注册机构有时也指充当认证机构的某一实体的特殊组成部分所执行的一系列技术和管理功能。

2)证书的注册

认证机构向完成了全部注册过程的实体发放证书。在电子商务环境中，证书可以发给多种不同类型的实体，包括个人、组织和设备。一般地，注册过程始于证书申请人提出申请证书发放请求的时候。有时设备也可以作为证书申请人，将某种设备作为证书申请人，这一般是对申请人概念的扩展，通常可以对拥有该申请证书的设备的个人或组织进行身份确定。

注册手续在不同的环境中可能各不相同。例如，雇主在给其雇员发放证书时，注册过程可以是自动的。因为雇主对雇员是很了解的，由雇主操纵的认证机构一般情况下可以对雇员数据库进行自动的和可靠的存取，从中获得代表雇员的注册信息并对其进行确认。证书注册有不同的方法，在 Internet 环境中，这些过程可以通过在线注册过程部分或全部地在线进行。例如，用户可以利用 Web 浏览器与充当认证机构服务前端的服务器进行在线注册。

注册机构(有时是认证机构本身)必须对用户进行合法性验证，以确定公钥值以及其他用户信息确实是来自该用户，且在传输过程中未被篡改过。注册机构还可能需要了解有关该用户的更多信息，这些信息可以通过与用户间的在线对话来获得，也可以通过查询第三方的相关数据库获得。由于单纯通过与用户间的在线对话来获得的确认信息有一定的局限性，因此，在更普遍的情况下，有些确认过程是通过离线的渠道进行的。例如，证书申请人向注册机构出具身份证明书，或由注册机构通过邮政服务给证书申请人邮寄并在以后的在线证书申请过程提交命令所需要的秘密口令。

3)证书的生成

证书的生成主要包括如下步骤：

①证书申请人将申请证书所需要的证书内容信息提供给认证机构。

②认证机构确认申请人所提交信息的正确性，这些信息将包含在证书中(根据其公认的义务和可应用政策及标准)。

③由持有认证机构私钥的签证设备给证书加上数字签名。

④将证书的副本传送给用户，如果需要的话，用户在收到证书后返回一个确认信息。

⑤将证书的副本传送给证书数据库(如目录服务)以便公布。

⑥作为一种可供选择的服务,证书的副本可以由认证机构或其他实体存档,以加强档案服务、提供证据服务或者不可否认服务。

⑦认证机构将证书生成过程中的相关细节以及其他在证书发放过程中的原始活动都记录在审计日志中。

4)密钥对和证书的有效期

对一个好的密码系统而言,其设计原则要求密钥对的生命周期是有限的,以此来减少密码被破译的机会,并抑制发生泄露的可能性。基于这些原因,数字证书必须设定一个有效期,包括起始日期和终止日期及时间。证书有效期满后,证书主体和公钥之间的映射关系不再有效,证书不再受信任。公钥用户不能使用一个已经过期的证书,除非为了重新确认证书有效期内所发生过的某一个活动,例如检验某个旧文档上的数字签名。当证书期满后,如果证书的主体仍然拥有一个有效的公钥(不管是同一个公钥或新的公钥),认证机构可以给该用户发放一个新的证书。此外,在某些情况下,认证机构可能会在证书到期之前撤销证书,例如已知或怀疑相应的私钥被泄露时,为保护公钥用户,就需要防止其继续使用被泄露前发放的证书的公钥。

加密密钥对用于进行数据加密或用于建立加密密钥的密钥对,在加密密钥对的使用过程中,需注意的是必须在证书的有效期内使用公钥。如果数据加密系统在没有检查证书有效性的情况下使用了一个公钥,就会有泄露机密信息的危险。解密系统中私钥的使用期与公钥的使用期有很大的不同。例如,在某个公钥所有的证书都已期满很长时间后,相应的私钥还可以用于解密目的,这是因为对私钥持有者来说,这基本上是本地操作,不需要反映在证书中。

数字签名密钥对是用于进行数字签名的密钥对。对于数字签名密钥对,需要考虑下面两种基本情况。

①历史有效性。在有些情况下尤其是在不可否认情形下,证书用户(即数字签名的检验者)并不关心在数字签名以后被撤销的数字证书。在这些方案中,有必要保存在签名时与数字签名相关的所有证书的状态信息集(即证书链上的所有证书,所有证书的撤销列表或其他撤销状态信息),并将它们作为证据。在这种情况下,不需要延长证书有效期以使其比私钥的使用期长。当然,有时也很有可能会将证书有效期稍微延长一点,以保证在数字签名以后或证书期满以前至少发放一个定期的证书撤销表。

②实时有效性。一般地,证书用户会关心到检验数字签名为止时所发生的证书撤销,而不管数字签名已过去了多长时间。例如,检验软件出版商附加在由 Internet 服务器发布的电子软件副本上的数字签名,检验在数字证书上的认证机构的数字签名,或检验时间戳服务器附加在某个第三方文档上的时间戳。在这些情况下,数字签名检验者希望到检验时为止仍存在着一个有效的、未被撤销的证书。此时,证书有效期一般需要作一些扩展(有时可能会作很大的扩展),以保证证书有效期比私钥的使用期长。

在实时有效性情况下,有时在数字证书中增加一项用于指示数字签名私钥有效使用期(注意,该私钥使用期可能比证书有效期短)的内容是有益的。为此,在 X.509 的第 3 版中就包含了一个用于指示私钥使用期的扩展字段。借助该扩展字段,有时可以提高公钥用户的安全性。考虑到这样一种情形,数字签名密钥对每年更新一次(即私钥的使用期是一年),但是发放的证书所支持的公钥的使用期是两年(因为认证机构约定撤销证书的时间是两年)。在这种方案中,所发放的证书的公钥具有两年的有效期,而私钥的有效性字段表明,只有在这两年中的第一年才能有效地使用私钥。依靠该扩展字段的应用,就有可能减少未被检测到或未被通知到的私钥泄露情况。对有些应用来说,可以申请一次独立的检查,以判断数字签名是否是在私钥的有效使用期内进行,如果不是的话就拒绝该数字签名。例如,假设 2003 年有效的私钥被泄露了,即使那个未被撤销的证书的有效期是 2003 年到 2004 年,那么入侵者也只能伪造 2003 年的数字签名。

实际上,认证机构的数字签名密钥对是前面所介绍的数字签名密钥对的一个特例。然而,一个证书的数字签名很有可能同时涉及前面讨论的两种数字签名情况。历史有效性经常用于解决争端,但是实时有效性也是必需的。证书用户常常要求并有权要求接收所有目前仍然在使用的认证机构证书的当前撤销状态信息。因此,X.509 私钥有效期字段是认证机构减少私钥泄露的有效手段,同时也减少了相应的责任。

数字证书的生命周期不仅受到其中所申明的有效期的约束,还受到附加在上面的认证机构数字签名有效性的约束。因此,认证机构必须确保自己的公钥(和相应的证书)的有效期必须比所发放的证书的有效期长。

5) 证书的更新

每份证书的生命周期都是有限的。在整个生命周期中,认证机构有义务完成证书的撤销过程。一般而言,在证书期满后需要更换证书。另外,密钥对需要周期性地更换,更换密钥对时,就需要新的证书。所以,证书期满和证书更新常常与密钥对的期满和更新结合在一起。

有时,证书的更新完成过程对用户来说是透明的。例如,在那些由充当认证机构的组织来有效控制用户的证书的团体中,或者在那些更新证书的原因是密钥对需要更新的重要团体中,情况就是如此。出于对后一种更新情况的考虑,一些加密技术产品能够自动识别出密钥对已到期,从而自动更新密钥对,并启动与认证机构间必需的通信对话,以发布新的证书,而所有这些都无须用户介入。

如果在其他情况下更新证书,如一些包含在证书中的用户身份确定信息有了变动,或者认证机构规定用户必定定期确认证书细节,则用户一般就会需要参与到更新过程中。这时用户会收到更新通知,确认证书更新申请的内容,并接受新的证书。

6) 证书的分发

数字证书是由认证机构颁发的。数字证书颁发过程如下:用户首先产生自己的密钥对,并将公开密钥及部分个人身份信息传送给认证机构。认证机构在核实身份后,将执行一些必要的步骤,以确信请求确实由用户发送而来;然后,认证机构将发给用户一个数字证书。用户就可以使用自己的数字证书进行相关的活动。如何能安全地将数字证书分发给用户,这是认证机构必须解决的一个问题。本节将介绍两种不同的行之有效的证书分发方法:附在数字签名中的证书及利用目录服务分发的证书。

(1)附于数字签名的证书分发

利用数字签名可以方便地进行证书的分发。签名者通常拥有自己证书的一个副本,他可以将该副本附在数字签名中。这样,任何想检验数字签名的人都可以拥有该证书的副本。同样,签名者也可以附上其他必需的证书以证实自己证书的有效性,如附上其他认证机构给签名者的认证机构所发放的证书。大多数使用数字签名的通信协议都规定用这种方法来将证书附在数字签名上进行证书的分发。是否将证书附在数字签名上分发一般由签名者决定,这是因为检验数字签名的通信方可能在本地已经拥有了必需的证书,这样做可能会增加通信量和存储量。

如果从各个不同的检验者到签名者具有不同的认证路径,那么对签名者而言,判断需要哪些证书才能进行检验就比较困难。因此,若没有严格的信任结构保证从各个检验者到某个签名者之间只具有单一的认证路径,则要由签名者保证将所有必需的证书附在数字签名上是不切实际的。

(2)基于目录服务的证书分发

随着公钥密码技术的广泛应用,常常面临着需要访问大量的数字证书(即所谓的证书集)。例如,为了加密发送电子邮件信息给一个或多个接收者,必须首先获得每一个接收者的数字证书。证书库是存储、查询证书集的一个比较好的解决办法。证书库是证书的集中存放地,用户可以从证书库获得其他用户的证书和公钥。证书库系统必须使用某种稳定可靠的、规模可扩充的在线资料库,以便用户能找到安全通信需要的证书信息或证书撤销信息。实现证书库的方式有多种,包括 X.500、轻量级目录访问协议 LDAP、Web 服务器、FTP服务器、域名解析服务器 DNS、数据库服务器等。构造证书库的最佳方法是采用支持 LDAP协议的目录系统,用户或相关的应用通过 LDAP 来访问证书库。

大型的企业级证书系统一般使用 X.500 目录服务和轻量级目录访问协议 LDAP,如图4.11所示。其中 DSA 表示目录信息代理,DAU 表示目录系统协议,API 表示应用程序接口。

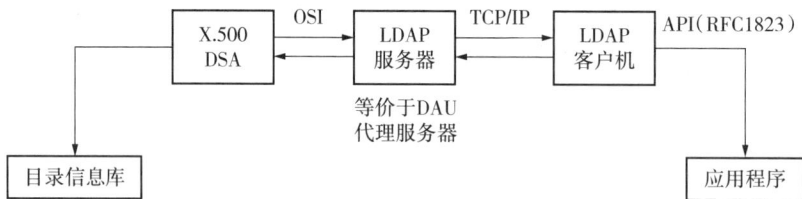

图 4.11　X.500 和 LDAP 相结合的证书分发方式

7)证书的撤销

在数字证书中,规定了证书的有效期,有效期的长短由签发证书的认证机构所规定的策略来决定,一般可以是几个月或几年。在一般情况下,公钥用户可以在有效期内使用公钥。但是,在某些特殊情况(如已经知道或怀疑相应的私钥被泄露的情况)下,用户必须在公钥的有效期满前停止对证书的信任。

证书撤销是由认证机构根据某些被授权人的请求来决定的。谁是否有权撤销证书由认证机构所制定的规则来决定。在一般情况下,证书用户可以请求撤销自己的证书;在用户违反职责或用户死亡等特殊情况下,认证机构有权撤销用户的证书。如何安全有效地撤销证书,这是证书撤销环节要解决的问题。下面介绍证书撤销的几种方法。

(1)证书撤销列表 CRL

证书撤销列表 CRL 是 X.509 证书系统中现行公布的关于证书撤销问题的标准方案。CRL 是一个包含所有被撤销证书(未过有效期)的序列号并由认证机构 CA 签名的数据结构。所谓 CRL,是一个被撤销证书的时间戳列表,该列表经过认证机构的数字签名,证书用户可以获取证书撤销列表。简单的证书撤销列表的主要内容如图 4.12 所示。

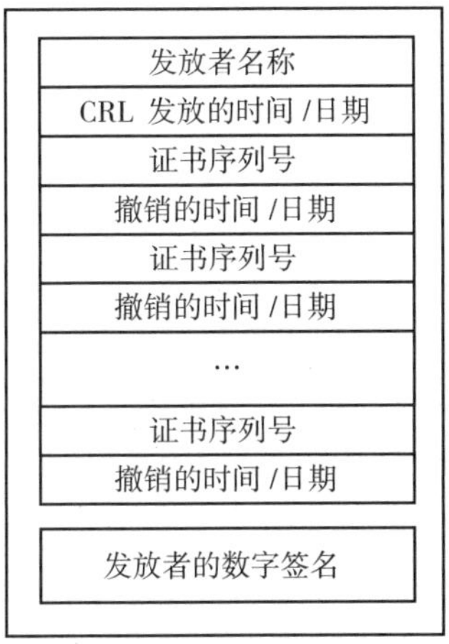

图 4.12　简单的证书撤销列表

在使用某个认证公钥时,证书应用系统不仅要检查证书的数字签名和有效性,而且还要获得一个最近相关的证书撤销列表,并确认该证书的序列号没有出现在该证书撤销列表上。证书机构定期(如每小时、每天或每周)地发放证书撤销列表,具体时间间隔由认证机构决定。在每个周期内不管有没有新的撤销证书加入证书撤销列表,都会产生一个新的证书撤销列表,这样做可以确保证书应用系统获得的是最近的证书撤销列表。

使用证书撤销列表 CRL 的一个显著的优点是,可以使用与数字证书分发相同的方法来分发证书撤销列表。因为证书撤销列表是经过数字签名的,所以不需要通过被严格信任的通信和服务器系统来保证数据完整性。可以说这种方法的安装和运作都是很经济的。采用这种证书撤销方法的一个局限性是撤销证书的时间会受到证书撤销列表发放周期的限制。例如,如果现在撤销了一个证书,那么在发放下一周期的撤销列表之前,不能保证该证书撤销信息能够可靠地传送给证书应用系统,因为证书撤销列表的周期可能是一个小时、一天、一星期或更长。

(2)在线查询机制

在线查询机制是基于在线证书状态协议 OSPT 的一种在线的证书撤销信息获得方式。OSPT 是一种请求/响应协议,它提供了一种称为 OSPT 响应者的可信第三方获取在线撤销信息的手段。OSPT 请求由协议版本号、服务请求类型以及证书标志符组成,其中,证书标识符包括证书颁发者可识别的签名 Hash 值、颁发者公钥 Hash 值、证书序列号以及扩展;OSPT 响应包括证书标识符和证书状态(即"正常""撤销"和"未知"),若证书状态是"撤销",则还包括撤销的具体时间和撤销原因。OSPT 的可信性和在传输过程中的安全性是由 OSPT 响应者(可信第三方)的数字签名来保证的。

OSPT 的优点在于它本身不存在延迟,但它的局限性有:第一,必须保证用户与服务器之间的在线通信,这会造成非常高的通信成本,还会引起通信瓶颈。第二,在证书的有效性方面,OSPT 只用来说明一个证书是否已被撤销,不验证是否在有效期内或是否被正确使用。第三,OSPT 只是一个协议,它没有用来搜集撤销信息的后端结构,它仍然需要 CRL 或其他方法搜集证书撤销信息,OSPT 响应者提供的信息的实时性将取决于获得这些信息的来源是否延迟。因此,OSPT 难以自动更新信息以提供实时服务。第四,由于 OSPT 的可信性和在传输过程中的安全性是由 OSPT 响应者(可信第三方)的数字签名来保证的,因此一旦签名密钥泄露,OSPT 就无安全可言。

(3)前向安全证书撤销方案

前向安全数字签名方案是一种特殊的数字签名方案,其基本思想是将签名密钥的有效期(例如一年)分为 3 个时段($T=365$ 天,或 $T=365×24$ 小时),若签名密钥在 j 时段泄露,则密钥获得者可以伪造 j 时段之后的数字签名,但不能伪造 j 时段之前的数字签名。这样,就保证了 j 时段之前的数字签名仍然是安全的。

前向安全证书撤销方案即把前向安全数字签名思想用在证书撤销机制中,对于采用 CRL 的系统,CA 对 CRL 用前向安全数字签名。这样,一旦 CA 的签名密钥在 j 时段泄露,攻击者只能伪造 j 时段以后的证书撤销信息,但不能伪造 j 时段以前的撤销信息,可确保 CA 以前发布的信息的安全性。采用该机制,可实现在 CA 签名密钥泄露的情况下将损失控制到最小。

4.4.5　X.509 证书撤销列表

X.509 标准除了定义标准的证书格式之外,还定义了标准的证书撤销列表格式。X.509 证书撤销列表的格式如图 4.13 所示。

证书撤销列表各字段的含义如下。

①版本指版本 1 或版本 2 的格式标识符,将来还有其他版本。对版本 1 而言,版本字段可以省略,且不能包含证书撤销列表条目扩展和证书撤销列表扩展。

②签名指用于该证书撤销列表签名的算法标识符。

③发放者是发放该证书撤销列表的机构名称,证书撤销列表中包含了该机构的签名。虽然在绝大部分情况下,发行者是那些其证书在该证书撤销列表中被撤销和暂停的认证机构,但是在版本 2 格式中,情况并不总是如此。

④本次更新指该证书撤销列表的发放日期和时间。

⑤下次更新。该字段是可选字段。下次证书撤销列表的发放日期和时间。在所有证书撤销列表用户都知道发放周期的情况下,该字段是可以省略的。一般建议保留该字段。

版本（CRL 格式）	
签名算法	
CRL 发放者（X.500 名称）	
本次更新（日期/时间）	
下次更新（日期/时间）	
证书序列号	撤销时间
CRL 扩展条目	
证书序列号	撤销时间
CRL 扩展条目	
CRL 扩展部分	
CRL 发放者的数字签名	

图 4.13　X.509 的 CRL 格式

⑥证书序列号指被撤销或暂停的证书的序列号。

⑦撤销日期指撤销或暂停某个特定证书的有效日期。

⑧证书撤销列表条目扩展是指附在每个撤销条目上的附加字段（必须注册其类型）。

⑨证书撤销列表扩展是指附在整个证书撤销列表上的附加字段（必须注册其类型）。

在证书撤销表的⑧和⑨字段中所使用的扩展机制与 X.509 证书格式相同。

4.5　本章小结

PKI 是 20 世纪 90 年代发展起来的最重要的信息安全技术框架之一，PKI 实现了密钥的自动管理，提供了统一的身份认证、数据加密和完整性保障机制，保证了网上数据的机密性、完整性，满足了人们对网络交易安全保障的需求。本章从 PKI 技术的基本概念入手，介绍了 PKI 的组成和 PKI 的信任模型，典型的 PKI 系统有 5 个基本的组成部分：证书申请者、注册机构、认证中心、证书库和证书信任方。其中，认证中心、注册机构和证书库 3 部分是 PKI 的核心，证书申请者和证书信任方则是利用 PKI 进行网上交易的参与者。目前比较流行的 4 种 PKI 的信任模型是证书认证层次结构模型、分布式信任结构模型、以用户为中心的信任模型和互操作信任模型。

数字证书是网络通信中标志通信各方身份信息的一系列数据（最主要的是证书主体的公钥），它解决了在 Internet 上"我是谁"的问题。其作用类似于现实生活中的身份证，人们可以在交往中用它来识别对方的身份。使用数字证书，目的是通过运用对称和非对称密码体制密码技术建立起一套严密的身份认证系统，从而保证除发送方和接收方之外，信息不被其他人窃取、不被篡改，发送方能够通过数字证书来确认接收方的身份、发送方对于自己发送的信息不能抵赖。

由于 Internet 应用的广泛性，目前存在着多种数字证书格式，本章介绍了最为广泛使用 X.509 证书格式以及 SPKI 证书、PGP 证书和属性证书等其他证书格式。证书主体公钥的正确性是由认证机构来确认的。认证机构的结构关系称为信任模型。本章讨论了常用的层次信任模型、网状信任模型、混合信任模型、桥接信任模型和多根信任模型,它们在形成认证路径从而验证认证主体的方便程度和效率高低等方面各有优缺点。

认证中心(CA)是认证系统的核心组成部分。认证中心承担了证书发放、证书更新、证书撤销和证书验证等任务。X.509 标准是公钥基础设施 PKI 建议广泛使用的标准。因为随着网络应用的发展,网络安全所面临的挑战越来越多,所以 X.509 将会不断地被扩展,以解决这些挑战问题。

习题 4

1.PKI 的组成分为哪几大部分?它们的主要功能各是什么?

2.什么是数字证书?数字证书的作用是什么?数字证书包含哪些主要内容?

3.简述 X.509 证书格式各项的意义。

4.何谓认证中心 CA?CA 的主要作用是什么?

5.试分析几种常见的信任模型的优缺点。

6.数字证书设定有效期的作用是什么?

7.证书的分发过程是怎样的?

8.分析比较常用的证书分发方法。

9.简述 X.509 证书撤销列表格式各项的意义。

第5章
数字版权保护和隐私计算技术

随着多媒体技术和网络技术的发展,信息交流变得快捷和方便,人们随时可以通过Internet发布自己的作品、重要信息和进行网络贸易等,数字化的产品也越来越多,并且已经进入人们的日常生活。但是,数字产品的复制和传播简单而廉价,非法复制和盗版现象比较普遍,数字产品的知识产权得不到有效的保护,甚至用户还可以利用处理软件篡改原信息,声称被修改过的数字产品是自己开发的并拥有产权。为了解决这些问题,人们采用加密技术来保证只有合法的接收者才能解读加密的数字产品。但是,加密技术只能保证信息在传输过程中的安全,一旦解密,数字产品又处于非法复制、传播和篡改的危险中。为此,人们又开始研究将信息隐藏技术引入多媒体数字产品,版权所有者使用数据隐藏技术在多媒体信息中隐藏地嵌入一些可辨别的标记,用来实现版权声明、控制非法拷贝以及版本跟踪等。数字经济是以数据资源为关键要素,以现代信息网络为主要载体,以信息通信技术融合应用、全要素数字化转型为重要推动力,促进公平与效率更加统一的新经济形态。隐私计算作为数字经济底层基础设施之一,在数字经济活动过程中发挥重要的作用。

5.1 信息隐藏技术

信息隐藏(Information Hiding)也被称为"信息隐匿"或"信息隐形",是信息安全研究领域与密码技术紧密相关的一大分支。虽然信息隐藏和信息加密都是为了保护秘密信息的存储和传输,使之免遭他人的破坏和攻击,但二者之间有着显著的区别。密码技术主要研究如何将机密信息进行特殊的编码,以形成不可识别的密码形式(密文)进行传递,一般是利用私钥或公钥密码算法把明文变换成密文通过公开信道传送到接收者手中。对加密通信而言,可能的监测者或非法拦截者可通过截取密文并对其进行破译,或将密文进行破坏后再发送,从而影响机密信息的安全。由此可见,信息加密所保护的是信息的内容。而信息隐藏则是隐藏数据的存在性,主要研究如何将某一机密信息秘密隐藏于另一公开的信息中,然后通过公开信息的传输来传递机密信息。秘密信息被嵌入表面上看起来无害的宿主信息中,攻击者无法直观地判断他所监测的信息中是否含有秘密信息,换句话说,含有隐匿信息的宿主信息不会引起别人的注意和怀疑。信息隐藏的目的是使敌手不知道哪里有秘密,它隐藏了信息的存在形式。这就好比隐形飞机不能被雷达探测到,从而避免了被袭击的危险。众所周知,密码的不可破译度是靠不断增加密钥的长度来提高的,然而随着计算机计算能力的迅速增长,密码的安全度始终面临着新的挑战。如今令人们欣喜的是,信息隐藏技术的出现和发展,为信息安全的研究和应用拓展了一个新的领域。而且,近年来各国政府出于国家安全方面的考虑,对密码的使用场合及密码强度都作了严格的限制,这就更加激发了人们对信息隐藏技术研究的热情。

中国自古就有这样的谚语,叫"耳听是虚,眼见为实""百闻不如一见",英语中也有"Seeing is believing"的说法。这些都表明,人们往往过分相信自己的眼睛,而这正是信息隐藏技术得以存在和发展的重要基础。

5.1.1 信息隐藏的概念

现代信息隐藏技术是由古老的隐写术(Steganography)发展而来的,隐写术一词来源于希腊语,其对应的英文单词是"Covered writing"。隐写术的应用实例可以追溯到非常久远的年代。被人们誉为历史学之父的古希腊历史学家希罗多德(Herodotus,约公元前484年—公元前425年),在其著作中讲述了这样一则故事:一个名叫Histaieus的人筹划着与他的朋友联合发起反抗,里应外合,以便推翻波斯人的统治。他找来一位忠诚的奴隶,剃光其头发并把消息文刺在头皮上,等到头发又长起来了,把这人派出去送"信",最后反抗成功了。

历史上诸如此类的隐写法还有多种。英国的约翰·威尔金斯(John Wilkins,1614—1672年)是资料记载中最早使用隐写墨水进行秘密通信的人;在20世纪的两次世界大战中,德国间谍都使用过隐写墨水。早期的隐写墨水是由易于获得的有机物(例如牛奶、果汁或尿)制成的,加热后颜色就会变暗从而显现出来。后来,随着化学工业的发展,在第一次世界大战中人们制造出了复杂的化合物,做成隐写墨水和显影剂。在中国古代,人们曾经将挖有若干小孔的纸模板盖在信件上,从中取出秘密传递的消息,而信件的全文则是为打掩护用的。现代又发明了很多方法用于信息隐藏:高分辨率缩微胶片、扩频通信、流星余迹散射通信、语义编码(Semagram)等。其中,扩频通信和流星余迹散射通信多用于军事上,使敌手难以检测,干扰通信信号;语义编码是指用非文字的东西来表示文字消息的内容,如把手表指针拧到不同的位置可表示不同的含义,用图画、乐谱等都可以进行语义编码。上述各种隐藏消息的手段都有一个共同的特点,就是为了不引起人们的注意和怀疑。

现代信息隐藏技术主要是研究基于计算机系统的各种手段和方法,1996年5月在英国剑桥召开的第一届信息隐藏国际会议定义了信息隐藏的几个基本概念。

①嵌入信息:待隐藏的信息,又称为秘密信息(Secret Message),可以是版权信息或秘密数据,也可以是一个序列号。

②掩饰信息:嵌入信息的载体,又称为载体信息,是公开信息,可以采用文字、图像、声音以及视频等,一般采用多媒体数据作为载体。因为多媒体数据本身具有极大的冗余性,具有较大的掩蔽效应。

③隐密对象:隐密对象是掩饰信息和嵌入信息的组合,它是把嵌入信息隐蔽插入到掩饰信息后产生的混合信息。

这种信息隐藏过程一般由秘钥来控制,即通过嵌入算法将秘密信息隐藏于公开信息中。而隐蔽载体(隐藏有秘密信息的公开信息)则通过信道传递,然后检测器利用秘钥从隐蔽载体中检测、恢复出秘密信息。其基本过程如图 5.1 所示。

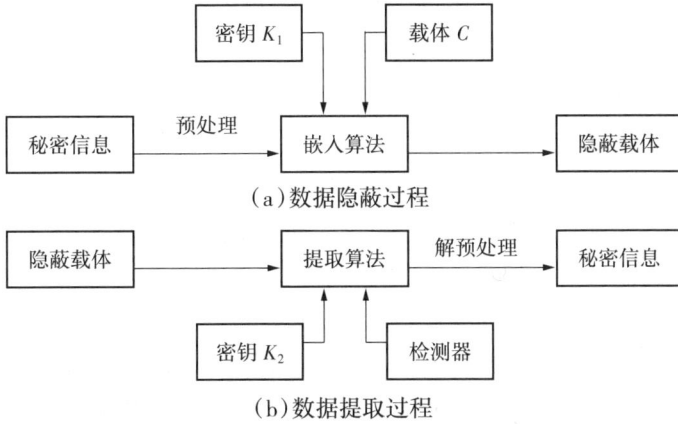

图 5.1　数据的隐藏过程和提取过程

信息隐藏技术主要由下述两部分组成:

①信息嵌入算法,利用密钥将秘密信息嵌入载体,实现秘密信息的隐藏。

②隐蔽信息检测、提取算法(检测器),利用密钥从隐蔽载体中检测、恢复出秘密信息。在密钥未知的前提下,第三者很难从隐秘载体中得到、删除秘密信息。信息隐藏技术的分类如图 5.2 所示。

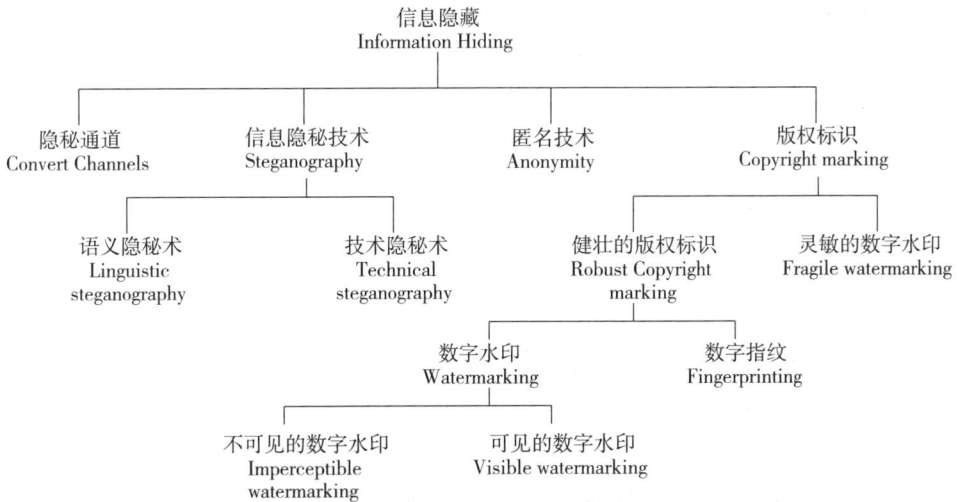

图 5.2　信息隐藏技术分类

5.1.2　信息隐藏的特性

信息隐藏的目的不在于限制正常的资料存取,而在于保证隐藏数据不被侵犯和发现。因此,信息隐藏技术必须考虑正常的信息操作所造成的威胁,即要求隐藏数据对正常的数据操作技术具有免疫力。这种免疫力的关键是要使隐藏信息部分不易被正常的数据操作(如通常的信号变换操作或数据压缩操作)所破坏。信息隐藏的目的和技术存在以下特性。

①隐蔽性。利用人类视觉系统或人类听觉系统属性,经过一系列隐藏处理,使目标数据没有明显的降质现象,而隐藏的数据却无法人为地看见或听见。

②不可检测性。指隐蔽载体与原始载体具有一致的特性。如具有一致的统计噪声分布等,以便使非法拦截者无法判断是否有隐蔽信息。

③隐藏场所的安全性。将欲隐藏的信息藏于掩饰信息的内容之中,而不是文件头等处,防止因格式变换而遭到破坏。

④免疫性。指抗拒不因文件的某种改动而导致隐藏信息丢失的能力。这里所谓改动包括传输过程中的信道噪声、滤波操作、重采样、有损编码压缩、D/A 或 A/D 转换等。

⑤自恢复性。一些操作或变换可能会使原数据产生较大的破坏。如果只通过留下的片段数据仍能恢复隐藏信号,而且恢复过程不需要宿主信号,这就是所谓的自恢复性。

5.1.3　信息隐藏的研究与应用

在 1994 年的 IEEE 国际图像处理会议(ICIP94)上,Schyndel 等人第一次明确提出了"数字水印"的概念,从此掀起了现代信息隐藏技术研究开发的高潮。仅仅过了两年,在 ICIP96 上,已经出现了以信息隐藏领域中的水印技术、版权保护(Copyright Protection)和多媒体服务的存取控制(Access Control of Multimedia Services)为主要内容的研讨专题。同年,在英国剑桥召开了第一届信息隐藏国际研讨会(First International Work Shop on Information Hiding),内容涉及数据隐藏、保密通信、密码学等相关学科领域。许多著名大学和大公司的研究机构,如麻省理工学院的媒体实验室、明尼苏达大学、普林斯顿大学、南加州大学、复旦大学、重庆大学、西安电子科技大学等,以及 NEC 公司、IBM 公司等,都一直致力于研究信息隐藏技术并已取得了大量研究成果。与此同时,大量的数字水印应用软件也应运而生,如 HIGHWATER FBI、Digimarc Corporation、Fraunhofers SYSCOP 等。应用于数字图像的水印技术已被写入 JPEG 2000 标准,这必将进一步推动信息隐藏技术的发展。

随着该技术的推广和应用的深入,其他领域的先进技术和算法(例如数字图像处理的小波、分形理论;图像编码中的各种压缩算法;音视频编码技术等)也将被吸收,从而完备和充实了数据隐藏技术。以数字水印为代表的信息隐藏技术也引起了我国科研人员的浓厚兴趣。为了促进国内信息隐藏技术的研究和应用,我国信息安全领域的三位院士与有关应用研究单位联合发起了我国的信息隐藏学术研讨会,并于 1999 年 12 月组织召开了第一届会议。与此同时,国家"863 计划"智能计算机专家组于 2000 年 1 月举办了"数字水印技术学术研讨会"。自此,每年均召开全国信息隐藏学术大会。

目前,信息隐藏技术在信息安全的各个领域中所发挥的作用可系统地总结为 5 个方面。

①数据保密。在 Internet 上传输的数据要防止非授权用户截获并使用,这是网络信息安全的一个重要内容。随着经济的全球化,这一点不仅将涉及政治、军事,还将涉及商业、金融和个人隐私。而我们可以通过使用信息隐藏技术来保护在网上交流的信息,如电子商务中的敏感信息、谈判双方的秘密协议和合同、网上银行交易中的敏感数据信息、重要文件的数字签名和个人隐私等。另外,还可以对一些不愿为别人所知道的内容以信息隐藏的方式进行隐藏存储和传输。

②数据的不可抵赖性。在网上交易中,交易双方的任何一方不能抵赖自己曾经做出的行为,也不能否认曾经接收到对方的信息,这是交易系统中的一个重要环节。这可以使用信息隐藏技术中的水印技术,在交易体系的任何一方发送或接收信息时,将各自的特征标记以水印的形式加入到传递的信息中,这种水印应是不能被去除的,以达到确认其行为的目的。

③数字作品的版权保护。版权保护是信息隐藏技术中的水印技术所试图解决的一个重要问题。随着网络和数字技术的快速普及,通过网络向人们提供的数字服务也会越来越多,如数字图书馆、数字图书出版、数字电视、数字新闻等。数字作品具有易修改、易复制的特点,其版权保护已成为迫切需要解决的实际问题。数字水印技术应用于该领域的一种方案是:服务提供商在向用户发放作品的同时,将双方的信息代码以水印的形式隐藏在作品中,这种水印从理论上讲应该是不能被破坏的。当发现数字作品在非法传播时,可以通过提取出的水印代码追查非法散播者。

④防伪。商务活动中的各种票据的防伪也是信息隐藏技术的可用武之地。在数字票据中隐藏的水印经过打印后仍然存在,可以通过再扫描回数字形式,提取防伪水印,以证实票据的真实性。

⑤数据的完整性。对于数据完整性的验证是要确认数据在网上传输或存储过程中并没有被篡改。通过使用脆弱水印技术保护的媒体一旦被篡改就会破坏水印,从而很容易被识别。

5.2 数字水印技术

随着数字技术和 Internet 的发展,各种形式的多媒体数字作品(图像、视频、音频等)纷纷以网络形式发表,其版权保护成为一个迫切需要解决的问题。由于数字水印(digital watermarking)是实现版权保护的有效办法,因此如今已成为多媒体信息安全研究领域的一个热点。数字水印技术除了应具备信息隐藏技术的一般特点外,还有着其固有的特点和研究方法。在数字水印系统中,隐藏信息的丢失,即意味着版权信息的丢失,从而也就失去了版权保护的功能,也就是说,这一系统是失败的。由此可见,数字水印技术必须具有较强的鲁棒性、安全性和透明性。

5.2.1　数字水印技术的概念

数字水印如同钞票中的水印,是指在数字化的数据内容中嵌入不明显的记号。被嵌入的记号通常是不可见或不可察的,但是通过一些计算操作可以被检测或者被提取。它主要用于证明原创作者对作品的所有权,并作为起诉非法侵权者的证据,从而保护了原作者的合法权益。水印与源数据(如图像、音频、视频数据)紧密结合并隐藏其中,成为源数据不可分离的一部分,并可以经历一些不破坏源数据使用价值或商用价值的操作而存活下来。目前,数字水印已成为得到广泛研究和应用的信息隐藏技术,但是与一般的信息隐藏相比,它没有那样强调不可觉察性(如可见的数字水印),而往往更注重水印的健壮性,两者的共同特点是要求隐藏的信息不可以被篡改。

1)数字水印的分类

数字水印的分类方法多种多样,目前主要从以下几个方面进行。

(1)从外观上分类

①可见水印。加水印后图像中水印是可见的。

②不可见水印。加水印后图像中水印是不可见的。

(2)从水印的载体上分类

①静止图像水印。水印嵌入在图像中,像钞票中的水印。

②视频水印。水印嵌入在视频文件中,如 DVD、VCD 等。

③声音水印。水印嵌入在声音文件中,如录音带、唱片的数字制品。

④文档水印。在文本文件中,字与字间、行与行间均有一定的空白间隔,把这些空白间隔精心改变后可以隐藏某种编码的标记信息以识别版权所有者,而文件中的文字内容不需作任何改动。主要是通过轻微改变字符间距、行间距,或是增加、删除字符特征如底纹线等方法来嵌入水印,或是在符号级或语义级加入水印。例如,可以用"big"替换文本中的"large"。

(3)从鲁棒性分类

水印的鲁棒性也称为健壮性,指加水印后的文件抗滤波或压缩等能力。

①易碎水印。易碎水印对任何图像变换或处理都非常敏感。

②半易碎水印。半易碎水印对某些特定的图像处理方法有鲁棒性而对其他的处理不具备鲁棒性。

③鲁棒水印。鲁棒水印对常见的各种图像处理方法都具备鲁棒性。

(4)从水印的嵌入策略分类

①空域水印。空域数字水印算法是用各种各样的方法直接修改图像的像素(如直接修改图像的最低位),此类算法由于水印信号被安排在最低位上,它是不可见的。基于同样的原因,它可以轻易地被移去,因此不够强壮。而且能够嵌入的水印信息不能太多,否则从视觉上可以看出来。

②变换域水印。变换域水印处理是对图像进行各种各样的变换后嵌入水印,如离散余

弦变换、离散傅里叶变换、小波变换、线性调频 Z 变换等。

（5）从水印的检测方法分类

①私有水印。检测时需要原图，通过原图和测试图片的比较得到水印。因为可以与原图比较以排除噪声和一些非法修改，所以私有水印相对比较健壮。但是版权所有者一般不愿意提供原图，而且在网上传输将导致复杂的软件系统和安全问题，私有水印的应用有一定的局限。

②半私有水印。检测时不需要原图但需要原水印来判断待测试图片中是否包含特定的水印。私有水印和半私有水印可以用于在法庭上提供证据来证明产品所有者的版权控制。

③公有水印（盲水印）。检测时既不需要原图，也不需要原水印，而要求能从可能已被修改的图像中提取水印。因此，水印的健壮性要求高，技术实现难度大，应用范围也最广。

④非对称水印。指水印的嵌入和检测过程采用不同的算法，使任何用户都可以读取水印，但不可以修改和删除它。嵌入过程因为只做一次，所以可以设计得非常复杂，以增加安全性。检测过程要实时运行、多次读取，因此设计得相对简单，以减少计算量。

2）数字水印的特性

①不可见性（透明性）。除可见的数字水印之外，其他数字水印都要求不可见，避免破坏原多媒体文档的图像或声音质量。不可见是以人类感官功能为标准的，数字水印可能在统计上显著改变原文档的某些特性（如文件大小），但只要不引起感官上易于察觉的变化，就是可行的。

②健壮性。健壮数字水印应能够抵抗各种蓄意的攻击，不会被第三方通过平均相同数据等手段，销毁所含水印或形成不同的合法水印诬陷第三方，同时数字水印很难被他人复制和伪造。多媒体文档在传输过程中经常会面临种种变换处理，如有损压缩、图形的几何变形（如缩放、裁剪、旋转）、增强图片的对比度、放大音乐中的低音信号、模/数与数/模转换等，都可能破坏数字水印。健壮的数字水印必须能经受合法的常规处理和非法的恶意攻击。

③多重水印。为了增强安全性，同一个多媒体文档中可以嵌入多个数字水印，各个水印应互不妨碍，检测时能分别读取每一个水印。

④安全性。要求嵌入的水印不能被非法授权者检测、读取和修改。水印的安全性一般通过密钥来实现，安全性的高低依赖于密钥空间的大小，而不是依靠对算法的保密。也就是说，即使非法使用者知道水印嵌入的算法，只要其不知道密钥，仍然不能检测到水印的存在或提取和修改水印信息。

⑤无歧义性。恢复出的水印或水印判决的结果应该能够确定地表明所有权，不会发生多重所有权的纠纷。

⑥通用性。好的水印算法适用于多种文件格式和媒体格式，以减少解码芯片设计的复杂度，降低成本。通用性在某种程度上意味着易用性。

5.2.2 数字水印的嵌入与检测

一般数字水印的通用模型包括嵌入和检测、提取两个阶段。在数字水印的生成阶段，嵌入算法的嵌入方案的目标是使数字水印在不可见性和鲁棒性之间找到一个较好的折中。检测阶段主要是设计一个相应于嵌入过程的检测算法。检测的结果或是原水印(如字符串或图标等)或是基于统计原理的检验结果以判断水印存在与否。检测方案的目标是使错判与漏判的概率尽量小。为了给攻击者增加去除水印的不可预测的难度,目前大多数水印制作方案都在加入、提取时采用了密钥,只有掌握密钥的人才能读出水印。

从图像处理的角度看,嵌入水印可以视为在强背景(原始图像)下叠加一个弱信号(水印),由于人的视觉系统分辨率受到一定的限制,只要叠加信号的幅度低于对比度门限,就无法感觉到信号的存在,对比度门限受视觉系统的空间、时间和频率特性的影响。因此,通过对原始图像做一定的调整,有可能在不改变视觉效果的情况下嵌入一些信息,图 5.3 为数字水印嵌入的原理。

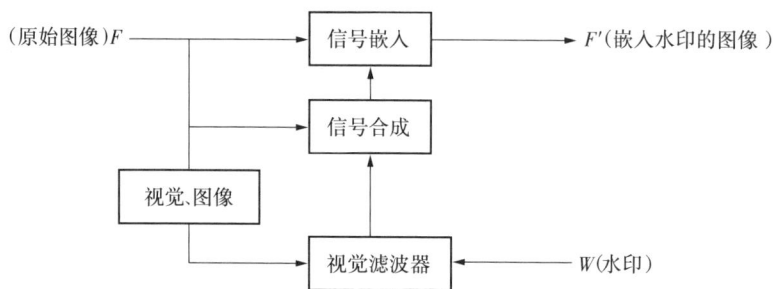

图 5.3   数字水印嵌入原理

另一方面,从数字通信的角度来看,水印编码(嵌入)可理解为在一个宽带信道(原始图像)用扩频通信技术传输一个宽带信号(水印),尽管水印信号具有一定能量,但分布到信道中任一频率上的能量是难以检测的,水印译码(检测)则是在一个有噪音信道中检测弱信号的问题。

1)水印的嵌入

可以用下式来表示水印编码:

$$F' = F + f(F, W)$$

由上式可以看出,含有水印的图像是由原始图像叠加上一个水印而得的,当然,水印的嵌入是根据原始图像执行一定算法得出的。水印嵌入常用的公式为:

$$V'_i = V_i + aX_i$$

或

$$V'_i = V_i(1 + aX_i)$$

式中,V_i 和 V'_i 分别表示原始图像像素(或从原始图像中提取的特征)和嵌入水印的图像像素(或改变后的图像特征);X_i 为水印信号分量,即 $W = \{X_i\}$,a 为拉伸因子,它保证在不可见的前提下,尽可能提高嵌入水印的强度,即满足稳健性。

2)水印的检测

水印检测方法通常采用如下的假设检测:

$$H_0 : E = F^* - F = N \qquad （无水印）$$

$$H_1 : E = F^* - F = W^* + N \quad （有水印）$$

式中，F^* 和 F 分别代表待检测图像和原始图像中用来隐藏水印的像素或特征值；W^* 为待测水印序列；N 为噪声，由于嵌入水印的图像可能存在失真，从中所检测到的水印也将在一定程度上与原始水印有所不同，为了确定图像中是否含有水印需计算 W^* 与 W 的相似度。

水印的嵌入对策（即嵌入算法）有多种，从实现角度看可分为空域法和变换域法，这两种方法分别通过改变主图像某些像素的灰度和改变主图像的某些变换系数来嵌入水印。与空域法相比，变换域法具有如下优点。

①在变换域中嵌入的水印信号能量可以分布到空域的所有像素上，有利于保证水印的不可见性。

②视觉系统的某些特性（如视频特性）可以更方便地结合到水印编码过程中。

③变换域的方法可与国际数据压缩标准兼容，从而实现压缩域内的水印编码。

3）水印算法简介

近年来，数字水印技术研究取得了很大的进步，下面对一些典型的算法进行分析，除特别指明外，这些算法主要针对图像数据（某些算法也适合视频和音频数据）。

①空域算法。空域算法主要有最低有效位方法（LSB 法）、Patchwork 方法及纹理块映射编码方法、文档结构微调方法等。最低有效位方法将信息嵌入到随机选择的图像点中最不重要的像素位（LSB：least significant bits）上，这可保证嵌入的水印是不可见的。但是由于使用了图像不重要的像素位，算法的鲁棒性差，水印信息很容易被滤波、图像量化、几何变形的操作破坏。Patchwork 方法把信息隐藏到像素色度的统计表中，使用伪随机数发生器来选择 n 对像素 (a_i, b_i)，并且轻微地增加或者减少他们的光度对比，如将每个 a_i 点的亮度值加 1，每个 b_i 点的亮度值减 1，这样整个图像的平均亮度保持不变。通过适当地调整参数，Patchwork 方法对 JPEG 压缩、FIR 滤波以及图像裁剪有一定的抵抗力，但该方法嵌入的信息量有限。为了嵌入更多的水印信息，可以将图像分块，然后对每一个图像块进行嵌入操作。

②变换域算法。变换域算法又称为频域算法，它主要有离散余弦（DCT）变换、小波（Wavelet）变换、傅里叶（Fourier）变换、分形或其他变换域等，大部分水印算法采用了扩展频谱通信（spread spectrum communication）技术。其基本原理是图像的频域空间中可以嵌入大量的比特而不引起可察的降质，一般是将载体图像进行变换，利用一个系数将水印叠加到图像中幅值最大的前 k 系数上（不包括直流分量，通常为图像的低频分量），然后用新的系数作反变换得到水印图像。即使当水印图像经过一些通用的几何变形和信号处理操作而产生比较明显的变形后，该方法仍然能够提取出一个可信赖的水印拷贝。如果不将水印嵌入到低频分量上，而是嵌入到中频分量上以调节水印的健壮性与不可见性之间的矛盾。这类算法的隐藏和提取信息操作复杂，隐藏信息量不能很大，但抗攻击能力强，很适合应用于数字作品版权保护的数字水印技术。

③压缩域算法。它把水印信号加入到表示视频帧的数据流中去。对于输入的 MPEG-2

数据流而言,可分为数据头信息、运动向量和 DCT 编码信号块 3 部分,对 DCT 编码数据块中每一输入的 Huffman 码进行解码和逆量化,把得到的 DCT 系数与相应水印信号块的变换系数相加,对新的 DCT 系数重新进行量化和 Huffman 编码。然后,比较新的 Huffman 码字的位数 n_1 与原来的无水印系数的码字 n_0,仅当 n_1 不大于 n_0 的时候才传输水印码字,否则传输原码字。这样就保证了不增加视频数据流的位率。基于 JPEG、MPEG 标准的压缩域数字水印系统,不仅节省了大量的完全解码和重新编码过程,而且在数字电视广播及 VOD 中有很大的实用价值。值得注意的是,水印信号的引入是一种引起降质的误差信号,而基于运动补偿的编码方案会将一个误差扩散和累积起来,为解决此问题,该算法采取了漂移补偿的方案来抵消因水印信号的引入所引起的视觉变形。

④NEC 算法。此算法是由 NEC 实验室的 Cox 等人提出的基于扩展频谱的水印算法,它认为水印信号应该嵌入源数据中对人的感觉最重要的部分。在频谱空间中,这种重要部分就是低频分量。这样,攻击者在破坏水印的过程中,不可避免地会引起图像质量的严重下降。其实现方法是,首先以密钥为种子来产生伪随机序列,该序列具有高斯 $N(0,1)$ 分布,密钥一般由作者的标志码和图像的 Hash(散列)值组成,其次对图像做 DCT 变换,最后用伪随机高斯序列来调制(叠加)该图像除直流(DC)分量之外的 1 000 个最大的 DCT 系数。该算法具有较强的鲁棒性、安全性、透明性等。由于采用特殊的密钥,因此可防止 IBM 攻击。而且,该算法还提出了增强水印鲁棒性和抗攻击算法的重要原则,即水印信号应该嵌入源数据中对人感觉最重要的部分。这种水印信号由独立同分布的随机实数序列构成,且该实数序列应该具有高斯分布 $N(0,1)$ 的特征。

⑤生理模型算法。这种算法利用人的生理模型的特性,包括人类视觉系统 HVS 和人类听觉系统 HAS 来提高多媒体数据压缩系统的质量和效率。其基本思想是利用从视觉模型导出的 JND 描述来确定在图像的各个部分所能容忍的数字水印信号的最大强度,从而避免破坏视觉质量。也就是说,利用视觉模型来确定与图像相关的调制掩模,然后再利用其来插入水印。这一方法同时具有好的透明性和健壮性。

4)基于 DCT 变换的图像伪装及水印算法

下面以基于分块的离散余弦变换(DCT)算法为例,说明水印的添加和提取过程。

(1)水印的添加

设 CI 是 $M×N$ 大小的载体图像,SI 为要想隐藏的 $P×Q$ 大小的秘密图像,$P=M/2$,$Q=N/2$,我们要把图像 SI 隐藏到图像 CI 中。算法分以下几步进行:

①压缩。为了将上述的图像 SI 隐藏到载体图像 CI 中,首先利用二维小波变换对 SI 进行变换:

$$[SI_{LL},SI_{HL},SI_{LH},SI_{HH}] = DWT(SI)$$

②随机置换。由事先选定的口令 K 控制生成两个分别从 1 到 $P/2$ 和从 1 到 $Q/2$ 的随机置换 RP_{row} 和 RP_{col},并按照下式对 SI_{LL} 进行变换:

$$SI_{LL}(i,j) = SI_{LL}(RP_{row}(i),RP_{col}(j))$$

③分块。将 CI 分解为 $(M/8)\times(N/8)$ 个 8×8 大小的分块 $BCI_{m,n}$；同时，将 SI_{LL} 也分解为 $(M/8)\times(N/8)$ 个 2×2 大小的分块 $BSI_{m,n}$。

④DCT 逆变换。对每一个 $BCI_{m,n}$，进行 DCT 变换：

$$DBCI_{m,n} = DCT(BCI_{m,n})$$

⑤数据隐藏。对每一个 $DBCI_{m,n}$ 和 $BSI_{LL}^{m,n}$，将 $BCI_{m,n}(s_i)$ 用 $BSI_{LL}^{m,n}(t_i)$ 来代替，并且：

$$DBCI_{m,n}(s_i) = a' \, BSI_{LL}^{m,n}(t_i)$$

⑥DCT 变换。对以上得到的每一个 $BCI_{m,n}$ 进行逆 DCT 变换：

$$IDBCI_{m,n} = IDCT(DBCI_{m,n})$$

将各分块 $IDBCI_{m,n}$ 合并为一个整图 CI'，即得到隐藏有秘密图像的新图像。

（2）水印提取

设图像 TCI 为已经隐藏了秘密图像的载体图像。现需要根据使用者输入的密钥，将所隐藏的秘密图像从 TCI 中提取出来。其过程为上述隐藏算法的逆过程：

①DCT 变换。将 TCI 分解为 $(M/8)\times(N/8)$ 个 8×8 大小的方块 $BTCI_{m,n}$，并对每一个 $BTCI_{m,n}$ 进行二维 DCT 变换：

$$BTCI'_{m,n} = DCT(BTCI_{m,n})$$

②提取数据。对每一个 $BTCI'_{m,n}$，按照下式得到 $BWSI_{LL}^{m,n}$：

$$BWSI_{LL}^{m,n}(s_i) = (1/a)' \, BTCI'_{m,n}(t_i)$$

③逆随机变换。将上面得到的所有 $BWSI_{LL}^{m,n}$ 合并为一个整图 $NWSI_{LL}$。根据给定的密钥 K 控制生成两个分别从 1 到 $M/4$ 和从 1 到 $N/4$ 的随机置换 RP_{row} 和 RP_{col}，并按照下式对 SI_{LL} 进行变换：

$$NWSI_{LL}(RP_{row}(i), RP_{col}(j)) = WSI_{LL}(i,j)$$

④逆 DWT 变换：对 $NWSI_{LL}$ 进行二维逆小波变换：

$$NSI = IDWT(NWSI_{LL}, 0_{HL}, 0_{LH}, 0_{LL})$$

式中，0_{HL}，0_{LH} 和 0_{LL} 都是与 $NWSI_{LL}$ 同样大小的零矩阵，所得到的 NSI 即为水印。

5）对数字水印的攻击

对数字水印进行攻击的方法有：

①鲁棒性攻击。它包括常见的各种信号处理操作，如图像压缩、线性或非线性滤波、叠加噪声、图像量化与增强、图像裁剪、几何失真、模拟数字转换以及图像的校正等。

②IBM 攻击。这是针对可逆、非盲水印算法而进行的攻击。其原理为设原始图像为 I，加入水印 W_A 的图像为 $I_A = I + W_A$。攻击者首先生成自己的水印 W_F，然后创建一个伪造的原图 $I_F = I_A - W_F$，也即 $I_A = I_F + W_F$。这就产生无法分辨与解释的情况。防止这一攻击的有效办法就是研究不可逆水印嵌入算法。

③StirMark 攻击。StirMark 是英国剑桥大学开发的水印攻击软件，它实现对水印载体图像进行各种攻击，从而在水印载体图像中引入一定的误差。我们可以通过水印检测器能否从遭受攻击的水印载体中提取/检测出水印信息来评定水印算法抗攻击的能力。StirMark 可

对水印载体进行重采样攻击,它可以模拟首先把图像用高质量打印机输出并利用高质量扫描仪扫描重新得到其图像这一过程中引入的误差。StirMark 一般用于对图像水印算法的基本健壮性进行测试。

④马赛克攻击。这种攻击方法首先把图像分割成为许多个小图像,然后将每个小图像放在 HTML 页面上拼凑成一个完整的图像。一般的 Web 浏览器都可以在组织这些图像时在图像中间不留任何缝隙,并且使这些图像的整体效果看起来和原图一模一样,从而使得探测器无法从中检测到侵权行为。

⑤串谋攻击。所谓串谋攻击就是利用同一原始多媒体数据集合的不同水印信号版本生成一个近似的多媒体数据集合,以此来逼近和恢复原始数据,其目的是使检测系统无法在这一近似的数据集合中检测出水印信号的存在。

5.2.3 数字水印的应用

数字水印的应用表现在以下领域。

①数字作品的知识产权保护。版权标志水印是目前研究最多的一类数字水印。由于数字作品的拷贝、修改非常容易,而且可以做到与原作完全相同,所以原创者不得不采用一些严重损害作品质量的办法来加上版权标志,而这种明显可见的标志很容易被篡改。数字作品的所有者可用密钥产生一个水印,并将其嵌入原始数据,然后公开发布其水印版作品。当该作品被盗版或出现版权纠纷时,数字作品所有者即可从盗版作品或水印版作品中获取水印信号作为依据,从而保护所有者的权益。

目前,用于版权保护的数字水印技术已经进入了初步实用化阶,IBM 公司在其"数字图书馆"软件中就提供了数字水印功能,Adobe 公司也在其著名的 Photoshop 软件中集成了 Digimarc 公司的数字水印插件。

②商务交易中的票据防伪。随着高质量图像输入输出设备的发展,特别是高精度彩色喷墨、激光打印机和高精度彩色复印机的出现,货币、支票以及其他票据的伪造变得更加容易。据报道,美国、日本以及荷兰都已开始研究用于票据防伪的数字水印技术。麻省理工学院媒体实验室受美国财政部委托,已经开始研究在彩色打印机、复印机输出的每幅图像中加入唯一的、不可见的数字水印,在需要时可以实时地从扫描票据中判断水印的有无,快速辨识真伪。

此外,在电子商务中会出现大量过渡性的电子文件,如各种纸质票据的扫描图像等。即使在网络安全技术成熟以后,各种电子票据也还需要一些非密码的认证方式。数字水印技术可以为各种票据提供不可见的认证标志,从而大大增加了伪造的难度。目前,电子发票已经在各种商务活动中普遍使用。

③标题与注释。即将作品的标题、注释等内容(如照片的拍摄时间和地点等)以水印形式嵌入到作品中,这种隐式注释不需要额外的带宽,且不易丢失。

④篡改提示。由于现有的信号拼接和镶嵌技术可以做到移花接木而不为人知,基于数字水印的篡改提示是解决这一问题的理想技术途径,通过隐藏水印的状态可以判断声像信

号是否被篡改。为实现此目的,通常可将原始图像分成多个独立块,再将每个块加入不同的水印。同时可通过检测每个数据块中的水印信号来确定作品的完整性。与其他水印不同的是,这类水印必须是脆弱的,并且检测水印信号时,不需要原始数据。

⑤使用控制。这种应用的一个典型的例子是 DVD 防拷贝系统,在 DVD 数据中加入简单的水印信息,把影像分别标志为"不可复制""可复制一次"和"可无限复制"3 种,这样DVD 播放机即可通过检测 DVD 数据中的水印信息而判断其合法性和可拷贝性,从而保护制造商的商业利益。

⑥隐蔽通信及其对抗。数字水印所依赖的信息隐藏技术不仅提供了非密码的安全途径,可以实现网络情报战的革命。网络情报战是信息战的重要组成部分,其核心内容是利用公用网络进行保密数据传送。由于经过加密的文件往往是混乱无序的,容易引起攻击者的注意。网络多媒体技术的广泛应用使得利用公用网络进行保密通信有了新的思路,利用数字化声像信号相对于人的视觉、听觉冗余,可以进行各种信息隐藏,从而实现隐蔽通信。

欧洲 OCTALIS 组织提出的模型系统综合利用加密和数字水印技术,尝试着建立一个在 Internet 网络上进行多媒体交易的安全环境,该模型设计嵌入 3 个水印:W_1 用于保护版权,只有版权所有者才能读取;W_{pub} 用于提供文档的认证,是由认证机构提供的一个 64 位识别码;W_2 是一个序列号,用于标志顾客,便于以后追踪非法拷贝的来源。该解决方案为日后的网上多媒体商品交易的蓬勃发展打下了基础。

5.3 数字版权保护技术

中国古代印刷术的发明和应用使文字作品的大规模复制成为可能,印刷技术在世界范围内的广泛传播导致了现代版权制度的建立。综观版权制度发展的历史,版权制度与传播技术之间总是存在着微妙的互动关系。一方面,传播技术的革命和传播方式的进步始终是推动版权制度不断发展的重要力量;另一方面,版权制度又对保护和促进传播技术的推广与发展起着不可估量的作用。一个世纪以来,无线电广播、电视、录像等新技术的产生都曾在一定程度上造成过版权保护的困难,但最终都被版权制度所吸收和规范。数字化技术和Internet 的飞速发展,在最大限度地拓宽权利人利益范围的同时,也带来了版权的危机。数字化技术精确、廉价、大规模的复制功能和 Internet 的全球传播能力都给现有版权制度带来了前所未有的冲击,数字作品的版权保护成为困扰各国政府、法律界、艺术界和计算机科学家的难题。

Napster 和 MP3.com 都是以提供免费下载 MP3 音乐服务而声名鹊起的知名网站。但为音乐世界带来福音的功臣、年仅 20 多岁的肖恩·范宁没有预料到会惹上数字版权的麻烦,在 MP3.com 公司因涉嫌侵权被判支付原告 5 340 万美元后的几个月后,2001 年 2 月 12 日,美国旧金山法院对 Napster 版权纠纷案作出裁决,判定 Napster 侵害了各大唱片公司的版权。

数字版权(Digital Copyright)就是数字作品的版权,是指数字消费品如软件、电子书籍、电子音乐作品以及数字视频等作品的作者享有的权利。其和传统意义上的版权是一致的。

但数字作品自身易传播的特性，又使得数字作品版权的保护一直以来没有受到足够的重视。据统计，2001年全球软件因盗版损失110亿美元。例如卢卡斯公司对《星球大战前传Ⅱ》拷贝的封锁已近乎草木皆兵，但就在该片上映的前一周，Internet上依然出现了盗录版本，全美已有超过100万人次下载或观看过该片的盗版，而在亚洲的一些地区也已经出现了该片的盗版DVD或VCD。

现代版权制度最突出的特点之一是出现了专门的版权保护技术。在版权保护方面，法律与技术之间存在着密切的互补关系，当法律的威慑力不足以制止侵权行为时，技术手段就用来弥补法律的不足。随着多媒体技术特别是声像数据压缩技术的发展，CD音乐、VCD/DVD影碟、电脑动画、数字图书、数字电视、数字电影、数字作品等数字化产品走进了人们的生活，Internet的迅猛发展更为数字作品的广泛传播创造了条件。相对于其他版权保护对象而言，数字作品有一系列突出特点，这些特点使得它很难得到现有版权制度的全面保护。

①低廉的复制代价。绘画、雕塑、书法等传统艺术品的复制是一项专业性很强的技术，以至于一些赝品本身也具有相当高的艺术价值。但对于数字作品来说，即使是大批量复制，也不过是举手之劳。一幅辛辛苦苦创作出来的电脑绘画作品，只要成为网页的一部分，在短时间内就会产生成千上万份拷贝，以至于无法分清谁是创作者、谁是复制者。廉价的复制不仅导致了盗版的猖獗，也给追查侵权行为造成了困难。

②司法鉴定的困难。针对纸质文书和传统艺术品的真伪辨别，传统的司法鉴定技术有一套完整的解决方案，如纸张鉴定、笔迹鉴定等。而对于数字作品来说，原作与复制品百分之百相同，在理论上就不存在鉴别的可能。虽然文件本身还会携带诸如修改时间、所有者姓名、读写密码等附加信息，但这些信息很容易被篡改，只能构成一种脆弱的保护。原创者不仅可能"有理讲不清"，而且可能反遭诬告。因此，数字作品侵权的取证工作已经成为知识产权执法过程中的一个关键问题。近些年来，数字作品侵权的计算机取证技术工作取得了显著的进展。

③篡改方便。对传统艺术品来说，篡改或引用是非常困难的，很难想象谁能够将达·芬奇的油画剪切一部分粘贴到自己的作品中。然而，数字作品几乎允许一切可能形式的编辑，这就使原作品的完整性受到严重威胁，同时也模糊了侵权使用与合理使用之间的界线。

④网页保护的难题。电子商务的兴起使Internet成为企业的生命线，网页的保护十分重要。除了作为企业的网上门户之外，网页本身还凝结着设计者的智慧和劳动，这种智慧和劳动直接关系到企业的经济利益。因此，网页的保护既是知识产权保护又是商业利润保护，它必然包含两方面的内容：一是防篡改，二是防盗用。充分利用技术手段，保护自己的数字产品的版权。在数字产品的生产阶段，就要重视起来，采用数字签名、数字水印等进行保护。如何把水印做好以至人眼感觉不到，又不破坏文字的本意，仍需要进一步探索。数字版权最主要的瓶颈在于版权保护技术DRM的推广，如果许多企业都在做数字版权管理的产品，用户端却不兼容，且不同厂商的产品不是同一DRM标准的话，那么可能会给用户端造成一定的不方便。

在软件著作权、数字著作权保护方面，《中华人民共和国著作权法》（2020修正）第三条规定了计算机软件是著作权的客体之一,即计算机软件可以构成著作权法意义上的作品;第五十条规定了进行计算机软件反向工程研究可以避开技术措施。为保护计算机软件著作权人的权益,调整计算机软件在开发、传播和使用中发生的利益关系,鼓励计算机软件的开发与应用,促进软件产业和国民经济信息化的发展,国务院发布了《计算机软件保护条例》(2013 修订)。为促进我国软件产业发展,增强我国信息产业的创新能力和竞争能力,国家著作权行政管理部门鼓励软件登记,并对登记的软件予以重点保护,国家版权局发布了《计算机软件著作权登记办法》。此外,我们国家成立了中国版权保护中心(中华版权代理中心),负责计算机软件著作权、作品著作权、数字著作权版权的登记公告、鉴定、网络维权等工作,首创提出了我国自主知识产权的 DCI(Digital Copyright Identifier, 数字版权唯一标识符)体系,并以此为核心建构国家互联网版权基础设施。

5.3.1　数字版权保护技术的种类

目前,数字版权保护技术大致可以分为锁定法和标记法。

1)数据锁定

锁定法是对数字产品进行加密,只有利用授权者分配的密钥才能解密,这是一种防扩散的有效方法。但安全性依赖于密码,如果能做到破译密码的代价高于被保护数据的价值,那么我们就有理由认为,数据锁定技术能够使出版商的利益得到可靠的加密保护。锁定数据的方法有以下几种。

①CD-ROM。出版商从降低成本的角度出发,可以把多个软件或电子出版物集成到一张光盘上出售,盘上所有的内容均被分别进行加密锁定。不同的用户买到的均是相同的光盘,每个用户只需付款买他所需内容的相应密钥,即可利用该密钥对所需内容解除锁定,而其余不需要的内容仍处于锁定状态,用户是看不到的。这样,拥有相同光盘的不同用户,由于购买了不同的密钥,便可各取所需地得到光盘上相应的内容,这为用户和商家都提供了极大的便利。同理,在 Internet 上,数据锁定可以应用于 FTP(文件传送协议)服务器或一个 Web 站点上的大量数据,付费用户可以利用特定的密钥对所需要的内容解除锁定。但随之而来的问题是,解除锁定后保存于硬盘上的数据便可以被共享、拷贝,因此,仅仅依靠使用数据锁定技术还无法阻止加密锁定的数据被非法扩散。

②文本盒。这是对文件进行加密的系统。一个单位可以设置文本盒锁定,当用户需要时,与服务中心联系,获取所需的文件密钥。这类技术可用于知识产权保护,任何用户需要该信息时,首先要经过版权所有者的许可。

③特制带卡。影视、音乐制品需要利用版权保护技术来限制复制,可以在带卡中设置特殊的"监视器",能够发出不许复制的警告。

④收费电视。收费电视对节目信号进行加密,用户必须付费购买装有解密钥匙的卡,才能正常收看节目。

2)隐匿标志

标记法是指在视听数字产品中嵌入标记数字段,标明版权所有者或一个特定合法用户的身份,除了可以用于版权保护外,该方法还可以用于对图片进行分类、检索,还可以用于保护数据的完整性,检测对数据的修改。一些软件项目管理软件也是利用标记法实现版本控制。嵌入标记的方法主要有:

①数字水印。数字水印在前文中已作介绍,这里不再说明。

②语义等价替代法。利用一些同义词相互替代(如用 big 代替 large),不会对文档的内容或质量有大的影响。版权信息可以利用等价类中的同义词语进行编码,不易被人察觉。但这一方法受到语言结构的限制。

③利用文字间隔的改变来嵌入隐匿标记。在文本文件中,字与字间、行与行间均有一定的空白间隔,把这些空白间隔精心改变后可以隐藏某种编码的标记信息以识别版权所有者,而文件中的文字内容不需作任何改动。此外,现在的激光打印机具有很高的解析度,可以控制字符使之发生微小的位移,人眼对字间距、行间距的微小差别并不十分敏感,而现在的扫描仪能够成功地检测到这一微小的位移。我们用扫描仪可以高分辨率地获得印刷品的图像,并通过适当的解码算法找到其中的隐匿标记。我们也可以利用 ASCII 字符的显示特性,用那些在 CRT 显示器上不显示出来的字符(如扩展 ASCII 码)作为隐匿信息嵌入文件中,一般的文字处理器读不出这些信息,而利用特定的软件进行解码运算可以读出隐匿信息。

在 20 世纪 80 年代的英国,有过关于隐匿标记的一个典型应用实例。当时的英国首相发现政府的机密文件屡屡被泄露出去,深为恼火。为了查出泄露机密文件的内阁大臣,相关机构使用了上述这种利用文字间隔嵌入隐匿标识的方法,在发给不同人的文件中嵌入不同的隐匿标记。嵌入过标记的文件虽然表面看内容是相同的,但字间距经过精心的编码处理后,每一份文件中都隐藏着唯一的序列号,不久那个泄露机密文件的内阁大臣就被发现了。

5.3.2 数字版权保护软件

随着数字产品的迅速发展,侵权盗版活动猖獗,为了保护自己的利益,版权保护技术也得到迅速发展。下面简单介绍主要的几种版权保护软件。

1)Digimarc

美国 Digimarc 公司率先推出了世界上第一个商用数字水印软件,而后又以插件形式将该软件集成到 Adobe Photoshop 和 Corel Draw 图像处理软件中。随后,Digimarc 公司又推出了一系列数字水印产品,其媒体桥(mediabridge)技术开拓了访问 Internet 的一条新途径,通过在杂志广告、产品包装、目录甚至各类票据中隐藏不可见的数字水印,用户只要将这些传统媒体放在网络摄像机(web camera)前,媒体桥技术就可以直接将用户带到与印刷图像内容相关联的网络站点,省去了用户敲击键盘和点击鼠标的过程。例如,将登有广告的杂志置于网络摄像机前,媒体桥技术会立即在计算机上显示出广告公司的主页和广告中产品的相关信息,免去了用浏览器在网上搜索的过程。这种方式可以使出版商、广告商和图像应用者增加其产品的附加值。商标保护(brand protection)技术通过将保密特征加入到产品包装的设计中,就可以在产品流通链的任何环节中进行产品的认证、辨别原版和复制版、防止产品伪造,并且能够通过供应链来跟踪产品的流通。安全文档(secure document)技术将 Digimarc

的水印特征加入到重要的文档之中,以此来确认文档的真伪性,辨别原版文档和复制文档,防止未授权的文档复制及确认原始文档的授权应用等。

该系统将 128 位的标记嵌入至少为 256×256 个像素的图像之中,其中 76 位表示个人身份标记。Digimarc 设计了一个数据库来管理和维护身份标记,一个标记年租金为 150 美元,于美国时间 2001 年 2 月 13 日公布了用来读取电子水印数据的"Digimarc Read Marc for Windows"以及用来将著作权信息植入数字作品中的电子水印技术"Digimarc Image Bridge Pro"。此软件可以从该公司的网站 www.digimarc.com 免费下载。

2)Windows Media Data Session Toolkit

这是微软公司与 SunnComm 科技公司和法国 MPO 国际集团联合开发的,于 2003 年 1 月 18 日推出的数字版权软件。它能够使唱片公司将歌曲以多层方式刻录到防拷贝 CD 上,而且能够在音响系统和 PC 计算机上进行正常播放(大多数防拷贝 CD 不能在 PC 计算机和可便携装置及汽车音响系统上播放)。由于 PC 计算机层的内容只由内部供应商改变,因此它能够阻止消费者将歌曲拷贝到其他 CD 上。此外,微软正在研发一种新的代号为"Palladium"的操作系统,这个操作系统可以保护用户在计算机上存储的所有信息,全面防止个人数据被非法复制。

3)DRMEncoder **数字加密系统**

DRMEncoder 数字加密系统通过数字版权保护和认证计费技术来实现数字产品的知识产权保护。

(1)数字版权保护(DRM,Digital Rights Manager)

数字版权管理(Digital Rights Manager)服务器软件是一个端到端的数字版权管理系统,实现一个安全地分发数字产品的可扩展平台。使用版权管理可以安全地在网络上传递音乐、录像和其他数字信息产品,消费者可以非常容易地获得合法的数字内容并维护版权所有者的权益。

数字版权管理系统保护数字信息产品不受下列行为的攻击:用户未经授权,通过欺骗或解密的方式在线收看或离线播放流媒体内容;授权用户将数字内容以未经保护的形式保存或分发;用户对数字内容进行许可证限制范围之外的操作;授权用户将自己的许可证提供给他人使用;实现在线版权保护和下载数字版权保护两种方式;对用户操作限制其播放时间(播放许可证的生效日期和失效日期)和播放次数以及许可证与用户使用的硬件环境绑定。

(2)认证计费技术

认证计费技术是一整套数字信息产品计费、认证、收费、报账的用户付款结算系统,只有实现安全可靠、方便快速的付款结算系统,才能保证数字信息产品的经营,保证企业与消费者共同的利益,公司的"宽带增值业务应用平台"中实现的计费认证功能如下。

①可以自主地、根据不同类型的数字信息产品和不同的分类以及其他一些数字信息产品的属性信息来设定不同的价格体系标准(收费体系标准)。目前可以实现的收费形式包括免费、月租费、时间卡预付费、按次点收付费、按数量购买收费、打包/套餐收费。同时,也可

以按带宽、数字产品类型、档次等条件设定收费体系。

②支持对特定时段、特定用户的优惠节目折扣定义(时间段、双休日)、特殊用户折扣定义(点播常客),用户缴费管理(修改用户账户余额、设置用户按月访问的权限),实现按时段优惠、假日优惠、内容优惠、特定用户群优惠等。

③用户费用查询、修改功能。

④建立数字产品的计费、账务、收费系统,并提供相关经营报表。计费账务处理系统包括计费数据的分拣、出账、销账、查询、结算处理等,支持银行托收功能、网上电子商务方式的缴费功能。

⑤从认证和数据采集系统获得原始的计费数据并和用户管理系统结合,对用户信用的控制实时化、个性化,既有效控制欠费又鼓励用户消费。

⑥提供发票管理功能,提供与内容提供商之间的结算,版权结算等,对客户服务系统提供收费清单接口。

⑦可以实现基于流和基于服务的用户认证,基于流认证是用户在同某个流建立 TCP/IP 连接时产生的系统认证,是最可靠的认证,基于服务的认证是在用户选择具体的功能时所进行的 Web 认证,是系统的入口认证。

另外,在打印机、复印机中利用数字水印增加控制信息以限制打印的技术正在研制中。美国财政部已委托麻省理工学院媒体实验室研究在彩色打印机、复印机输出的每幅图像中加入唯一的、不可见的数字水印,通过实时地从扫描票据中判断水印的有无,快速辨识真伪。最为著名的是 Patchwork 算法,它随机地在图像中选择 N 对像素 (a_i, b_j),如果 a_i 像素的值被增加 1,那么 b_j 就被相应地减少 1。但是,Patchwork 技术有其本身固有的局限性。第一,Patchwork 技术的信息嵌入率非常低,通常每幅图只能嵌入一个比特的水印信息,这就限制了它只能应用于低水印码率的场合。第二,这种算法必须要找到图像中各像素的位置,在有仿射变换存在的情况下,很难对加入水印的图像进行解码。尽管有这些应用的限制,在不知道随机数字水印密钥的情况下,要想移除数字水印仍是极其困难的,除非破坏图像的视觉质量。

除了上面介绍的数字水印技术产品之外,AlpVision 公司开发的 LabelIt 软件具有能够在任何扫描的图片中隐藏若干字符的技术。这些字符标记可以作为原始文件出处的证明,也就是说,任何电子图片无论是用于 Word 文档、出版物还是电子邮件或者网页,都可以借助于隐藏的标记知道它的原始出处。因此,它可以作为版权保护的有力工具。该标记隐藏在扫描的图片中,即使文件的格式被改变,或者图片被剪裁、放缩、旋转等,字符标记都不会消失,而且完全不可见!

PhotoCheck 软件则提供了一种简单有效的方法来防止证件被伪造。它将表示使用者身份的文字或序列号嵌入到特定的图片(如使用者的照片),该图片可以是 BMP 格式或 JPEG 格式等,然后将该图片打印到卡片上。检测时只需要用扫描仪得到该图片即可由软件判断该卡片的真伪。该产品的功能还可以扩展,例如,可以将隐藏信息嵌到卡片的磁条或集成电路芯片中。AlpVision 的 SafePaper 是专为打印文档设计的安全产品。它将水印信息隐藏到纸的背面,以此来证明该文档的真伪。它要求文档必须是单面打印,打印分辨率在 600 dpi 以上。检测时,需要运行 SafePaper 软件和分辨率为 600 dpi 的 24 位扫描仪。SafePaper 可用于证明一份文件(如医疗处方、法律文书、契约等)是否为指定的公司或组织所打印,还可以将一些重要的或秘密的信息(如商标、专利、名字、金额等)隐藏到数字水印中。

Signum 公司也开发了一种商标保护和防伪印刷数字水印软件 VeriData iPak,它将不可见的水印加入到打印出的包装和商标上,以阻止商标盗版。VeriData iPak 软件可以在 Windows 95/98/ME/NT 4.0/2000 等版本下运行,支持 TIFF-RGB、CMYK 和灰度图像。它的主要特点:通过对图像进行最小的改变并在不增加额外的产品成本的情况下,就可以使包装印刷商不断地更新防伪信息;与其他提供最高级保护的安全设备完全兼容;隐藏的数字水印可以由非专业人士利用一般的扫描设备进行检测;可在不同包装中嵌入不同的数字水印以提供安全审查追踪检测;商标拥有者可以授权允许特定的人读取隐藏的数字水印信息。

此外,Signum 公司联合安全印刷产业开发了一种特殊的 VeriData iSec 软件,它可以为有价值的或重要的文档提供隐蔽的安全特性来阻止伪造、盗版和未授权的更改。VeriData iSec 软件可以用于保护大范围的安全文档,包括银行支票、护照、债券、身份证、塑料卡片、邮票、驾照、证书、票据、报表和包装等。VeriData iSec 软件使用先进的数字水印算法在图片中嵌入不可感知的信息,可有效地阻止伪造行为。

与其他系统相比,Signum 的数字水印技术具有如下独特的隐蔽特性。

①隐蔽性和不可感知性。所有嵌入文档中的数据对人眼来说都是不可见的,而通过 VeriData iSec 软件工具,可以方便地进行检测。

②机器可读性。所有的嵌入数据都可以由相关的计算机装置进行自动处理。

③用户可用性。文件中嵌入数据的数量和类型(如身份证号码、社会保险号码、护照号码、数据期号等)都可由客户或代理商特别指定。

④完全安全性。只有授权的安全打印机才允许使用 Signum 的安全身份证软件,并对单个用户限制密钥,这样就不会对外面的客户泄露水印。

⑤易检测性。授权的用户可以很容易地扫描文档并对图像中隐藏的任何水印完成检测。

⑥完整性。对图像所进行的任何未授权的改变,无论多么细小,都可以被独一无二的检测技术检测出来。

5.4　隐私计算技术

隐私计算是在保护数据本身不对外泄露的前提下实现数据分析计算的技术集合,以达到对数据“可用、不可见”的目的,从而实现数据价值的转化和释放。隐私计算技术在用户信息保护、数据安全与数据应用之间寻求平衡。隐私计算技术主要包括依托于密码学中的多方安全计算、联邦学习和可信执行环境。多方安全计算主要依托于现代密码学的同态加密技术。同态加密(Homomorphic Encryption)是一类具有特殊自然属性的加密方法。与一般的加密算法相比,同态加密除了能实现基本的加密操作之外,还可以实现密文之间的多种计算功能,即先计算后解密可等价于先解密后计算。利用同态加密技术可以先对多个密文进行计算之后再解密,不必对每一个密文解密而花费高昂的计算代价。此外,利用同态加密技术可以实现无密钥方对密文的计算,密文计算无须经过密钥方,既可以减少通信代价,又可以转移计算任务,这样可平衡各方的计算代价。利用同态加密技术还可以实现让解密方只能获知最后的结果,而无法获得每一个密文的消息,以提高信息的安全性。具有同态性质的加密函数是指两个明文 a、b 满足 $D(E(a) \odot E(b)) = a \oplus b$ 的加密函数,其中 E 是加密运算,D 是解密运算,$\odot$、$\oplus$ 分别对应明文和密文域上的运算。当 $\oplus$ 代表加法时,称该加密为加同态加密;当 $\oplus$ 代表乘法时,称该加密为乘同态加密。全同态加密是指同时满足加同态和乘同态性质,可以进行任意多次加和乘运算的加密函数。同态加密技术允许机构单位将隐私敏感的信息储存在远程服务器里,既避免从当地的主机端发生泄密,又能保证信息的可使用和可搜索;用户可以使用搜索引擎进行查询并获取结果,而无须担心搜索引擎会留下自己的查询记录信息。

在隐私计算技术中,多方安全计算是指每一方计算一部分,然后将各方计算的"部分中间结果"合在一起协同完成一个任务,获得需要的计算结果,实现让解密方只能获知最后结果,但无法获得每一个原始数据。联邦学习是一种分布式的机器学习,多个参与方事先商定数据分析模型,在数据不出各方本地的前提下,使用各方数据对模型进行训练,然后得出结果供各方使用。可信执行环境是通过构建一个独立于各方、且各方认可的安全硬件环境,在安全、机密的空间内进行计算,获得结果。

在数字经济领域中,需要解决用户隐私安全问题。通过隐私计算技术既能保护用户隐私信息,又能实现获得数据计算分析效果。在不同的应用场景下,利用隐私计算可以解决数据安全流动的问题,并进一步挖掘数据价值。从应用层面而言,隐私计算重点在对接的数据来源——银行数据、通信运营商数据、工商税务数据和电网数据等,这几类数据规范性较强、标准化程度较高、合规运用效率较高,其中银行数据包含用户的个人(机构)信息、信用和存取款等敏感信息,通信运营商数据包含用户通信信息、上网行为信息和位置信息等敏感信息,工商税务数据包含个人(机构)信息、交易数据、纳税等敏感信息,电网数据包含用户信息、用电负荷、缴纳电费等重要信息。

当各行业的海量用户数据产生后,在商业、流通、生产、风险评估等领域需要以大量的交叉数据作为参考依据,进行数据融合,推动数字经济融合发展。在数字经济领域,数据资产能力是关键,数据价值也从消费侧向生产侧拓展,隐私计算为安全合规地使用交叉数据提供了一种可能。隐私计算在防范化解金融风险和金融支持实体经济的过程中发挥作用。例如,通过使用多方数据对贷款申请者的资信、还款能力等风险因素进行评估,从而实现"精准风控"的目的。

5.5　本章小结

随着 Internet 的发展和数字产品的逐步普及应用,研究与应用信息隐藏、数字水印与数字版权保护技术显得日益重要,在某种程度上来说,它们也是电子商务发展过程中必须加以解决的前提之一。本章介绍了信息隐藏、数字水印以及数字版权保护的概念和基本原理,分析了它们各自的特点,重点介绍了数字水印技术与应用,并以基于 DCT 变换的图像伪装及水印算法为例,说明了水印的嵌入与检测过程。介绍了几种数字版权保护的技术和目前应用的主要版权保护软件。最后,介绍了隐私计算技术。数字水印和数字版权保护技术对于数字内容产业的健康发展具有十分重要的作用。数字经济在国民经济中的比重越来越高。隐私计算作为数字经济底层基础设施之一,保障数字经济活动有序开展。

习题 5

1.阐述数据加密与信息隐藏的区别与联系。

2.简述信息隐藏的几种主要技术。

3.分析数字水印技术的主要特点。

4.数字水印的主要类型及其特点是什么?

5.简述数字水印的嵌入与检测的过程。

6.数字版权保护技术可以分为哪几类? 各有什么特点?

7.简述数字水印在数字版权保护中的应用方法。

8.列举几种数字水印、数字版权保护产品。

9.隐私计算可以解决数字经济中哪些安全问题?

第 6 章
安全电子商务支付机制

电子支付随着电信转账(Wire Transfer)的建立而产生。20 世纪 60 年代至 70 年代初,私营网络技术促进了电子资金转账(EFT)系统的发展。但是,在随后的 20 年间,EFT 系统只局限于银行之间的转账,一般用户没有机会与 EFT 系统交互,也不可能改变支付系统的基本结构。随着电子商务的发展,电子支付发生了创新性的变化,向着电子传送、电子清算和电子结算系统的方向发展。出现了智能卡、电子现金、电子支票、网上银行和第三方支付等多种新的支付工具和支付方法。

6.1　电子支付系统

电子支付是电子商务的重要组成部分,它是指电子支付的当事人(包括消费者、商家和金融机构之间)通过网络使用安全电子手段进行的货币支付和资金流转,即把新型支付手段(包括电子现金 E-CASH、信用卡 CREDIT CARD、借记卡 DEBIT CARD、智能卡等)的支付信息通过网络安全传送到银行或相应的处理机构来实现电子支付。和传统的支付方法相比,电子支付系统在概念和操作上都发生了很大的变化。

6.1.1　传统商务支付方式

在传统的支付方式中,经常使用现金、票据和信用卡 3 种。在交易时采用“一手交钱,一手交货”的方式称为货币即时结算,是商品经济社会较低级阶段的主要结算方式,采用的支付媒体是现金。现金交易操作流程简单,方便灵活,交易双方在交易结束后马上可以各得其所,也是我国目前小额交易的主要形式。但现金交易受时间、空间的限制(必须是同一地点、时间),受面额的限制,携带数量有限,且不够安全。因此,在一定程度上影响了现金作为支付手段的使用。票据在我国分为汇票、本票和支票 3 种。票据是出票人依票据法发行的、无条件支付一定金额或委托他人无条件支付一定金额给收款人或持票人的一种文书凭证。票据以金融机构的信用为保证,以票据的转移代替实际的金钱流动,通过银行中介来运行。票据的出现使付款和交货这两个环节在时间和空间上分离开来,成为异地交易的最佳工具。

信用卡是银行或金融公司发行的,授权持卡人在指定的场所进行记账消费的信用凭证。与其他两种支付方式相比,信用卡功能多样,具有转账结算功能、消费借贷功能、储蓄功能和汇兑功能;此外,信用卡高效快捷,提高了效率并且避免了误差,节约了交易和结算的时间,并且携带方便,减少了现金的流通量,提高了安全性。因此,信用卡在几十年间成为经济发达地区的主要支付手段。信用卡是电子货币的雏形,至今仍然是互联网上最普遍的支付方式之一。

在基于 Internet 的电子商务中,传统的支付手段对于支持电子商务所要求的在线(On-Line)操作还具有较多的局限性,主要体现在:

①缺乏方便性。因为不是面对面的交易,所以现金交易无法在网上进行,而信用卡支付方式通常要求消费者离开在线平台,利用电话或发送支票来进行支付。

②安全性低。如果在 Internet 上完成传统支付,消费者必须提供信用卡的账户和密码以及其他个人信息,这在开放的 Internet 上是非常危险的。另外,通过电话或邮件传递账户详细信息,也存在安全风险。

③缺乏覆盖面。信用卡只能在与银行签约的商户处使用,目前一般不支持个人之间或企业间的支付。

④适应性不强。并不是所有的潜在消费者都具备合适的信用度,可以使用信用卡或支票账户。目前在我国有些地方支票和信用卡普及程度不够高。

⑤缺乏对微支付的支持。Internet 上许多交易的价值很低(微支付),使用电话或信用卡的处理成本较高,销售者很难盈利。

因此,新的电子支付手段是电子商务研究的重要内容之一。

6.1.2　电子支付系统方式

在 Internet 进行电子商务的支付过程可以分为预支付、实时支付和后支付 3 种方式。预支付是先付款、后消费,如同现在的手机话费卡、银行储蓄卡等,是商家最喜欢的支付方式。后支付是先购买、再付款,信用卡就是一种后支付方式,这样做存在商家被欺诈的风险。实时支付在交易的同时,款项也通过银行由买方转到了卖方。对于最普遍的 B2C 模式,由于交易双方互不相识,也不可能会面,商家一般要求实行预支付或实时支付。“实时”意味着当客户点击浏览器上的“付款”按钮时就发起并完成交易,支付指令传给商户后,商户将这些指令再传送到相关银行,银行验明客户个人身份后支付资金给商户,商户再传送给客户所购买的物品。由于订单和货款同时到达,因此商家几乎没有被欺骗的风险。

电子支付早于 Internet 的产生,至今经历了以下几个阶段:银行利用计算机处理银行间的业务,办理结算;银行计算机与其他机构计算机之间的结算,如代发工资等;利用网络终端向客户提供各项银行业务,如客户在 ATM 上取款、存款等操作;利用银行销售点终端(POS)向客户提供自动的扣款服务,此为电子支付的一种主要方式;网上支付,即电子支付可随时随地通过 Internet 进行直接转账结算,形成电子商务环境。这里主要讨论网上支付。

1）电子商务支付系统分类

现在世界通用的支付系统不下几十种，根据在线传输数据的种类（加密、分发类型）可以分为3类。

①使用"可信任的第三方"（trusted third party）。客户和商家的信息比如银行账号、信用卡号都被可信任的第三方托管和维护。当要实施一个交易的时候，网络上只传送订单信息和支付确认、清除信息，而没有任何敏感信息。实际上通过这样的支付系统没有任何实际的金融交易是在线实施的。First Virtual 就是典型的可信任的第三方系统，在这种系统中，网络上的传送信息甚至可以不加密，因为真正金融交易是离线实施的。但是，不加密信息，同样可以看成一个系统的缺陷，而且客户和商家必须到第三方注册才可以交易。

②传统银行转账结算的扩充。在利用信用卡和支票交易中，敏感信息被交换。例如，如果客户要从商家购买产品，客户可以通过电话告知信用卡号以及接收确认信息；银行同时也接收同样的信息，并且相应地校对用户和商家的账号。这样的信息如果在线传送，必须经过加密处理。著名的 CyberCash、VISA/Mastercard、中国银联就是基于数字信用卡（Digital Credit Cards）的典型支付系统。这种支付系统对于 B to C（Business to Clients）在线交易是主流，因为现在大部分客户更习惯于传统的交易方式。通过合适的加密和认证处理，这种交易形式应该比传统的电话交易更安全可靠，因为电话交易缺少必要的认证和信息加密处理。

③数字现金（Digital Cash）、电子货币（Electronic Money and Electronic Coins）。和前面的系统不一样，这种支付形式传送的是真正的"价值"和"金钱"本身。

2）信用卡支付系统的一般模型

如前所述，电子支付有多种手段，但概括起来可以分为3大类。一类是电子货币类，如电子现金、电子钱包等；另一类是电子信用卡类，包括智能卡、借记卡、电话卡等；还有一类是电子支票类，如电子支票、电子汇款（EFT）、电子划款等。目前主要使用的是电子货币和信用卡两种。网上信用卡支付主要有通过中介支付的模式、简单支付加密模式和 SET 模式。电子商务支付信息流动的典型结构如图 6.1 所示。

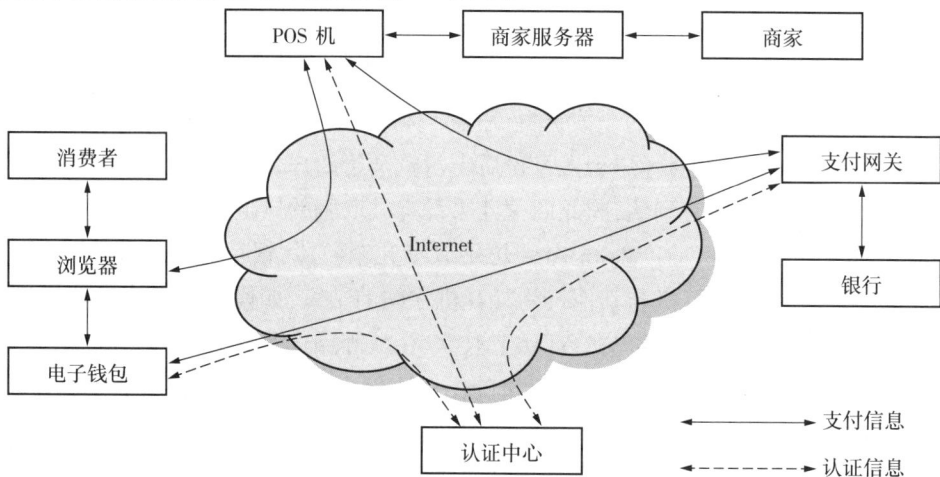

图 6.1 电子商务支付信息流动的典型结构

(1)通过中介支付的模式

最有代表意义的是第一虚拟公司(First Virtual Corp，FVC)的 FV 系统。系统的目标是通过网络销售低值的产品，无需专用的客户软件和硬件。在进行交易前，商家和顾客都需要在 FV 上注册，FV 服务器参与每一笔交易，并把货款存入商家银行账户。顾客在注册时，通过浏览器登记表格，利用电话传递信用卡的细节和电子邮件地址给 FV，并接收一个密码(称为虚拟 PIN)。商家注册时需要提供其开户银行细节，也同样得到一个虚拟 PIN。

FV 系统的交易过程：顾客用账号(虚拟 PIN)向商家订货，商家通过 FV 服务器(人工或自动查询)验证账号的有效性，如果账号有效(没有列入黑名单)，商家将货物信息传给顾客和 FV 服务器。基于"购前尝试"的原则，FV 服务器再通过 E-mail 询问顾客是否对货物满意。如果满意则完成支付、不满意则中止交易，如果物品不是该顾客所订购的则属于欺诈，将该虚拟 PIN 列入黑名单。如图 6.2 所示。

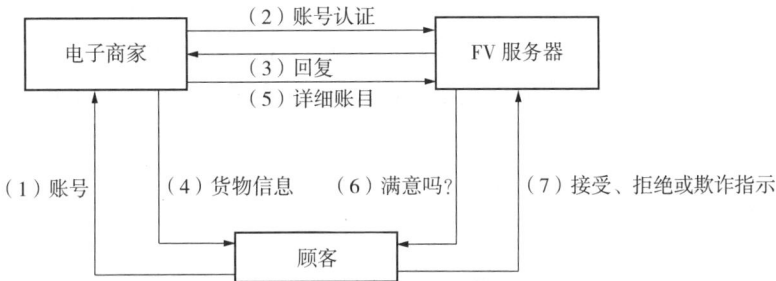

图 6.2　FV 支付模式

在 FV 系统支付模式的整个交易过程中，没有敏感信息在网上传送。该系统的特点是操作简单、无须加密信息，适合小面额的交易。FV 系统的缺点是传送的信息都没有加密，身份认证也仅仅处于表面上的账号验证，客户和商家都必须在第三方上注册，用户容易被别人冒充，第三方发送给用户的账户确认信息也可能被冒充者伪造，订单和用户账号信息完全暴露。其适合的支付范围只是小面额的交易。

FV 系统于 1994 年 10 月开始投入使用，到 1996 年 3 月 30 日已有 166 个国家的 3 300 多个商家和 21.5 万个用户使用该系统。1997 年 3 月 30 日，FVC 宣布该系统已经拥有 35 万用户。

(2)简单支付加密模式——CyberCash

CyberCash 公司成立于 1994 年 8 月，其开发的支付系统于 1995 年 4 月开始运行，主要为 Internet 上的安全金融交易提供软件和服务解决方案。使用 CyberCash 支付系统，客户端必须先下载 CyberCash 软件，用于对信用卡信息加密，用户在 HTML 页面上以明文方式输入其信用卡号，该卡号将使用已加密的 SSL 会话发送给商家的服务器。这种加密的信息只有业务供应商或第三方付费处理系统能够识别。

加密技术使用 56 位和 768~1 024 位的 RSA 公钥对产生数字签名。整个过程历时 15~20 秒。如果网络拥挤会需更长时间。客户的购物和支付过程只需输入一个信用卡号，而后台的第三方和银行以及商家之间交换信息需要一系列的加密、授权、认证。交易本身需要的成本比较高,适合大面额的交易,安全度也比较高。特别是,交易的各方都要采用数字签名来验证自己的身份,所以抗伪造信函和抗业务否定性比较好。需要说明的是,客户和商家双方均必须使用 CyberCash 软件,这就是说,均要信任第三方。注册后的签名是不能修改的。如果要修改,就要重新注册。

CyberCash 支付流程如下:CyberCash 顾客从 CyberCash 商家订货后,电子钱包将信用卡信息加密后传送给 CyberCash 商家服务器;商家服务器验证接收到的信息的有效性后,将用户的加密信用卡信息传送给 CyberCash 服务器,商家看不到用户的信用卡细节;Cybercash 服务器验证商家身份后,在安全的地方(非 Internet)解密信用卡信息,并将其通过安全网络传送到商业银行;商业银行通过银行间的电子通道到顾客的信用卡发行银行去证实,将结果发回 CyberCash 服务器,CyberCash 服务器再通知商家服务器完成或拒绝交易,商家通知客户。可以看出,CyberCash 在支付过程中只是提供网关服务,它为 Internet 和银行网络之间信息的安全传输提供工具。

CyberCash 支持多种信用卡,如 Visa Card、Master Card、American Express Card、Diners 和 Carte Blanche 等。目前授权处理 CyberCash 的系统有 Globe Payment System、First Data Corporetion 和 VisaNet 等。IBM 等也提供这种模式的支付系统,并且应用于 Charles Schwab、L.L.Beans、日本航空订票系统、富士银行、瑞士铁路售票系统等。

(3)SET 模式

安全电子交易协议(Secure Electronic Transaction,简称 SET)是由两大国际知名的信用卡组织 MasterCard 与 Visa 以及 GTE、Netscape、IBM、Terisa Systems、Verisign、Microsoft、SAIC 等一些跨国公司共同开发的安全交易规范,主要用于保障 Internet 上信用卡交易的安全性。利用 SET 给出的整套安全电子交易协议,可以实现电子商务交易中的机密性、实体认证、数据完整性等安全功能。由于 SET 提供商家和收单银行的认证,确保了交易数据的安全、完整可靠和交易的不可抵赖性,特别是具有保护消费者信用卡号不暴露给商家等优点,因此已经成为事实上的工业标准。SET 协议的缺点是过于复杂、速度慢、实现成本高等。

SET 协议采用了对称密钥算法和非对称密钥算法相结合的加密体制,从而充分利用对称密钥算法的速度快和非对称密钥算法用于密钥交换的便利性,可以很好地保证网络信息的机密性。另外,SET 采用 X.509 数字证书、数字签名、报文摘要、数字信封和双重签名等技术来保证商家和消费者的身份以及商业行为的认证和不可抵赖性。如使用数字证书对交易各方身份的真实性和合法性进行验证;使用数字签名技术确保数据完整性和不可否认;使用双重签名技术对 SET 交易过程中消费者的支付信息和订单信息分别签名,使得商家看不到支付信息,只能对用户的订单信息解密,而金融机构只能对支付和账户信息解密,充分保证消费者的账户和订货信息的安全性。SET 通过制定标准和采用各种技术手段,解决了一直困扰电子商务发展的安全问题,包括购物与支付信息的保密性、交易支付完整性、身份认证和不可抵赖性,在电子交易环节上提供了更大的信任度、更完整的交易信息、更高的安全性和更少受欺诈的可能性。

SET 虽然在许多方面解决了电子商务安全支付问题,但由于其成本太高、互操作性差、实现过程复杂,且 SET 协议目前只局限于信用卡支付方式,对其他方式的支付没有给出很好的解决方案,因此其发展速度没有达到预期的效果。其他一些安全协议(如 SSL)也对其形成了强大的竞争力。SET 协议主要支持 B2C 模式的电子商务,而不支持目前最具有前途和影响的 B2B 电子商务。虽然 SET 具有较多缺点,但其高度的安全性和规范性,使得它逐步发展成为目前安全电子支付的国际标准。有关 SET 协议的具体内容请参阅本书第 8 章。

按照支付金额的多少,国际上还将电子支付的等级进行了如下划分:微支付——价值少于 4 美元,精确程度到十分之一分的支付业务。这种支付方案是建立在电子现金规则基础上的,并且这些系统的业务费几乎为零;消费者级支付——价值在 5~500 美元的业务,典型的消费者级支付是由信用卡事务来执行的;商业级支付——价值大于 500 美元的业务,直接借记或电子支票是最适合此类支付的解决方案。

3)网络银行

网络银行又称在线银行、电子银行、虚拟银行,它实际上是银行业务在网络上延伸,是信息革命在世纪之交贡献给金融电子化领域的最新创意。网络银行依托迅猛发展的计算机和计算机网络与通信技术,利用渗透到全球每个角落的 Internet,突破了银行传统的业务操作模式,摈弃了银行由店堂前台接柜开始的传统服务流程,把银行的业务直接在 Internet 上推出。这种新式的网络银行包括虚拟家庭银行、虚拟联机银行、虚拟银行金融业以及以银行金融业为主的虚拟金融世界等,几乎囊括了现有银行金融业的全部业务,代表了银行金融业未来的发展方向。

美国安全第一网络银行(SFNB)是世界上第一家网上银行。它从 1996 年就开始了网上金融服务,尽管在发展的过程中并非一帆风顺,但是它确实代表着一种全新的业务模式和未来的发展方向。从美国安全第一网络银行的运作情况来看,网上银行提供的服务可以分为 3 大类:一类是提供即时资讯,如查询结存的余额、外币报价、黄金及金币买卖报价、定期存款利率的资料等;二是办理银行一般交易,如客户往来、储蓄、定期账户间的转账、新做定期存款及更改存款的到期指示、申领支票簿等;三是为在线交易的买卖双方办理交割手续。

与传统的银行业务相比,网络银行表现出以下特点。

①全面实现无纸化交易。以前使用的票据和单据大部分被电子支票、电子汇票和电子收据所代替;原来的纸币被电子货币,即电子现金、电子钱包、电子信用卡所代替;原来纸质文件的邮寄变为通过数据通信网络传送。

②服务方便、快捷、高效、可靠。对于网上银行的用户,可以享受到方便、快捷、高效和可靠的全方位服务。上网客户可以在家里开立账户,进行收付交易,省却了跑银行、排队等候的时间。网上银行实行全天 24 小时、一年 365 天不间断营业。客户可以在任何地方、任何需要的时候使用网上银行服务,不受时间、地域的限制。银行业务的电子化大大缩短了资金的在途时间,提高了资金的利用率和整个社会的经济效益。网络银行的出现,无疑是对传统银行的挑战,它向客户提供了更便利、更可靠的服务手段。

③经营成本低廉。根据 BoozAllen & Hamilton 公司 1996 年 8 月公布的调查报告,Internet 银行经营成本只相当于经营收入的 15%~20%,而普通银行的经营成本占收入的

60%;开办一个网络银行所需的成本只有100万美元,还可利用电子邮件、讨论组等技术,提供一种全新的真正的双向交流方式。而建立一个传统银行分行,需要成本150万~200万美元,外加每年的附加经营费35万~50万美元。在Internet上进行金融清算一笔交易成本不超过13美分,而在银行自有的个人电脑软件上处理一笔交易的成本则达到26美分;电话银行服务的每笔交易成本为54美分,而传统银行分理机构的处理成本则高达108美元。所以,网络银行业务成本优势显而易见,它对传统银行的经营已构成威胁。而且,由于采用了虚拟现实信息处理技术,网络银行可以在保证原有的业务量不降低的前提下,减少营业点的数量。无纸化的实现、效率的提高和固定营业点数量的减少,节约大量的服务成本,提高了银行的竞争能力,也使客户得到实惠。美国安全第一网络银行的基本支票账户不收手续费,没有最低余额限制。客户每个月可以免费使用20次电子付款服务,免费使用自动柜员机或借记本。其货币市场及定期存单的利率在美国是属于最高的几家之一,也是由于采用了电子业务处理方式,银行把成本下降由此带来的额外利润的一部分返还给客户。

④简单易用。使用网上银行的服务不需要特别的软件,甚至不需要任何专门的培训。只要有一台电脑和调制解调器,有进入Internet的账号,入网后,即可根据网络银行网页的显示,按照提示进入自己所需的业务项目。简洁明快的用户指南,使一般具有Internet基本知识的网民都可以很快掌握网上银行的操作方法。网上E-mail通信方式也非常灵活方便,便于客户与银行之间以及银行内部之间的沟通。

网络银行发展飞速,中国工商银行、中国农业银行、中国银行、中国建设银行、交通银行、中国邮政储蓄银行、招商银行、兴业银行、中信银行、光大银行、北部湾银行、华夏银行、中国民生银行、广发银行、深圳发展银行、上海浦东发展银行等商业银行,以及广西农村信用社(广西村镇银行、广西农村合作银行)、上海农商行、广州农商行、北京农商行、中银富登村镇银行、重庆银行、北京银行、广州银行等城市银行和农村信用社(农村商业银行、村镇银行)均开展了网络银行业务和服务。

4)电子账单呈递支付(EBPP)系统

电子账单呈递支付(EBPP)系统在美国日益盛行,它除了可以降低营运成本、缩短服务流程外,通过分析各种账单消费行为,可达到实际反映客户需求、贯彻客户关系,进而支持决策分析以提升企业应变速度与服务品质。EBPP使许多金融交易方式得以应用于网络,在信用卡、ATM支付手段之外另辟交易渠道。它以整合信息系统来管理各式"账单",从而科学地提供决策分析运营策略参考。两家最典型的EBPP供应商,美国的上市公司CheckFree和微软与First Data Corp.的合资子公司Trans Paint以提供标准交易平台的整合技术成为所有账单交易的主导者。一些ASP与技术供货商如Pitney Bowes、@Work、Blue Gill等也纷纷投身其中。信息技术的突飞猛进和电子支付的革命使得传统商业银行迅速向综合服务机构转变,业务范围扩展至社会生活每一角落,如财务咨询、委托理财、外汇、代理税收、代收工资费用等,以及通过网络进一步提供旅游、信息服务、交通和娱乐等全方位的公共服务,成为电子商务不可或缺的媒介,"金融百货公司"或"金融超市"是支付手段空前多样化下的必然产物。而在金融服务的B2B领域对于支付技术的要求就更高了,简而言之就是要提供

Corporate Banking。早期,花旗银行在这方面堪称技术超群,但他们的服务是基于个人电脑的,真正的 B2B 金融无疑应是基于 Internet 的。与此同时,非银行的 IT 企业对于支付市场这一块的竞争也达到了白热化,例如,一些金融门户网站如 YAHOO Finance 提供的特殊金融服务等。AOL 已针对其逾 1 700 万的用户提供网上付款服务,微软也着手增纳代收账款公司及其经销商。太阳与网景公司的网络支付账单允许银行和证券业即时获得商家收费资料,然后从消费者的账户中直接划拨付款。微软更是开发出名为"冰電"的服务体系,允许应用程序和服务相互合作以给用户提供便利,允许用户与组织间共享信息与相互协作,使用 PC、智能电话、PDA 以及其他可连接网络的智能设备都可以享受该项服务。可以预见,银行支付革命在今后仍将愈演愈烈,更多的银行、金融机构、IT 企业将投身其中,一个全新支付理念下的新金融时代已然呼之欲出。

6.2 智能卡支付方式

6.2.1 智能卡的概念

智能卡(Smart Card)最早是在法国问世的。20 世纪 70 年代中期,法国 Moreno 公司采取在一张信用卡大小的塑料卡片上安装嵌入式存储器芯片的方法,率先开发成功 IC 存储卡。经过 20 多年的发展,真正意义上的智能卡,即在塑料卡上安装嵌入式微型控制器芯片的 IC 卡,由当年的摩托罗拉和 Bull HN 公司共同于 1997 年研制成功并投入使用。

1)智能卡的结构

智能卡主要包括 3 个部分。

①建立智能卡的程序编制器,它从智能卡布局的层次描述了卡的初始化和个人化创建所有需要的数据。

②处理智能卡操作系统的代理,它包括智能卡操作系统和智能卡应用程序接口的附属部分,该代理具有极高的可移植性,它可以集成到芯片卡阅读器设备或个人计算机及客户机/服务器系统上。

③作为智能卡应用程序接口的代理,该代理是应用程序到智能卡的接口,它有助于对不同智能卡代理进行管理,并且还向应用程序提供了与智能卡类型的独立接口。

由于智能卡内安装了嵌入式微型控制器芯片,因而可储存、处理数据。卡上的价值受用户的个人识别码(PIN)保护,因此只有合法用户才能访问它。多功能的智能卡内嵌入有高性能的 CPU,并配备有独立的操作系统软件,能够如同个人电脑那样方便地增加和改变功能。这种智能卡还设计有"自爆"装置,如果犯罪分子想打开 IC 卡非法获取信息,卡内软件上的内容将立即自动消失。

智能卡一般存储以下几种信息:用户的身份信息、用户的绝对位置、用户的相对位置以及相对于其他装置的物体的方位、特定的环境参数(如光、噪声、热量和湿度)、用户的生理状况和其他生物统计信息、特定的计时参数(如某一事件发生的频率或用户采取某种行动需要多长时间才能完成)、特定的运动参数(如速度、加速度、物理姿态和跟踪信息)、用户持有的货币信息。

智能卡的应用范围包括:①电子支付,如智能卡用于电话付费;②电子识别,如控制对大楼房间或系统(计算机或收银机)的访问;③数字存储,如存储和查询病历、目标跟踪信息或处理验证信息。

使用智能卡进行支付的过程是:启动浏览器;通过读卡机登录到开户银行上,智能卡自动将卡上信息告知银行;用户从智能卡将金额转到商家的账户上,或从银行账号下载现金存入卡中。例如,用户想购买一束20元的鲜花,当用户在花店选中了满意的花束后,将用户智能卡插入到花店的计算机中,登录到发卡银行,输入密码和花店的账号及交易金额,片刻之后,花店的银行账号上增加了20元,而用户的现金账面上正好减少这个数目的金额。当然,用户买到了一束鲜花。在电子商务交易中,智能卡的应用类似于实际交易过程。只是用户选好商品后在自己的计算机上键入智能卡的号码登录到发卡银行,并输入密码和在线商店的账号,即可完成整个支付过程。

2)智能卡支付方式的优点

①对于用户来说,智能卡提供了一种便利的方法。智能卡消除了某种应用系统可能对用户造成不利影响的各种情况,它能为用户"记忆"某些信息,并以用户的名义提供这种信息。某种应用本身能够配置成适合某个用户的需要,而不是用户去学习和适应这种应用。使用智能卡,就再也不用记住个人识别码(密码)。

②降低了现金处理的支出及被欺诈的可能性,提供了优良的保密性能。使用智能卡用户不需要携带现金,就可以实现像信用卡一样的功能,而保密性能高于信用卡。

6.2.2 智能卡的应用

英国西敏寺(National-Westminster)银行开发的Mondex卡是世界上最早的电子钱包系统,它于1995年7月首先在有"英国的硅谷"之称的斯温顿(Swindon)市试用。起初,名声并不那么响亮,不过很快就在温斯顿打开了局面,被广泛应用于超级市场、酒吧、珠宝店、宠物商店、餐饮店、食品店、停车场、电话间和公共交通车辆之中。电子钱包使用起来十分简单,只要把Mondex卡插入终端,一两秒钟之后,卡和收据便从设备付现、付出,一笔交易即告结束,读取器将从Mondex卡内的钱款中扣除掉本次交易的花销。此外,Mondex卡还具有现金货币所具有的诸多属性,如作为商品尺度的属性、储蓄的属性和支付交换的属性。通过专用终端还可将一张卡上的款移到另一张卡上,而且卡内存储的金额一旦用光、遗失或被窃,Mondex卡内的金额价值不能重新发行,也就是说持卡人必须负起管理上的责任。当Mondex卡损坏时,持卡人就向发行机关申报卡内所余余额,由发行机关确认后重新制作新卡发还。

Mondex卡终端支付只是电子钱包的早期应用,从形式上看,它与智能卡十分相似。而今天电子商务中的电子钱包则已完全摆脱了实物形态,成为真正的虚拟钱包了。使用电子钱包进行网上购物需要电子钱包服务系统的支持。用户可以直接使用与自己银行账号相连接的电子商务系统服务器上的电子钱包软件,也可以通过各种保密方式利用Internet上的电子钱包软件。世界上两大电子钱包服务系统是 Visa Cash 和 Mondex,其他电子钱包服务系统还有 Master Card Cash、EurlPay 的 Clip 和比利时的 Proton 等。

使用电子钱包的顾客通常要在有关银行开立账户。在使用电子钱包时,将电子钱包通过电子钱包应用软件安装到电子商务服务器上,利用电子钱包服务系统就可以把自己的各种电子货币或电子金融卡上的数据输入进去。在发生收付款(如顾客用电子信用卡付款、用 Visa 卡和 Mondex 卡等收款)时,顾客只要单击一下相应项目(或相应图标)即可完成。这种电子支付方式称为单击式或点击式支付方式。电子钱包只能装入电子货币,即装入电子现金、电子零钱、电子信用卡、在线货币、数字化币等。这些电子支付工具都可以支持单击式支付方式。

顾客可以利用电子钱包管理器来改变密码口令或保密方式,用它来查看自己银行账号上收付往来的电子货币账目、清单和数据。电子商务服务系统中还有电子交易记录器,顾客通过查询此记录器,可以了解自己都买了什么物品、购买了多少和费用多少等信息,也可以把查询结果打印出来。

利用电子钱包在网上购物,通常包括以下步骤。

①客户使用浏览器在商家 Web 主页上查看在线商品目录浏览商品,选择要购买的商品。

②客户填写订单,包括项目列表、价格、总价、运费、搬运费和税费。

③订单可通过电子化方式传送,或由客户的电子购物软件建立。有些在线商场可以让客户与商家协商物品的价格(例如出示自己是老客户的证明,或给出竞争对手的价格信息)。

④顾客确认后,选定用电子钱包付款。将电子钱包装入系统,单击电子钱包的相应项或电子钱包图标,电子钱包立即打开;然后输入自己的密码口令,在确认自己的电子钱包后,从中取出一张电子信用卡来付款。

⑤电子商务服务器对此信用卡号码采用某种密码算法加密后,发送到相应的银行去,同时销售商店也收到了经过加密的购货账单,销售商店将自己的顾客编码加入电子购货账单后,再转送到电子商务服务器上去。这里,商店看不见顾客电子信用卡上的号码,销售商店无权也无法处理信用卡中的钱款。因此,只能把信用卡送到电子商务服务器上去处理。经过电子商务服务器确认顾客后,将同时送到信用卡公司和商业银行。在信用卡公司和商业银行之间进行应收款项和账务往来的电子数据交换和结算处理。信用卡公司将处理请求再送到商业银行请求确认并授权,商业银行确认并授权后送回信用卡公司。

⑥如果经商业银行确认后拒绝授权,则说明顾客的这张电子信用卡上的金额不够用或者没有钱,或者已经透支。遭商业银行拒绝后,顾客可以再单击电子钱包取出另一张电子信用卡,重复上述操作。

⑦如果经商业银行证明这张信用卡有效并授权后,销售商店就可交货。与此同时,销售商店留下整个交易过程中发生往来的财务数据,并且出示一份电子账单发送给顾客。

⑧交易成功后,销售商店就按照顾客提供的电子订货单将货物在发送地点交给顾客或其指定的人手中。

至此,电子钱包购物的全过程就结束了。购物过程中间虽经过信用卡公司和商业银行等多次进行身份确认、银行授权、各种财务数据交换和账务往来等,但这些都是在极短的时间内完成的。实际上,从顾客输入订货单后开始到拿到销售商店出具的电子收据为止的全过程仅用几秒钟的时间。这种电子购物方式十分省时、省事、省力。而且,对于顾客来说,整个购物过程自始至终都是十分安全可靠的。在购物过程中,顾客可以用任何一种浏览器进行浏览和查看。由于顾客的信用卡上的信息别人看不见,因此保密性很好,用起来十分安全可靠。另外,有了电子商务服务器的安全保密措施,可以保证顾客去购物的商店是真实可信的,从而保证顾客安全可靠地购到货物。

总之,这种购物过程彻底改变了传统的面对面交易和一手交钱一手交货的购物方式,是一种很有效的而且非常安全可靠的电子购物方式。

此外,还有由 Europay、Master Card 和 Visa 开发的 EMV 规范,它使用嵌入集成电路的智能卡实现支付;由 Maosco 协会推出的 Mutos 系统,此系统不仅能使智能卡胜任现有信用卡的功能,而且可以提供大量更新的诸如以智能卡充当银行卡、电话频道甚至电影票,消费者甚至可以根据自己的消费习惯和偏好来设计自己的智能卡;德国的 Geldkarte,分为"欧洲支票卡""银行卡"和"单一 Geld 卡"3 类,持卡人将其插入银行终端后几秒内即可完成授权认证、检验账户、存储数据,消费完毕自动处理金额转移,零售商通过 Modem、ISDN 或网络供应商的特定网络将交易数据传至银行计算中心;金融交易卡信息交换格式标准(ISO8583),该标准用来对广域网中传输的信用卡、借记卡、银行卡,以及金融交易的信息进行监测、捕获和解码;Open Card Frame Work 标准,这是由 IBM oracle、Sun 和 Netscape 等支持的一种基于网络计算机的智能卡标准。它由 Sun 提出,花旗银行、Visa 第一联合银行和 VeriFone 等组织支持的 Java Card API 标准。

在我国,为了规范智能卡发展,推广智能卡的应用,本着符合国际标准、与国际通用的 EMV 规范兼容的原则,中国人民银行组织国内各商业银行与 VISA 国际组织合作开发与制定"中国金融集成电路(IC)卡系列规范":1997 年 12 月,中国人民银行公布了《中国金融 IC 卡卡片规范》和《中国金融 IC 卡应用规范》;1998 年 9 月,中国人民银行又公布了与金融 IC 卡规范相配合的 POS 设备的规范。这 3 个标准的制定为国内金融卡跨行跨地区通用、设备共享及与国际接轨提供了强有力的支持,为智能卡在金融业的大规模使用提供了安全性、兼容性的保障,为电子商务中电子在线支付提供了从支付手段到交易流程的解决方案,并为各种电子支付系统的规范化和兼容化提供了契机,使得用中国标准金融 IC 卡作为电子商务中的支付前端成为最终、最安全和最直接的解决方案。此外,针对智能卡应用及市场等方面存在的问题,1998 年初,国家金卡工程协调领导小组根据国务院 22 号文件发出《关于加强 IC 卡生产和应用管理有关问题的通知》,要求加强 IC 卡生产、应用的统筹规划,制订 IC 卡生产、应用的技术标准和规范,以及加强 IC 卡的管理、清理整顿 IC 卡市场、提高 IC 卡芯片的自主设计和开发能力等;国家金卡办相继制定了《全国 IC 卡应用发展规划》《IC 卡管理条例》《集成电路卡注册管理办法》《IC 卡通用技术规范》等。

1997 年全球智能卡发行量达 13 亿张,1998 年达到 16 亿张,2000 年发卡量增至 30 亿张。据不完全统计,至 2000 年,我国 IC 卡发卡量在 2 亿张以上;而据 ICMA 发布的数据显示,2018 年全球智能卡出货量达到 368 亿张,较 2017 年同比增长 2%,预计到 2022 年全球智能卡出货量将达到 384 亿张,可见智能卡发展十分迅猛。推动智能卡发展的主要领域是银行金融业、电信业、交通业以及医疗保健和身份认证系统,其中,金融业的增长将尤为迅速。电子支付将使智能卡的发展推到一个新的高度。

6.2.3　近场支付 NFC

1)NFC 概述

2003 年,飞利浦半导体和索尼公司联合对外发布了一种兼容 ISO 14443 非接触式卡协议的无线通信技术,取名 NFC(Near Field Communication,近场通信)。NFC 是一种短距高频的无线电技术,在 13.56 MHz 频率运行于 10 厘米距离内,传输速率有 106 Kbit/s、212 Kbit/s 或者 424 Kbit/s 三种。

近场通信是由诺基亚、飞利浦(Philips)和索尼(Sony)共同制定的规范,该规范获得 ISO 批准成为正式的国际标准(ISO 18092,NFCIP-1),后来增加了 ISO15693 的兼容,形成新的 NFC 国际标准 NFCIP-2,最新标准为 ISO/IEC 21481:2021。同时 ECMA(欧洲计算机制造协会)也颁布了针对 NFC 的标准,分别是 ECMA340 和 ECMA352,对应相应的 ISO 标准。

近场通信标准详细规定近场通信设备的调制方案、编码、传输速度与射频接口的帧格式,以及主动与被动近场通信模式初始化过程中数据冲突控制所需的初始化方案和条件,此外还定义了传输协议,包括协议启动和数据交换方法等。

NFC 技术自出现以来一直被称为很有前景的便利移动支付技术,但基于 NFC 的移动支付却没有在消费者群体中形成气候。一个重要的原因在于:NFC 有 3 种工作模式,分别是读/写卡模式、卡模拟模式、点对点模式,用 NFC 读取公交卡是读卡模式,其他 3 种都算是卡模拟的一种实现方式,模拟卡片的功能需要一个安全载体,一般把这个安全载体叫作安全模块/安全单元(Secure Element,SE)。早期 NFC 支付主要采用基于安全模块的虚拟卡模拟方案。但安全模块 SE 直接关系到行业利益,金融机构希望把 SE 放在 SD 卡上,由自己发放 SD 卡,即所谓的 NFC-SD;电信运营商则希望把 SE 集成 SIM 卡上,由自己来发放 SIM 卡,也就是 NFC-SIM 卡;手机制造商则希望把 NFC 芯片和 SE 芯片共同集成到手机上,即全终端解决方案,如图 6.3 所示。

2)NFC 与 HCE

(1)HCE 概述

2012 年,SimpleTApp 公司提出基于软件的主机卡模拟(Host Card Emulation,HCE)概念,不再依赖 SE 的安全存储和执行环境,由云端的服务器模拟完成 SE 功能,也称基于云的安全单元。HCE 方案无须依赖特殊安全硬件,应用机构(如银行)可以独立完成业务流程,绕过手机厂商和运营商环节自行完成全部支付流程。

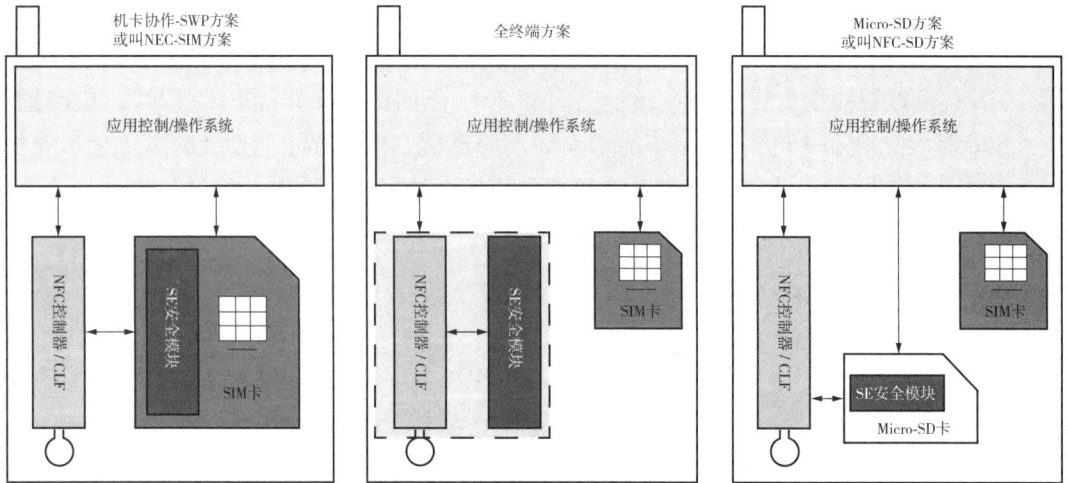

图 6.3　基于 NFC 技术的移动支付解决方案

2013 年 11 月,Android 4.4 版本支持 HCE 功能,随后 iOS 也宣布支持 HCE。此后,在一部配备 NFC 功能的手机实现卡模拟时可以采用基于软件的主机卡模式。

在主机卡模式下,实现 HCE 不需要提供 SE,而是由在手机中运行的一个应用或云端的服务器完成 SE 的功能。此时,NFC 芯片接收到的数据由操作系统发送至手机中的应用,或通过移动网络发送至云端的服务器来完成交互。两种方式的特点都是绕过了手机内置的安全模块 SE 的限制。

使用基于主机卡模拟时(HCE),NFC 控制器从外部读写终端接收到的数据将直接被发送到主机系统而不是安全模块上。

智能手机系统上的 HCE 技术是通过系统服务实现的 HCE 服务。使用该服务的优势是它可以一直在后台运行而不需要有用户界面。这个特点使得 HCE 技术非常适合像会员卡、交通卡、门禁卡这类的交易,用户使用时无须打开程序,只需要将手机放到 NFC 读卡器的识别范围内,交易就会在后台进行。如果为用户提供配套的 HCE 应用 UI 界面,那么用户除了可以像普通的智能卡片一样刷卡使用以外,还可以通过 UI 界面享受更多的在线服务功能,包括查询、充值和信息推送等。

当用户将手机放到 NFC 读卡器的识别范围时,智能手机系统需要知道读卡器真正想要和哪个 HCE 服务交互,这样它才能将接收到的数据发送给相应的 HCE 应用。HCE 参考 ISO 7816 规范,定义了一种通过应用程序身份标识(Application IDentification,AID)来选择相应的应用方法。因此,如果商户要为自己的新的读卡设施部署 NFC 应用,那么需要定义自己的 AID。

（2）HCE 解决方案

在手机上使用 HCE 技术实现 NFC 卡模拟,首先要创建一个处理交易事务的 HCE 服务,操作系统为 HCE 服务提供了一个非常方便的基类,可以通过继承基类来实现自己的 HCE 服务。如果要开发已存在的 NFC 系统,那么只需要在 HCE 服务中实现 NFC 读卡器期望的应用层协议。反之,如果要开发自己的新的 NFC 系统,那么就需要定义自己的协议和应用协议数据单元(Application Protocol Data Unit,APDU)序列。一般而言,我们应该保证数据交换时使用很少的 APDU 包数量和很少的数据量,这样用户就不必花费很长时间将手机放在NFC 读卡器上,其流程如图 6.4 所示。

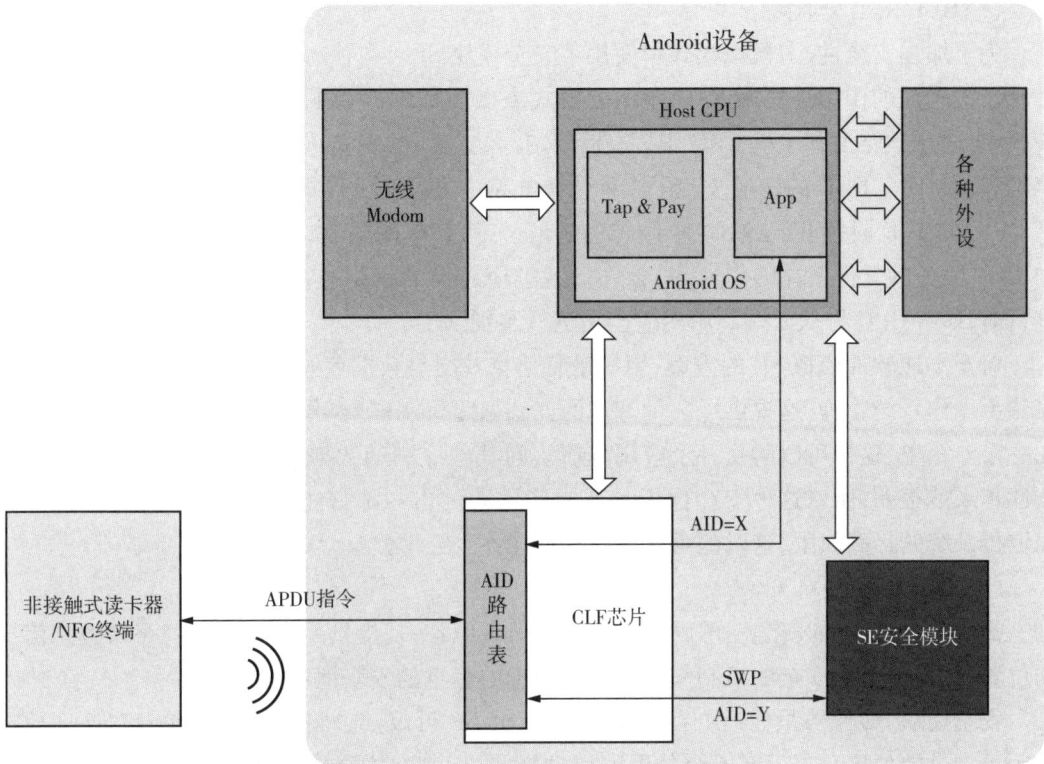

图 6.4　Android 系统 HCE+SE 系统架构

支持 HCE 的手机一般也同时会支持安全模块 SE,系统默认会将指令路由至 Host CPU对应的应用或服务上。

①提供 HCE 服务的应用在安装时首先注册一个专属的 AID(应用 ID),并将该 AID 同步至 CLF 中的 AID 路由列表中。

②非接触式读卡器通过 APDU 发送 Select 指令,其中包括需要接受指令的 AID,CLF 根据 AID 中路由表以及 AID 值,路由至加载到 Host CPU 上的具体对应应用或服务。

③在 Android 系统中,可设置默认的支付服务或应用,也即图 6.4 中所示的 Tap & Pay,当没有具体指定支付服务的 AID 时,会首先使用在该 Tap & Pay 选项中配置的支付服务或应用。

④由 HCE 服务或应用具体处理相关指令,处理完毕,再通过 CLF 芯片传输给读卡器。

⑤如果需要将指令路由至 SE 安全模块,因为 CLF 优先将指令路由至 Host,所以即使是同一支付服务供应商,最好针对使用 SE 的场景新建一个 AID,以保证路由正确。

HCE 之所以可以摆脱安全模块 SE,主要是让提供支付服务的 HCE 服务或应用充当 SE

安全模块的角色,CLF 芯片类似一个分包员,系统告知 CLF 遇到 HCE 指令分派给它就行,它知道该让谁去处理。而支付服务或应用对指令的处理的具体实现可以是在本地也可以通过云端。如果在云端实现,那么可以最大限度确保支付安全以及后续调整的灵活度,但此时就必须依赖设备的移动网络,且支付效率可能会受到影响。

(3)HCE 的安全风险

为了加强安全性,卡模拟模式中使用了安全模块 SE。在移动设备中存在着 NFC 控制器芯片。该芯片的作用是根据 NFC 应用的模式来做出数据路由的决定。在读卡器和点对点模式中,信息被路由到主机 CPU 中,而在卡模拟模式中,数据被路由到 SE 芯片,实现数据的鉴别和加解密。HCE 的出现改变了这种传统的路由方式。卡模拟模式中的数据可以被路由到 CPU 的 HCE 服务上,这就脱离了传统的 SE 芯片载体的限制,使得安装一个具有可以调动 HCE 服务的软件就能够作为 SE 存在。各类应用的卡密钥被存储在云端服务器,当交易进行时,Host CPU 将从云端调用相应密钥进行鉴别。

对于本地软件模拟 SE 的方案,用户敏感信息及交易数据存放在本地。交易过程和数据存储由操作系统管理,这提供了一种基本的安全保障机制(如操作系统可以将每个程序运行在一个沙箱里,这样可以防止一个应用程序访问其他应用的数据)。但是 Android 系统的安全性本来就很差,所以这种安全保证是非常脆弱的。当一部智能手机被 Root 之后,用户可以取得系统的最高权限,这时他可以进行任何操作。

(4)HCE 的安全对策

提高 HCE 技术的安全性可以从两个方面来考虑:一是提供一个更安全的存储敏感信息的位置,二是提供更安全的机制来保证这个位置的信息的安全性。

安全模块 SE 服务虽然运行在操作系统上,但 SE 可以要求将敏感信息存储和处理放在一个更安全的位置。这里有 4 个位置可以选择,它们都在安全性和使用代价之间有不同的平衡作用。

①主机。这是最简单但是安全性最差的实现方式,即直接将数据的存储和处理放在主机的应用上进行。除了操作系统提供的非常基本的安全机制外,没有其他附加的保护。实现起来也最容易,但是对于 Root 的系统没有任何防范。

②云端安全模块 SE。使用这种方式时,HCE 服务将请求通过移动网络发送至云端,敏感信息的存储和处理都在云端服务器。安全性方面比直接在主机的应用上处理和存储要高,但是此时移动网络就变得更加重要了。网络覆盖和网络延时都会成为很大的问题,在网络没有覆盖或信号差的地方这种方式就无法使用。一次移动支付交易的时间都在一秒以内,云端 SE 的方案在速度上并不能保证这点。另外,云端 SE 还有一个认证的问题,如果将设备到云端 SE 的认证证书放在 HCE 服务里,那么云端 SE 方案的安全性就大打折扣了。这个问题可以通过用户去完成(如登录)认证,但是这样用户体验就很差了;或者使用一个单独的硬件 SE 去处理认证问题。目前来看,对于安全性较高的移动支付服务,这个方案还是比较适合的。

③可信执行环境(TEE)。可信执行环境(TEE)是指独立于操作系统的一个执行环境,

专门用于提供安全服务。TEE 有自己独立的软件和硬件资源,对外提供安全服务接口,用户敏感信息的存储和处理都在这个环境里进行。由于 TEE 运行自己独立的系统,所以 Android 主系统被 Root 不会影响到自己。TEE 提供的安全性总体上要比云端 SE 高,但是还是没有达到安全模块 SE 提供的安全性,因为它没有 SE 的反篡改机制。目前,NFC 支付的安全主要是通过专用 App 来保证安全,如华为钱包、Apple Pay、云闪付钱包等。

3）银联云闪付

NFC-HCE 方案具备最大兼容性,因此中国银联基于该方案主推其云闪付产品及移动支付解决方案。随着云闪付功能和场景不断完善,其已经发展为集线上线下、远程近场支付全场景于一身的产品,且也是目前中国银联、各银行甚至各互联网平台共同推广的移动支付解决方案。云闪付整体架构如图 6.5 所示。

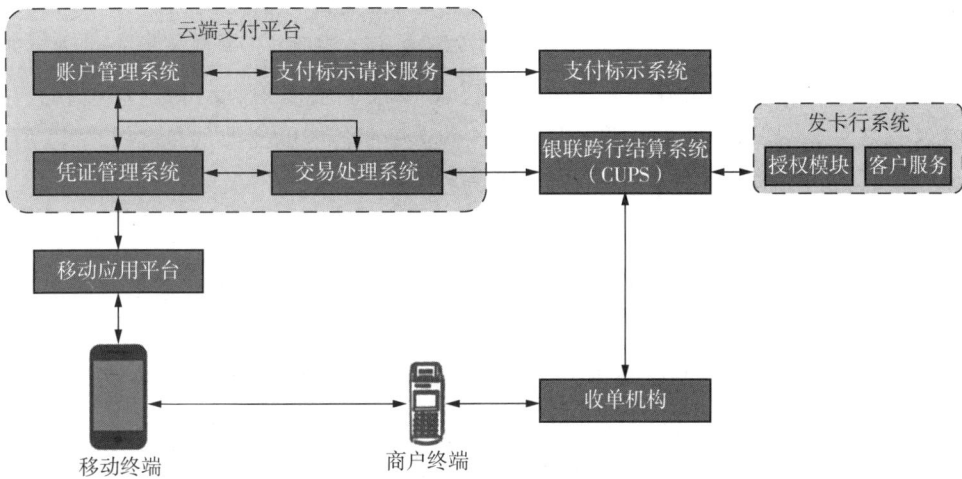

图 6.5　云闪付整体框架

其中:

云端支付平台:它是云闪付的核心系统,在云账户的全生命周期提供一系列基础服务,包括云账户的创建和初始化、活跃账户管理、账户生命周期管理、交易代处理、交易代验证及后交易处理。其主要包括账户管理系统、凭证管理系统、交易管理系统、支付标示服务处理等,其中交易处理系统主要完成对交易请求的验证和处理,这部分工作可由云端支付平台完成,也可由发卡行完成。

移动终端:即具备 NFC 功能的手持终端,主要是智能手机,同时各银行开发的移动、云闪付 App 也安装在该移动终端上,并依托其操作系统完成对 NFC 功能的调用。

移动应用平台:是移动应用的后台服务器,通常可以理解为银行 App 或数字钱包的提供方的后台系统,移动平台主要负责与发卡行、云端支付平台一起完成云端支付卡的下载和配置。

从以上可看出,云闪付解决方案仍然依托于 NFC-HCE 架构,同时基本复用中国银联现有的支付清结算系统,这符合金融行业后端和底层维稳、业务和消费端灵活的原则。

6.3 电子支票支付系统

在通过电子商务所形成的资金流中,B2B 方式占 80%,且所占比例呈上升态势。网上支付作为实现电子商务资金流转移的关键,正日益引起人们的关注。据统计,在 B2C 交易中,网上支付额约占总交易额的 20%,而 B2B 中采用网上支付的部分仅为总数的 3%。这主要是由于 B2B 交易涉及金额较大,适用于 B2C 网上支付的银行卡交易方式不再适合 B2B 交易。为了满足 B2B 方式交易的需求,一种新的网上支付手段——电子支票诞生了。对比智能卡和数字现金,电子支票的出现和开发是较晚的。电子支票使得买方不必使用写在纸上的支票,而是使用写在屏幕上的支票进行支付活动。电子支票和传统的支票形式几乎有着同样的功能。比如说内容上同样有支票支付人的姓名、支付人金融机构名称、支付和账户名、被支付人姓名、支票金额等。不同于传统的支票人为签名,电子支票需要经过数字签名,被支付人数字签名背书,使用数字凭证确认支付者/被支付者身份、支付银行以及账户。从伪造签名的意义上说,伪造一个电子支票远远比伪造一个传统的支票的签名难度大,所以安全度比较高。金融机构使用已签名和认证的电子支票进行账户存储。

1)电子支票的特点

①电子支票和传统支票工作方式相同,客户易于理解和接受,不必再接受培训并且功能更强,所以接受程度高。

②加密的电子支票使它们比基于公钥加密的数字现金更易于流通,买卖双方的银行只要用公钥认证确认支票即可,数字签名也可以被自动验证。

③电子支票适于各种市场,由于支票的内容可以附在贸易对方的汇票资料上,因此可以很容易地与 EDI 应用结合,推动 EDI 基础之上的电子订货和支付。

④第三方金融服务者不仅可以从交易双方处提取固定交易费用或按一定比例提取费用,它还可以作为银行身份,提供存款账目,且电子支票存款账户很可能是无利率的,因此给第三方金融机构带来了收益。

⑤电子支票技术将公共网络连入金融支付和银行清算网络,实现业务过程处理的自动化。在充分利用电子支付手段的前提下,可以对付款人、收款人、银行和金融系统带来尽量少的影响。

⑥节省费用。电子支票通过网络传输,速度极其迅速,大大缩短了支票的在途时间,使客户的在途资金损失减为零。

2)电子支票的应用过程

①购买电子支票。买方首先必须在提供电子支票服务的银行注册,开具电子支票;注册时可能需要输入信用卡和银行账户信息以支持开设支票。电子支票应具有银行的数字签名。

②电子支票付款。一旦注册,买方就可以和产品/服务出售者取得联系。买方用自己的

私钥在电子支票上进行数字签名,用卖方的公钥加密电子支票,使用 E-mail 或其他传递手段向卖方进行支付;只有卖方可以收到已使用卖方公钥加密了的电子支票,用买方的公钥确认买方的数字签名后,可以向银行进一步认证电子支票,之后即可发货给买方。

③清算。收款人银行验证付款人签名和收款人签名,贷记(credits)收款者账号。付款人银行验证付款人签名,并借记(debits)付款人账号。最后,付款人银行和收款人银行通过类似票据交易所(Automated Clearing House,ACH)网络进行清算,并对清算结果向付款人和收款人进行反馈。

3)应用电子支票进行付款的基本过程

①买方首先根据要求产生一个电子支票,用自己的私钥在电子支票上进行数字签名。

②使用卖方的公钥加密电子支票。

③使用 E-mail 或其他方式向卖方支付。

④只有卖方可以收到用卖方公钥加密的电子支票,并用自己的私钥解密。

⑤用买方的公钥确认买方的数字签名,背书(endorses)支票,写出一张存款单(deposit),并签署该存款单。

⑥向银行进一步确认电子支票。

⑦卖方发货给买方。如图 6.6 所示。

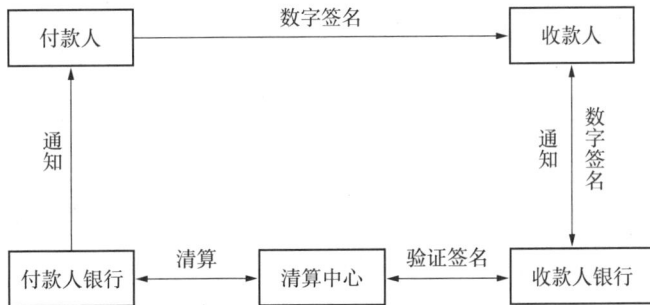

图 6.6　电子支票支付流程

值得注意的是,电子支票的数字签名都要被验证,而实际的纸质支票较少验证手写签名。

因为电子支票中必须包含某些必选的信息和可选的信息以及数字签名,所以电子支票使用金融服务标记语言 FSML(Financial Services Markup Language)来书写。FSML 与 HTML 类似,其文档结构和数据条款都有标记来限定,这两种标记语言都是由标准通用标记语言 SGML(Standard Generalized Markup Language)来设定。设计 FSML 用来支持电子支票的数据结构和数字签名,但也可以被扩展为其他金融服务文档。

使用 FSML 书写的电子支票包含所有普通纸质支票中所具有的全部信息,包括手写的、打印的、印刷的,甚至利用磁条和条形码所代表的信息。另外,电子支票中还可以包含一些纸质支票中所不能包含的一些信息,如与电子订单和票据的接口信息等。

FSML 包含签名块,用于支持 FSML 文档块的增加和删除,并支持多种签名方式和协同

签名等,也可以被依次处理电子支票的交易方背书该电子支票。另外,FSML 结构和签名机制也同样提供了封装和加密粘贴其他文档的能力,这样可以给收款人提供支付建议、订货单和汇款等信息,以使收款人能够把支票存储在合适的银行账号中。

电子支票使用 X.509 证书来提供对签名的验证功能。当银行客户申请一个电子支票账号时,银行将向客户发放一个证书,当证书过期以后,银行将重新发放该证书,以保证一个证书对应一个用户账号,签名者的私钥也没有被盗窃和误用的风险。X.509 证书只能告诉签名验证者,证书发布时证书中的公钥与签名者身份和银行账号一致,而不能保证电子支票的完全有效性。因为,只有支付银行知道账号的目前状态和私有签名密钥是否被盗用,也只有支付银行能够判定电子支票是否是真实的,支票账号是否有足够的金额用于支付。

电子支票簿(checkbook)智能卡可以保护签名者的私有签名密钥,以防止盗窃或误用。使用加密硬件可以使签名验证者更能确信支票来自合法用户,因为签名私钥在满足银行工业标准的加密算法控制下,只能在智能卡内产生和使用,签名私钥从来都不进入签名者的计算机,也防止了通过计算机网络对签名私钥的窃取。为了保证电子支票的唯一性,电子支票簿在每次签名时都自动产生一个序列号,并保存一个日志或记录以备以后发生纠纷(如给定的电子支票是否被签名和背书等)时可以查询。电子支票簿由签名者的 PIN 来控制。

为了与 E-mail、HTTP 和其他类型的传输协议保持最大的兼容性,FSML 给出了一个限定的 ASCII 字符集合,并对所有电子支票数据进行编码。为了防止电子支票被欺骗,可以利用数字签名来充分保障消息的完整性、认证性和不可否认性。因此,电子支票系统和应用层密码技术可不受出口限制。另外,为了保证信息传输的机密性,可以通过安全电子邮件方式,或双方之间已加密的交互对话方式进行消息传送。

目前关于银行之间电子支票的清算都遵循 ANSI X9.46 和 X9.37 标准。在正常的支票流程中,银行提供的电子支票清算账号必须是电子支票清算中心组织 ECCHO(Electronic Check Clearing House Organization)的或具有同等功能、其他组织成员的。但也有例外,比如自动清算中心 ACH(Automated Clearing House)可用于银行之间的资金流转。主要的电子支票系统有 FSTC Electronic Check、The Mandate Electronic Cheque、NetCheque、NetChex 和 NetBill 等。

1996 年,美国通过的《改进债务偿还方式法》成为推动电子支票在美国应用的一个重要因素。该法规定,自 1999 年 1 月起政府部门的大部分债务将通过电子方式偿还。1998 年 1 月 1 日,美国国防部以及银行和技术销售商组成的旨在促进电子支票技术发展的金融服务技术财团(FSTC)通过美国财政部的财政管理服务支付了一张电子支票以显示系统的安全性。

向 Internet 站点提供后端付款和处理服务的 PaymentNet 也开始处理电子支票。PaymentNet 采用 SSL 标准保证交易安全,美国最大的支票验证公司 Telecheck 通过对储存在数据库中的购物者个人信息及风险可靠度进行交叉检验来确认其身份。

电子支票支付方式目前包括网上支付、电话支付和移动支付 3 种方式。电子支票是网络银行常用的一种电子支付工具,电子支票与纸质支票一样是用于支付的合法方式,在对公业务中使用比较广泛。

6.4 电子现金支付系统

电子现金即数字现金,电子现金是一种以数据形式流通的货币。它把现金数值转换成为一系列的加密序列数,通过这些序列数来表示现实中各种金额的币值,用户在开展电子现金业务的银行开设账户并在账户内存钱后,就可以在接受电子现金的商家使用。随着贸易向无纸化方向发展,电子现金在网络支付中起着越来越大的作用。电子现金具有多用途、灵活使用、匿名性、快速简便的特点,无须直接与银行连接便可使用,适用于小额交易。其主要好处是可以提高效率,方便用户使用。在网上付款方式上,电子现金可能是最主要的取代纸钞的付款方式。它尤其适合于在 Internet 上进行小数目金额的实时支付,极有可能成为网络贸易应用中个人消费者的最常用的一个支付工具。

1)电子现金的特性

①具有金钱价值。受现金、银行授权信用或银行证明的本票所担保,若没有适当的银行证明,电子现金就有在付款时以资金不足而被拒绝的风险。

②互通性。电子现金可与其他电子货币、纸钞、货物或服务、信用贷款限额、银行账户存款、银行票据或契约、电子利益转移等相互交换。

③可存储性。远程的存储和取得可以为用户提供不论是在家里、办公室或是旅游时交换电子现金的可能,用户甚至可以将它存储在远程的计算机里、智能卡上或其他方便携带或特别设计的装置上。

④安全性。预防或检测电子现金的复制和重复使用可以使电子现金不容被复制和篡改。

⑤匿名性。由于无须签名,所以没有办法追踪付款人,这在某些场合下可以尊重个人的隐私权。

⑥重复性。必须防止数字现金的复制和重复使用(double-spending)。因为买方可能用同一个数字现金在不同国家、地区的网上商店同时购物,这就造成数字现金的重复使用。一般的数字现金系统会建立事后(post-fact)检测和惩罚。

2)数字现金的应用过程

①购买 E-cash。买方在数字现金发布银行开 E-cash 账号并购买 E-cash。用户需从网上的货币服务器(或银行)购买数字现金,首先要在该银行建立一个账户,将足够资金存入该账户以支持今后的支付。目前,多数数字现金系统要求买方在一家网上银行上拥有一个账户。这种要求对于全球性的多种现金交易非常严格,买方应该能够在国内获得服务并进行国外支付,但需要建立网上银行组织作为一个票据交换所。

②存储 E-cash。使用计算机的 E-cash 终端软件从 E-cash 银行取出一定数量的 E-cash 存储在本机的硬盘上。一旦账户被建立起来,买方就可以使用数字现金软件产生一个随机数,这个随机数是银行使用私钥进行数字签名的随机数,通常少于 100 美元作为货币,再把货币发回给买方。

③用 E-cash 购买商品或服务。买方同意接收 E-cash 的卖方订货,用卖方的公钥加密 E-cash后,传送给卖方。

④资金清算。接收 E-cash 的卖方与 E-cash 发放银行之间进行清算,E-cash 银行将买方购买商品的金额支付给卖方。这时可能有两种支付方式:双方的和三方的支付方式。双方支付方式涉及买卖双方,在交易中卖方用银行的公钥检验数字现金的数字签名,如果对支付满意,卖方就把数字货币存入它的机器,随后再通过 E-cash 银行将相应面值的金额转入账户。在三方支付方式中,交易中的数字现金被发给卖方,卖方迅速把它直接发给发行数字现金的银行,银行检验货币的有效性,并确认它没有被重复使用,然后将数字现金转入卖方账户。在许多情况下,双方交易是不可行的,因为可能存在重复使用的问题。为了检验是否重复使用,银行将从卖方获得的数字现金与已经使用的数字现金数据库进行比较。像纸币一样,数字现金通过一个序列号进行标志。为了检验重复使用,数字现金将以某种全球同一标志的形式注册。但是,这种检验方式十分费时、费力,尤其是对于小额支付。

⑤确认订单。卖方获得付款后,向买方发送订单确认信息。

相应地,应用数字现金进行交易的过程如图 6.7 所示。

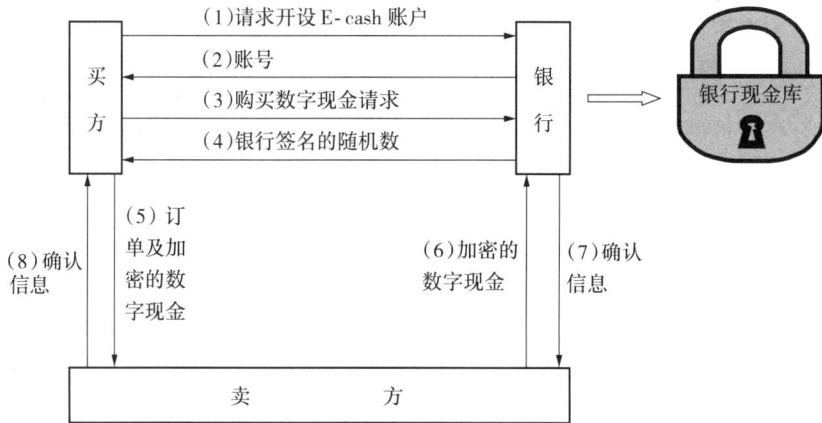

图 6.7　应用数字现金进行交易的流程

3)数字现金支付方式的特点

与其他电子支付方式相比,数字现金支付方式具有以下特点。

①银行和卖方之间应有协议和授权关系。

②买方、卖方和 E-cash 银行均需使用 E-cash 软件。

③因为数字现金可以申请到非常小的面额,所以数字现金适用于小交易量(mini-payment)的支付。

④身份验证由 E-cash 本身完成,E-cash 银行在发放 E-cash 时使用了数字签名,卖方在每次交易中将 E-cash 传送给 E-cash 银行,由 E-cash 银行验证买方支持的 E-cash 是否有效。

⑤E-cash 银行负责买方和卖方之间资金的转移。

⑥具有现金特点,可以存、取、转让。

⑦买卖双方都无法伪造银行的数字签名,而且双方都可以确信支付是有效的。

⑧E-cash 与普通现金一样会丢失,如果买方的硬盘出现故障并且没有备份的话,那么数字现金就会丢失,就像丢失钞票一样。

4)典型的电子现金系统

(1)Digicash 系统

Digicash 是由 Digicash 公司于 1994 年 5 月开发的一种电子现金系统。该系统允许消费者使用电子现金进行在线交易。Digicash 是一种无条件匿名系统。当消费者使用硬币时,商家所能看到的只是银行的签字,而不是消费者本人的签名。E-Cash 是由 Digicash 开发的在线交易用的数字货币。通过应用 E-cash 客户软件,消费者从银行提取并在自己的计算机上存储 E-cash。银行验证现有货币的有效性和把真实的货币与 E-cash 交换。商家能够在提供信息或货物时接受支付的 E-cash 货币。客户端软件叫"电脑钱包"(Cyber Wallet),负责与银行之间的存/取款处理,以及支付或接收商家的货币,支付者的身份是不公开的。

(2)Millicent 系统

Millicent 是一种小额电子商务交易的 Internet 支付系统,其钱包使用的是可以在 Web 上应用的一种叫作票据(Scrip)的电子令牌。Scrip 被安全地保存在用户的计算机硬盘上,并用个人标志码或口令对其加以保护。

(3)Worldpay 系统

Worldpay 是一种通过 Internet 应用的、安全的、多币制电子支付系统。消费者可以拥有信用卡或借记卡授权的 Worldpay 多币制账户。其账户处理是集中式的,因此可以在世界上的任何地方的任何计算机上存取资金。它把资金从消费者的账户转拨到商家的 Worldpay 银行账户中。没有使用的资金可以在任何时候返还给原始账户的信用/借记卡用户。

(4)Cybercoin 系统

Cybercoin 可以用于信用卡交易,以及美国国内使用的小额支付和电子支票转拨,是一个基于软件的电子现金产品,目前已经与 SET 结盟。

(5)MPTP 机制

MPTP 是 W3C 协会定义的一组用于小额支付的开放 API。它除了在用户的客户端拥有钱包外,计划使用 XML 并定义一种标准的支付标记嵌入在零售商的 HTML 页面上;客户通过解释标记并使用恰当的支付机制启动一次支付过程。

一些非银行的 IT 企业对于电子现金、电子钱包也是向往已久,例如微软公司便在其".NET MY SERVICAE"服务中整合了包含电子钱包、电子邮件、日程簿和其他基于网络服务内容的"Passport"。

电子现金的未来发展方向:一是开展电子现金的传递性的可用性研究。传递性是物理现金一个基本的特征,但在电子现金中还没有得到应用,这是因为为了能跟踪重复花费的用户,在电子现金流动的过程中将加入使用过该电子现金的盲化的所有用户身份信息,于是依据信息论的理论,电子现金的长度将不断地增长,每次交易都将造成大通信量问题,这不利于实际应用。可分电子现金系统能够让用户进行多次合法的精确支付,减少提款次数,从而可以降低网络通信量,提高系统效率,因此可分的电子现金系统是研究重点之一。二是开展多银行电子现金的研究。现有的公平电子现金方案都是由一家银行发行的,但在现实生活中由多家电子银行系统发行的电子现金较之单一银行发行的电子现金更适合。目前的研究主要是利用改进的群签名方案和群盲签名方案设计多银行公平电子现金方案,这些方案的研究开发是一个计算困难问题,有待攻克解决。

6.5　微支付系统

随着网络和信息技术的发展,为提高 Internet 的服务质量,维护 Internet 信息提供者的权益,信息产品的销售越来越得到人们的关注。信息产品包括的范围比较广,如网上新闻、网上证券、信息查询、资料检索和小额软件下载等。信息产品本身的特点决定其收取的费用额一般都非常小,如查看一条新闻收费一分等。这种支付机制有着特殊的系统要求,在满足一定安全性的前提下,要求有尽量少的信息传输、较低的管理和存储需求,即速度和效率要求比较高。这种支付形式就称为微支付或小额支付。目前国内应用最广泛的网上短消息服务属于典型的微支付方式。

目前,微支付的研究在国际上比较活跃,在传统微支付机制基础上,提出了多种新的微支付系统及其扩展,并在一些新的领域得到了应用,以满足不同的安全性和效率需求。但国内对微支付的研究还比较少,特别是缺乏全面系统的分析和比较,使人们无法判断协议的优劣,也无法在实际应用中选择和扩展协议。

"微支付(micro-payments)"的特征是能够处理任意小量的钱,适合于 Internet 上"不可触摸(non-tangible)商品"的销售。一方面,微支付要求商品的发送与支付几乎同时发生在 Internet 上;另一方面,商品销售、处理与运输的"瓶颈"为保持成本低廉设置了障碍。为保持每个交易的发送速度与低成本,目前有很多厂商在致力于发展新的协议以支持 SET 和 SSL 所不能支持的微支付方式,其中之一是微支付传输协议(Micro-Payment Transport Protocol,简称 MPTP),该协议是由 IETF 制定的工作草案。"微支付"的一个重要方面是其定义随着对象而变化。有许多系统声明其是"微支付",允许支付小于现有货币面额的数额,如 IBM 开发的"Micro-Payments"、Compaq 与 DEC 开发的"Millicent"、CyberCoin 开发的"CyberCash"等。由 World Wide Web 协会和 CommerceNet 领导的联合电子支付联盟 JEPI(Joint Electronic Payment Initiative)对支付协商过程进行标准化。对于买方(客户方),JEPI 是 WEB 浏览器和 wallet 使用不同协议的接口;在卖方(服务器方),JEPI 在网络和传输层之间将下层传来的事务送给适当的传输和支付协议。

由于是微型交易,因此对交易本身的安全考虑并不要求太高,这样的系统仅仅使用用户的 PIN 就可以保护自己的用户标志了。此外,也可以使用安全的、多币制电子支付系统 Worldpay。使用 Worldpay 的好处是不受地域的限制。只要用户有信用卡或借记卡授权,Worldpay 就可以利用自己的处理多币制账户功能集中处理账户。这个转账的功能是传统交易行为的扩充,也是计算机金融自动化的产物。

微支付同其他电子支付系统相比,具有如下特点。

①交易额小。微支付的交易额非常小,每一笔交易在几分(甚至更小)到几元之间。

②安全性低。由于微支付每一笔的交易额小,即使被截获或窃取,对交易方的损失也不大,因此,微支付很少或不采用公钥加密,而采用对称加密和 Hash 运算,其安全性在很大程度上是通过审计或管理策略来保证的。

③效率高。由于微支付交易频繁,因此要求较高的处理效率,如存储的信息尽量少、处理速度尽量快和通信量尽可能少等。在实际应用中,可在安全性和效率之间寻求平衡。

④应用范围特殊。由于微支付的特点,其应用也具有特殊性,如信息产品支付(新闻、信息查询和检索、广告点击付费等)、移动计费和认证以及分布式环境下的认证等,因此微支付一般不适合于实物交易中的电子支付。

6.5.1 微支付模型

通用的微支付模型如图 6.8 所示,其中虚线表示离线方式。微支付模型一般涉及 C(Consumer,顾客)、B(Broker,代理)和 M(Merchant,商家)三方。顾客是使用微电子货币购买商品的主体;商家为用户提供商品并接收支付;代理是作为可信第三方存在的,用于为顾客和商家维护账号、通过证书或其他方式认证顾客和商家的身份、进行货币销售和清算并解决可能引起的争端,它可以是一些中介机构,也可以是银行等。

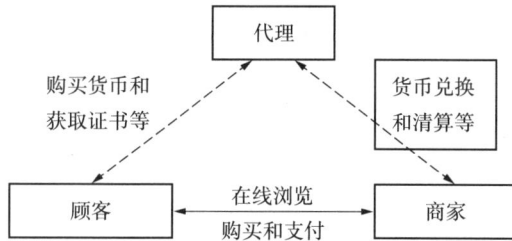

图 6.8　典型的微支付模型

根据不同的支付类型,微支付中的货币可以由票据(Scirp)或 Hash 链等组成,可以由商家产生,也可以由代理(一般代理商家)和顾客产生。由商家或代理产生的微电子货币一般与特定的商家有关,如 Millicent 和 SubScrip 等。代理作为可信机构,也可以独立产生电子货币,它一般与特定的商家类型无关,如 MicroMint 等。另外,顾客也可以根据代理的授权(如通过颁发证书)来独立制造货币,它一般是基于 Hash 链形式的,可以与特定的商家有关,也可以无关,并具有灵活的扩展形式,如 PayWord 和 Paytree 等。

在进行支付之前,顾客一般通过离线方式获取微电子货币或交易中使用的数字证书,在一般情况下,顾客和代理之间可以通过宏支付或其他方式建立联系,以在代理处建立账号。顾客通过在线方式同商家进行联系,浏览选择商品和进行支付。商家一般可以在本地验证电子货币的真伪,但一般不能判断顾客是否在重复消费(除非对特定商家的货币)。每隔一定的时间,如一天或一周等,商家会把顾客支付的微电子钱币提交给代理进行兑现,代理可以对电子货币进行验证,以防止商家的欺骗和顾客的重复消费,这个步骤一般通过离线方式完成。另外,还有其他的微支付模型,如 μ-iKP 和 LITESET,它们建立在宏支付基础之上,利用宏支付协议和消息来完成微支付过程。有些微支付机制(如 SubScrip)更简单,甚至不需要代理的参与,交易中只涉及顾客和商家。

6.5.2 基于票据的微支付系统

票据(Scrip)是微支付中最为常见的支付形式之一,它是一种面值很小的电子货币,一般由商家或代理产生(也可以由代理独立产生),在不需要第三方参与的情况下,可以由商家在线验证货币的真伪。在票据形式的微支付中,一般不采用公钥技术,而使用对称密钥技术和 Hash 函数。常见的票据形式的微支付机制包括 Millicent、Subscrip 和 MicroMint 等。

1) Millicent 微支付系统

Millicent 是一个由 DEC 与 Compaq 于 1995 年联合开发的微支付系统,它建立在代金券系统基础上。其基本思想是利用一个密钥控制的单向 Hash 函数来认证和验证支付票据。一张票据代表了商家给顾客建立的一个账号,在任何给定的有效期内,顾客都可以利用该票据购买商家的服务。当顾客利用票据在网上购买了商家的服务或商品以后,购买值将自动从票据中扣除,并返回一个具有新面值的票据,以进行后续交易的平衡。当顾客完成了一系列交易或支付以后,它还可以把票据中剩余的值兑换成现金(同时账号关闭)。代理作为顾客和商家之间的中介,向顾客销售代理票据(Broker-scrip)并管理票据。对每个商家来说票据是不一样的,所以顾客在交易前需要兑换特定商家的票据。代理也拥有票据,它是作为顾客购买商家票据或商家兑现顾客未消费完票据的公共货币而存在的。在 Millicent 系统中,没有使用公钥技术,而采用了效率更高的单向 Hash 函数,部分采用了对称加密算法。单向 Hash 函数中使用的密钥只有凭据发行者代理和要验证并最终接收此凭据的商家才知道,可以有效防止票据的伪造;票据中包含了唯一的序列号,对于特定商家可杜绝同一凭据的多次消费;采用分散式验证,不需要在线或离线可信第三方 TTP 去验证票据的合法性,这些都由商家独立完成;Millicent 协议有 3 种不同的实现形式,以便在效率和安全性方面提供平衡,可选择保证交易的认证性和机密性。Millicent 也进行了实际系统测试,协议本身效率较高,网络 TCP 连接速度才是影响其性能的主要原因,这也是许多微支付系统存在的问题。

由于部分实现了对称密钥机制,增加了系统的存储和计算负担,凭据是针对特定商家的,且最终由商家产生和验证(也可由代理代为产生),所以,顾客不能验证凭据的真伪;针对每一个新的商家,顾客都要请求一个新的票据,因此 Millicent 系统对经常更换商家的顾客效率不高。在票据中采用了标志的方式来代表顾客的身份,具有一定的匿名性,但顾客证书的使用对顾客的匿名性是一个损害。由于采用了可验证的凭据及支付的分布式特点,所以 Millicent 系统可用于类似 Kerberos 这样的分布式环境进行认证服务。

2) SubScrip 系统

SubScrip 是澳大利亚 Newcastle 大学开发的一种很简单的微支付系统,最初是为 Internet 的按次计费而设计的。它基于预支付机制,不需要对顾客进行身份验证。SubScrip 系统的实现技术与 Millicent 系统基本类似,都只需商家在本地验证,而不需要中介参与在线清算;

同样,对一个新的商家进行支付时,也需要一个初始化过程。这两个微支付机制对于短时间内对同一商家的重复消费是有效的。但与 Millicent 系统不同的是,SubScrip 系统不需要介于顾客和商家之间的代理,而是使用一个顾客和商家都认可的宏支付系统来担当这个角色,该宏支付用于在商家处建立一个临时账号,以进行后续的购买。因此,SubScrip 系统中用户的匿名性也依赖于该宏支付系统。SubScrip 中的账号标识以明文形式编码在 SubScrip 票据中,以对应于商家数据库中的相应账号。

当进行购买时,用户把 SubScrip 票据提交给商家,商家通过检查数据库来验证票据的有效性。小额支付后的数额从数据库账户中扣除,然后产生一个新的账号标识和新的余额票据,并连同购买的信息或服务结果返回给顾客。顾客把新的 SubScrip 票据保存在本地以备后用。

与 Millicent 系统中的凭据(电子硬币)不同,SubScrip 票据本身不具有任何价值,它只是通过票据中的顾客标志在商家数据库中查找相应的账号,真正的价值存储在商家的数据库中。

因为基本的 SubScrip 系统没有采用加密和 Hash 算法,票据和相应信息以明文的形式传输,所以很容易被篡改或截获并被非法使用。被篡改后的 SubScrip 票据将是无效的,因为它无法同商家数据库中的真正用户账户相对应。一个 SubScrip 票据只在一个商家处有效且本身的交易额小,这可以在一定程度上防止 SubScrip 票据的非法截获和使用。

为了提高安全性,SubScrip 可进行公钥扩展,在建立账户的宏支付中,顾客把自己的公钥发送给商家,商家发送信息或新的票据时可使用该公钥进行加密。

6.5.3 基于 Hash 链的微支付系统

为了保证支付的有效性和不可否认性,很多机制采用了公钥签名技术。但基于微支付考虑,过多地采用公钥签名技术会严重影响系统效率,因此更多地采用了效率更高的 Hash 函数或者是两者的结合。

Hash 链就是这样一种方式,它的思想最初由 Lamport 提出,以用于身份认证,后来被应用到微支付机制中,其具体方法就是由用户选择一个随机数,并对其进行多次 Hash 计算,把每次 Hash 的结果组成一个序列,序列中的每一个值代表一个支付单元。

对基于 Hash 链的微支付而言,当顾客初次在代理处注册时,由代理颁发一份支付证书,其格式为 $PayCert_U = Sign_{SKB}(B, ID_D, PK_U, Expire, Add)$,其中 B 为经纪人标志,SKB 为代理的签名私钥,ID_D 为顾客标志,PK_U 为顾客公钥,$Expire$ 为证书有效期,Add 为附加信息,如用户地址等。在支付之前,顾客把 Hash 链的根签名后发送给商家,该签名结果称为支付承诺,它可以表示在信用机制下顾客支付的可认证性。支付承诺格式是 $Paycommit = Sign_{SKU}(ID_M, PayCert_U, w_o, Expire, Add)$,其中 SKU 为顾客的签名私钥,ID_M 为商家标志,$PayCert_U$ 为用户支付证书,w_o 为 Hash 链的根,$Expire$ 为支付承诺有效期,Add 为附加信息。顾客在做每次支付时都以 Hash 链的逆序(即从尾结点开始)向商家提交 Hash 序列中的值。

基于 Hash 链的微支付机制比较普遍,并发展了多种改进的形式。Hash 链一般由顾客产生,而签署支付承诺的证书由代理颁发。在进行支付时,顾客把自己的证书、支付承诺和 Hash 链提交给商家,经过一定时间以后,商家会集中把 Hash 链和支付承诺提交给代理进行兑现。由于采用了支付承诺的方式,一个 Hash 链一般都针对特定商家。

基于 Hash 链的典型微支付机制比较多,如 PayWord、Pedersen 提出的小额支付、NetCard 和 Paytree 等。

1)PayWord 系统

PayWord 是由 Rivest 和 Shmir 提出的一种微支付机制,也是基于交易的三方:顾客、商家和代理。但与 MicroMint 不同的是,它基于 Hash 链,是一种典型的基于信用的离线微支付机制。

与典型的 Hash 链支付机制相同,顾客在代理处建立完账户以后,由代理发给顾客一个 PayWord 证书。利用 PayWord 证书,代理授权顾客制造 PayWord 链,以作为支付凭证提交给商家,商家可在以后通过代理进行兑换。在第一次支付请求时,顾客计算并签署对某一特定 PayWord 链 $w_1,\cdots,w_n$ 的承诺,即对包含 PayWord 根和其他附加信息的签名。顾客随机提取 PayWord 链的 w_n,并在此基础上以相反的顺序创建 PayWord Hash 链 $w_i=h(w_{i+1}),i=n-1,$ $n-2,\cdots,0$,其中 w_0 是该链的根。顾客把承诺、w_0 和第 i 个支付对 (w_i,i) 一同发送给商家,商家对承诺中的签名进行验证,然后利用 w_0 和承诺来验证支付对。

在某一周期的最后时候,商家把最后的支付对 (w_i,i) 和承诺(所有顾客的)提交给代理,代理验证通过以后,就从顾客的账户中扣除同价值的货币转移到商家的账户中。至此完成了整个微支付过程。

与 Millicent 和 Subscrip 系统显著不同,PayWord 系统在向一个新的商家支付时,不需要联系第三方;PayWord 支付交易中不需要保留过多的记录;系统的很多耗时操作(如证书签署和货币兑换)是离线完成的,这样可以提高效率,适合于用户对某一商家的经常性访问。PayWord 系统支持可变大小支付,如顾客在一次交易中需要支付 5 个单元的 PayWord 时,首先向商家发送 $(w_1,1)$,然后再发送 $(w_5,5)$ 即可。由于利用了单向 Hash 函数的特性,所以企图从已知已花费的 PayWord 导出未花费的 PayWord 在计算上是很困难的,这样可以有效防止 PayWord 的伪造。在每一次支付中都包含支付承诺和相应的 PayWord 链,如果要重复花费的话,都要提交相同的支付承诺(至少 w_0 和商家相同)和支付链,而最后一次消费的 PayWord 和根都会让商家或代理保留和跟踪。这样,通过数据库的形式存储某一支付承诺及其对应的已花费的 PayWord,可以有效防止顾客多重消费和商家多次兑换。

但 PayWord 也有其自身的缺陷:如果其他人(顾客、代理和商家除外)获取了代理公钥,那么就可以解密证书,并了解顾客的详细信息,特别是证书中地址信息的加入,将严重破坏顾客的匿名性;顾客必须对他需要支付的商家签署一个承诺,如果频繁互换商家的话,那么将会带来很大的计算消耗;采用了公钥密码技术,在一定程度上降低了协议的效率。

2)Paytree 系统

由于在支付承诺中包含了商家的标志,所以基于散列链的 PayWord 系统一般适合于对特定商家的重复支付,而对于频繁更换商家的支付场合效率不高。

在 PayWord 系统的基础上,Paytree 系统通过树结构扩展了 Hash 链,使微支付可灵活应用于多商家参与的场合。在 Paytree 采用的树结构中,叶节点都标以秘密随机值,内部节点(非叶节点)被标以其后继节点(树结构中的子节点)的 Hash 值,整个树的根节点被最后签名。叶节点除了被标以秘密随机值外,还被标以该秘密随机值的单次 Hash 值,从而使叶节点有两个标签值,这样就形成了一个完整的、以 Hash 链为结构的支付树。在 Paytree 树中,除叶节点的秘密随机值外,其他节点的标签值都可以公开。在支付时,顾客维护 M 列表和消费过的叶节点秘密随机值,向新的商家出示根节点签名、新的叶节点标签值和叶节点到根的路径节点标签值之和,以利于商家的验证。

由于采用了树结构,因此 Paytree 系统可以进行灵活扩展,实现多币值树和可分货币等。但是 Paytree 具有灵活性的同时,也增加了系统的带宽和存储开销。

6.5.4　微支付的应用和发展

近些年来,对微支付的研究集中于移动微支付、微支付的公平性、具有认证功能的分布式微支付和采用新的安全技术的微支付机制等。

结合移动通信和移动电子商务中支付的特点,微支付在移动计费中的应用也显得越来越重要。将微支付 Hash 链应用到移动通信中实时计费的协议机制,以实现漫游和多方移动通信中的计费和支付,并对 SVP 微支付协议进行了改进,使其可以有效应用在无线通信环境。根据微支付和移动通信的特点,研究基于微支付的移动通信支付和认证模型是目前微支付发展中最有潜力的方向之一,日本的 DoMoCo 公司提出的 i-mode 是将微支付应用于无线通信的最为成功的典范。

微支付面额小而要求效率高等特点使得实现完全的公平性是不可行的,当交易量小时,微支付的公平性研究也没有多大的必要性。但当微支付的交易数量特别大时,如何采用有效的措施来实现微支付的公平性将显得尤为重要。例如,在 PayWord 系统的基础上,可以将每一个 PayWord 链分成两部分,交易开始时提供给商家一部分,接收到服务后再支付另外一部分。因为把支付 Hash 链分成了两部分,所以这种支付的公平性只适用于单元支付(即对每一个付费单元提供一次服务)的情况,而对多个支付单元的单次服务却没有多大的制约。

通过对一些分布式环境下的认证协议(如 Kerberos)进行扩展和改进,可以很容易派生出分布式微支付机制,且可充分利用现有的认证基础设施。同样,对某些微支付机制,特别是基于 Hash 链的微支付方式,实现支付和认证的有效结合在某些分布式环境下(如移动通信)比较有效,这也是微支付需要研究的问题之一。

采用一些新的公钥密码技术(如椭圆曲线密码)来替代现有的 RSA 密码算法,可以在充分利用公钥密码技术特性的基础上,有效提高系统效率,这也是微支付发展中一个很引人关注的话题。

微支付作为电子现金的一种支付形式,是电子支付发展的一个新方向。在满足安全性的前提下,它具有简单高效的优点,且每一笔交易的费用非常低。

面对更加小额、高频的第三方支付应用场景,面对初创及新兴消费场景下的支付新需求,目前正在研发推出新的"即插即用"的聚合支付接入模式和服务模式,以助力商户快速、安全地接入主流支付渠道。

6.6 第三方支付

伴随着电子商务技术的迅猛发展,用户的关注重点逐步由支付安全性向支付信用方向转移。这表明安全性带给用户的困扰不断被削减,取而代之的是用户对交易参与方的信用度越来越关注。

为了建立交易参与方之间的信任关系,从而保证移动商务支付的有序进行,引入可信的第三方作为中介机构,在消费者与商品或服务提供者之间进行信用中转的支付方式应运而生。该方式对交易参与方的行为约束是通过改变支付流程实现的,第三方的介入使得移动商务支付的可信度大大增加,有效解决了用户之间对信用的猜疑问题,是第三方支付平台的思想基础。

第三方支付的概念比较多,比较符合业务经营现状的是中国人民银行 2010 年 6 月 14 日颁发的《非金融机构支付服务管理办法》文件中的定义,第三方支付机构是指非金融机构在收付款人之间作为中介机构,提供网络支付、预付卡的发行和受理、银行卡收单及中国人民银行规定的其他支付业务的全部或部分自货币资金转移服务。

6.6.1 第三方支付平台

在进行移动电子商务过程中,消费者与商品或服务提供者(商家)之间的交易并非面对面进行,物流和资金流也是分离的,这种缺乏信用保证的支付方式致使消费者和商家之间的博弈出现,商家由于担心发货后无法收取货款,不愿意先发货,消费者担心支付后不能按期获取质量有保证的商品或服务,也不愿先支付,最终导致交易双方都不愿意让步,电子商务交易活动无法正常进行。

第三方支付平台为消费者和商家提供了公共的、可以信任的中介服务。顾名思义,第三方支付平台是指由第三方机构(并非银行等金融机构)投资运营的网上支付平台。第三方支付平台提供商利用相关技术,在银行与商品(信息服务)提供方之间建立连接,能够对商品(信息服务)提供方的信用进行担保,进而为移动商务活动的各参与方提供资金支付、流转以及查询等服务的多功能平台。

第三方支付平台能够整合多种银行卡支付方式于一个电子界面,扮演着电子商务交易参与方与银行之间纽带的角色,承担着交易结算中和银行对接的功能,进而促进电子商务交易的简单化、便捷化。

目前,国内网上支付主要包含两种方式:一种方式是利用公网和银行专用网之间的支付网关完成支付;另一种方式是将第三方支付平台接入公网中,利用第三方支付平台和清算机构相连接完成支付。这里主要介绍第二种支付方式。

在第三方支付平台的体系架构中,参与主体包括付款方、商户、第三方支付机构、清算机构、收单机构等,其体系框架如图 6.9 所示。

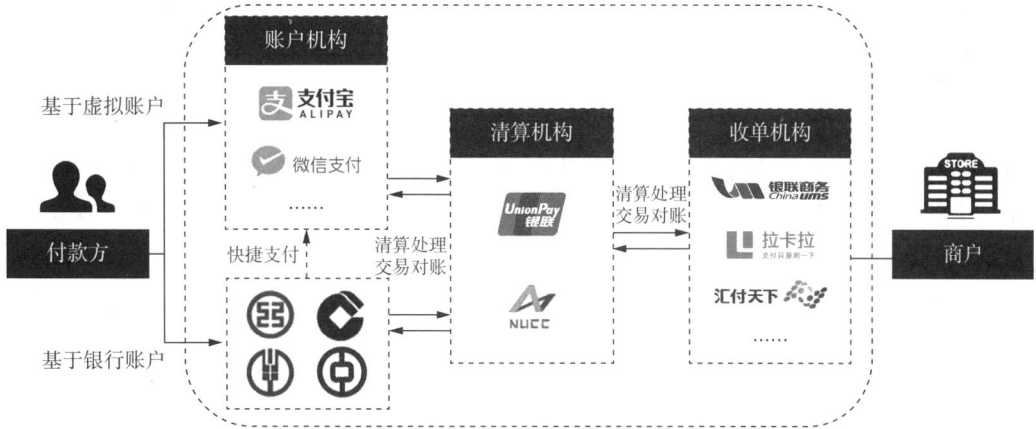

图 6.9　第三方支付体系框架

消费者在电子商务网站上选取商品(服务)后,在选择支付方式时,网站一般能够提供多达几十种银行卡在线支付方式。虽然不同的银行卡能够在不同商务网站上实现支付,但是消费者需要在多家银行开通多个个人账户,并且还需分别开通网上支付功能。对于消费者而言,上述过程相当烦琐,网上购物成本也会大大增加,还会影响消费者的网上购物体验。

在第三方支付平台被引入后,消费者与商家只需分别在平台上注册,与不同银行的交涉、协议签署等工作便都可由第三方支付平台完成,为消费者和商家提供了极大的便捷性。此外,第三方支付平台也推广了小额支付业务,使银行赚取利润。对于第三方支付平台而言,与之合作的银行越多,业务的推广范围便越广,也能获取更多消费者的青睐,这也是第三方支付平台能够长期发展的首要因素。

第三方支付平台的推广,主要源于其具备下述 5 个方面的优势。

1) 交易简单化

第三方支付平台和诸多银行合作,提供了不同银行卡的网关接口,为网上支付的实现带来了极大的便捷性。对商品或服务提供方而言,不需要拥有多家银行的认证软件,操作较为简单。

2) 成本下降化

第三方支付平台能够促进银行与商品或服务提供方之间的合作。对商品或服务提供方来说,一方面,第三方支付平台能够减少公司的运营成本;另一方面,银行能够利用第三方的系统提供更多服务,节省支付网关的成本,数据处理的速度和效率均得以提高。而且,第三方支付能够降低因交易中出现的诈骗行为产生的安全风险,进而提高交易的成功率。

3) 服务多样化

第三方支付平台能够提供包括增值服务在内的多项服务,并且可为用户提供实时的交易查询、交易分析功能。增值服务包括为商家的电子商务网站提供智能查询服务、二次结算模式、为消费者提供方便的退款服务等,创造良好的网上交易氛围。

4) 不可否认性服务

第三方支付平台能够对交易参与方的行为进行详细记录,进而为抗击后续可能发生的抵赖行为提供有力的证据。

5）提升企业竞争力

第三方支付平台使支付效率与企业利润均得以提高,必将促使更多创新性业务出现。同时,第三方支付平台开拓了企业的新型业务,拓宽了业务覆盖范围,带给消费者更多选择。正是因为第三方支付机构获取了消费者的信任,从而使得消费者比较放心地参与移动商务交易活动。

总的来说,在当前针对支付安全性与交易信用度的解决方案中,第三方支付平台的可行性较高,更容易被消费者和商家所接受。

6.6.2 第三方支付流程

在第三方支付模式中,商品或服务提供方无法获取消费者的信用卡账户信息,这也能够防止账户信息在网络传输过程中被窃取。在 B2C 交易模式中,商品或服务提供方的信用会受到约束和控制,为实现交易双方利益的兼顾,也应当把消费者作为信用约束点。第三方支付平台对商品或服务提供方的约束手段有针对提供方的信用进行评级。若提供方违约,则需缴纳违约金。

针对上述要求,在 B2C 模式的第三方支付流程中,消费者拥有设置商家发货时间期限的权利,若在规定时间内尚未发货,消费者能够选择将支付钱款转回个人账户或者暂存于第三方支付平台。而第三方支付平台对消费者的约束为在商家未违约的情况下,若未出现商家逾期发货、商品有质量问题,消费者不能取消交易。

目前,间接连接模式的第三方支付的支付流程如图 6.10 所示。

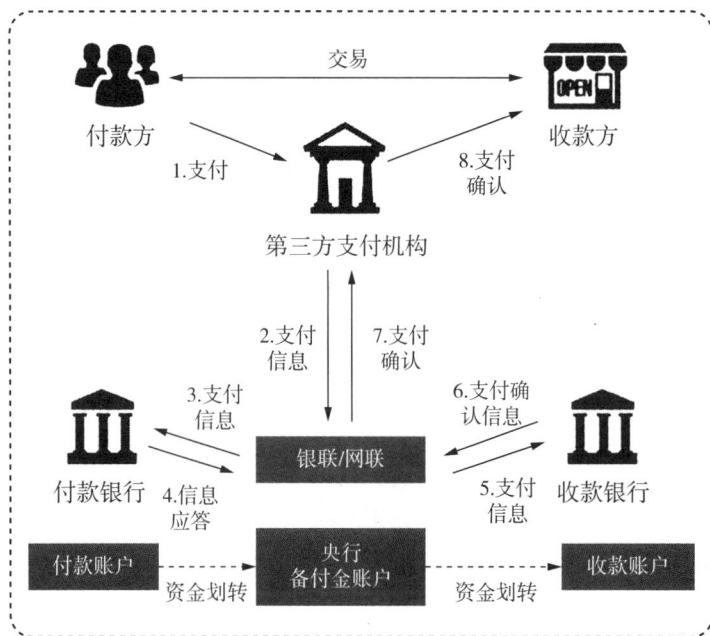

图 6.10　间接连接模式的第三方支付典型流程

付款方向收款方发起交易后,主要涉及如下支付流程:

①商户向第三方支付机构提交支付请求;

②第三方机构把消费者的相关支付信息推送至网联等清算机构;

③网联将支付路径信息推送至付款银行;

④付款方完成支付后付款银行向清算机构返回信息应答;

⑤清算机构向收款行推送支付信息;

⑥收款行向清算机构返回支付确认信息;

⑦清算机构向第三方机构推送支付确认信息;

⑧第三方机构向商家推送支付确认信息,完成整个支付流程。

在此过程中,涉及付款行向第三方机构央行的备付金账户划转资金,备付金账户向收款行划转资金的资金流过程。

在上述支付过程中,第三方支付平台作为信用中介解决了消费者与商家之间的信任问题,并且第三方无法获取双方交易的具体内容,包括消费者和商家的基本信息、消费者的账号信息等。与传统资金划拨交易方式相比,第三方支付能够保证货物质量,并对交易诚信、退换要求等内容进行规定,在商务交易过程中,较好地对交易双方的行为进行约束和监督。

6.6.3　第三方支付运营模式

第三方支付平台的运营模式包括两类,独立的第三方网关模式、具备电子交易平台且具有担保功能的第三方支付网关模式。

1)独立的第三方网关模式

所谓独立的第三方网关,是指与电子商务网站无关联,第三方支付机构为签约消费者提供的服务共享平台,该平台能够提供与订单、支付相关的多项增值服务。消费者可从平台前端选择特定的支付方法,而平台后端与诸多银行相连接。平台的主要功能是负责和不同银行之间进行账务清算,并为商家提供订单管理,为消费者提供账户查询功能。银联支付、百付通、首信易支付均采用这种运营模式。

使用这种运营模式的第三方支付平台的特点:内部设有独立网关,灵活性较好,通常都有政府支持;同时,能够根据消费者的规模和特点确定提供的商品,以此收取交易的服务费。这类平台的用户以中小用户和有结算需求的政企单位为主。

该运营模式的缺点是缺乏可靠的信用评价体系,抵御信用风险的水平还需进一步提高。

2)具有电子商务和担保功能的第三方支付网关模式

这种运营模式的第三方支付平台,可以和电子商务平台合作开发,与各大银行之间建立长期合作关系,是依靠公司自身实力与信用度承担担保的支付平台。它凭借电子商务平台与担保支付平台,吸引商品提供方的注意力。

在消费者下订单后,利用该平台提供的账户完成相应的货款支付之后,第三方支付机构给商品(服务)提供方发出通知,告知第三方机构已收取货款,商品提供方可以发货给消费者。消费者收到商品(服务)后进行检验,若没问题,则通知第三方支付机构付款给商品(服务)提供方。

这类运营模式的特点是主要面向中小型客户(包括个人),并为其提供服务,以收取交易服务费、店面费的方式获取利润。此外,第三方机构有着自己的用户资源,根据历史交易记录建立与用户相关联的信用评价体系,提供较好的可信度。

但是,该运营模式也面临着一些问题:认证程序比较复杂;出现交易纠纷时难以仲裁;钱款暂留于第三方支付机构账户有吸储嫌疑等。

目前,这类第三方支付模式、第三方支付平台发展较快。2020年中国第三方移动支付与第三方互联网支付交易总规模达到270万亿元,支付宝、财付通和银联商务市场份额位居前三位,其次是壹钱包、翼支付、宝付支付、快钱、易宝支付、环讯、苏宁金融等。

6.7 本章小结

安全电子支付是电子商务的一个十分重要部分,也是制约着电子商务发展的一个瓶颈。本章在对电子支付的基本手段——信用卡支付进行分类介绍后,分析了目前常用的智能卡、电子支票、电子现金和微支付系统等电子支付方式的基本原理和实现方法,力图使读者可以对常用的电子支付工具有一个比较全面的认识。与传统的支付方式相比,电子支付方式具有使用方便、覆盖面广、适应性强等优点,当然前提是它依赖于确保安全的计算机网络与电子商务环境及技术支撑。无论是智能卡、电子支票、电子现金、微支付系统还是第三方支付,它们都有各自的优势和适用的范围与场合,在电子商务应用中可以根据实际情况选择合适的电子支付系统。这些年来电子商务在我国的快速发展和普及情况表明,安全电子支付系统得到了广泛的应用。

习题 6

1.比较传统支付方式与电子支付方式的区别。

2.电子支付的主要形式有哪些?

3.目前网上信用卡支付有哪几种方式? 各有什么特点?

4.简述智能卡、电子现金、电子支票的使用过程。

5.为什么要设计微支付系统? 它有什么特点?

6.电子现金有什么特点?

7.请根据自己的理解,描述电子支付的发展前景。

8.微支付系统为什么要采用 Hash 链?

9.简述第三方支付方式的优缺点。

10.在中国,目前有哪些主要第三方支付平台?

11.中国银联云闪付整体架构主要包括哪些内容?

第 7 章
安全电子支付协议

电子商务活动的关键在支付,在线支付的安全又是其中最为关键的问题,目前在线支付安全协议主要有 SET 和 SSL。本章将介绍这两种电子支付的安全协议,并对两种安全协议进行比较。

7.1　安全电子交易协议 SET

在 Internet 这样的开放网络上进行电子商务活动,从支付的角度来看,最关键的问题是安全性。为此,众多的学者、研究机构以及企业在这方面投入了大量的人力、物力和财力,并于 1996 年提出了安全电子交易 SET(Secure Electronic Transaction)、安全电子支付 SEPP(Secure Electronic Payment Protocol)等协议。1997 年 4 月,以 IBM、Netscape、Master Card、Visa 以及美国数家大银行为首的一个巨大的国际合作集团,联手推出了基于 SET 和 SEPP 的网络商贸(Net Commerce)系统。该系统所涉及的商贸范围包括 B2B、B2C、商贸与支付等多个领域。基于安全数据交换协议的电子商务系统的出现,使现有企业经营模式和商贸流通模式从根本上发生了改变。它不但是技术发展中的一件大事,而且是整个社会网络化、信息化进程中的一个飞跃,对未来社会的发展十分重要。由于 SET 协议基于 TCP/IP 标准和 Web 技术规范并以安全数据交换为宗旨,所以它们一经提出就受到普遍欢迎。

安全电子交易协议 SET 主要通过使用多种密码技术对交易数据及支付信息进行加密,以确保信息的保密性,并使用数字证书来验证参与交易各方的身份,因而保护了在 Internet 上进行交易的各方的安全。

7.1.1　SET 协议的功能

SET 协议主要是为了解决持卡人、商家和银行之间通过信用卡(含借记卡、储蓄卡,下同)来进行网上支付的交易而设计的,旨在保证支付信息的机密性、支付过程的完整性、商家以及持卡人身份的合法性以及可操作性。SET 的核心技术主要采用了公钥密码、数字签名、数字证书等。SET 能在电子交易环节上提供更大的信任度、更完整的企业信息、更高的安全性和更少受欺诈的可能性。

SET 交易分为 3 个阶段进行：第一阶段为购买请求阶段，持卡人与商家确定所用支付方式的细节；第二阶段是支付的认定阶段，商家与银行核实，随着交易的进行，他们将得到付款；第三阶段为收款阶段，商家向银行出示所有交易的细节，然后银行以适当方式划转货款给商家。

在整个交易过程中，持卡人只和第一阶段有关，银行与第二、第三阶段有关，而商家与 3 个阶段都要发生联系。每个阶段都要使用不同的加密方法对数据加密并进行数字签名。使用 SET 协议，在一次交易中，要完成多次加密与解密操作，故要求商家的网络服务器具有很高的处理能力。

SET 是一个基于可信的第三方认证中心的方案，它要实现的主要目标如下。

①保障付款安全。确保付款资料的机密性及完整性，提供持卡人、商家、收单银行的认证并定义安全服务所需的算法及相关协定。

②确保应用的互通性。提供一个开放式的标准，明确定义细节，以确保不同厂商开发的应用程序可共同运作，促成软件互通。同时，在现存各种标准下构建该协定，允许在任何软、硬件平台上执行，使标准达到相容性和接受性的目标。

③达到全球市场的接受性。在对商家、持卡人影响最小及容易使用的前提下，达到全球普遍性。允许在目前使用者的应用软件上嵌入付款协定的执行，对收单银行与商家、持卡人与发卡银行间的关系以及信用卡组织的基础构架改变最少。

因此，SET 协议保证了电子交易的机密性、数据完整性、身份的合法性和不可否认性。

1）机密性

SET 协议采用公钥密码算法来保证传输信息的机密性，以避免 Internet 上任何无关方的窥探。通过使用公钥密码算法，确保只有指定的接收者才能解读信息，从而保证信息的机密性。

SET 协议也可通过双重签名的办法，将信用卡信息直接从持卡人通过商家发送到商家的开户行，而不允许商家访问客户的账号信息。这样客户在消费时可以确信其信用卡号没有在传输过程中被窥探，而接收 SET 交易的商家因为没有访问信用卡信息，故免除了在其数据库中保存信用卡号的责任。

2）数据完整性

通过 SET 协议发送的信息经过处理后，将产生唯一的报文摘要值，一旦有人企图篡改报文中包含的数据，接收方重新计算出的报文摘要值就会改变，从而被检测发现，这就保证了信息的完整性。

3）身份认证

SET 协议可使用数字证书来确认交易涉及的各方（包括商家、持卡人、收单银行和支付网关）的身份，为在线交易提供一个完整的可信赖环境。

4）不可否认性

SET 交易中数字证书的发布过程包含了商家和持卡人在交易中的相关信息。因此，如果持卡人用 SET 发出一个商品的订单,在收到货物后,他(她)不能否认发出过这个订单;同样,商家也不能否认收到过这个订单。

7.1.2　SET 协议的支付模型

SET 协议支付模型如图 7.1 所示。

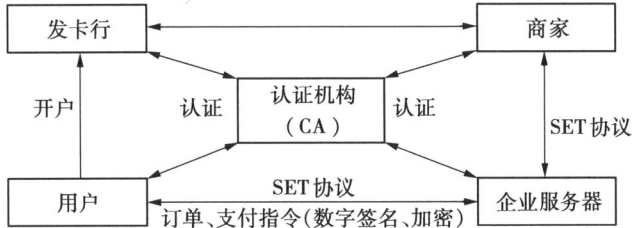

图 7.1　SET 协议支付模型

从图 7.1 中可见,持卡人(用户)首先在银行开立信用卡账户,获得信用卡。接下来,用户在商家的 Web 页面上查看商品目录,并选择所需商品;选定商品后填写订单,并通过网络传送给商家,同时附上付款指令(订单和付款指令要有用户的数字签名并加密,使商家无法看到用户的账户信息)。当商家收到订单后,向发卡行请求支付许可;发卡行确认后,批准交易并向商家返回确认信息;然后,商家发送订单确认信息给用户并发货给用户。最后,商家请求银行支付货款,银行将货款由用户的账户划转到商家的账户。至此,整个交易结束。

7.1.3　SET 协议的组件

SET 由几个成员组件构成。这些组件分别是电子钱包(Electronic Wallet)、商家服务器(Merchant Server)、支付网关(Payment Gateway)和认证中心(Certification Authority, CA)等。通过这几个成员组件,即可在 Internet 上构成符合 SET 标准的安全支付系统。

1)持卡人(Cardholder)

持卡人即信用卡持有人,是基于 SET 的交易中的购物者。持卡人要参加 SET 交易,必须要有一台能够上网的电脑(手机),还必须到发卡银行去申请并得到一套 SET 交易的持卡人软件,该软件一般称为电子钱包。同时,持卡人一般在申请电子钱包的同时,会注册并取得数字证书,然后才能使用基于 SET 协议的支付手段来购物。在持卡人和商家的会话中,SET 可以保证持卡人的个人账号不被泄露。

2)商家(Merchant)

商家指的是在网络上提供商品的商店或者提供服务的机构,是 SET 交易的另一方。商家的网上商店必须集成 SET 交易的商家软件,持卡人在网上购物时,由网上商店提供服务;购物结束进行支付时,由 SET 交易商家软件进行支付结算。与持卡人一样,商家也必须先到收单银行开立账号,并申请数字证书。

3）支付网关（PaymentGateway）

买卖双方的交易，最后必须通过银行进行支付。基于安全因素，开放的 Internet 和银行的专用网络是不能直接连接的。为了接收从 Internet 上传来的支付信息，在银行网络与 Internet 之间必须有一个专用系统，接收处理从商家传来的扣款信息并通过专线传送给银行；银行对支付信息的处理结果再通过这个专用系统反馈给商家，这个专用系统称为支付网关。

由于商家收到持卡人的购物请求后，要将持卡人账户和扣款金额等信息发送给收单银行，所以支付网关一般由收单银行来担任。但是，支付网关是一个相对独立的系统，只要保证支付网关到银行之间的通信是安全的，银行就可以委托信任的第三方来担任网上交易的支付网关。支付网关的一端连接到 Internet 上接收商家传来的扣款信息；另一端与收单银行相连，及时将信息转送给收单银行。与持卡人一样，支付网关也必须申请数字证书。

4）收单行（Acquirer）

商家要参与 SET 交易，必须要有收单银行的参与。收单银行指的是为商家开立银行账号，并在每次 SET 交易中担任收款服务的金融机构。收单银行虽然不属于 SET 交易的直接组成部分，却是完成交易必需的参与方。网关在收到商家传来的 SET 支付请求后，要将支付请求转交给收单银行，进行银行内部的联网支付处理工作。这部分工作与 Internet 无关，属于传统的信用卡受理工作。因此可以看出，SET 交易实际上是信用卡受理的一部分，SET 交易并未改变传统的信用卡受理过程。

5）发卡行（Issuer）

发卡行即发行信用卡的银行。交易的扣款请求最后必须通过银行专用网络，经过收单银行传送到持卡人的发卡银行进行授权和扣款。同收单银行一样，发卡银行也不属于 SET 交易的直接组成部分，但也是完成交易必需的参与方。SET 系统的持卡人软件一般是从发卡银行处获得的，持卡人要申请数字证书，也必须先由发卡银行批准，才能从认证中心得到。可以说，发卡银行在安全电子交易中起着很重要的作用。而在每一笔 SET 交易中，发卡银行和收单银行一样，完成传统信用卡联网受理的那一部分工作。当收单行通过银行专用网络要求付款授权的时候，发卡行就应该响应付款授权的申请，等到交易完成后再与收单行进行账务清算。

6）认证中心（CertificateAuthority，CA）

认证中心又称证书管理机构，是对网络上交易各方进行网络身份认证的机构，其主要职责是向参与交易的各方发放数字证书。

图 7.2 是一个简单的 SET 交易系统示意图。持卡人、商家、网关通过 Internet 进行交易，网关通过专用网络与收单银行之间传递交易信息，收单银行与发卡银行通过银行专用网络传递交易信息，CA 通过 Internet 向交易的各方发放证书，并通过专用网络与收单银行、发卡银行建立联系，进行证书的认定工作。

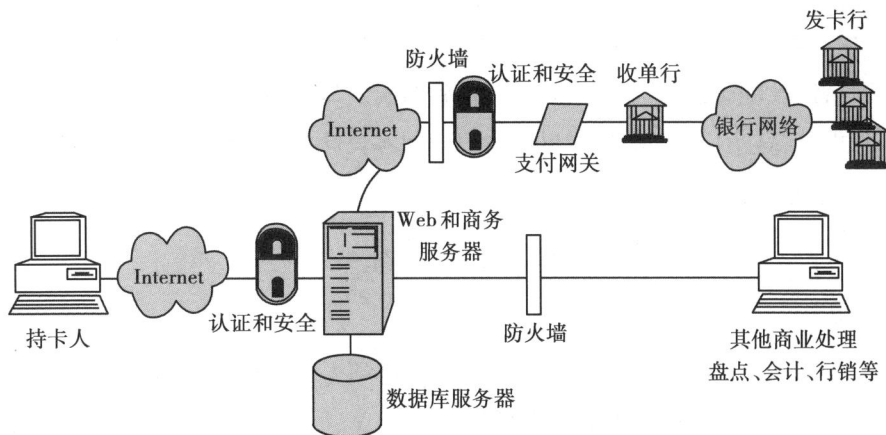

图 7.2　SET 交易系统架构

7.2　SET 的加密技术和认证技术

7.2.1　与 SET 有关的密码技术

1）密码技术

正如第 2 章所述,目前广泛使用的密码技术不外乎分为私钥(对称)密码体制和公钥(非对称)密码体制,在 SET 的加解密过程中,这两种加密体制都使用到了。SET 将对称密钥体制与非对称密钥体制两者各自的优势有效、完美地结合在了一起。

考虑到成千上万消费者在 Internet 上交换信息,要对每一个消费者通过某种渠道发放密钥,在现实中是不可取的(一方面是量太大,另一方面是安全性问题)。通常采取公钥密码技术,商家生成一个公共密钥对,消费者使用商家公开发布的公开密钥与商家进行保密通信,商家采用自己掌握的私钥进行数据解密处理。

2）数字信封

SET 依靠密码系统来保证消息的可靠传输,使用随机生成的对称密钥来加密数据,然后将此对称密钥用接收者的公开密钥加密(称为消息的"数字信封"),将其和数据一起发送给接收者。接收者先用自己的秘密密钥解开数字信封,得到对称密钥,然后使用对称密钥解开密文,得到数据。

3）数字签名

发送者使用自己的秘密密钥加密数据发送给接收者,接收者使用发送者的公开密钥解密数据后,就可确定消息来自哪一个发送者,这就保证了发送者对所发送的信息不能抵赖。这样就相当于信息被发送者签名了,因此称为数字签名。

4）消息摘要

消息摘要(Message Digest)是一个唯一对应一个消息或文本的值,由一个安全单向 Hash

函数对消息进行运算产生。发送者使用秘密密钥加密摘要信息附在原文后面,称为消息的
"数字签名"。接收者通过数字签名可以确信消息确实来自谁。另外,若消息在传输途中被
篡改,则接收者通过将收到的消息重新计算得到的摘要与原摘要就会不一致,这样就可以知
道消息是否被篡改。因此,消息摘要可确保消息的完整性。

7.2.2　SET 的加密和解密流程

SET 协议在执行过程中涉及加密流程和解密流程两个部分。

1)加密流程

发送方在发送前必须自己先取得数字证书,还必须先得到接收方的数字证书,才能正式
进行数据通信。图 7.3 所示为发送方的加密流程。

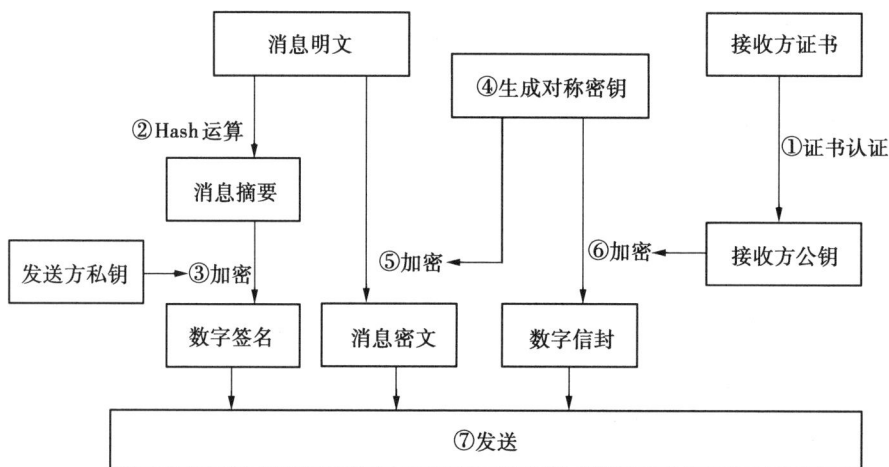

图 7.3　发送方加密流程

发送流程如下。

①对接收方的数字证书进行认证;

②对要发送的消息明文进行 Hash 运算,生成消息摘要;

③用发送秘密密钥对消息摘要加密,生成数字签名;

④随机生成对称密钥;

⑤用对称密钥对消息明文进行加密,生成消息密文;

⑥用接收方的公开密钥对对称密钥加密,得到数字信封;

⑦将消息密文、数字签名、数字信封及发送方数字证书发送给接收方。

2)解密流程

图 7.4 所示为接收方的解密流程。

接收方按下列步骤对所接收到的消息进行解密及验证。

①接收方接收发送方发送来的消息;

②对发送方的数字证书进行认证;

③接收方用自己的秘密密钥对数字信封解封,得到对称密钥;

④用对称密钥对消息密文解密,还原得到消息明文;

⑤用发送方的公开密钥对数字签名进行解密,得到消息摘要;

⑥对消息明文进行 Hash 运算,得到重新计算的消息摘要;

⑦比较两个消息摘要,确认消息的完整性;

⑧如果两个摘要相同,说明消息是相应方发送的,并且在传输中没有被篡改,那么保存消息明文。

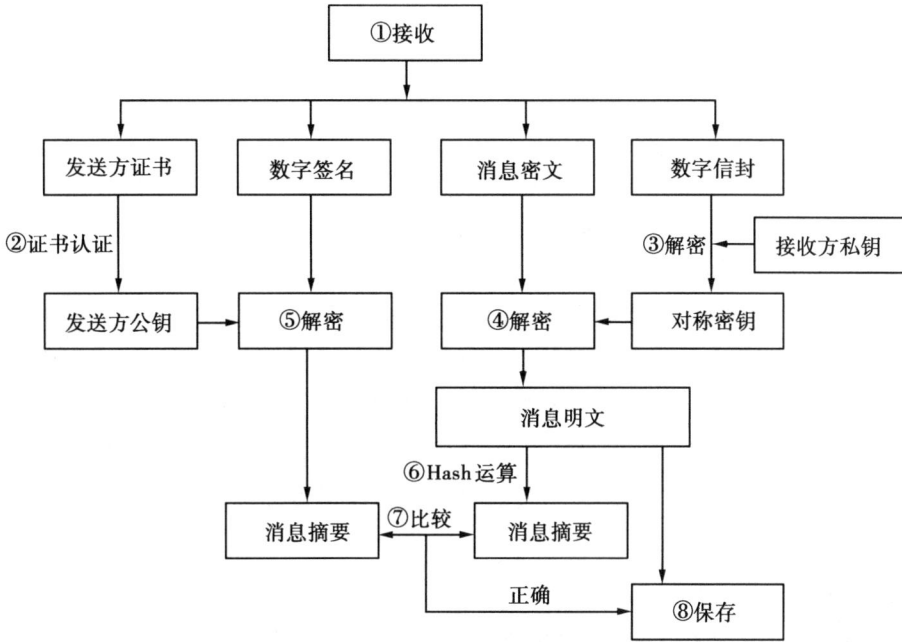

图 7.4　接收方解密流程

7.2.3　SET 的认证技术

任意两方要在网上完成一笔交易,首先需要确定对方的身份是否可信。对用户身份认证的一个可行解决办法是由一个大家都信任的第三方来验证,这第三方就是认证中心(CA)。

1)证书

在进行交易的时候,持卡人和商家两边符合 SET 规范的软件会在数据交换前分别确认双方的身份,也就是检查由第三方所发给的证书。在 SET 规范中有下列证书。

(1)持卡人证书(Cardholder Certificates)

持卡人证书代表持卡人合法拥有支付卡,它是由金融机构数字签名的,不能由其他第三方产生。对于 SET 协议,支付卡品牌可以决定是否使用持卡人证书,这是可选的。

(2)商家证书(Merchant Certificates)

商家证书表示商家能够接收该支付卡的消费,因为它是由商家的金融机构数字签名的。

这些证书由收单行金融机构认证,说明商家与收单行达成协议。在 SET 协议中,一般来说,一个商家对每个支付卡品牌拥有一对证书。

(3)支付网关证书(Payment Gateway Certificates)

支付网关证书由收单行或收单行的处理系统(处理授权和请款消息)拥有,持卡人从支付网关证书得到公开密钥来加密保护持卡人的账户信息,保证只有收单行才能看到持卡人的账户信息。支付网关证书由支付卡品牌的收单行发行。

(4)收单行证书(Acquirer Certificates)

一个收单行必须拥有证书才能使一个 CA 接收和处理商家从公共或专用网络发出的证书请求。那些让支付卡品牌来代理处理证书请求的收单行不需要证书,因为它们不处理 SET 消息,收单行从支付卡品牌接收它们的证书。

(5)发卡行证书(Issuer certificates)

一个发卡行必须拥有证书,CA 才能接收和处理来自持卡人的证书请求(通过公共网络或专用网络)。那些选择支付卡品牌来代理处理证书请求的发卡行不需要证书。

持卡人的证书必须由发卡行来颁发。在第一次上网购物之前,持卡人必须先通过一个客户端程序输入基本资料(包括姓名、卡号、支付卡有效日期、地址等可以确认持卡人的身份资料)给发卡行。这些资料使用银行的公开密钥加密,安全地送至银行。发卡行确认此账户正确无误后,便会发给持卡人具有发卡行数字签名的证书。持卡人只要将证书储存在电脑(手机)上,即可进行电子购物。同样,商店也必须取得收单行的电子证书才可以接受 SET 方式的支付。商家要将它们的基本资料传给收单行,收单行在确认无误后,就会发出证书,允许商家从事电子商业行为。

2)证书管理机构(CA)

CA 又称证书中心或认证中心,是提供身份验证的第三方机构,它由一个或多个用户信任的组织实体来承担。在网上交易中,CA 的作用主要是对交易的各方进行身份验证,即商家可以通过 CA 对持卡人进行认证;同样,持卡人也可以通过 CA 对商家进行认证。

CA 的主要功能有:接受注册请求,处理、批准/拒绝请求以及颁发证书。在实际运作中,CA 也可以由大家都信任的一方担当,如在客户、商家和银行这三者中,客户使用的是某个银行发行的卡,而商家又与此银行有业务关系(有账号)。在此情况下,客户和商家都信任银行,就可由银行担当 CA 角色负责接收、处理其持卡客户证书和商家证书的验证请求。又如,对于商家自己发行的购物卡,则可由商家自己担任 CA 角色。

3)证书的树型验证机制

CA 采用层次式结构,最上面一层称为根 CA(Root CA),一般由国际上的权威机构担任;下层的 CA 由上层 CA 授权。作为各级 CA,不仅要为交易的各方发放证书,还要为下级的 CA 发放证书,同时自己也要向上级 CA 申请证书。一个 CA 只有自己拥有了证书,才能为下级 CA 发放证书,并在证书上进行数字签名,因为只有 CA 签名的证书才是有效的。

当交易双方通信时,各方通过由某个 CA 签发的证书来证明自己的身份。如果对签发证书的 CA 本身不信任,则可对 CA 的身份进行验证。以此类推,一直到公认的权威 CA 处,这就可以确认证书的有效性。SET 证书正是通过信任层次来逐级验证的。每一个证书与签发证书的实体的签名证书关联。例如,C 的证书由名称为 B 的 CA 签发,而 B 的证书又是由名称为 A 的 CA 签发的,A 是权威机构,通常称为 Root CA(根 CA)。验证到了 Root CA 处,就可确信 C 的证书是合法的。

在网上购物中,持卡人的证书与发卡机构的证书关联,而发卡机构证书通过不同品牌卡的证书连接到 Root CA。Root 的公共签名密钥对所有的 SET 软件都是开放的,可以校验每一个已经签发的证书。

7.3　SET 协议分析

7.3.1　SET 协议复杂性分析

在完成一次安全电子商务交易协议的过程中,需要验证证书 9 次,验证数字签名 6 次,传递证书 7 次,进行签名 5 次,对称加密 4 次,非对称加密 4 次。完成一次 SET 协议交易过程需花费较长时间。由此可知,SET 的处理过程比较复杂、成本高,且只适合于客户安装了电子钱包的场合。SET 的证书格式比较特殊,虽然也遵循 X.509 标准,但它主要是由 Visa 和 Master Card 开发并按信用卡支付方式定义的。实际上,银行的支付业务不仅仅是卡支付业务;而 SET 支付方式和认证结构只适合卡支付。因此,SET 支付方式受到限制。

一般认为,SET 协议的保密性好,具有不可否认性,SET 的 CA 有一套严密的认证体系,可以保证 B2C 类型的电子商务安全顺利地进行。事实上,安全是相对的,目前,电子商务中仍存在信息的保密性问题。要保证支付和订单信息的保密性,即要求商家只看到订单信息,支付网关只能读取支付信息。但在 SET 协议中,虽然账号不会以明文传递,但事实上大多数商家都收到了持卡人的账号。

7.3.2　SET 协议的安全性分析

一个系统的安全性不仅与密码算法有关,还涉及许多方面,如口令和秘密密钥的泄露、公开密钥被篡改、病毒的攻击、物理安全受到侵犯等,而这些方面的问题是难以形式化地描述和分析的。下面的分析主要从算法的角度进行。

SET 涉及多方通信,其中任意两方通信时使用的方法与 PGP 类似。SET 中使用 DES 和 RSA 混合的加解密方法。假设发送方为 A,接收方为 B,其加密和解密过程如下:

①A 先用安全散列算法 SHA-1 生成一个消息摘要。

②A 然后用 RSA 算法对消息摘要加密,生成数字签名。

③随机生成一个密钥,对消息明文、数字签名和 A 自己的证书用 DES 算法加密,得到加密后的消息。

④用 B 的公开密钥对随机生成的密钥加密,这个结果称为数字信封。

⑤传送加密后的消息和数字信封给 B。

⑥B 收到后,先用自己的秘密密钥解开数字信封,得到解密消息用的密钥。

⑦用得到的密钥解密消息,这其中有 A 的公开密钥、数字签名和消息明文。

⑧用 A 的公开密钥解密数字签名,得到消息的摘要。

⑨用在⑦中还原得到的消息明文,通过 SHA-1 算法生成消息的摘要。

⑩比较⑧和⑨得到的摘要,如果两者相同,那么表明消息在传输过程中是完整的;如果两者不同,则表明消息在传送过程中被篡改。

DES、RSA、SHA-1 算法和随机数的生成方法是 SET 安全性的关键。下面逐个对其进行分析。

1)DES 的安全性

在 SET 1.0 中,使用标准的 DES 算法,共有 56 位密钥。这种方法的加密强度不是很大,使用专用的计算机可以很快攻破。在 SET 协议中,当银行与持卡人之间的信息交换要通过商店时,还需使用 CDMF 方法来对信息加密,这个方法的加密强度相当于一个 40 位的 DES 算法,可以在高性能计算环境下几十秒甚至之内被强力攻击的方式攻破。

因此,为了满足不同用户的要求,在 SET 2.0 中,采用了与算法无关的设计,使用三重 DES 对消息进行加解密,将来可能使用 AES。三重 DES 的强度相当于 112 位的 DES,在当前的技术条件下,可以满足大多数情况下的安全性要求。

2)RSA 的安全性

在 SET 中,从 Root CA 发出的信息是用 2048 位的 RSA 算法加密的,其他的信息交换都是用 1 024 位的 RSA 算法加密。RSA 密码的安全性在可以预见的时间内是非常安全的。在 SET 2.0 中,将用安全性更高的椭圆曲线密码 ECC 算法来代替 RSA 算法。

3)SHA-1 的安全性

SHA-1 对于任意长度的消息都生成一个 160 位的消息摘要,如果消息中有一位发生变化,那么,消息摘要中大约会有一半的数据位发生变化,两个消息的摘要完全相同的概率是 10^{-48}。因此,对 SHA-1 进行直接的攻击几乎是不可能的。

还有一种攻击方法,称为生日攻击。生日攻击实际上也是为了找到两条能产生同样散列结果的明文。生日攻击的名称来自概率论中的生日问题,即在多于 70 个人中至少有两个人生日相同的概率已经是 99%以上了,对于 SHA-1 来说,如果尝试 2^{80} 条明文,那么,它们之间至少有一对发生冲突的概率就是 50%,但对当今的计算能力来说,有相当大的难度。

4)随机数的安全性

这也是电子商务交易安全性中的一个很重要的部分。但是,随机数的安全性问题已经不是 SET 中的问题了,它是由软件的制造商来负责的,SET 1.0 中推荐使用 RFC 1750 (Randomness Recommendations for Security)中的方法。一个系统要通过 SETCo 的认证,这也是一个要接受测试的地方。

总之,虽然 SET 还存在着加密强度不够等问题,但是,它在 B2C 的电子商务模式中是比较成功的,在世界范围内已经得到了比较广泛的应用。

7.4 基于 SSL 协议的电子支付

除 SET 协议外,SSL 协议也是一种常见的安全电子支付协议。

在第 3.3 节中,已经对 SSL 协议的背景及 SSL 协议规范进行了阐述,本节从安全支付的角度来分析 SSL 协议。

7.4.1 基于 SSL 协议的交易过程

1)基于 SSL 协议的网上支付交易

（1）支付流程

持卡人在商家的网站上浏览商品,选择欲购买的商品放置于购物车中,然后点击支付按钮,并选择基于信用卡的在线支付方式。持卡人使用 SSL 协议进行在线购物的支付流程如图 7.5 所示。

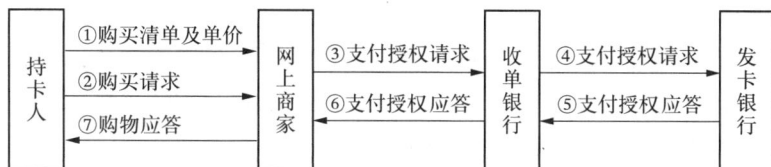

图 7.5 基于 SSL 协议的网上购物支付流程

持卡人使用 SSL 协议进行在线购物的支付流程如下。

①商家系统根据持卡人购物车中的欲购买商品,将购置商品的项目、数量、单价及总价等资料传回给持卡人,并提示要求持卡人输入卡号、卡的有效期等信息。

②持卡人检查商家传送过来的购买项目、单价等资料,确认无误后,输入卡号及卡的有效期等信息。

③商家通过专用网络向收单银行的支付网关发送支付授权请求。

④收单银行收到支付授权请求后,通过银行网络,向持卡人所属的发卡银行发送支付授权请求。

⑤发卡银行对所要求的持卡人的支付授权应答经由银行网络传回给收单银行。

⑥收单银行将支付授权应答通过专用网络传回商家。

⑦商家确认支付授权请求完成无误后,向持卡人发送交易完成的应答信息。

（2）存在的风险

在整个购物支付流程中,步骤②是最需要进行安全保护的地方。通过 SSL 协议便可确保持卡人传送的信用卡等相关信息在网络上不会被黑客拦截或窃取。

下面列出的是通过 SSL 协议进行网上购物时可能遇到的风险。

①商家服务器端证书的信任问题。虽然 SSL 协议已经定义了完整的服务器端验证程序,而且这种程序是建立在认证中心所发放的"服务器端证书"的信任之上的。但是,由于目

前还没有一个较严谨的 PKI 规范,因此,客户很容易信任或者无从识别该网站上的服务器数字证书是否有效,这样就会丧失原来 SSL 服务器端认证的安全机制。因此,持卡人在通过 SSL 协议进行网上购物支付时,要注意浏览器上出现的任何信息,一定要检查这些信息的意义(如商家证书的有效期等),绝不要相信任何不确定的数字证书。

②商家服务器端系统遭黑客入侵。SSL 协议只能保障传输过程的安全性,但是交易资料进入商家的计算机系统后,其数据库可能存放的是交易资料的"明文"信息。一旦发生黑客入侵或系统管理员误用的情况,其后果不堪设想。

③不法人员伪造商家网站(钓鱼网站)。不法人员伪造商家网站,以骗取消费者的信用卡号等信息。钓鱼网站的内容与合法的商家网站的内容可能一模一样,这样,持卡人如果在钓鱼网站上购物支付时,持卡人的浏览器将不会发出任何警告,而持卡人可能误以为他(她)在合法的商家网站上进行购物支付交易。因而,持卡人的资料就被该钓鱼网站窃取,使持卡人遭受损失。因此,消费者进行网上交易时,一定要在浏览器上明确地输入网站的域名,不要通过任何搜索引擎的搜索结果来链接该商家网站。

2)基于 SSL 协议的网上银行交易

网上银行的主要目的是通过 Internet 提供绝大部分原本通过 ATM、电话或者银行柜台所提供的业务(如资金转账、账号资料查询等)。要实现网上银行,在安全性方面至少要实现客户身份的可鉴别性、客户资料的机密性与数据完整性等特征。

SSL 原本就可以做到身份鉴别、资料完整和资料机密保护,但如果要通过 SSL 所提供的客户端识别,客户端便需要有公钥对及数字证书。正因为这样,目前的应用都还是由应用层提供所谓的用户名(卡号)/密码来进行身份鉴别的。其实,无论是网上银行还是网上证券都具有所谓的服务特定客户的特性,因此若要利用 SSL 的客户端识别机制,并不像想象中那样烦琐。不过,目前大部分的应用还是采用所谓的用户名(卡号)/密码来进行身份鉴别。

通过 SSL 协议进行网上银行交易的流程如图 7.6 所示。

图 7.6　基于 SSL 协议的网上银行交易流程

从图 7.6 可见,利用 SSL 协议进行网上银行交易的步骤如下。

①持卡人送出身份鉴别的相关资料(如用户名、密码等)以示其身份。

②持卡人通过 Internet 向网络银行要求执行某个电子交易(如资金转账等)。

③网络银行根据交易结果回送交易应答消息给持卡人。

整个交易过程都将受到 SSL 协议加密及信息完整性的保护,并通过应用层来实现身份鉴别的安全机制。

7.4.2　SSL 协议相关技术

1）密码算法

SSL 协议 v2 和 v3 支持的密码算法包括 RC2、RC4、IDEA 和 DES,密码算法所用的密钥由消息散列函数 MD5 产生。RC2 是一种对称分组加密算法,它可作为 DES 算法的建议替代算法,它的输入和输出都是 64 比特,密钥的长度是从 1 字节到 128 字节可变。RC4 是密钥长度可变的流加密算法簇。之所以称其为簇,是由于其核心部分的 S-box 长度可为任意,但一般为 256 字节。

2）认证算法

SSL 认证算法采用 X.509 数字证书标准、使用 RSA 算法进行数字签名来实现。对于个人客户而言,一般 Web 应用都是采用单向认证的,单向认证不需要客户拥有证书。原因很简单,对于大量的客户,在应用逻辑层来验证用户的合法登入是一种更简单的方案。

但如果是企业应用对接,情况就不一样,一般会要求同时对客户做身份验证。这时需要做双向认证,这种情况要求服务器和用户双方都有数字证书。

7.4.3　对 SSL 协议安全机制的分析

SSL 协议可以被用来建立一个在客户和服务器之间安全的 TCP 连接。它可以鉴别服务器、执行密钥交换、提供消息鉴别、提供在 TCP 上的任意应用协议数据的完整性和机密性服务,其安全机制包括以下 4 个方面。

（1）加密机制

SSL 连接是受加密保护的。双方于连接建立之初即协商出一套对后续连接进行加密的会话密钥,并选择一种密码算法（如 DES 和 RC4 等）,之后的传输信息将以协商的密钥进行加密保护。

（2）身份鉴别

SSL 既可以实现客户端对服务器端身份的鉴别,同样,在需要时也可以采用类似的方法对客户端进行身份鉴别。

（3）完整性机制

SSL 握手协议还定义了共享的、可以用来形成 MAC 的密钥。SSL 在对所传输的数据进行分片压缩后,使用安全单向散列函数（如 MD5、SHA-1 等）生成一个消息认证码 MAC,加密后置于数据包的后部,并且再一次和数据一起被加密,然后加上 SSL 首部进行传输。这样,如果数据被修改,其散列值就无法和原来的 MAC 相匹配,从而保证了数据的完整性。

（4）抗重放攻击

SSL 使用序列号来保护数据通信方免受报文重放攻击。这个序列号被加密后作为数据包的负载,在整个 SSL 握手中,都有一个唯一的随机数来标记这个 SSL 握手,这样重放便无机可乘。序列号还可以防止攻击者记录数据包并以不同的次序发送。

SSL 协议解决的是点到点之间的信息传输安全,它并没有解决 Web 站点自身的安全。在实际应用中,网络的安全要综合考虑。对 Web 站点进行防护,保证站点上的关键数据不被泄露,才能保证 SSL 协议实施的可靠性。因此,应结合具体网络的实际情况,利用 SSL 协议和 CA 认证技术,并辅以其他的安全技术共同解决安全传输问题。

7.5 SET 协议和 SSL 协议的比较

SET 协议和 SSL 协议都提供了通过 Internet 进行安全支付的手段,那么,哪个协议更适合运用于电子商务呢?下面,我们从协议本身和性能及费用等方面,对这两种协议进行比较。

SSL 提供网络上两台机器之间的安全链接。支付系统通过 SSL 连接传输信用卡信息。在线银行和其他金融系统也常常构建在 SSL 协议之上。SSL 被广泛应用的原因在于,它被大部分 Web 浏览器和服务器所内置和支持,比较容易实现。虽然基于 SSL 协议的信用卡支付方式促进了电子商务的发展,但如果想要使电子商务得以成功广泛发展的话,必须采用更先进的协议。

SET 是基于消息流的协议,用于保证在 Internet 上进行银行卡支付交易的安全性,能够有效地防止电子商务中的各种诈骗。SET 协议是一个复杂的协议,它详细而准确地反映了电子交易中各方传输信息的规则。实际上,SET 远不止一个技术方面的协议,它还说明了各方所持有的数字证书的含义、响应信息的各方应有的动作,以及与一笔交易紧密相关的责任分担等。

事实上,SET 和 SSL 除了都采用 RSA 公开密钥密码算法外,在其他技术方面没有任何相似之处,而 RSA 算法也被二者用来实现不同的目标。

7.5.1 SET 和 SSL 协议本身的比较

SET 是一个多方参与的消息报文协议,它定义了银行、商家、持卡人之间必需的报文规范,而 SSL 只是简单地在两方之间建立了一条安全链接。SSL 是面向链接的,而 SET 允许各方之间非实时地报文交换。SET 报文能够在银行内部网络或者其他网络上传输,而基于 SSL 协议之上的支付卡系统只能与 Web 浏览器捆绑在一起。

与 SSL 相比较,SET 具有以下几个方面的优点。

①SET 为商家提供保护手段,使得商家免受欺诈的困扰,从而降低商家使用电子商务的成本。

②对消费者而言,SET 保证了商家的合法性,并且用户的信用卡号不会被窃取,SET 为消费者保守了更多的秘密,从而使消费者在线购物更加轻松。

③银行和发卡机构以及各种信用卡组织推荐 SET,因为 SET 帮助它们将业务扩展到 Internet 这个广阔的空间,从而减少信用卡网上支付的欺骗概率,这使得它比其他的支付方式具有更大的竞争优势。

④SET 为参与交易的各方定义了互操作的接口,使一个系统可以由不同厂商的产品构筑,从而使 SET 得到更加广泛的应用。

⑤SET 可以应用在系统的部分或者全部。例如,一些商家考虑与银行链接时使用 SET,而与客户链接时仍然用 SSL。这种方案既回避了在顾客机器上安装电子钱包软件,同时又获得了 SET 提供的很多优点。绝大多数 SET 软件提供商在其产品中都提供灵活构筑系统的手段。

⑥SET 提供不可否认性。SET 协议的交易凭证中有客户的数字签名,因而银行就拥有客户曾经购物的证据。该功能的前提是客户必须保证秘密签名密钥的安全。如果客户的密钥丢失或被窃走,可能将带来严重的后果。因此,用户秘密密钥的保存手段是极其重要的。目前常用的方法是智能卡。智能卡提供了一种简便的方法,可以用它来存储和解释秘密签名密钥和证书,并且非常容易携带。如果银行发行的信用卡内嵌芯片的话,将会给人们在使用电子商务时带来更大的方便性和更高的保密性。

尽管 SET 与 SSL 相比具有更强的功能,但提供这些功能的前提是:SET 要求在银行网络、商家服务器、顾客的计算机上安装相应的软件,这些成了 SET 被广泛接受的障碍;SET 要求必须向各方发放证书,这也是大面积推广使用 SET 的障碍之一。因此,应用 SET 要比 SSL 昂贵得多。

以前,Internet 上电子商务的规模与其潜力相比是微不足道的。因为电子商务的规模在增加,所以出现欺诈的可能性也在增加。虽然 SSL 提供安全传输信用卡号码的可靠连接,但 SET 提供了完善的用于电子商务的支付系统,定义了各方的互操作接口,降低了金融风险。因此,由于 SET 交易的低风险性以及各信用卡组织的支持,SET 将在基于 Internet 的支付交易中占据主导地位。

同时,我们应该看到,SET 的普遍应用还需假以时日。在未来的一段时间内,可能会出现商家需要支持 SET 和 SSL 两种支付方式的局面。但由于 SET 实现起来非常复杂,商家和银行都需要改造原有系统以实现互操作。智能卡的推广使用将改变现有的电子商务方式,但是需要增加费用添置额外的设备,也需要时间被人们接受以做到广泛发卡。另外,很多厂商还致力于发展其他协议,如微支付(Micro payment)、对等支付(Peer to Peer Payment)方式等,以支持 SET 和 SSL 所不能支持的支付方式。

7.5.2 SSL 和 SET 性能比较

SSL 目前用于许多电子商务服务器,提供会话级别的安全,这意味着一旦建立一个安全会话,所有通过 Internet 的通信数据被加密。一个 SSL 会话相当于在电话线上加一个干扰器,当数据到达商家 Web 服务器时,解密所有数据。采用 SSL,购买者将可能承担以下风险:购买者不得不信任商家能够安全地保护他们的信用卡信息;无法确认保证商家是该支付卡的特约商家。

商家在在线交易中同样要冒风险。如同进行邮件和电话订购交易一样,因为商家无法保证购买者就是该信用卡的合法拥有者。另外,因为 SSL 加密所有信息,显示复杂页面时速度很慢,所以使用 SSL 进行交易的站点一般使用的界面比较简单。

而 SET 的设计增加了用户对支付处理的信心,能够保证商家是授权接受支付卡,同时也保证持卡人是合法拥有者。从商家观点看,SET 的典型应用——使用客户端认证来提供一种安全购买处理。这意味着,商家可以保证购买者不能否认交易。虽然客户端认证在 SSL 第 3 版中也提供,但是它仅用于某些金融应用(如家庭银行)。在 SET 中,只有交易中的敏感信息才加密,购物页面没有加密,因此可以在页面中使用更复杂的界面。然而,SET 协议面临着不少批评,主要批评包括:SET 协议过于复杂,处理速度慢,支持 SET 的系统费用较大。

具体来说,SET 和 SSL 的性能有如下差异。

从图 7.2 中可以看出,SET 系统有 3 个对象影响支付协议:客户计算机、商家的电子商务服务器以及收单行支付网关服务器。

①客户计算机。客户计算机性能对 SET 和 SSL 协议的影响较小,因为一次只处理一个交易。客户端的应用(电子钱夹)保存购物者的认证证书、信用卡和地址信息,其与商家服务器的通信速度主要取决于网络速度和商家服务器的处理能力,与 SET 和 SSL 协议无关。也就是说,对于 SET 和 SSL 协议,客户计算机的性能影响不大。

②电子商务服务器性能。电子商务服务器提供多种功能,包括强大的防攻击保护、在线目录和广泛的销售报告功能,并连接财务数据库,购买的安全连接只是众多功能的一小部分。图 7.7 描述了 SET 的密码操作,每个连接代表一个加密/解密操作。从图中可以看到,在客户端每个交易需要 2 个操作,在商家一方则需要 6 个操作,在收单行需要 4 个操作。

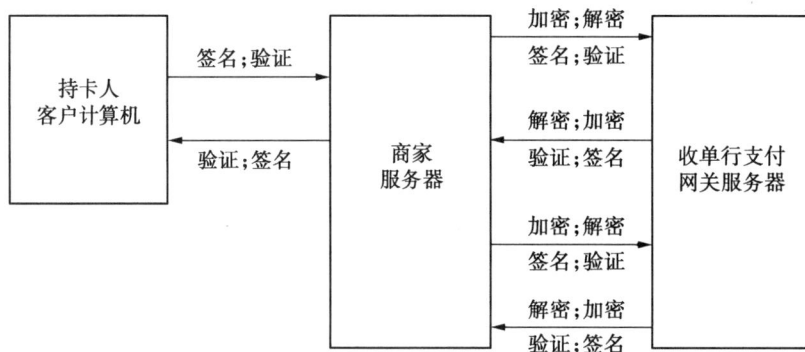

图 7.7 SET 加解密操作过程

而对于一个 SSL 连接,在客户端每个交易需要 1 个操作,在商家需要 3 个操作,在收单行需要 2 个操作。客户端需要的 1 个操作是由 SSL 服务器配置的,对客户端来讲,它由服务器自己认证,不要求客户端认证服务器。在 SET 中,支付网关应用程序要求 4 个操作,而典型的 SSL 使用 2 个操作来建立电子商务服务器和支付网关的 1 个 SSL 会话。

7.6　本章小结

SSL 协议和 SET 协议都是安全电子支付协议。SET 协议是专门为安全电子支付服务的,它是应用层的协议,用于保证在公共网络特别是 Internet 上进行银行卡交易支付的安全。通过使用密码、对交易各方身份的认证以及数字签名等技术,能够有效地防止电子商务中的各种诈骗,提高电子商务应用的安全性。SSL 则从连接的角度来保证数据传输的安全。

本章重点介绍了 SET 协议的功能、模型、组成、密码与认证技术,详细描述了 SET 协议的处理流程,分析了 SET 协议的安全性,然后分析了 SSL 协议的购物流程和安全机制,最后对 SET 与 SSL 协议作了比较分析。通过对本章的学习可以知道,在电子商务应用中使用 SET 协议能够保证电子交易的安全性,保护交易各方的利益。在一定时期内,SSL 协议和 SET 将并存。现在流行的安全电子商务协议 SET 是基于 PKI 构建的,购买者、商家和支付网关之间的身份认证通过传递和验证证书来实现,交互过程复杂,计算量大,效率不够高,且还不能很好地满足商品原子性和确认发送原子性,有待进一步研究完善解决。

习题 7

1. 试分析 SET 协议的安全性。

2. 举例说明 SET 协议的工作流程。

3. 举例说明基于 SSL 协议的购物流程。

4. 试比较 SSL 协议和 SET 协议的优劣。

5. 如有条件,请上网分别应用 SET 协议和 SSL 协议进行一笔电子商务交易。

6. 请解释商品原子性和确认发送原子性的含义。

第 8 章
移动电子商务安全

随着无线信息网络和移动通信技术的发展,电子商务进入移动时代。采用智能手机、平板电脑等移动设备进行的移动支付,由于方便易行、兼容性好,因此近年来逐渐成为一种很流行的支付方式。但是,自从移动电子商务出现以来,安全问题就一直困扰着这一新兴商务模式的发展。移动电子商务利用了很多新兴的技术和设备,因而出现了不少新的安全问题。与传统的电子商务相比,移动电子商务的安全问题更加复杂,出现了移动终端环境安全、Andriod 系统安全、移动支付账号或密码被盗、验证码短信被劫持转发、移动 App 的漏洞、公共免费 Wi-Fi 被黑客仿冒、钓鱼 Wi-Fi 等安全问题。

本章首先介绍移动电子商务安全威胁和体系结构,在此基础上,重点介绍移动电子商务安全协议和标准、基于 WPKI 的安全实现技术,以及基于 App 的移动支付及其安全解决方案、口令安全技术。

8.1 移动电子商务安全概述

8.1.1 移动电子商务概述

移动电子商务(M-commerce)是指通过智能手机、平板电脑、笔记本电脑等移动电子设备,通过连接 Internet 和专用网络,进行经营、管理、交易和娱乐等电子商务活动。相对于传统的电子商务而言,移动电子商务可以真正使任何人在任何时间、任何地点获得整个网络的信息和服务。移动电子商务结合了各种不同的移动通信信息技术,扩展了传统电子商务的性质和作用范围。

随着我国各级政府和企业大力开展"数字城市"与"数字企业"、"数字社区"和"数字楼宇"建设,公共区域无线网络(Wi-Fi)迅速普及。近些年来,智能手机、平板电脑、笔记本电脑带动了家庭无线网络的普及,网民通过 Wi-Fi 无线网络接入 Internet 的比例高达 90%以上。目前,Wi-Fi 无线网络已成为网民在许多场所接入 Internet 的首选方式,而在移动环境,各大移动运营商的 4G、5G 网络则成为首选。

移动电子商务与传统电子商务相比,具有如下优势。

1)具有随时随地的特点

移动电子商务的最大特点是随时随地和个性化。传统电子商务已经使人们感受到了网络所带来的便利和乐趣,但它的局限在于计算机携带不便,而移动电子商务则可以弥补传统电子商务的这种缺憾,让人们随时随地购买股票、购物或者购买数字作品和服务等,享受独特的商务体验。

2)用户规模大

《中国移动互联网发展报告(2021)》的数据显示,我国手机网民规模已达 9.86 亿,网民中使用智能手机上网的人群占比达到 99.7%(当然其中有许多网民同时使用智能手机、台式计算机和笔记本电脑)。移动 Internet 塑造了全新的社会生活形态,潜移默化地改变着网民的日常生活,智能手机是带动网民规模增长的主要设备。从用户群体来看,手机用户中基本囊括了消费市场中的高中低端用户。以移动电话为载体的移动电子商务无论在用户规模上,还是在用户的消费能力上,都超过了传统的电子商务。

3)有较好的身份认证基础

对于传统的电子商务而言,用户的消费信用问题是影响其发展的一大瓶颈,而移动电子商务在这方面显然拥有一定的优势。随着近年来实名制的推行,手机 SIM(Subscriber Identity Module,用户身份模块)卡上存储的用户信息可以很方便地确认一个用户的身份。对于移动电子商务而言,这就有了信用认证的基础。一些专家认为,在我国,以移动终端为载体的移动小额支付,有可能逐步代替信用卡,以弥补整个社会消费信用制度的缺位,成为人们较为容易接受的新型电子支付方式。

由此可以看出,随着 Internet 和移动通信信息技术的发展和相互融合,移动电子商务具有巨大的市场空间。现在,更多的服务供应商推出更多的移动商务信息服务,包括移动支付、移动股市、移动办公、移动营销和无线 CRM(Customer Relationship Management,客户关系管理)等功能。其中,移动支付是电子移动商务应用中最重要的内容。

移动电子商务不仅具备电子商务快速、灵活、方便等特点,更是以其随时随地接入 Internet 进行商务活动的随时性、可移动性,使其成为信息时代的宠儿。但是,由于电子商务本身存在的安全问题,以及移动设施引发的新的安全隐患,使得其安全问题更加突出,直接关系到移动电子商务模式的发展前景。在无线网络环境中,人们对于商务活动安全性的考虑比在有线环境中要多。只有当所有的用户确信通过无线方式所进行的交易不会发生欺诈或篡改、进行的交易受到法律的承认和隐私信息被适当地保护时,移动电子商务才有可能蓬勃发展。

8.1.2 移动电子商务的安全威胁

移动电子商务是基于移动通信信息系统的,当前移动电子商务主要面临来自移动通信系统和 Internet 的安全风险,包括移动终端安全威胁、无线链路安全威胁、服务网络安全威胁和应用软件安全威胁等。

1)移动终端安全威胁

移动商务所用的智能手机等终端设备主要面临以下安全威胁。

(1)安全性相对较好的加密和认证安全措施难以使用

许多安全性相对比较好的加密和认证措施都需要客户端有比较强大的运算能力和存储能力来支撑。但移动终端设备具有计算能力和存储能力有限、电池使用时间较短等特点,这就限制了复杂的加密认证程序的使用,从而带来安全隐患。

(2)移动终端设备中的机密资料容易丢失或被盗用

移动设备在使用中较容易由于跌落而造成损坏,手机失窃的事件也是屡见不鲜。很多用户往往将比较机密的资料存储在移动设备中,如果在没有备份的情况下丢失数据或被他人恶意地盗用,会造成很大的损失。

(3)手机 SIM 卡等身份识别设备可能被复制而造成欺诈

目前,手机 SIM 卡和其他一些移动设备逐渐开始成为移动电子商务中身份识别的一个重要部分。一旦这些设备被恶意复制,在其他身份识别措施还不健全的情况下,用户的个人身份很容易被假冒,从而成为犯罪分子进行欺诈的手段,给用户造成损失。

(4)企业缺乏移动终端相关的安全制度和安全技术

虽然移动终端已经存储了大量的公司机密信息,但是不少公司将移动终端的安全问题纳入公司信息安全管理范围的重视程度有待提高,相关的安全制度和安全技术也较少。现有的信息安全机制往往主要考虑公司的计算机及信息系统,针对便携式移动设备的安全制度和安全技术还相对缺乏。

(5)恶意程序的威胁

随着移动互联网及智能手机的快速发展与普遍使用,移动互联网恶意程序开始对人们的日常工作生活产生日益恶劣的影响。这些程序存在窃听用户通话、窃取用户信息、破坏用户数据、擅自使用付费业务、发送垃圾信息、推送广告或欺诈信息、影响移动终端运行、危害 Internet 安全等恶意行为。

2)无线链路安全威胁

移动通信终端和服务所使用的无线网络相对于有线网络,更容易受到如下攻击威胁。

(1)窃听

非法用户截获移动台和基站、网络间交换的信息,分析并窃取信令、语音、数据等业务及用户与网络的身份。

(2)假冒

非法用户截获某个合法用户或网络足够多的信息时,就可以假冒他们对网络和用户进行欺骗,以达到某种非法的目的。

(3)重放

非法用户截获某次通信中用户和网络之间的全面交换信息。需要时,在某个时候将其重新发送以达到某种欺骗的目的。

3）服务网络安全威胁

这方面的威胁和有线网络类似，参见本书前面相关章节。

4）应用软件安全威胁

App 应用、电子邮件程序等应用软件中存在的安全漏洞威胁。

8.1.3 移动电子商务的体系结构

移动电子商务的体系结构是对移动电子商务应用系统的抽象描述，有助于人们对移动商务整体安全架构的认识。移动电子商务的体系结构如图 8.1 所示。

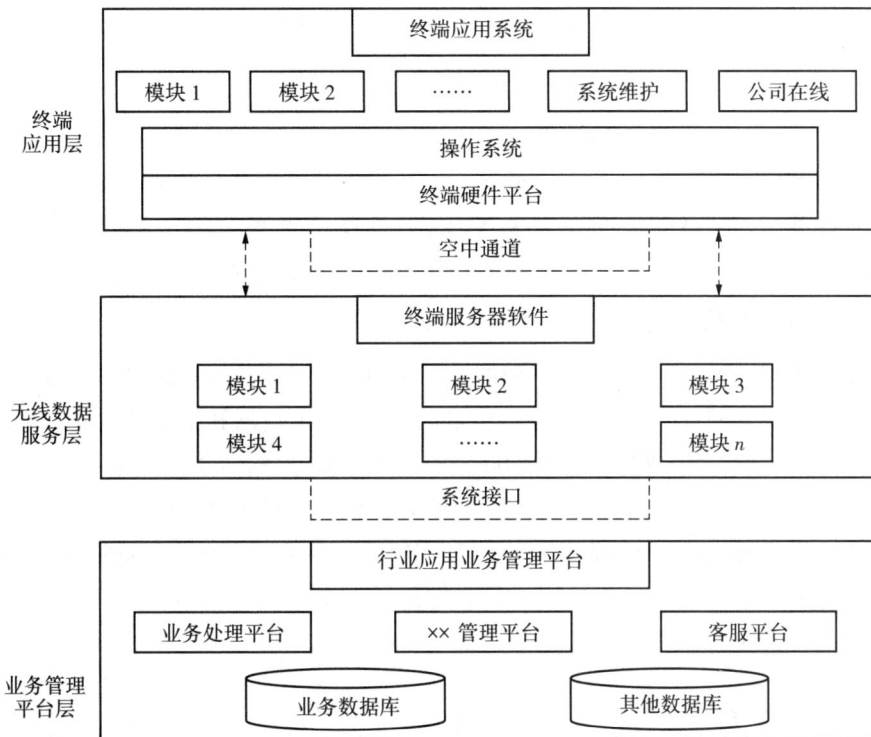

图 8.1 移动电子商务的体系结构

从该体系结构不难发现，移动电子商务体系可以分为 4 层：无线终端应用层，无线数据服务层（一般指企业端服务器），业务管理平台层（一般指企业端业务管理平台和数据库），另外还包括空中无线通道层。

①无线终端应用层。无线终端应用层一般包括 3 个子层，行业应用功能模块（应用软件 App），一般支持流行的 B/S 结构和 C/S 结构访问方式；移动终端操作系统；移动终端硬件平台。从体系结构上看，无线终端应用层基本上是一台浓缩了的计算机。

②空中通道。空中通道主要包括 Wi-Fi 网络和各大移动运营商的 4G、5G 网络。目前国内三大移动运营商已经建立了比较完善的 4G/5G 移动通信网络，包括中国移动的 4G（TD-

LTE)和 5G(NR)网络、中国联通的 4G(FDD-LTE)和 5G(FDD Massive MIMO)网络、中国电信的 4G(FDD-LTE)和 5G(FDD Massive MIMO)网络。

③无线数据服务层。无线数据服务层是支持无线终端对后台业务管理平台的数据库系统的代理访问,它相对独立于无线终端应用层,各个服务模块提供标准的功能调用接口,可以将终端对数据的操作标准化,保证数据的安全,同时便于自身的功能升级。

④业务管理平台层。业务管理平台层是行业应用中根据业务管理的需要建设的后台管理平台(一般带有自己的数据库系统),如城管监察系统与移动终端之间的在线互动管理平台。

8.2　移动电子商务传输安全

移动 Internet 应用和无线数据通信技术的发展,为移动电子商务的发展奠定了坚实的基础。当前,人们完成移动电子商务主要通过 Wi-Fi 和移动通信网络。

1)Wi-Fi

无线局域网(Wi-Fi)应用无线通信技术将有限范围内的设备互联起来,构成可以互相通信和实现资源共享的网络体系,它通过无线的方式连接,使得网络的构建和终端的移动更加灵活。近些年来,Wi-Fi 的发展非常迅速,在一定程度上推动了移动电子商务的发展。

2)4G/5G 移动通信系统

当前正处于移动通信网由第四代移动通信(4G)向第五代移动通信(5G)过渡时期,4G能够提供 100 Mbit/s 的连接速率,支持高质量的语音、分组数据和多媒体通信,这催生了部分视频新业务的开展。5G 支持高达 1 Gbit/s 的用户体验速率,每平方千米一百万的连接数密度,毫秒级的端到端时延,每平方千米数 10 Tbit/s 的流量密度,每小时 500 km 以上的移动性和每平方千米数 10 Gbit/s 的峰值速率。ITU 定义了 5G 的三大类应用场景,即增强移动宽带(eMBB)、超高可靠低时延通信(uRLLC)和海量机器类通信(mMTC),相信对移动电子商务也有较大的促进作用。

8.2.1　Wi-Fi 安全

随着各种便携式通信设备的迅速增加,人们在无线通信领域对短距离通信业务提出了更高的要求。于是,许多短距离无线通信技术开始应运而生,Wi-Fi 技术便是其中的热点技术之一。

Wi-Fi 是 IEEE 定义的一个无线网络通信的工业标准(IEEE 802.11),用作有线网络的一种扩充。Wi-Fi 技术属于在办公室和家庭环境中使用的无线局域网通信技术,是一种短程无线传输技术,能够在数百米范围内支持网络接入。但是随着 Wi-Fi 应用领域的不断拓展,其安全问题也越来越受到重视。

Wi-Fi 安全性主要包括访问控制和加密两大部分,访问控制保证只有授权用户能访问敏感数据,加密保证只有正确的接收方才能理解数据。

802.11b 标准里定义的一个用于无线局域网的安全性协议 WEP(Wired Equivalent Privacy,有线等效保密)被用来提供和有线网络同级的安全性。WEP 协议是对在两台设备间无线传输的数据进行加密的方式,用以防止非法用户窃听或侵入无线网络。不过密码分析学家已经找出 WEP 几个弱点,因此在 2003 年它被 WPA(Wi-Fi Protected Access)淘汰,又于 2004 年由完整的 IEEE 802.11i 标准(又称 WPA2)所取代,WPA2 在 2017 年被发现存在安全漏洞,2018 年,Wi-Fi 联盟推出了 WPA3。

1)WPA2

WPA2 是 Wi-Fi 联盟于 2004 年发布的第二代 Wi-Fi 加密协议。为解决不同 Wi-Fi 环境下网络的用途和安全需求,分为 WPA2 个人版和 WPA2 企业版,分别采用 PSK(Preshared Key,预共享密钥)和 AES(Advanced Encryption Standard,高级加密标准)加密 Wi-Fi 网络。WPA2 在一定程度上保证了 Wi-Fi 网络的安全性。

2)WPA2 网络安全策略

(1)加密方式

WPA2 无线网络目前使用最广泛的加密模式是 WPA-PSK(TKIP)和 WPA2-PSK(AES)两种加密模式。

①TKIP 加密模式。TKIP(Temporal Key Integrity Protocol,暂时密钥集成协议)是包裹在已有 WEP 密码外围的一层"外壳"。TKIP 由 WEP 使用的同样的加密引擎和 RC4 算法组成。TKIP 中使用的密钥长度为 128 位(比特),它解决了 WEP 过短的密钥长度问题。

TKIP 的一个重要特性是它变化每个数据包所使用的密钥。密钥通过将基本密钥(即 TKIP 中所谓的成对瞬时密钥)、发射站的 MAC 地址以及数据包的序列号混合在一起生成,在设计上将对无线站和接入点的要求减少到最低程度,但仍具有足够的密码强度。

利用 TKIP 传送的每一个数据包都具有独有的 48 位序列号,这个序列号在每次传送新数据包时递增,并被用作初始化向量和密钥的一部分。将序列号加到密钥中,确保了每个数据包使用不同的密钥。这解决了 WEP 的"碰撞攻击"问题。这种攻击发生在两个不同数据包使用同样的密钥的情形。

以数据包序列号作为初始化向量,还解决了另一个 WEP 问题,即所谓的"重放攻击"。由于 48 位序列号需要数千年时间才会出现重复,所以理论上没有人可以重放来自无线连接的老数据包。这是因为序列号不正确,所以"重放"的这些数据包将作为失序包被检测出来。

②AES 密码模式。WPA2 使用 AES(Advanced Encryption Standard,高级加密标准)算法进行加解密。

(2)认证方式

WPA 给用户提供了一个完整的认证机制,AP(Access Point,访问接入点)根据用户的认证结果决定是否允许其接入无线网络中;认证成功后可以根据多种方式动态地改变每个接入用户的加密密钥。对用户在无线中传输的数据包进行 MIC 编码,确保用户数据不会被其他用户更改。

WPA 有 2 种认证模式。

①使用 802.1X 协议进行认证。通常使用 802.1X + EAP(Extensible Authentication Protocol,可扩展认证协议)方式进行认证,需要使用认证服务器。

②预先共享密钥 PSK 模式。此模式一般家庭使用,不需要服务器。

3)WPA3

WPA2 在 2017 年被发现存在安全漏洞:可能会遭受 KRACK(Key Reinstallation Attacks,密钥重装攻击)攻击;可能会遭受离线字典或暴力破解攻击。

为提高安全性,Wi-Fi 联盟于 2018 年发布了第三版的 Wi-Fi 加密协议 WPA3。WPA3 也分为个人版和企业版,两者均从多方面提升了 Wi-Fi 的安全性。

(1)WPA3 个人版

WPA3 个人版采用了更加安全的 SAE(Simultaneous Authentication of Equals,对等实体同时验证)认证机制,取代了 WPA2 个人版采用预先设置共享密钥的 PSK 认证方式。

WPA3 采用的 SAE 协议在原有的 PSK 四次握手过程之前增加了 SAE 握手,在 PMK 生成过程中引入了动态随机变量,使得每次协商的 PMK 都是不同的,以确保密钥的随机性。SAE 为 WPA3 提供的更加安全的密钥验证机制解决了 WPA2 所暴露的安全风险:

①防止 KRACK 攻击:SAE 将设备视为对等的,而不是一方请求另一方认证,任意一方都可以发起握手,独立发送认证信息。没有来回交换消息的过程,使得 KRACK 攻击无可乘之机。

②防止离线字典或暴力破解攻击:首先,SAE 对于多次尝试连接设备的终端,会直接拒绝服务,断绝了采用穷举或者逐一尝试密码的行为。其次,SAE 提供了前向保密功能,即使攻击者通过某种方式获取了密码,每次建立连接时密钥都是随机的,攻击者尝试再次重新建立连接时密钥已经更换了,就不能破解获取到的数据流信息。

SAE 认证机制使得个人或家庭用户可以自由设置更加容易记住的 Wi-Fi 密码,即使不够复杂也能获得同样的安全防护。

(2)WPA3 企业版

它提供了两个额外的安全措施:

①WPA3 企业版在 WPA2 企业版的基础上,添加了一种更加安全的可选模式 WPA3-Enterprise 192 位,该模式提供了以下安全保护措施:

一是数据保护:使用 192 位的 Suite-B 安全套件,相较于 WPA2 采用的 128 位密钥长度,该模式将密钥长度增加至 192 位,进一步提升了密码防御强度。

二是密钥保护:使用更加安全的 HMAC-SHA-384 算法,在四次握手阶段进行密钥导出和确认。

三是流量保护:使用更加安全的 GCMP-256,保护用户上线后的无线流量。

四是管理帧保护:使用更加安全的 GMAC-256,保护组播管理帧。

②基于 OWE 认证实现开放性网络保护

在机场、车站、码头和咖啡厅等开放性网络,大都采用传统开放认证方式,用户无须输入密码即可接入网络,用户与 Wi-Fi 网络的数据传输也是未加密的,这增加了非法攻击者接入网络的风险。

WPA3 在开放认证方式的基础上提出增强型开放网络认证方式 OWE(Opportunistic Wireless Encryption,机会性无线加密)。在 OWE 认证方式下,用户仍然无须输入密码即可接入网络,保留了开放式 Wi-Fi 网络用户接入的便利性。同时,OWE 采用 Diffie-Hellman 密钥交换算法在用户和 Wi-Fi 设备之间交换密钥,为用户与 Wi-Fi 网络的数据传输进行加密,保护用户数据的安全性。

如果需要采用 WPA3 保护 Wi-Fi 网络,那么 Wi-Fi 设备和终端必须都支持 WPA3。Wi-Fi5(802.11ac)及更早的设备只能支持 WPA2。WPA3 通常部署在 Wi-Fi6(802.11ax)设备上。

8.2.2　5G 网络系统安全

1)5G 网络概述

4G 网络以正交频分复用多址(OFDMA)技术为核心,用户峰值速率的范围是 100 Mbit/s ~ 1 Gbit/s,能够支持各种移动宽带数据业务。

5G 网络需要具备比 4G 网络更高的性能,支持 0.1~1 Gbit/s 的用户体验速率,每平方千米一百万的连接数密度,毫秒级的端到端时延,每平方千米数 10 Tbit/s 的流量密度,每小时 500 km 以上的移动性和每平方千米数 10 Gbit/s 的峰值速率。用户体验速率、连接数密度和时延为 5G 网络最基本的 3 个性能指标。同时,5G 网络还需要大幅提高网络部署和运营的效率,相比于 4G 网络,频谱效率提高 5~15 倍,能效和成本效率提高百倍以上。

5G 网络技术创新主要来源于无线通信技术和网络技术两方面。在无线技术领域,采用了大规模天线阵列、超密集组网、新型多址和全频谱接入等技术;在网络技术领域,采用基于软件定义网络(SDN)和网络功能虚拟化(NFV)的新型网络架构已取得广泛共识。此外,基于滤波的正交频分复用(F-OFDM)、滤波器组多载波(FBMC)、全双工、灵活双工、终端直通(D2D)、多元低密度奇偶检验(Q-ary LDP)码、网络编码、极化码等也被认为是 5G 通信重要的潜在无线关键技术。

2)5G 网络架构

为了应对 5G 网络的需求场景,并满足网络及业务发展需求,5G 网络更加灵活、智能、融合和开放。5G 网络逻辑架构采用了简称为"三朵云"的网络架构,包括接入云、控制云和转发云 3 个逻辑域,如图 8.2 所示。

①图 8.2 中左边是无线接入云。接入云是多种无线接入技术 RAT 融合,包括传统的 D-RAN(分布接入网)接入、Wi-Fi、宏站,以及 C-RAN(云接入网)、D2D(终端之间通信)、MTC(机器类通信)接入,主要是为了满足 5G 网络多样化的无线接入场景和高性能指标要求,为用户提供差异化服务能力。

接入云的基站间交互能力增强,有更为灵活的资源调度和共享能力。通过综合利用分布式和集中式组网机制,可实现动态灵活的接入控制、干扰控制、移动性管理。

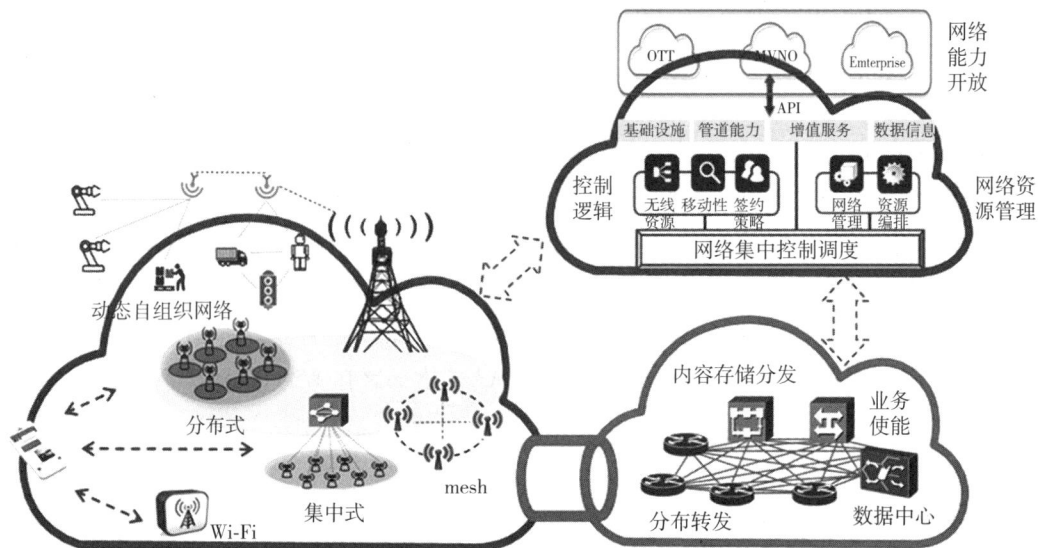

图 8.2　5G 网络逻辑架构

②图 8.2 中右上是控制云。控制云功能包括控制逻辑、按需编排和网络能力开放。控制逻辑通过网络功能重构,实现控制功能的集中化和控制流程的简易化,适配不同场景和网络环境的信令控制要求;按需编排发挥虚拟化平台的能力,面向差异化业务需求,按需编排网络功能,进行接入和转发资源的全局调度;网络能力开放通过引入能力开放层,实现运营商基础设施、管道能力和增值业务等网络能力向第三方应用友好开放。

③图 8.2 中右下是转发云。转发云包含用户面下沉的分布式网管、集成边缘内容缓存和业务流加速等功能。在转发云中,将网管中的会话控制功能分离,简化网关,网关位置下沉,实现分布式部署。通过网管锚点、移动边缘计算,可实现高容量、低时延、均负载等传输。

3) 5G 网络的安全问题

(1) 新场景造成新的安全威胁

5G 网络有增强移动宽带、低功耗大连接、低时延高可靠三大应用场景。5G 网络不仅将速率变得更高、时延变得更低,它还将渗透到万物互联的各个领域,与工业控制、智慧交通紧密结合在一起。因此,5G 网络安全尤其重要。

在这几大应用场景中,对增强移动宽带来说,它的安全性挑战包括:一是需要更高的安全处理性能;二是它需要支持外部网络二次认证,才能更好地与业务结合在一起;三是需要解决目前发现的已知漏洞的问题。

(2) 新网络架构的挑战。为更好地支持 5G 网络应用场景,提出了以 IT 为中心的网络架构,引入多功能无线接入、SDN、云计算、NFV 等技术。

对多功能无线接入来说,需要统一的认证框架来解决 3GPP 体制和非 3GPP 体制接入的问题。例如,无线 Wi-Fi 接入需要统一认证,在多功能接入环境下提供安全的运营网络。

引入 SDN 和 NFV 技术可以构建逻辑隔离的安全切片,用来支持不同应用场景差异化的需求。但是这样会使得网络边界变得十分模糊,以前依赖物理边界防护的安全机制难以得到应用。因此,5G 网络安全机制要适应虚拟化、云化的需要。

(3)总体安全需求。5G 网络的安全需求包括:对签约、服务网络、设备进行认证和鉴权;对网络切片进行严格的隔离,甚至对敏感数据的隔离强度应该等同于物理上分隔的网络;防止降维攻击,能够利用机器学习或人工智能方法检测高级网络安全威胁;安全的能力要能服务化,能符合和适应网络架构的需要。

4)5G 网络的安全架构

5G 网络安全包括由终端和网络组成的 5G 网络本身的通信安全,以及 5G 网络承载的上层应用安全。5G 网络继承了 4G 网络分层、分域的安全架构,在 3GPP 的 5G 网络安全标准《5G 系统安全架构和流程》中规定:在安全分层方面,5G 网络与 4G 网络完全一样,分为传送层、归属层/服务层和应用层,各层间相互隔离;在安全分域方面,5G 网络安全框架分为接入域安全、网络域安全、用户域安全、应用域安全、服务域安全、安全可视化和配置安全 6 个域,与 4G 网络安全架构相比,增加了服务域安全。

与 4G 网络相比,5G 网络具有更强的安全能力:

(1)服务域安全

针对 5G 网络全新服务化架构带来的安全风险,5G 网络采用完善的服务注册、发现、授权安全机制及安全协议来保障服务域安全。

(2)更强的用户隐私保护

5G 网络使用加密方式传送用户身份标识,以防范攻击者利用空中接口明文传送用户身份标识来非法追踪用户的位置和信息。

(3)更强的完整性保护

在 4G 网络中接口用户面数据加密保护的基础上,5G 网络进一步支持用户面数据的完整性保护,以防范用户面数据被篡改。

(4)更强的网间漫游安全

5G 网络提供了网络运营商网间信令的端到端保护,以防范攻击者以中间人攻击的方式获取运营商网间的敏感数据。

(5)统一认证框架

4G 网络的不同接入技术采用不同的认证方式和流程,难以保障异构网络切换时认证流程的连续性。5G 网络采用统一认证框架,能够融合不同制式的多种接入认证方式。

综上所述,5G 网络针对服务化架构、隐私保护、认证授权等安全方面的增强需求,提供了标准化的解决方案和更强的安全保障机制。

8.3　基于 App 的移动支付系统安全

8.3.1　基于 App 的移动电子商务应用

随着 4G/5G 移动网络的普及和大屏智能手机市场份额的扩大,移动终端 App 已成为电子商务的主流发展模式之一。通过移动 App 的使用,人们可以随时随地收发电子邮件、查阅交易股票、订购商品、收发红包、预约专车等。本节分别介绍两种主要的基于 App 的移动电子商务应用,即手机银行应用和手机支付应用。

1)基于 App 的手机银行应用

近年来,智能手机功能不断强大,加上 4G/5G 网络技术的发展,以智能手机为载体的电子银行——手机银行 App 应用也应运而生。手机银行 App 是银行业金融机构针对智能手机开发的移动应用程序提供金融服务的业务模式,这类应用程序目前主要以 Android 系统和 IOS 系统为平台。

手机银行 App 的服务范围、业务功能和发展不再局限于提供传统意义上的银行业务,商业银行的 App 客户端在横向整合银行业务、移动支付等功能的同时,还在不断地纵向延伸,如加入一些电子商务、生活服务类应用。

一般来说,手机银行 App 可通过移动通信网络办理银行业务,为用户提供安全、便捷、即时的移动在线金融服务,比如账户管理、转账汇款、自助缴费、金融理财、移动支付,可实现查询、转账、信用卡、贵金属、理财等功能,并可随时查看股票、基金、期货等行情。

除了手机银行 App 之外,微信银行不断升温。自从招商银行 2013 年 7 月上线微信银行后,短短一个多月的时间,广发、浦发、平安、工行、中行、农行、建行等也纷纷先后推出各自的微信银行,目前所有国有商业银行、股份制银行、城市银行、农商银行、信用社(农村银行、村镇银行)均推出微信银行。微信银行的主要功能有:微信智能客服、借记卡账户查询、转账汇款、信用卡账单查询、信用卡还款、手机充值、生活缴费、购物(购买服务)等。

用户在使用手机银行时,对资金安全问题的关注程度极高,手机银行用户希望有更多的安全措施,对资金安全的担忧也导致移动支付进一步推广的阻力较大。

2)基于 App 的手机支付应用

手机 App 支付极大地便利了人们的生活,App 可以同时和金融、餐饮、商业等不同的产业合作,通过线上线下(O2O)等多个应用场景,可以进行手机或固定电话缴费、校园一卡通充值、城市交通一卡通充值、网购支付、水电缴费、信用卡还款及账单付款、转账等涉及生活方方面面的便捷支付,其发展前景非常广阔。

由此可见,手机 App 支付的发展速度将越来越快。手机 App 支付目前之所以发展潜力巨大,是因为其有一个巨大的优势,即通过对其使用可以掌握用户特性。在当今这个大数据时代,对用户即消费者的了解意味着无限商机和对商业策略调整方向的掌握。

当前,手机 App 支付的主要代表有中国银联闪付、支付宝、微信支付、京东支付、QQ 钱包和 ApplePay 等,已经形成了线上线下较为完善的支付链条。

8.3.2　基于 App 的移动电子商务安全威胁

基于 App 的移动电子商务安全风险涉及用户手机客户端软件、通信网络及银行后台 3 个方面,因此,移动电子商务的安全解决方案必须通盘考虑这 3 个方面的风险因素。银行后台服务器端安全防护体系的设计、实现和维护,一般由专业机构和专业人员负责,对手机银行安全构成威胁的最大短板在客户端及通信网络两个方面。本章将重点介绍客户端方面的安全威胁,通信网络方面的威胁可参考本书相关章节。

1)手机恶意软件威胁

移动设备给人们的生活带来诸多便利与变革,但也时刻面临着不同程度的安全风险,其中恶意程序是最为普遍且有效的攻击方式之一。不同于以往个人计算机时代攻击场景相对独立的情况,移动设备作为人们与外界进行绝大部分信息交流的重要工具,同时也提供了更多被黑客利用的机会。另外,随着移动支付的普及,以及移动设备承载了几乎所有的隐私信息,使得移动设备成为黑客实施以经济利益为目的的理想攻击对象。

目前,有多种手机恶意程序。

(1)手机病毒

手机病毒和计算机病毒一样,只是一个程序,只不过它是以手机为感染对象,以手机网络为平台,可通过发送短信、彩信、电子邮件,浏览网站,下载铃声,应用蓝牙传输等方式进行传播,会导致用户手机死机、关机,个人资料被删,对外发送垃圾邮件,泄露个人信息,自动拨打电话、发送短(彩)信等,甚至会损坏 SIM 卡、芯片等硬件,导致手机无法正常使用。手机病毒必须具备两个基本的条件才能传播和发作:首先,移动服务商要提供数据传输功能;其次,要求手机是智能手机。现在的手机基本上都满足上面的条件,因此存在受到病毒攻击的可能。手机病毒是一种具有传染性、破坏性的手机程序,可用杀毒软件查杀,也可以手动卸载。

在目前几大智能手机平台中,安卓(Android)是病毒感染的高发地。据统计,2015 年,Android 平台约 6 台设备中就有 1 台感染病毒。而同年苹果的 XcodeGhost 事件也打破了 IOS 平台不会被病毒感染的神话。

(2)木马程序

木马(Trojan),也称木马程序或木马病毒,是指通过特定的程序来控制另一台设备。木马通常有两个可执行程序:一个是客户端,即控制端;另一个是服务端,即被控制端,植入被种者设备的是"服务器"部分,黑客正是利用"控制端"进入运行了"服务端"的设备。被种者的安全和个人隐私也就全无保障。

木马程序与一般的病毒不同,它不会自我繁殖,也并不"刻意"地去感染其他文件。它通过将自身伪装吸引用户下载执行,向控制端提供打开被种者设备的门户,使施种者可以根据自己的需要窃取被种者的信息,甚至远程操控被种者设备。木马程序的产生,严重危害着现代网络的安全运行。

木马有多种类型,随时间也在不断变化,目前主要的木马类型有以下几种。

①网游木马。随着网络在线游戏的普及和升温,中国拥有规模庞大的网游玩家。网络游戏中的金钱、装备等虚拟财富与现实财富之间的界限越来越模糊。与此同时,以盗取网游账号密码为目的的木马病毒也随之泛滥起来。

网络游戏木马通常采用记录用户键盘输入、Hook 游戏进程 API 函数等方法获取用户的密码和账号。窃取到的信息一般通过发送电子邮件或向远程脚本程序提交的方式发送给木马控制者。

②网银木马。网银木马是针对网上交易系统编写的木马病毒,其目的是盗取用户的银行卡号和密码,甚至安全证书。此类木马种类数量虽然比不上网游木马,但它的危害更加直接,受害用户的损失会更加惨重。

③社交软件类。国内社交软件百花齐放,微信、QQ等社交软件的用户群十分庞大。常见的社交类木马一般有两类:发送消息型,通过即时通信软件自动发送含有恶意网址的消息,目的在于让收到消息的用户点击网址中的木马,用户中马后可能向更多好友发送木马链接。此类木马常用技术是搜索聊天窗口,进而控制该窗口自动发送文本内容。发送消息型木马常常充当网游木马的广告。盗号型,主要目标在于社交软件的登录账号和密码,工作原理和网游木马类似。木马作者盗得他人账号后,可能偷窥聊天记录等隐私内容,在各种社交软件内向好友发送不良信息、广告推销等语句,或将账号卖掉赚取利润。

(3)流氓软件

流氓软件是指在未明确提示用户或未经用户许可的情况下,在用户终端上强行安装运行,侵犯用户合法权益的软件,但通常不包括病毒。它具有如下特点。

①强制安装:在未明确提示用户或未经用户许可的情况下,在用户终端上强行安装软件的行为。

②难以卸载:将其安装到手机的系统分区,普通用户无法直接卸载,卸载后仍活动或残存程序的行为。

③浏览器劫持:指未经用户许可,修改用户浏览器或其他相关设置,迫使用户访问特定网站或导致用户无法正常上网的行为。

④广告弹出:未明确提示用户或未经用户许可的情况下,利用安装在用户终端上的软件弹出广告或推送广告的行为。

⑤私自下载:未经用户允许,背后偷偷下载安装应用。

2)App 非法访问威胁

授权验证手段单一是造成 App 非法访问的主要源头。传统网上银行经过多年的发展完善,已经具备了多种授权验证手段,如密码、数字证书、电子口令卡、手机短信动态密码、图形验证码、预留信息验证等,安全等级较高。早期,手机银行 App 由于受技术条件的限制,大多依靠单纯的密码验证授权,近些年来手机银行在资金划转和支付结算时附加了短信动态密码二次验证、U盾验证和生物特征信息验证。

移动设备硬件弱点是造成 App 非法访问的第二大因素。受限于硬件条件,很多在传统中较为有效的技术手段不能用于手机等移动终端,导致在技术层面存在一些薄弱环节。

3)App 篡改或仿冒威胁

2012 年中国 Internet 产业年会的报告指出:60%的 App 是被篡改过的,存在着不同程度的风险,当一款 App 被恶意篡改后,轻则导致用户手机被植入垃圾信息、广告,重则导致隐私信息泄露、被恶意扣费、账号被窃取等后果。近些年来,随着网络安全和防篡改技术的提升及人们的安全意识加强,App 被篡改的比率明显下降。

在对 BAT(百度 Baidu、阿里巴巴 Alibaba、腾讯 Tencent)的手机金融产品(百度钱包、支付宝和微信支付)的监测中发现,一旦从不安全的来源处下载一个山寨版应用,比如一个山寨的支付宝,原有的 BAT 产品都只能被关闭,而且完全没有对用户的安全预警能力。

8.3.3 移动支付系统安全解决方案

我们应该从多方面采取措施来保障基于 App 的移动电子商务安全。

1)App 可信来源保障

从客户的角度,应该下载官方软件 App。苹果公司的移动操作系统 IOS 用户可直接从苹果商店下载,苹果官网上架的应用都是经过检测的。Android 用户可以下载的方式有很多种,多种方式也相应增加了风险。因此,建议 Android 用户首先安装一个手机防护软件,之后再到其安全市场去下载应用,这样可以保证应用的安全性。

2)强认证机制保障

为实现强认证机制,可采取以下几种措施。

(1)强密码机制

无论计算机还是手机应用,用户名密码机制都是目前最普及的授权验证手段,通常也是登录系统的第一道防线,而强度较低的密码无疑让密码验证机制的安全性大打折扣。因此,手机银行客户端在设置登录口令时应采取强密码机制。

口令具有简单易用、成本低廉、容易更改等特性,在目前以及可以预计的将来仍是电子商务、电子政务等领域应用最为广泛的身份认证手段。随着进入数字化社会,越来越多的服务需要口令保护,但是人类大脑能力有限,一般只能记忆 5~7 个口令,导致用户不可避免地使用低信息熵的弱口令、在多个场景中重用同一口令、在纸上记口令,这将带来严重的安全危胁。口令是人生成的,口令的安全性与组成口令字符串的字符类型、长度以及它们的组合直接有关(比如研究发现"长度 12 位以上,包含两类字符"的口令构成策略要比"必须 8 位以上,包括字母、数字和特殊字符"的口令构成策略更可用、更安全),也与人的行为直接相关,而每个人的行为因内在或外在环境的不同而千差万别。

已发现严重影响安全的用户的脆弱口令行为有 3 类。第一类是口令构造的偏好性选择。主要的偏好性选择一是国民口令,比如"123456a"可以满足"字母+数字"的策略要求,这些最流行的单词及其变换就形成了国民口令,中文国民口令多为纯数字,而英文国民口令多含字母;二是口令的 Zipf 分布,对服从 Zipf 分布的口令,漫步猜测攻击非常有效;三是字符组成结构,当应用环境(网站)设置了口令生成策略时,口令的字符组成很大程度上由口令策略所决定,当应用环境未设置口令构成策略时,用户口令的结构直接体现了用户的偏好;四是口令长度,它直接受应用环境(网站)设置口令生成策略影响,若未设置长度限制,则口令的长度分布受应用环境(网站)服务类型(重要程度)的影响。第二类是口令重用。口令重用分为用户口令直接重用和间接(修改后)重用两种。有的研究使用基于最大公共子串长度LCS、Levenshtien 距离、Manhattan 距离和重合度 Overlap 的文本相似度算法进行测量,结果表明只有约30%的用户重用口令时简单修改(即新旧口令相似度在[0.8, 1]),绝大多数用户的新旧口令相似度小于 0.8,表明修改幅度较大。基于 Levenshtien 距离的相似度算法,对不同网站间用户口令间接重用的程度进行测量研究,结果表明,约有40%以上间接重用的中文口令相似度在[0.7, 1],而英文口令间接重用为 20%。第三类是基于个人信息构造口令。研究发现用户构造口令时喜欢使用生日、姓名(全名、姓氏、名、全名缩写)、用户名、Email 前缀、身份证号、电话号码、地名等信息。用户使用个人信息构造口令的习惯严重降低了口令安全强度,定向攻击者可由此大大增强其攻击效率。

口令数据在系统服务器端存储时,通常都是以口令 Hash 值(如 Bcrypt、PBKDF2 等)的形式存储。口令的安全性可分为整个口令集的安全性(口令分布的安全性)和单个口令的安全性两类。口令集安全性的评价可以采用攻击算法进行实际攻击,也可以采用基于统计学的评价指标。单个口令安全性的评价只能采用攻击算法进行实际攻击,然后根据攻击结果来衡量,当前广泛采用的衡量指标是成功攻击该口令所需要的猜测次数。依据攻击过程中是否利用用户个人信息,口令猜测算法可分为漫步攻击和定向攻击两种;依据攻击是否需要与服务器交互可分为在线攻击和离线攻击两种。

漫步攻击(Trawling attacking)是指攻击者不关心具体的攻击对象,其唯一目标是在允许的猜测次数下,猜测出越多的口令越好。第一类漫步攻击算法是启发式算法(比如构造独特的猜测字典、精心设计猜测顺序的启发式算法)。第二类漫步攻击算法是基于概率上下文无关文法(PCFG)的漫步攻击算法,其核心是假设口令的字母段 L、数字段 D 和特殊字符段 S 是相互独立的,它将口令根据字符、数字和特殊字符 3 种字符类型进行切分,形成口令的结构(模式),在训练阶段统计出口令模式频率,然后在猜测集生成阶段,依据获得的模式频率,生成一个带频率猜测的集合,以模拟现实中口令的概率分布,最后获得每个字符串(猜测)的概率,按照概率递减排序即可获得一个猜测集。基于 Markov 链的算法从前向后依次构造用户口令,通过从左到右的字符之间的联系来计算口令的概率,在训练阶段,统计口令中每个子串后面跟的一个字符的频数,n 阶 Markov 模型记录长度为 n 的字符串后面跟的一个字母频数,每个字符串在训练之后都能得到一个概率,即从左到右,将长度为 n 的子串在训练结果中进行查询,将所有的概率相乘得到该字符串的概率,按照概率递减排序即可获得一个猜测集。第三类漫步攻击算法是基于自然语言处理 NLP 的算法,其核心思想:一是分词(Segmentation),二是词性标注(Part-of-Speech tagging),确定每个词是名词、动词、形容词或其他词性。

定向攻击的目标是尽可能以最快速度猜测出所给定用户在给定服务系统(网站、个人主机)的口令。攻击者利用与攻击对象相关的人口学相关信息(姓名、生日、年龄、性别、籍贯、职业、学历、学习单位、工作单位等)、在服务系统的过期口令、在其他系统(泄露)的口令,进行定向攻击口令。定向攻击口令的算法主要有:第一类是基于 Markov 链的定向攻击猜测算法,其主要思想是:人群中有多少比例使用某种个人标识信息,那么攻击对象也将有同样可能(比例)使用该个人标识信息,首先运行漫步 Markov 模型的猜测集生成过程,产生中间猜测集,然后将"中间猜测"里的个人标识信息基本字符替换为攻击对象的相应个人标识信息。第二类是基于概率上下文无关文法(PCFG)的定向攻击猜测算法,其基本思想与漫步 PCFG攻击算法完全相同:将口令按字符类型及其长度进行切分,然后在训练过程中,将训练集中每个口令按相应字符类型及其长度进行分段,训练过程与漫步 PCFG 攻击算法类似;在口令猜测集生成阶段,首先运行漫步 PCFG 算法的猜测集生成过程,产生中间猜测集,然后将"中间猜测"里的个人标识信息类型字符替换为攻击对象的相应长度的个人标识信息。实验研究表明,与漫步攻击算法相比,定向攻击算法在在线猜测口令方面具有优势,但前提是它能够收集更多个人相关口令历史信息。

在实际应用中,用户产生的口令一般会具有某种分布性。由于攻击算法的效率严重依赖于攻击模型以及模型参数(如训练集、平滑方法、归一化方法)的选择,所以口令分布的安全性可能具有不确定性。基于统计学的口令分布的安全性评价指标主要有 6 类:香农信息熵(Shannon Entropy)、最小熵(Min Entropy)、猜测熵(Guessing entropy)、β-success-rate、α-work-factor 和 α-guesswork。为有效避免口令攻击,电子商务、电子政务网络系统服务提供商可以使用这 6 类指标评价用户生成使用的口令的分布性,反馈给用户,以及时提高口令的安全性。

在电子商务应用过程中,时常出现用户生成的口令为弱口令的情形。究其原因,一方面,普通用户口令安全意识不足,有的用户不知道如何正确设置与给定网络服务重要程度相匹配的口令,甚至选择了大众化的口令或口令构造模式;另一方面,绝大多数网络服务系统的口令强度评测器(Password Strength Meter, PSM)设计是启发式的,没有投入足够的努力,使得向用户反馈的口令强度结果不准确,且反馈的口令强度结果时常与其他网络服务系统反馈的信息相互冲突。网络服务系统以醒目的形式向用户提供及时、准确、一致的口令强度反馈结果,将能够显著提高口令的安全性。近期有研究提出基于身份加密的双服务器口令保护协议,期望通过使用较高的计算和通信成本,可以避免单个服务器被攻陷成为恶意服务器,且攻击者即使拥有大量口令密文样本,也难以成功攻击存储的用户口令。

口令强度评测器 PSM 采用的主要方法有:

①基于规则的口令强度评价方法。其主要思想是:口令强度依据长度和所包含的字符类型而定。比如,有的网络服务系统对用户设置的口令强度评价的方法为:当口令长度小于 6 或者口令长度小于 8 且仅由数字组成时,只进行警告,不输出强度值;当口令长度大于等于 6 且仅由一种字符组成时,评价为"弱";当口令长度大于等于 8,且包含 2 类字符时评价为"中"、包含 3 类或 4 类字符时评价为"强"。基于规则的口令强度方法的优点是实现简单,不足是评价结果不准确,容易出现低估强口令和高估弱口令的情形。

②基于模式检测的口令强度评价方法。其主要思想是:检测口令的各个子段所属的构造模式(键盘模式、语义模式、顺序字符模式、首字母大写、字典模式等),对识别出的各模式赋予相应的计分,然后将口令的所有模式的计分相加得到该口令的总得分(口令强度值)。例如,键盘模式:qwer、asd、zxc,语义模式:日期、姓名、性别、籍贯、机构名称,顺序字符模式:

123456、98765、abc123 等均看作弱口令的标志,评价系统将赋给这些模式较低的计分。若口令中的一个子段不属于上述模式,则评价系统将其看作随机字符段并给其赋予一个较高的计分。基于模式检测的口令强度评价方法缺乏自适应性,仍属于启发式方法,也有可能漏检一些弱模式,而误将弱口令评判为强口令。

③基于攻击算法的口令强度评价方法。攻击与抗攻击是一对矛盾。要增强口令设置的安全性,一种策略就是使用有代表性的攻击算法对给定口令进行攻击,依据攻击的难易程度进行强弱判定,从而提示用户改进口令的设置提升安全强度。有学者对用户进行口令设置的调查结果表明,当用户在一个新网站注册设置口令时,构造一个全新口令的占比 14.5%,修改一个现有口令的占比 32.6%,直接重用一个现有口令的占比 44.8%。这些统计信息对于设计开发基于攻击算法的口令强度评价软件具有重要指导作用。Spearman 相关系数是衡量两个变量的依赖性的非参数指标,它利用单调方程评价两个统计变量的相关性,如果数据中没有重复值且当两个变量完全单调相关时,那么 Spearman 相关系数值为+1 或−1。Spearman 相关系数表明 X(独立变量)和 Y(依赖变量)的相关方向。当 X 增加时,若 Y 趋向于增加,Spearman 相关系数则为正;当 X 增加时,若 Y 趋向于减少,Spearman 相关系数则为负。Spearman 相关系数为零表明当 X 增加时 Y 没有任何趋向性。当 X 和 Y 越来越接近完全的单调相关时,Spearman 相关系数会在绝对值上增加。当 X 和 Y 完全单调相关时,Spearman 相关系数的绝对值为 1。可以采用 Spearman 相关系数来衡量一个口令强度评价器输出的强度序列与理想口令强度评价器输出的强度序列间的相关关系。Spearman 相关系数值越大表明两个口令序列越接近。如果两个口令序列完全相同,那么 Spearman 相关系数值为 1;如果两个口令序列互为倒序,那么 Spearman 相关系数值为−1。学者们对主流的几个基于漫步猜测攻击的口令强度评价器 PSM 进行实验测试结果表明,在识别弱口令方面,按识别强度由高到低顺序排列依次为 fuzzyPSM,PCFG-based PSM,Markov-based PSM,Zxcvbn,KeePSM 和 NIST PSM;在识别强口令方面,按识别强度由高到低顺序排列依次为 PCFG-based PSM,Markov-based PSM,fuzzyPSM,Zxcvbn,KeePSM 和 NIST PSM。

在学术界,目前有学者研究将循环神经网络(Recurrent Neural Network,RNN)、生成式对抗网络(Generative Adversarial Network,GAN)、基于循环神经网络和生成式对抗网络等深度学习模型运用于设计口令猜测模型,感兴趣的读者可以参考有关文献资料。

近些年来,不少网络服务系统在实际提供电子商务、电子政务服务过程中,除了提示用户每隔一段时期更新口令之外,还采取口令+短信发送验证码联合进行用户身份认证方式:每隔一段时间,用户登录网络服务时,系统提示用户输入口令的同时,通过注册时绑定手机号的手机获取系统发送短信的验证码进行双重验证,以确认用户的身份,从而间接达到增强口令安全性的目的。

(2)多种验证机制

在基本的密码验证机制上,采取动态电子口令卡、预留信息验证、短信动态密码等二次验证机制,在采用二次验证机制时应避免验证路径与授权发起路径重叠。

常见的验证码技术包括 Web 验证码和短信验证码两大类。Web 验证码主要用来验证在用户端输入的是人还是计算机程序,以防止用户端自动化的脚本或者程序(如"秒杀""抢票""月饼门"等插件或小程序)输入。短信验证码技术主要用来验证是否为用户本人进行操作。短信验证码技术的工作过程是:用户向服务端(通信服务器、电子商务平台等)发送请求,服务端通过短信平台向用户发送一串系统生成的数字(验证码),用户在提交数据的时候填写输入该验证码,服务端验证用户填写的数字串是否与发送给发出请求的客户的数字串一致,如一致则通过验证。但是,短信验证码技术本身也面临智能手机平台上的短信木马和恶意软件的安全威胁。当短信木马程序传播植入到某部手机时,它会对该手机通讯录内的全部对象进行群发传播,使得许多其他用户也存在被木马程序植入的威胁。这种短信木马程序病毒式传播方式被称为"社会工程学"方式,威胁相当大。如果用户的信息泄露和被安装短信木马同时发生时,那么其电子商务账号内的资产就面临着高威胁。为此,一方面需要加强对电子商务平台用户数据安全的保护,加强宣传普及安全知识、增强用户对手机系统安全威胁的认知;另一方面,在移动电子商务交易过程中进一步采取指纹验证、人脸、虹膜识别等生物特征验证技术,以强化验证级别。

(3)行为模式分析策略

用户的行为模式通常具有规律性,如大部分人经常出现在某个城市的某些区域,即便出差旅行,也不可能前后几分钟便相差上百千米。因此,商业银行可在取得用户同意的前提下,采集用户的手机型号、手机号码、各时间段的地理位置、登录 IP、密码错误次数等信息,建立每个用户的行为模式,银行后台系统对每次授权验证请求均进行行为模式的分析,一旦发现行为异常,应立即提高身份验证级别甚至终止业务办理,并由客服人员通过预留的手机号联系客户进行确认。这种策略不仅可以大大降低手机失窃之后的风险,也可防范假冒、中间人等网络攻击。

(4)执行用户身份合法性认证

移动终端的便携性导致其很容易被丢失,同时也是被盗的主要对象。为了防止这种情况发生而导致第三者登录支付 App 进行恶意支付,需要定义一套完善的用户身份合法性认证机制:如果是借记卡,验证要素可以是客户端登录账户(唯一 ID)、支付密码和短信验证码;如果是贷记卡,验证要素可以为客户端登录账户(唯一 ID)、卡片有效期、CVV(卡验证数字)、短信验证码以及二维码验证(官方认证)、大数据检测、区块链支付技术等,这些方法能帮助应对安全威胁。

(5)密码控件

密码控件是运行在 Web 端与服务器端用来保护密码明文的端到端加密工具。用户在手机输入登录密码和转账密码后,客户端首先利用和手机银行服务器端协商的密码加密公钥对输入密码加密,然后经过数据传输,最后由手机银行服务器完成通信链路的解密,由手机银行应用服务器发往核心进行密码验证。手机网页中用户输入密码后,网页中会存有明文不够安全的风险,所以,需要使用手机本地程序,调用随机产生的按钮出现随机的键盘来完成。

3）App 完整性保护

对于 App 完整性保护，可以通过代码混淆和程序加固加壳处理两种方式来防止 App 被篡改和盗版。

（1）代码混淆

从代码混淆工作上，尽可能混淆更多的核心代码，保护好客户端的源代码；添加 Android 安装包 APK 的完整性校验，防止恶意客户端替换、篡改客户端程序。

对于重打包攻击，目前可以采用签名检查、文件校验、代码混淆以及源码加壳的方式来进行保护。众所周知，Java 字节码反编译较为容易。因此，常使用软件开发工具集 SDK 里面的 Proguard 工具对 Class 文件进行混淆处理，使得代码中的类名、方法名与变量名置换混淆的同时，对字节码进行优化处理，缩减体积。目前，国内外的混淆工具非常多，按其技术原理可具体分为数据混淆、控制混淆、符号混淆、预防性混淆等。上述 Proguard 便属于符号混淆。

然而，混淆处理过的代码虽说晦涩难懂，但资深攻击者仍然可分析出其逻辑结构，并进行代码逆向。因此，对程序进行加固加壳处理就显得很有必要。

（2）加固加壳处理

目前，国际上较为有名的加壳工具有 Dex-Guard 等，而国内安全厂商提供的加壳加固服务也较为优秀。此类方案大多利用加密、NDK、封装类多项技术，通过自定义 Class-Loader 来动态加载已被加密的 JAR 文件。经过加固方案处理过的 App 文件结构清晰，但整体逻辑被很好地保护，有效地实现了 App 的加固与加密。此外，加固对 App 的性能与稳定性影响很小，能够保证移动 App 的用户体验。

为支付客户端增加代码完整性验证。如果代码完整性无法保证，虽然不会直接泄露敏感信息，但可能会导致客户端被植入恶意软件，带来间接风险。为了防范恶意病毒对客户端代码的修改和破坏，需要在客户端中加入代码完整性验证机制。在客户端代码发布前用特定的密钥对其进行签名，同时在客户端的启动代码段中增加验证签名的逻辑代码。这样，客户端每次启动时，都会执行客户端代码的完整性验证，如果验证失败，则会提醒用户重新下载或者更新客户端。同时，完整性验证相关的公钥等敏感数据可以在编译过程中利用混淆机制进行妥善保护。

4）终端环境安全

增强终端环境安全主要有如下方法。

①不对手机进行系统操作。对于手机操作系统来说，管理员权限就是一道防护门，系统 Root 之后相当于大门敞开，完全暴露在外，而普通用户对系统编码的知识了解少之又少，根本无法知道系统何时被入侵，何时被植入木马。因此，手机最好不要进行系统操作，iOS 系统不进行"越狱"操作，Android 系统不进行"Root"操作。

②保证下载的安全性。网上有许多资源提供手机下载，然而很多病毒就隐藏在这些资源中，这就要求用户在使用手机下载各种资源的时候确保下载站点是安全可靠的，尽量避免去个人网站下载。Android（安卓）系统要从正规的安卓网站去下载，iOS 系统则从 App Store 下载。

③安装防火墙和杀毒软件,同时,用户不应随便打开陌生人发来的文件、邮件、短信和网络链接等。

④不轻易连接免费 Wi-Fi。不连接来历不明特别是无密码的 Wi-Fi。谨防钓鱼 Wi-Fi。

⑤建立良好的手机使用习惯。设置屏幕保护密码和系统密码,当用户长时间不使用系统,系统自动锁闭界面,以保护用户在不知情或短暂离开时不被他人非法操作和窃取信息。

⑥安全芯片。使用安全强度更高的芯片的终端。

8.4 本章小结

移动电子商务由于使用了无线通信技术,不可避免地带来了比传统电子商务更多的安全问题。本章首先对移动电子商务安全进行了概述,主要介绍了移动电子商务的安全威胁和移动电子商务的安全体系结构。在此基础上,从移动电子商务安全技术协议和标准的角度,介绍了无线应用协议 WAP 及其安全性、3G/4G/5G 系统的安全体系以及 Wi-Fi 系统的安全性。然后重点讨论了基于 WPKI 体系的移动电子商务安全实现技术,包括 WPKI 组件、WPKI 体系结构和操作流程、WPKI 和 PKI 的对比。最后介绍 App 的移动支付安全,包括移动支付模式、基于 App 的移动电子商务威胁以及 App 可信来源保障、强认证的口令安全机制、行为模式分析等移动支付系统安全解决方案。

习题 8

1.移动电子商务与传统电子商务相比,有何特点?

2.简要分析移动电子商务面临的安全威胁。

3.一个典型的移动支付系统有哪些参与者? 简述其工作流程。

4.结合自己的经历,谈谈你如何防范和解决移动电子商务安全威胁。

5.常见的移动电子商务的安全问题有哪些?

6.简述 Wi-Fi 网络的安全策略。

7.应该如何设置口令才更安全?

8.简述基于概率上下文无关文法的漫步攻击口令算法的思想。

9.定向攻击口令的算法有哪些?

10.基于统计学的口令分布的安全性评价指标有哪些?

11.简述口令强度评测器 PSM 采用的主要方法。

12.Web 验证码和短信验证码各自的主要目的是什么?

13.简述增强终端环境安全的主要方法。

14.与 4G 网络相比,5G 网络提供了哪些新的安全机制?

第 9 章
电子商务安全管理

一个全方位的电子商务安全体系应该从组织、技术、管理以及法律法规等多方面入手，采取全方位的措施，才能有效实现电子商务的安全，确保电子商务的顺利进行。

电子商务安全管理是指通过一个完整的综合保障系统，规避电子商务交易过程的信息传输风险、信用风险、管理风险、法律风险和网上支付风险等各种安全风险，以确保网上交易的顺利进行。

考虑到电子商务专业一般都会开设《电子商务法》这门课程，因此本章不讨论电子商务法律方面的问题。

本章从信息系统保护的相关规定、安全管理制度、风险管理等方面，阐述电子商务安全管理的相关问题。

9.1　信息系统安全保护的相关法律法规

9.1.1　信息系统安全保护

作为我国第一个关于信息系统安全方面的法规，《中华人民共和国计算机信息系统安全保护条例》(以下简称《条例》)是国务院于 1994 年 2 月 18 日发布的，目的是保护信息系统的安全，促进计算机的应用和发展。其主要内容如下。

①公安部主管全国的计算机信息系统安全保护工作。

②计算机信息系统实行安全等级保护。

③健全安全管理制度。

④国家对计算机信息系统安全专用产品的销售实行许可证制度。

⑤公安机关行使监督职权，包括监督、检查、指导和查处危害信息系统安全的违法犯罪案件等。

《条例》的核心内容规定了严谨有序的，模块化、系列化、可扩充的计算机信息系统安全保护制度，对计算机信息系统进行安全保护，主要包括 9 大制度。

①计算机信息系统的建设和应用,应当遵纪守法。

②计算机信息系统安全等级保护制度。

③计算机机房安全管理制度。

④计算机信息系统国际联网备案制度。

⑤计算机信息媒体进出境申报制度。

⑥计算机信息系统使用单位安全负责制度。

⑦计算机案件强制报告制度。

⑧计算机病毒及其有害数据的专管制度。

⑨计算机信息系统安全专用产品销售许可证制度。

9.1.2 国际联网管理

加强对计算机信息系统国际联网的管理,是保障信息系统安全的关键。全国人大、国务院、公安部等制定了若干关于国际联网、数据安全的法律法规。

1)《中华人民共和国计算机信息网络国际联网管理暂行规定》

这是国务院于 1996 年 2 月 1 日发布的,后又根据 1997 年 5 月 20 日《国务院关于修改〈中华人民共和国计算机信息网络国际联网管理暂行规定〉的决定》进行了修正,它体现了国家对国际联网实行统筹规划、统一标准、分级管理、促进发展的原则。

2)《中华人民共和国计算机信息网络国际联网管理暂行规定实施办法》

这是国务院信息化工作领导小组于 1998 年 3 月 13 日发布的,是根据《中华人民共和国计算机信息网络国际联网管理暂行规定》而制定的具体实施办法。其主要内容如下。

①国务院信息化工作领导小组办公室负责组织、协调和检查监督国际联网的有关工作。

②国际联网采用国家统一制定的技术标准、安全标准和资费政策。

③国际联网实行分级管理,即对互联单位、接入单位、用户实行逐级管理;对国际出入口信道统一管理。

④对经营性接入单位实行经营许可证制度。

⑤中国互联网络信息中心提供互联网络地址、域名、网络资源目录管理和有关的信息服务。

⑥国际出入口信道提供单位提供国际出入口信道并收取信道使用费。

⑦国际出入口信道提供单位、互联单位和接入单位应保存与其服务相关的所有资料,配合主管部门进行的检查。

⑧互联单位、接入单位和用户应当遵守国家有关法律、行政法规,严格执行国家安全保密制度。

3)《计算机信息网络国际联网安全保护管理办法》

这是公安部于 1997 年 12 月 30 日发布的,目的是加强国际联网的安全保护。其主要内容如下。

①公安部计算机管理监察机构及各级公安机关相应机构应负责国际联网的安全保护管理工作。

②国际出入口信道提供单位、互联单位的主管部门负责国际出入口信道、所属互联网络的安全保护管理工作。

③互联单位、接入单位及使用国际联网的法人应办理备案手续并履行安全保护职责。

④从事国际联网业务的单位和个人应当接受公安机关的安全监督、检查和指导,并协助查处网上违法犯罪行为。

4)《计算机信息网络国际联网出入口信道管理办法》

这是原邮电部在1996年发布的,目的是加强计算机信息网络国际联网出入口的管理。其主要内容如下。

①直接进行国际联网必须使用原邮电部国家公用电信网提供的国际出入口信道。

②在中国邮电电信总局设置计算机信息网络国际联网出入口局及其网络管理中心,以负责国际联网出入口信道的提供和管理。

③中国邮电电信总局应加强对国际联网出入口局和出入口信道的管理。

④国际出入口局应配合国家有关部门依法实施的信息安全检查。

5)《计算机信息系统国际联网保密管理规定》

这是由国家保密局发布并于2000年1月1日开始执行的,目的是加强国际联网的保密管理,确保国家秘密的安全。其主要内容如下。

(1)保密管理

国际联网的保密管理,实行控制源头、归口管理、分级负责、突出重点、有利发展的原则。

①国家保密工作部门主管全国的国际联网保密工作。

②地方各级保密工作部门主管本行政区域内的国际联网保密工作。

③中央国家机关在其职权范围内主管本系统的国际联网保密工作。

(2)保密制度

①涉及国家秘密的计算机信息系统,必须实行物理隔离。

②涉及国家秘密的信息,不得在国际联网的计算机信息系统中存储、处理、传递。

③上网信息的保密管理坚持"谁上网谁负责"的原则。

(3)保密监督

①保密检查。

②监督、检查保密管理制度规定的执行情况。

③依法查处各种泄密行为。

6)《互联网信息服务管理办法》

《互联网信息服务管理办法》于2000年9月25日起正式施行。把互联网信息服务分为经营性和非经营性两类。核心内容是国家对经营性互联网信息服务实行许可制度;对非经营性互联网信息服务实行备案制度。该办法从网络安全源头、保护网民权益、责罚分明等方面作出了明确的规定。

7)《互联网安全保护技术措施规定》

《互联网安全保护技术措施规定》(以下简称《规定》)于 2005 年 12 月 13 日颁布,并于 2006 年 3 月 1 日起实施。

《规定》是与《计算机信息网络国际联网安全保护管理办法》(以下简称《管理办法》)相配套的一部部门规章。《规定》从保障和促进我国互联网发展出发,根据《管理办法》的有关规定,对互联网服务单位和联网单位落实安全保护技术措施提出了明确、具体和可操作性的要求,保证了安全保护技术措施的科学、合理和有效的实施,有利于加强和规范互联网安全保护工作,提高互联网服务单位和联网单位的安全防范能力和水平,预防和制止网上违法犯罪活动。《规定》的颁布对于保障我国互联网安全将起到促进作用。

《规定》包括立法宗旨、适用范围、互联网服务单位和联网使用单位及公安机关的法律责任、安全保护技术措施要求、措施落实与监督和相关名词术语解释 6 个方面的内容。

8)《中华人民共和国网络安全法》

《中华人民共和国网络安全法》已由中华人民共和国第十二届全国人民代表大会常务委员会第二十四次会议于 2016 年 11 月 7 日通过,自 2017 年 6 月 1 日起施行。《中华人民共和国网络安全法》(以下简称《网络安全法》)共七章:第一章总则,第二章网络安全支持与促进,第三章网络运行安全,第四章网络信息安全,第五章监测预警与应急处理,第六章法律责任,第七章附则。

《网络安全法》的制定出台,是贯彻落实网络强国战略的重要一环,将有力地促进并服务于"互联网+"行动和网络强国战略的进一步实施。对于完善我国在网络空间的规范治理体系具有基础性意义。对于互联网信息服务、电子商务、个人信息保护等领域的立法具有深刻的导向意义。

9)《中华人民共和国数据安全法》

随着信息技术和人类生产生活交汇融合,各类数据迅猛增长、海量聚集,对经济发展、社会治理、人民生活都产生了重大而深刻的影响。数据安全已成为事关国家安全与经济社会发展的重大问题。中共十九届四中全会决定明确将数据作为新的生产要素。数据是国家基础性战略资源,没有数据安全就没有国家安全。制定数据安全领域的基础性法律十分必要:第一,通过立法加强数据安全保护,提升国家数据安全保障能力,有效应对数据这一非传统领域的国家安全风险与挑战,切实维护国家主权、安全和发展利益。第二,各类数据的拥有主体多样,处理活动复杂,安全风险加大,必须通过立法建立健全各项制度措施,切实加强数据安全保护,维护公民、组织的合法权益。第三,发挥数据的基础资源作用和创新引擎作用,加快形成以创新为主要引领和支撑的数字经济,更好服务我国经济社会发展,必须通过立法规范数据活动,完善数据安全治理体系,以安全保发展、以发展促安全。第四,为适应电子政务发展的需要,提升政府决策、管理、服务的科学性和效率,应当通过立法明确政务数据安全管理制度和开放利用规则,大力推进政务数据资源开放和开发利用。

2021年6月10日,第十三届全国人民代表大会常务委员会第二十九次会议通过的《中华人民共和国数据安全法》(以下简称《数据安全法》)于2021年9月1日开始施行。该数据安全法共七章:第一章总则,第二章数据安全与发展,第三章数据安全制度,第四章数据安全保护义务,第五章政务数据安全与开放,第六章法律责任,第七章附则。

《数据安全法》明确:数据是任何以电子或者非电子形式对信息的记录,数据活动是指数据的收集、存储、加工、使用、提供、交易、公开等行为。关于数据安全制度,规定:一是建立数据分级分类管理制度,确定重要数据保护目录,对列入目录的数据进行重点保护。二是建立集中统一、高效权威的数据安全风险评估、报告、信息共享、监测预警机制,加强数据安全风险信息的获取、分析、研判、预警工作。三是建立数据安全应急处置机制,有效应对和处置数据安全事件。四是与相关法律相衔接,确立数据安全审查制度和出口管制制度。五是针对一些国家对我国的相关投资和贸易采取歧视性等不合理措施的做法,明确我国可以根据实际情况采取相应的措施。关于数据安全保护义务,规定:一是开展数据活动必须遵守法律法规,尊重社会公德和伦理,有利于促进经济社会发展,增进人民福祉,不得违法收集、使用数据,不得危害国家安全、公共利益,不得损害公民、组织的合法权益。二是开展数据活动应当按照规定建立健全全流程数据安全管理制度,组织开展数据安全教育培训,采取相应的技术措施和其他必要措施,保障数据安全。三是开展数据活动应当加强数据安全风险监测、定期开展风险评估,及时处置数据安全事件,并履行相应的报告义务。四是对数据交易中介服务和在线数据处理服务等作出规范。五是对公安机关和国家安全机关因依法履行职责需要调取数据以及境外执法机构调取境内数据时,有关组织和个人的相关义务作了规定。

《数据安全法》的出台和实施,标志着我国在网络与信息安全领域的法律法规体系得到了进一步的完善。数据安全法明确数据安全主管机构的监管职责,建立健全数据安全协同治理体系,提高数据安全保障能力,促进数据出境安全和自由流动,促进数据开发利用,保护个人、组织的合法权益,维护国家主权、安全和发展利益,让数据安全有法可依、有章可循,为数字化经济的安全健康发展提供了有力支撑。

9.1.3　商用密码管理

国务院于1999年10月7日发布《商用密码管理条例》,目的是加强商用密码管理,保护信息安全,保护公民和组织的合法权益,维护国家的安全和利益。其主要内容如下。

①国家密码管理委员会及其办公室主管全国的商用密码管理工作。

②商用密码技术属于国家秘密,国家对商用密码产品的科研、生产、销售和使用实行专控管理。

③商用密码的科研任务由密码管理机构指定的单位承担。

④商用密码产品由密码管理机构指定的单位生产,其品种和型号必须经国家密码管理机构批准,且必须经产品质量检测机构检测合格。

⑤商用密码产品由密码管理机构许可的单位销售。

⑥用户只能使用经密码管理机构认可的商用密码产品,且不得转让。

9.1.4　计算机病毒防治

《计算机病毒防治管理办法》是公安部于 2000 年 4 月 26 日发布执行的,目的是加强对计算机病毒的预防和治理,保护计算机信息系统安全。其主要内容如下。

①公安部公共信息网络安全监察部门主管全国的计算机病毒防治管理工作,地方各级公安机关具体负责本行政区域内的计算机病毒防治管理工作。

②任何单位和个人应接受公安机关对计算机病毒防治工作的监督、检查和指导,不得制作、传播计算机病毒。

③计算机病毒防治产品厂商,应及时向计算机病毒防治产品检测机构提交病毒样本。

④拥有计算机信息系统的单位应建立病毒防治管理制度并采取防治措施。

⑤病毒防治产品应具有计算机信息系统安全专用产品销售许可证,并贴有"销售许可"标记。

9.1.5　安全产品检测与销售

《计算机信息系统安全专用产品检测和销售许可证管理办法》是公安部于 1997 年 12 月 12 日发布并执行的,目的是加强计算机信息系统安全专用产品的管理,保证安全专用产品的安全功能,维护计算机信息系统的安全。其主要内容如下。

①我国境内的安全专用产品进入市场销售,实行销售许可证制度。

②颁发销售许可证前,产品必须进行安全功能的检测和认定。

③公安部计算机管理监察部门负责销售许可证的审批颁发、检测机构的审批、定期发布安全专用产品的检测通告和经安全功能检测确认的安全专用产品目录。销售许可证只对所申请销售的安全专用产品有效,有效期为两年。

9.2　数据安全等级保护

数据作为一种新的生产要素,已成为国家基础性战略资源。随着数字经济的蓬勃发展,数据分级问题已经成为平衡安全和发展的重要问题。《数据安全法》就如何保障数据安全和促进数据开发利用作出了明确规定,其中第 21 条明确规定了实行数据分类分级保护,并提出了国家核心数据概念,实行更加严格的重点保护;第 27 条提出在网络安全等级保护制度的基础上做好数据安全保护工作;第 53 条提出涉密数据的处理遵照《中华人民共和国保守国家秘密法》等法律、行政法规规定执行。《数据安全法》从国家层面提出了数据分类分级,是确定数据保护和利用之间平衡点的一个重要依据,为个人数据、政务数据、企业数据、工商业数据、医疗数据等数据的保护奠定了法律基础,促进以数据为关键要素的数字经济发展。

在数据分级划分方面,2020 年 2 月,工业和信息化部办公厅印发的《工业数据分类分级指南(试行)》将工业数据分为 3 个安全级别。2020 年 9 月,中国人民银行发布的 JR/T 0197—2020《金融数据安全分级指南》给出了数据安全定级的 5 个原则:合法合规性原则、可执行性原则、时效性原则、自主性原则、差异性原则和客观性原则,定级主要考虑影响对象和影响程度,将金融数据安全级别划分为 5 级。2020 年 12 月,工业和信息化部发布的 YD/T 3813—2020《基础电信企业数据分类分级方法》规定了基础电信企业数据分类分级原则、数据分类工作流程和方法、数据分级方法,给出的分级原则包括安全性、稳定性、可执行性、时效性、自主性、合理性、客观性、就高不就低、关联叠加效应,将电信企业数据安全级别划分为 4 级。此外,2020 年发布的 GB/T 22240—2020《信息安全技术网络安全等级保护定级指南》,根据等级保护对象的重要程度、受侵害的客体和对客体的侵害程度将等级保护对象的安全保护等级划分为 5 级,等级保护对象主要包括信息系统、通信网络设施和数据资源等,不涉及秘密对象。该等级保护定级指南明确将数据资源作为一种保护对象,其 5 级划分方法可以适用于数据等级划分。《数据安全法》将数据划分为涉密数据和非密数据。涉密数据的分级按照定密规定和程序确定,不同密级数据的安全保护工作遵循相应规范标准。非密数据的分级按照等级保护分为 1~5 级,国家核心数据定为最高等级 5 级,其他数据依其“重要程度”+“危害程度”相应地确定为 1~4 级的等级。

为做好数据安全的保护,应采用同步规划、同步建设、同步使用的“三同步”原则,建设数据安全防护体系,从组织建设、制度流程、人员能力和技术工具四个方面对机构进行数据安全能力成熟度等级划分,加强防御数据访问风险(缺乏统一账号管理、缺失身份认证管理、数据授权能力弱造成的风险)、数据流动风险(缺乏审计溯源能力、数据保护能力弱造成的风险)以及数据运维风险(数据管理成本大、运维行为缺乏监督、高危操作缺乏管控引起的风险);加强数据与业务系统安全属性,且基于网络设备、安全设备、主机、服务器等对象产生的海量数据协同联动,通过大数据的建模分析,支撑提高数据安全能力。

9.3 电子商务安全管理制度

电子商务是在计算机网络上进行的交易活动,除了遭受来自 Internet 的各种攻击外,还可能会受到来自企业内部的攻击,对于这些破坏电子商务安全性的攻击,仅靠技术手段是无法完全防范的。因此,建立和执行健全电子商务安全管理制度尤为重要。

9.3.1 信息安全管理制度的内涵

电子商务是利用计算机、智能手机通过互联网进行的商务活动,电子商务的安全管理制度可以看作计算机信息安全管理制度。国际标准化组织将计算机信息安全定义为:“为数据处理系统建立和采用的技术、管理上的安全保护,为的是保护计算机硬件、软件、数据不因偶然和恶意的原因而遭到破坏、更改和泄露。”美国国防部于 1993 年公布了可信计算机系统评估准则(Trusted Computer System Evaluation Criteria, TCSEC),其基本思想是:计算机系统有能力控制给定的主体对给定的客体的存取。在此之后,英、法、德、荷四国共同提出了信息技术安全评估准则(Information Technology Security Evaluation Criteria, ITSEC),其基本思想是将计算机安全从保密性、完整性、可用性 3 个方面来衡量。

综合多家评估准则,计算机信息安全的基本要求有如下 5 条。

1)认证用户和鉴别

要求用户在使用计算机之前首先向计算机输入自己的用户名和身份鉴别数据(如口令、标志卡、指纹等),以便计算机网络系统确认该用户的真实身份,防止冒名顶替和非法用机。

2)控制存取

当用户已被计算机接受并注册登录后,要求调用程序或数据时,计算机核对该用户的权限,根据用户对该项资源被授予的权限控制对其进行存取。

3)保障完整性

保护计算机系统的配置参数不被非法更改,保护计算机数据不被非法修改和删除。如果一项数据有多份拷贝,当用户在一处修改后,其他拷贝一同修改,以保障数据的一致性。

4)审计

系统能记录用户所要求进行的操作及其相关的数据,能记录操作的结果,能判断违反安全的事件是否发生,如果发生则记录备查。审计能力的强弱对于防止计算机犯罪并获得法定证据尤其重要。

5)容错

当计算机的部件突然发生故障,或计算机系统工作环境设备突然发生故障时,计算机系统能继续工作或迅速恢复。

信息安全管理制度是用文字形式对各项安全要求所作的规定。它是保证企业电子商务取得成功的重要基础工作,是企业人员安全工作的规范和准则。企业在开展电子商务之初,就应当形成一套完整的、适应于网络环境的信息安全管理制度。这些制度应当包括人员管理制度、保密制度、跟踪审计制度、系统维护制度、数据备份制度、病毒定期清理制度等。

9.3.2 网络系统的日常维护制度

1)硬件的日常管理和维护

企业通过自己的内部网参与电子商务活动,内部网的日常管理和维护变得至关重要,特别是对那些运行关键任务的内部网(如银行内部网)更是如此。

网络管理员必须建立系统设备档案,记录下设备型号、生产厂家、配置参数、安装时间、安装地点、IP 地址、上网目录和内容等。对于服务器和客户机,还应记录其内存、硬盘容量和型号、终端型号及数量、多用户卡型号、操作系统名、数据库名等。

(1)网络设备

对于网络设备来说,有网管软件的应及时安装网管软件,这些软件可以做到对网络拓扑结构的自动识别、显示和管理,网络系统节点配置和管理,系统故障诊断、显示及通告,网络流量与状态的监控、统计与分析,还可以进行网络性能调优、负载平衡等。对于无网管软件的设备应通过手工操作来检查状态,做到定期检查与随机抽查相结合,以便及时准确地掌握网络的运行状况,一旦有故障发生能及时处理。

（2）服务器和客户机

这部分一般没有相应的网管软件,可以通过手工操作进行检查。

（3）通信线路

对于内部线路,应尽可能采用结构化布线。虽然采用布线系统在建网初期会增加投资,但这样可以大大降低网络故障率,即使有故障发生也较容易排除。

对于租用通信运营部门的通信线路,网络管理员应对通信线路的连通情况作好记录。当有故障发生时,应及时与通信运营部门联系,以便迅速恢复通信。

2）软件的日常管理和维护

（1）系统软件

系统软件包括操作系统、编译系统、数据库管理系统、开发工具及各种程序设计语言等。对于操作系统来说,一般需要进行以下的维护工作:定期清理日志文件、临时文件;定期整理文件系统;监测服务器上的活动状态和用户注册数;处理运行中的死机情况等。

（2）应用软件

应用软件的管理和维护主要是版本控制。为了保持各客户机上的应用软件版本一致,应设置一台安装服务器,当远程客户机应用软件需要更新时,就可以从网络上进行远程安装。

3）数据备份

备份与恢复主要是利用磁盘阵列、硬盘、光盘、U盘、磁带、微缩载体等多种介质,对信息系统数据进行存储、备份和恢复,这种保护措施还包括对系统设备的备份。数据备份为冷备份和热备份、本地备份和异地备份。

9.3.3　病毒防范制度

从事网上交易的企业和个人都应当建立电脑病毒防范制度。

1）安装防病毒软件

应用于网络的防治病毒软件有两种:一种是单机版防治病毒产品;另一种是联机版防治病毒产品。前者以事后查毒消毒,适合于个人用户。后者属于事前的防范,其原理是在网络端口设置一个病毒过滤器,即事前在系统上安装一个防治病毒的网络软件,它能够在病毒入侵到系统之前,将其挡在系统之外。

2）不打开陌生地址的电子邮件

电子邮件传播病毒的关键是其附件。由于文字处理软件 Word 具有夹带宏病毒的可能,所以当收到陌生地址的电子邮件时,无论是 Word 文件还是执行文件,最好不要在进行网络交易时打开电子邮件附件。

3）认真执行病毒定期清理制度

许多计算机病毒都有一个潜伏期。有时候,虽然计算机仍在运行,但实际上已感染上了病毒。病毒定期清理制度可以清除处于潜伏期的病毒,防止病毒的突然爆发,使计算机始终处于良好的工作状态。

4)控制权限

可以将网络系统中易感染病毒的文件的属性、权限加以限制,对各终端用户,只允许他们具有只读权限,以断绝病毒入侵的渠道,从而达到预防的目的。

9.3.4　人员管理制度

网上交易是一种高智力的活动。从事网上交易的人员,一方面,必须具有传统市场交易的知识和经验;另一方面,又必须具有相应的计算机网络知识和软件操作技能。由于相应人员在相当大程度上支配着企业的命运,而计算机网络犯罪又具有智能型、隐蔽性等特点,所以加强对网上交易人员的管理变得十分重要。

1)严格选拔网上交易人员

将经过一定时间考察、责任心强、讲原则、守纪律、了解市场、懂得交易、具有基本网络知识的人员委派到这种岗位上。

2)落实工作责任制

不仅要求网上交易人员完成规定的任务,而且要求他们严格遵守企业的网上交易安全制度。特别是在当前企业人员流动频率较高的情况下,更要明确网上交易人员的责任,对违反网上交易安全规定的行为应坚决制止和打击,对有关人员要进行及时的处理。

3)贯彻电子商务安全运作基本原则

①双人负责原则。重要系统业务不要安排一个人单独管理,实行两人或多人相互制约的机制。

②任期有限原则。任何人不得长期担任与交易安全有关的职务。

③最小权限原则。明确规定只有网络管理员才可进行物理访问,只有网络人员才可进行软件安装工作。

9.3.5　保密制度

网上交易涉及企业的市场、生产、财务、供应等多方面的机密,需要很好地划分信息的安全级别,确定安全防范重点,提出相应的保密措施。信息的安全级别一般可分为 3 级。

1)绝密级

如企业经营状况报告、订/出货价格、企业的发展规划等。此部分信息不能在互联网上公开,只限于企业高层人员掌握。

2)机密级

如企业的日常管理情况、会议通知等。此部分信息不在互联网上公开,只限于企业中层以上人员使用。

3）秘密级

如企业简介、新产品介绍及订货方式等。此部分信息在互联网上公开,供相关人员浏览,但必须有保护措施和保护程序,防止"黑客"入侵篡改。

保密工作的另一个重要问题是对密钥的管理。大量的交易必然使用大量的密钥,密钥管理必须贯穿于密钥的产生、传递和销毁的全过程。密钥需要定期更换,否则可能使"黑客"通过积累密文增加破译机会。

9.3.6 跟踪、审计、稽核制度

跟踪制度要求企业建立网络交易系统日志机制,用来记录系统运行的全过程。系统日志文件是自动生成的,内容包括操作日期、操作方式、登录次数、运行时间、交易内容等。它对系统的运行监督、维护分析、故障恢复,对防止案件的发生或在发生案件后为侦破提供监督数据,都可以起到非常重要的作用。

审计制度包括经常对系统日志检查、审核,及时发现系统入侵行为的记录和对系统安全功能违反的记录,监控和捕捉各种安全事件,保存、维护和管理系统日志。

稽核制度是指工商管理、银行、税务人员利用计算机及网络系统,借助于稽核业务应用软件调阅、查询、审核、判断辖区内各电子商务参与单位业务经营活动的合理性、安全性,堵塞漏洞,保证电子商务交易安全,发出相应的警示或作出处理处罚的有关决定的一系列步骤及措施。

9.3.7 应急措施制度

应急措施是指在紧急事件或安全事故发生时,利用应急计划辅助软件和应急设施,排除灾难和故障,保障计算机信息系统继续运行或紧急恢复的措施。在启动电子商务业务时,就必须制订交易安全计划和应急方案,一旦发生意外,立即实施应急处理措施,最大限度地减少损失,尽快恢复系统的正常工作。

电子商务系统运行中的灾难事件指的是导致参加交易活动的计算机不能正常运行的事件。洪水、地震和其他自然灾害会直接导致计算机系统不能正常运行;供电事故、信息服务商的问题可以导致计算机系统的非正常运行。计算机系统本身也可导致灾难的发生,如系统升级时发生差错、严重的操作错误、备份中心发生故障和系统管理员的恶意操作都可能导致重要数据丢失,引起计算机系统灾难。

灾难恢复包括硬件的恢复,也包括数据的恢复。一般来讲,数据的恢复更为重要,难度也更大。目前运用的数据恢复技术主要有瞬时复制技术、远程磁盘镜像技术和数据库恢复技术等。

9.4　电子商务安全风险管理

9.4.1　风险管理概述

电子商务是一个庞大、复杂的经济、技术系统。一个电子商务系统的运行必然受到内部条件和外部环境的影响和制约,电子商务风险是客观存在的。一般来说,电子商务的风险分为两种:企业内部风险和企业外部风险两种。

1)企业内部风险

企业内部风险是指由企业内部条件不完善所带来的风险,其中最重要的是技术风险、战略风险等。

(1)技术风险

技术风险指由技术原因给企业带来的运作风险。信息技术的迅速发展,有可能使企业面临技术选择风险以及由数据存取不当所造成的风险。这种风险主要来自企业内部,一是未经授权的人员进入系统数据库修改、删除数据,二是企业工作人员操作失误造成错误数据的影响而带来的风险。

(2)战略风险

企业战略是组织机构为了参与竞争而制订出的内容广泛的规则和方案,包括组织的目标以及为实现这些目标所实施的计划和政策。战略风险主要来自错误的战略导向。

(3)管理风险

在电子商务过程中,涉及很多商务环节。在这些环节上,都存在大量的管理问题,如果管理不善,势必造成巨大的潜在风险。

2)企业外部风险

企业外部风险是指电子商务受企业外部环境冲击所带来的风险。电子商务作为一个社会系统,存在着与系统特性相关的系统风险,与信息不对称相关的信息风险,与市场价值能否实现相关的市场风险。

从本质上讲,安全就是风险管理。一个组织者如果不了解其信息资产的安全风险,很多资源就会被错误地使用。风险管理提供信息资产评估的基础。通过风险识别,可以获知一些特殊类型的资产价值以及包含这些信息的系统的价值。

电子商务安全风险管理的策略是一个不断发展完善的过程。一般认为,安全管理策略的发展过程遵循"事件驱动—标准化—安全风险管理"的路径。目前,电子商务安全管理进入了风险管理时期。

下面,以传统的保险业为例说明风险的含义。一个客户因感到危险,所以他向保险公司购买汽车保险。买保险前,如出车祸,他需要花全额修理费,买了保险后就可减少花大笔钱的风险。而保险公司同样为了规避风险,会设定保险费的依据,一是汽车修理的费用是多少,二是该客户发生车祸的可能性。

从保险业这个例子可以看出,风险包含两个部分。第一部分是车的修理费,如果车祸发生,保险公司就要支付这笔费用,将它定义为保险公司的漏洞或脆弱性;第二部分是客户发生车祸的可能性,这是对保险公司的威胁,因为它有可能使保险公司支付修理费。因此,漏洞和威胁是测定风险的两个组成部分。如没有威胁,也就没有风险;同样,如没有漏洞,也就没有风险。

(1)漏洞

系统漏洞是攻击的一个可能的途径。计算机系统、网络系统可能存在漏洞。如果计算机系统、网络系统存在漏洞,那么它将使得技术攻击得逞。漏洞也有可能存在于管理过程中,它使系统环境对攻击开放。

漏洞的多少是由攻击进入计算机系统、网络系统需要的技术熟练水平和困难程度,以及系统暴露可能引起的后果来确定的。如果漏洞易于暴露,并且一旦受到攻击,攻击者可以完全控制计算机系统,那么称这样的漏洞为高值漏洞或高脆弱性。若攻击者需要对设备和人员投入很多资源,漏洞才能暴露,并且系统受到攻击后,攻击者也只能获取一般信息而非敏感信息,则称这样的漏洞为低值漏洞或低脆弱性。

(2)威胁

威胁是一个可能破坏信息系统环境安全的动作或事件。威胁包含以下3个组成部分。

①目标。威胁的目标通常是针对安全属性或安全服务(包括机密性、完整性、可用性、可审性等)进行的动作或事件。威胁的目标可能有几个,例如,可审性可能是攻击的首要目标,若攻击者能成功攻击审计系统,则系统的审计记录和审计功能就会受到威胁;然后,攻击者可能把机密性作为攻击目标,以获取一些关键数据。

②代理。代理是为另一个对象提供一个替身或占位符以控制对这个对象的访问,简言之就是用一个对象来代表另一个对象。

代理需要有3个特性。

A.访问。一个代理必须具有访问所需要的计算机系统、网络、设施或信息的能力。访问可以是直接访问,例如,代理拥有访问系统的账号;也可以是间接访问,例如,代理通过其他方法来访问系统。

B.知识。一个代理必须具有目标的用户ID、口令、文件位置、物理访问过程、员工名字、访问电话号码、网络地址、安全程序等知识。代理对目标越熟悉,就具有越多的存在漏洞的知识;代理对存在的漏洞知道得越具体,就越能获得更多打开漏洞的知识。

C.动机。一个代理对目标发出威胁,需要有动机,通常动机是考虑代理攻击目标的关键特性。动机可能是不同的,有的是为了竞争、挑战;有的是贪心,以获得钱、物、服务、信心;有的是对某组织或个人有恶意伤害的企图。

根据代理的3个特性,应该考虑的代理可能包括员工、与组织有关的外部员工、黑客、商业对手、恐怖分子、罪犯、客户、访问者等。

当考虑代理时,应该作出定量的判断,以获得每个代理对访问组织的目标的必要性,根据前面分析的漏洞考虑攻击的可能性。

③事件。事件是代理采取的行为,从而导致对单位(组织机构)的伤害。例如,一个黑客改变一个单位(组织机构)的 Web 页面来攻击它并造成伤害。

常见的事件有:对数据信息、系统、场地滥用授权访问;恶意改变数据信息;偶然改变数据信息;对数据信息、系统、场地非授权访问;恶意破坏数据信息、系统、场地;偶然破坏数据信息、系统、场地;对系统和操作的恶意物理损害;对系统和操作的偶然物理损害;自然物理事件引起的系统和操作的损害;引入针对系统的恶意软件;破坏系统内部或外部的通信;被动地窃听内部或外部的通信;偷窃硬件。

(3)威胁+漏洞=风险

风险是威胁和漏洞的综合结果。没有漏洞的威胁没有风险,没有威胁的漏洞也没有风险。风险的度量是要确定事件发生的可能性。

风险可划分成低、中、高 3 个级别。

①低级别风险是漏洞使组织的风险达到一定水平,然而风险不一定发生。如有可能,应将这些产生低级别风险的漏洞去除,但应权衡去除漏洞的代价和能减少的风险损失。

②中级别风险是指漏洞使组织的信息系统或场地的风险(机密性、完整性、可用性、可审性)达到相当的水平,并且已有发生事件的现实可能性。应采取措施去除漏洞。

③高级别风险是指漏洞对单位机构的信息、系统或场地的机密性、完整性、可用性和可审性已构成现实危害,必须立即采取措施去除产生高级别风险的漏洞。

9.4.2　风险的识别与测量

1)风险的识别

对一个单位(组织机构)而言,识别风险除了要识别漏洞和威胁之外,还应考虑已有的对策和预防措施,风险评估的组成如图 9.1 所示。

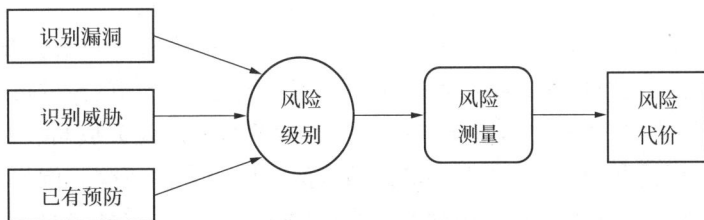

图 9.1　风险评估的组成

(1)识别漏洞

识别漏洞时,从确定对单位(组织机构)的所有入口开始,也就是寻找该单位(组织机构)内的系统和信息的所有访问点。这些入口包括 Internet 的连接、远程访问点、与其他单位(组织机构)的连接、设备的物理访问以及用户访问点等。

对每个访问点识别可访问的信息和系统,然后识别如何通过入口访问这些信息和系统。应该识别包括操作系统和应用程序中所有已知的漏洞。

（2）识别威胁

威胁评估是十分具体的，有时也是很困难的。在试图识别一个单位（组织机构）或目标的威胁时，经常会把注意力转移到它们的竞争对手身上。然而，真正的威胁往往是非常隐蔽的，在攻击事件发生以前，真正的目标威胁往往并不暴露出来。

一个目标威胁是对一个已知的目标具有已知的代理、已知的动机、已知的访问和执行已知的事件的组合。例如，有一个不满意的员工（代理）希望得到正在该单位（组织机构）进行的最新设计的知识（动机），该员工能访问单位（组织机构）的信息系统（访问），并知道信息存放的位置（知识）。该员工正窥测新设计的机密并且企图获得所需文件。

识别所有的目标威胁是非常费时和困难的。可以假设存在一个通用的威胁，这个威胁可能包括任何具有访问单位（组织机构）信息或系统的可能性的人。这个威胁确实存在，因为人们（员工、客户、供应商等）为了工作必须访问该单位（组织机构）的系统和信息，然而，他们不必具有对单位（组织机构）某些部分直接的或特定的威胁的知识。

如果假设一个通用的威胁（某些人可能具有访问、知识、动机做某些坏事）能检查单位（组织机构）内允许这些访问发生可能产生的漏洞，那么就将这样的漏洞计入风险。

（3）检查对策和预防措施

在分析评估攻击的可能途径时，必须同时检查如果漏洞真正存在时应采取的对策和预防措施。这些预防措施包括防火墙、防病毒软件、访问控制、双因子身份鉴别系统、仿生网络安全程序、文件访问控制、对员工进行安全培训等。

对于单位（组织机构）内的每个系统访问点都应有相应的预防措施。例如，某个单位（组织机构）有一个 Internet 连接，这就提供了访问该单位（组织机构）内部信息系统的可能性。通过采用防火墙来保护这个访问点，设置和检查防火墙的规则，可以很好地识别和阻止来自外部对内部系统访问的企图。这样外部攻击者就不能利用访问点的某些漏洞来达到入侵系统的目的。

（4）识别风险

一旦对漏洞、威胁、预防措施进行了识别，就可确定该单位（组织机构）面临的风险。为了确定每个访问点可能面临的威胁及其程度，可以检查通过每个访问点的可能的目标（机密性、完整性、可用性、可审性），并且基于它的危险程度给每个风险分成高、中、低等级。需要指出的是，对于相同的漏洞，可能得出基于访问点的不同级别的风险。例如，假设一个单位内部系统的电子邮件系统内存在一个漏洞，对外部来说，攻击者必须通过 Internet 防火墙才能发现系统，这样通过该访问点（防火墙）的拦截阻隔，该内部系统是不可访问的，因此没有风险；然而，对内部员工而言，他们无须通过防火墙就可进入内部系统访问邮件系统，这就意味着内部员工可以利用这个漏洞来访问系统，而内部员工并未列为威胁源，因此可将这种漏洞可能形成的风险列为中等风险级别。

对于上述例子，如果系统的物理安全控制很弱，任何人可随意进出，使非授权者可操作该系统，那么该系统即使有防火墙这类预防措施，对具有恶意动机的攻击者来说也是无效的。由于缺乏物理安全预防措施，所以这种情况下应列为高风险级别。

当然,仅仅将风险分成高、中、低 3 个级别还未解决风险识别的全部问题。还应了解如漏洞暴露,对该单位(组织机构)的危害是否是持续的;该单位(组织机构)需要花费多少资源,才能减少风险。

2)风险的测量

传统的风险测量的方法是:

$$风险=威胁×漏洞×影响$$

其中,威胁随着暴露的漏洞增加而增加,漏洞与系统的复杂度成正比,影响与资产价值成正比。而影响=资产价值×$(T_d+T_r-T_p)$,T_d 是检测到攻击行为所需的时间,T_r 是对攻击响应和阻止的时间,T_p 是攻击者突破系统需要的时间。

目前,一般将风险测量分为两大类:一类是定量分析与测量,以受损的资产的绝对价值为基础,应用各种逼近模型计算处理,得出"精确的"数值,并以此数值来描述资产风险,整个网络中各项资产风险损失之和就是整个网络系统的风险。另一类是定性分析与测量,考虑资产的相对价值,即资产的重要程度,结合威胁和漏洞的严重程度,通过加权的办法,给出一个大致的风险等级和相应代价。

此外,常用的风险测量方法还有网络安全风险的三维向量法:

$$网络风险=(网络节点风险,通信链路风险,网络管理风险)$$

网络节点的风险描述了网络的静态风险。网络节点是网络的基础性结构,这些节点包括了硬件设备、软件程序、固件、数据等大部分的信息资产。

网络链路面临的风险是从动态的角度来考虑的。网络通信链路也是网络的支撑结构之一。通信链路的风险主要是针对通信链路上的信息流而言的。

网络管理面临的风险主要是从网络运营维护的角度来考虑的。它要涉及的因素包括人员安全意识、安全培训、规章制度、安全策略等方面。

网络节点风险、通信链路风险和网络管理风险 3 种风险的可承受极限决定着整个网络风险的可承受范围。进行网络风险的评估目的就是要测评网络风险是否在指定的可承受范围之内,如果风险过大,就应采取风险控制措施,以便将风险控制在指定范围之内。

风险测量必须识别出在受到攻击后该单位(组织机构)需要付出的代价,即一旦确定了风险并得出了风险的级别,就可以测量出风险的大小及其代价。

认识到风险使单位(组织机构)付出的代价也是确定如何管理风险的决定因素。风险永远不可能完全去除,风险必须进行管理。

代价是多方面的,包括资金、时间、资源、信誉以及丢失业务等。

(1)资金

资金是最显而易见的风险代价,包括损失的生产能力、设备或钱款的被窃、调研的费用、修理或替换系统的费用、专家费用、员工加班费用等。

最困难的资金代价估计是"损失的生产能力"这一项。有的生产能力损失是永远不可恢复的;有的生产能力损失可在付出一定费用恢复系统后恢复;有些则是难以估计的,例如,在一个制造工厂,它依靠计算机系统调度生产、预订原料、跟踪生产流程,如计算机系统受到攻击后,系统不可用了,有可能使 24 小时后原材料供应不上了,而调度生产在作业 8 小时后也停了。设想一下,如果计算机系统 7 天不可用,这时该工厂的损失有多大。需要计算这 7 天停工的损失以及为使生产恢复正常需要加班的时间,此外,还有其他一些不可估计的损失。

（2）时间

时间的代价很难量化。安全事件使一个技术人员不能执行其正常的任务,或许可以按时间的总和计算,但又如何计算其他人员等待计算机系统修复所付出的时间代价呢? 时间可能以关键系统停机时间来计算,例如一个单位(组织机构)的网站受到破坏了,该系统只能离线并修复。那么,如何计算该网站停机所造成的影响? 再如,由于攻击得逞导致该单位(组织机构)的产品交付延迟,如何来计算由该延迟引起的损失?

虽然时间的代价难以精确量化,但是时间损失必须计入风险测量中。

（3）资源

资源可以是人、系统、通信线路、应用程序等。资源代价是指,如系统被攻击得逞,需要消耗多少资源来恢复正常。显然,对一些能用金额多少来度量的资源是可计算的,然而对于那些不可用金额多少来度量的资源就难以估算。例如,本应去完成另一任务的人来处理当前事故,由此造成另一任务的延误所形成的代价中,当前事故的代价较易估算,而延误代价难以估计。又如,攻击使得网速变慢,由此导致通信线路不能正常支持各种相关工作的顺利完成,其造成的损失和代价中,网速变慢的损失较易估计,而后者的代价则较难确定。

（4）信誉

一个单位(组织机构)的信誉损失是十分重大的损失,这类损失的代价也难以测量。信誉就是诚信、可信。一个单位(组织机构)在公众心目中的可信度是十分重要的。例如,银行的信誉就等于该银行在公众心目中的可信度,客户的资金是否能安全存放决定了客户是否愿意将资金存入该银行。又如,一个慈善机构的信誉就是它能否合理地使用捐款,这决定了它是否能募集到资金。

对每个识别风险的风险测量的可能结果,应回答以下问题。

①识破风险所需的花费是多少? 包括员工或专家为跟踪并识别风险所花时间、购买新设备的费用等。

②为了成功地识别风险,需要花费多少时间?

③什么样的资源会受到影响? 而单位(组织机构)的哪一部分依赖于这些资源?

④该事件对单位(组织机构)信誉的影响如何?

⑤会丢失多少经营的业务? 什么类型的业务会丢失?

回答了上述问题以后,可列出一个风险评估表,以表示每个风险可能引起的后果。再利用这些信息来评估并开发相应的风险管理项目。

9.4.3 电子商务安全风险管理流程

风险管理是识别风险、分析风险并制订风险管理计划的过程。电子商务安全风险的管理包括风险识别、风险分析、风险控制 3 个方面。

1）风险识别

电子商务系统的安全要求是通过对风险的系统评估而确认的。为了有效管理电子商务安全风险，识别安全风险是风险管理的第一步。

风险识别是在收集有关各种威胁、漏洞和相关对策等信息的基础上，识别各种可能对电子商务系统造成潜在威胁的安全风险。

对于电子商务系统的安全来说，风险识别的目标主要是对电子商务系统的网络环境风险、数据存在风险和网上支付风险进行识别。

需要注意的是，并非所有的电子商务安全风险都可以通过风险识别来进行管理，风险识别只能发现已知的风险或根据已知风险较容易获知的潜在风险。而对于大部分的未知风险，则依赖于风险分析和控制来加以消除或降低。

2）风险分析

风险分析是运用分析、比较、评估等各种定性、定量的方法，确定电子商务安全中各个风险要素的重要性，对风险排序并评估其对电子商务系统各方面可能影响的后果，从而使电子商务系统项目实施人员可以将主要精力放在对付为数不多的重要安全风险上，使电子商务系统的整体风险得到有效的控制。风险分析是一种确定风险以及对可能造成的损失进行评估的方法，它是制订安全措施的依据。

风险分析的目标：确定风险，对可能造成损坏的潜在风险进行定性和定量化分析，在经济上寻求风险损失和对风险投入成本的平衡。

目前，采用的风险分析主要方法有风险概率/影响评估矩阵、敏感性分析和模拟分析等。在分析电子商务安全风险时，由于各影响因素量化在现实上的困难性，因此可根据实际需要，以采用定性方法为主、辅以少量定量方法相结合来进行风险分析，为制订风险管理制度和风险的控制提供依据。

3）风险控制

风险控制就是选择和运用一定的控制手段，以控制风险下降到一个可以接受的水平。风险控制是风险管理中最重要的一个环节，是决定风险管理成败的关键因素。电子商务安全风险控制的目标在于改变企业电子商务项目所承受的风险程度。

一般来说，风险控制方法有两类：第一类是风险控制措施，比如降低、避免、转移风险和损失管理等。在电子商务安全风险管理中，比较常用的风险控制措施是转移风险和损失管理。第二类为风险补偿的筹资措施，包括保险与自担风险。在电子商务安全风险管理中，管理人员需要对风险补偿的筹资措施进行决策，即选择保险还是自担风险。

此外，风险控制方法的选择应当充分考虑相对风险造成损失的成本，当然，其他诸如企业商誉等方面的影响也不容忽视。

对于电子商务安全来说，其有效可行的风险控制方法是：建立完整高效的降低风险的安全性解决方案，掌握保障安全性所需的一些基础技术，并规划好一旦发生特定安全事故时，企业应该采取的解决方案。

在实际中,实现电子商务的绝对安全是不可能的,即使实施了风险控制措施,仍然会存在残余风险。风险评估—残余风险接受过程如图9.2所示。

9.4.4 风险管理策略

由于电子商务安全的重要性,因此部署一个完整有效的电子商务安全风险管理策略就显得十分迫切。制订电子商务安全风险管理对策的目的在于消除潜在的威胁和安全漏洞,从而降低电子商务系统环境所面临的风险。

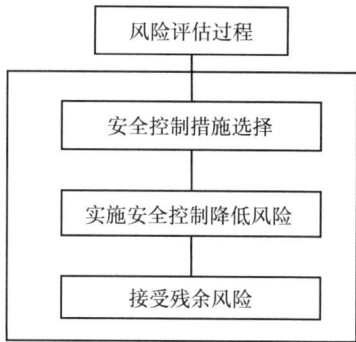

图 9.2　风险评估—残余风险接受过程

目前较为常用的电子商务安全风险管理策略是纵深防御战略,所谓纵深防御战略,就是深层安全和多层安全策略。通过部署多层安全保护,可以确保当其中一层安全保护遭到破坏时,其他层保护仍能提供保护电子商务系统资源所需的安全。比如,虽然一个单位外部的防火墙遭到破坏,但是通过内部防火墙的作用,入侵者也无法获取单位的敏感数据或进行破坏。在较为理想的情况下,每一层保护均提供不同的对策。

图 9.3　有效的纵深防御策略

图 9.3 给出了一个有效的纵深防御策略。

下面,简要说明纵深防御策略各层的主要防御内容。

1)物理安全

物理安全是整个电子商务系统安全的前提。制订电子商务物理安全策略的目的在于保护计算机系统、电子商务服务器等各个电子商务系统硬件实体和通信链路免受自然灾害和人为破坏造成的安全风险。

2)周边防御

对网络周边的保护能够起到抵御外界攻击的作用。电子商务系统应尽可能安装相关安全设备来保护网络的每个访问节点。在技术上来说,防火墙是网络周边防御的最主要的手段,电子商务系统应当安装一道或多道防火墙,以确保最大限度地降低外界攻击的风险,并利用入侵检测功能来及时发现外界的非法访问和攻击。

3)网络防御

网络防御是对网络系统环境进行评估,采取一定措施来抵御黑客的攻击,以确保网络系统得到适当的保护。就目前来说,网络安全防御行为是一种被动式的反应行为。为了提高网络安全防御能力,使网络安全防护系统在攻击与防护的对抗中占据主动地位,在网络安全防护系统中,除了使用被动型安全工具(防火墙、漏洞扫描等)之外,也需要采用诸如网络陷阱、入侵检测与反击、入侵取证、自动恢复等主动型安全防护措施。

4)主机防御

主机防御是对系统中每一台主机进行安全评估,并根据评估结果制订相应的对策以限制服务器执行的任务。在主机及其环境中,安全保护对象包括用户应用环境中的服务器、客户机以及其上安装的操作系统和应用系统。这些应用能够提供包括信息访问、存储、传输、录入等服务。根据信息保障技术框架,对主机及其环境的安全保护,首先是防止有恶意的内部人员攻击的首道防线,其次是防止外部人员穿越系统保护边界并进行攻击的最后防线。

5)应用程序防御

作为一个防御层,应用程序的加固是任何一种安全模型中都不可缺少的一部分。加强保护操作系统安全只能提供一定程度的保护。因此,电子商务系统的开发人员有责任将安全保护融入应用程序中,以便对应用程序可访问到的区域提供专门的保护。

6)数据防御

对许多电子商务企业来说,数据就是企业的资产,一旦落入竞争者手中或损坏将造成不可挽回的损失。因此,加强对电子商务交易及相关数据的防护,对电子商务系统的安全和电子商务项目的正常运行具有十分重要的现实意义。

9.5 电子商务安全的法律保障

电子商务在发展的同时,也会出现一些安全问题及违规违法行为,主要集中于以下方面。

第一,网络安全和交易安全。在电子商务交易活动中,存在着诸如窃取信息、网络攻击、恶意破坏、身份假冒以及网络故障等问题,需要在技术和法律方面进行约束。

第二,知识产权保护。电子商务网站系统全数字化并具有开放性,商标权、著作权和专利权等知识产权容易被仿冒和滥用,智能移动终端第三方应用程序(App)、网络云存储空间、微博、微信、QQ 通信等新型传播方式带来了全新的挑战。

第三,电子合同问题。电子商务企业在交易过程中,就电子合同的订立、内容、履行及争议解决等方面,均存在许多问题,这在 B2B 电子商务企业中反映尤为集中。同时,在 B2C 领域,经营者以"操作错误"为由拒绝执行原定的低价,或者刻意减轻原定的优惠条件,实质损害了消费者的权益。

第四,电子证据的获取和认定。由于虚拟网络中信息具有易变性、易逝性,所以获取和固定网络证据难度极大,给解决纠纷、及时惩治不法行为带来了相当的困难。

第五,个人信息及隐私保护。电子商务网站信息呈开放或无序状态,传播范围广,各种木马、恶意程序等网络病毒可能直接威胁到消费者敏感的个人信息和隐私信息。在电子商务活动中经常发生相关事件,特别是网购 C2C 电子商务企业中,隐私泄露及非法提供与使用个人相关信息是消费者投诉集中的领域之一。

第六,网络高科技犯罪问题。网络信息流动呈现全时空的随机状态,计算机网络与软件技术发展迅速,管控难度增大,利用计算机网络进行金融犯罪、盗用商业机密、对加密的内容进行解密等高技术犯罪也日趋严重与隐蔽。

因此,针对电子商务交易中的易发、频发问题,牢筑法律的堤坝,高扬法制的利剑,规范净化电子商务市场,惩治各类违规违法行为,尤为迫切与重要。

近几年来,我国加紧了中国互联网管理和法治化建设,加强互联网领域立法,坚持依法治网,相关管理法律法规不断完善,电子商务相关法律法规和管理体制也得以不断理顺。

广义的电子商务是指通过电子行为进行的民商事活动,自然适用于一般法。例如,《中华人民共和国民法典》就有关于数据电文的专条规定,《中华人民共和国侵权责任法》也有关于网络侵权的专条规定。有关 Internet 管理的主要有《中华人民共和国电子签名法》《全国人民代表大会常务委员会关于维护互联网安全的决定》《全国人民代表大会常务委员会关于加强网络信息保护的决定》《非金融机构支付服务管理办法》《非银行支付机构网络支付业务管理办法》等法律,以及《互联网信息服务管理办法》和《中华人民共和国电信条例》等行政法规,并辅之以大量的部门规章和地方性法规规章。

2013 年 12 月 7 日,全国人大常委会在人民大会堂上召开了《中华人民共和国电子商务法》(以下简称《电子商务法》)第一次起草组的会议,正式启动了《电子商务法》的立法进程。在总结实践经验、代表建议和各方意见的基础上,确定了起草工作计划、指导思想和立法原则。

近些年来,我国电子商务迅速发展,在转方式、调结构、稳增长、促就业、惠民生等方面发挥了重要作用。我国电子商务交易市场规模跃居全球第一。电子商务立法十分必要。2018年 8 月 31 日,第十三届全国人民代表大会常务委员会第五次会议通过《电子商务法》,自2019 年 1 月 1 日起施行。

《电子商务法》共 89 条。其中第三十条规定:电子商务平台经营者应当采取技术措施和其他必要措施保证其网络安全、稳定运行,防范网络违法犯罪活动,有效应对网络安全事件,保障电子商务交易安全。电子商务平台经营者应当制定网络安全事件应急预案,发生网络安全事件时,应当立即启动应急预案,采取相应的补救措施,并向有关主管部门报告。第三十一条规定:电子商务平台经营者应当记录、保存平台上发布的商品和服务信息、交易信息,并确保信息的完整性、保密性、可用性。商品和服务信息、交易信息保存时间自交易完成之日起不少于三年;法律、行政法规另有规定的,依照其规定。第六十九条规定:国家维护电子商务交易安全,保护电子商务用户信息,鼓励电子商务数据开发应用,保障电子商务数据依法有序自由流动。国家采取措施推动建立公共数据共享机制,促进电子商务经营者依法利用公共数据。

随着《电子商务法》的颁布施行,电子商务将得到持续健康发展。

9.6　本章小结

一个全方位的电子商务安全体系应该从组织、技术、管理以及法律法规等多方面入手,才能保证电子商务的顺利进行。

我国的信息安全管理形成了国务院信息化工作领导小组、政府有关信息安全的其他管理和执法部门分工协作的管理格局。出台了许多信息系统安全保护相关的规定,涉及信息系统安全保护、国际联网管理、商用密码管理、计算机病毒防治和安全产品检测与销售等方方面面。

电子商务安全仅靠技术手段是远远不够的,还应该建立电子商务安全管理制度,如网络系统的日常维护制度,人员管理制度,保密制度,病毒防范制度,跟踪、审计、稽核制度以及应急措施制度,并切实贯彻执行。

风险管理也是电子商务管理中的重要一环,从常用的安全风险管理流程出发,介绍了企业的安全风险管理策略应遵循的原则,风险管理的步骤(风险的识别、风险评估以及风险控制与接受)以及风险管理策略。

随着我国《网络安全法》《电子商务法》和《数据安全法》等法律法规体系的完善与实施,电子商务的持续健康发展将得到更加有力保障。

习题 9

1.简述电子商务安全管理制度的主要内容。

2.什么是风险管理?

3.风险管理的一般步骤是什么?

4.电子商务安全风险的管理和控制包括哪些内容?

5.如何实现应用程序防御和数据防御?

6.为什么说电子商务安全要依靠管理和技术等多种手段?

7.目前我国有哪些电子商务方面的法律法规?

8.《网络安全法》于何时施行?

9.《数据安全法》于何时施行?

10.《电子商务法》于何时施行?

11.简述数据安全等级各等级的内容。

第 10 章
电子商务安全应用

快速发展的 Internet 技术和数字通信技术正在不断地给我们的工作和日常生活带来新的变化。电子商务的发展自然要求银行等金融业同步电子商务化。于是电子银行(E-Bank)应运而生。在线电子银行系统通过自动柜员机(ATM)、电话银行、网络银行和移动(无线)银行为用户提供了方便、高效和快捷的服务,大大改善与促进用户和银行之间的交互关系,极大地推动经济发展和社会进步。本章讨论基于 Internet 网络和移动(无线)电子银行系统以及证券交易系统的有关安全问题。

10.1　在线电子银行系统的体系结构和安全需求

在线银行(网上银行、网络银行、手机银行等)是架设在 Internet 网络上的虚拟银行柜台,它利用 Internet 技术并通过 Internet 向客户提供开户、销户、查询、对账、行内转账、跨行转账、信贷、网上证券、投资理财等传统银行的服务项目,使客户在家中、办公室里,就可以安全、便捷地管理活期和定期存款、支票、信用卡及个人投资等。

随着技术的发展和不同电子银行系统之间的整合,用户和银行之间的交互关系得到了新的发展。其实,人们对电子银行系统并不陌生。自动柜员机(ATM)就是最早实用化的电子银行业务系统,在 ATM 上用户可以通过一个图形界面来执行上述提到的事务,这些事务被提交到已经和 ATM 建立连接的银行计算机系统进行处理。另一个大家比较熟悉的就是电话银行系统。用户可以在家里通过电话与银行计算机系统建立联系,并且可以通过电话按键进行操作。特别地,随着移动电话的用户数目的剧增,移动(无线)电话银行系统应运而生、发展迅速。现在,Internet 的飞速发展与应用的普及给电子银行系统带来了新的变化、注入了新的活力。通过使用界面更加友好的浏览器或者专用的终端应用程序,人们可以建立与银行计算机系统之间的联系,操作完成相应的银行业务。这些在线电子银行系统使得银行中同一个用户账户的金额流通、不同用户账户之间的金额流通、股票交易、电子付账和查看账户历史等业务得以方便地进行。

10.1.1　在线电子银行系统的体系结构

人们在方便地应用电子银行系统的同时,必须关注的一个重要问题就是在线电子银行系统尤其是基于 Internet 和无线网络的电子银行系统的安全问题。图 10.1 描述了基于 Internet 的电子银行系统构架。

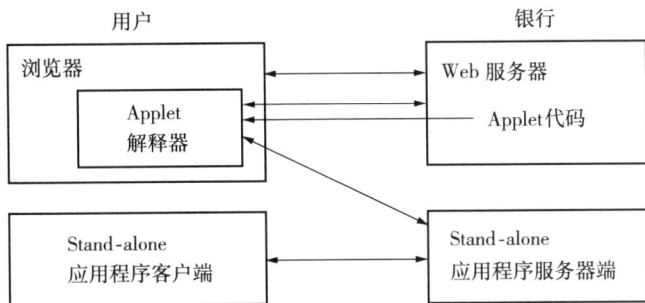

图 10.1　基于 Internet 的电子银行系统构架

从图 10.1 可知,基于 Internet 的电子银行系统包括用户和银行两个实体。当用户有一台可以上网的电脑时,他通过浏览器和银行的服务器进行通信,而所使用的标准通信协议通常是安全超文本传输协议(https)。值得注意的是,银行通常要求应用于电子银行系统中的浏览器比普通应用的浏览器能提供更高的安全性。

用户除了使用浏览器与银行系统建立通信的方法之外,还可以采用专用的客户/服务器应用程序来建立用户与银行之间的通信联系。通常,除了应用通信协议提供的安全功能外,银行还给用户提供一些必要的软件。为了避免分发和在用户端安装特殊软件的问题,银行通常采用一种折中办法。当用户在客户端运行普通的浏览器试图与电子银行系统建立联系时,将自动从银行站点下载一个 Java 小程序。用户的浏览器通过运行这个小程序以获得银行系统提供的特殊安全功能。这种方法允许银行方便地维护和更新客户软件,客户端将自动下载并使用新版本的软件并获得新的安全功能。

图 10.2 给出了使用浏览器通过专用网关访问在线电子银行系统的基本构架。

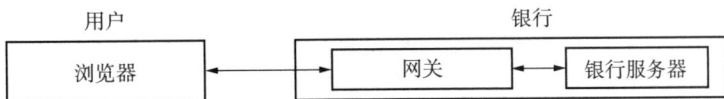

图 10.2　在线电子银行系统基本构架

正如 WWW 的一样,在线无线电话银行系统的用户界面是通过智能手机、平板电脑的浏览器来实现的。它们是通过专用网关来实现的。在电子银行系统中,一个主要的不同之处在于在客户与银行服务器间不存在直接的端到端连接。因此,银行不依赖于客户的默认网关,而是通过他们自己的可信和安全的网关提供服务。

10.1.2　在线电子银行系统的安全需求

作为一种电子商务系统应用实例,在线电子银行系统应该满足以下几种安全需求。

①机密性:系统应该保证只有经过授权的实体间才能进行信息交流。举例来说,偷听者应该不能获取和理解某个用户所执行的事务,也不能窃取银行传输的交易信息。

②实体鉴别:在发送敏感信息前,用户应该能确信和他们进行通信的是真实的银行;同样,银行也应该在处理事务之前确认用户的身份,例如鉴别银行和客户对电子支票的数字签名是否有效。

③数据鉴别:所谓数据鉴别就是数据来源鉴别和数据完整性鉴别,它使得人们能够检测出是否有非授权实体对数据进行插入、删除、替换和重传(重放)等操作。例如,用户和银行希望确认他们接收到的信息是否真实和及时,保证电子现金支付的及时性、防止电子现金的多次消费等。

④不可抵赖性:它能够确保已经执行提交或者其他操作的实体不能事后否认其行为。比如,银行应该能够向第三方证明某个用户执行了某种事务,即使用户对此否认。

【例10.1】 一个典型的实现在线电子银行安全需求的基于 Internet 的系统结构如图10.3所示。

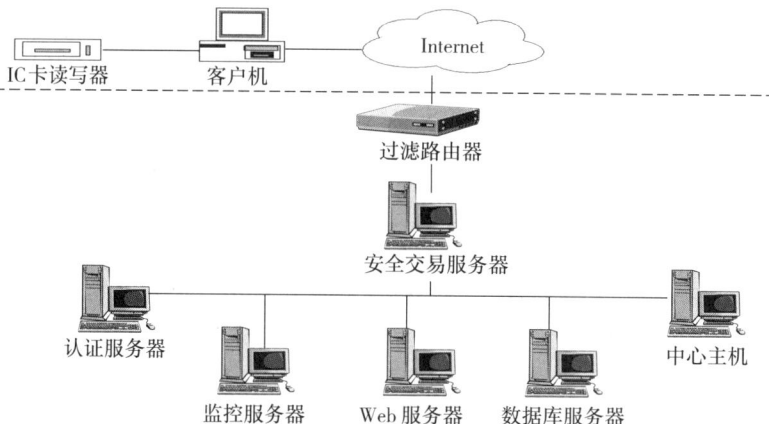

图 10.3 在线安全电子银行系统结构

从图 10.3 我们可以看到,智能卡用于客户的身份认证以实现对不同用户进行交易的录入和审核;进出银行内部计算机网络系统的信息/数据流都要经过防火墙、过滤路由器的内容过滤和检测;Web 服务器接受客户的交易请求,并进行密码检验和会话合法性检查等工作;认证服务器可以在系统级和应用程序级应用 CA 证书实现客户认证和事务认证;安全交易服务器负责安全地进行交易操作,包括客户账号和密码确认、支付确认等;而安全监控服务器则实施对所有操作(网页访问、数据库访问等)进行周期性的安全检查并报警。

在线电子银行系统采取相关的安全措施可以防止出现某些风险以及由此引起的代价。当然,这些安全措施的实施是要付出一定的代价的。在系统的安全性与所付出的(潜在)代价之间应该得到适当的平衡。对于电子银行系统,应该尽量减小客户端所需的额外的代价。用户应该能够在标准的基础设施和已有的软件下执行电子银行的事务。这样才会使得电子银行服务更有吸引力,但不幸的是这样又会使得电子银行服务的安全性降低。事实上,安全电子银行系统应当尽量用较小的安全代价(费用)来抵御尽可能多的风险,同时又最大限度地提高系统的易用性。

安全电子银行系统应当提供什么样的服务呢？下面先讨论一个虚拟的电子银行系统。这样的电子银行系统主要具有 4 个功能,这些功能由下列 4 种不同的服务来实现。

①为了与客户交互,银行需要提供一个接口界面服务器。这个界面适用于 ATM、WWW 等各种应用环境。

②银行检验客户的请求和应答鉴别,这由鉴别服务完成。

③保证金融业务的有效性,这通过事务服务完成。这个服务也为银行主机提供一个易用的界面。

④银行主机处理这些事务和保存使用记录。这个功能构成反映了当前所有电子银行系统中的服务。用户和银行间的安全通信是在界面服务部分实现的;用户鉴别是在鉴别服务中完成的。注意有可能在第三个功能构成中提供鉴别服务,微软护照就是这样,它提供简单的鉴别,在此基础上,用户能够执行所有的在线活动。

10.2　在线电子银行系统的通信安全和客户认证

10.2.1　在线电子银行系统的通信安全

这一节将讨论基于 Internet 和 WAP 的电子银行系统中用户和银行安全通信的解决方案。目前采用的通信协议一般是 SSL/TLS/WTLS 协议。Internet 网络工程技术小组 IETF 在制定 TLS(传输层安全)协议时采用了 SSL 协议。WAP 论坛采用 TLS 建立了 WTLS(无线传输层安全)协议。虽然这些协议有所不同,但是它们都提供相同的客户和银行间安全通道的有关服务。

SSL/TLS/WTLS 协议在客户和银行之间提供一条安全通道。这意味着在客户和银行两端间可以秘密地传输数据(数据的机密性)并且可以检测出数据是否被篡改(数据完整性);同时,能对银行和客户进行鉴别。SSL/TLS/WTLS 协议的优点之一是能够使它们可以在不同的通信协议中使用,而不严格要求是 http 协议。由于 SSL/TLS/WTLS 协议只提供安全通道,因此它们不能实现不可抵赖性。电子银行系统应该在安全通道之上实现不可抵赖的安全机制。

客户和银行间的连接分为握手和数据传输两个阶段。握手的目的有 3 方面:第一,客户和银行对所采用的加密算法达成一致;第二,生成密钥;第三,双方相互鉴别。一旦握手过程完成,数据传输就可以开始。这时数据被分成若干段并按数据段序列的方式传输。为了保证数据的完整性,需要计算消息鉴别代码(MAC)并将其加入到数据分段中,然后将数据段与 MAC 一起加密。

IETF TLS 工作组采用 SSL 协议第 3 版(SSLv3 协议)。在 SSLv3 协议中,进行了如下的一些微小修改以增加安全性:密钥扩充、采用真正的 HMAC 取代类-HMAC 的 MAC 结构、支持 Diffie-Hellman 密钥约定、采取数字签名标准以及三重 DES 密码算法。IETF TLS 工作组目前正从事有关增强 TLS 协议的工作,包括无线扩充、结合 Rijndael 的新密码和高级加密标准(Advanced Encryption Standard,AES)。

WAP 论坛已经改进 TLS 协议使之适用于带宽、存储和处理能力有限的无线设备环境。一方面,WTLS 协议默认使用椭圆曲线密码算法(它适用于存储和处理能力有限的环境);另一方面,WTLS 协议工作于数据报头而不是工作在基于连接的通信层之上;最后,WTLS 协议定义自己的(带宽有限的)证书格式并且继续支持普通的 X.509 证书。

现在的浏览器在默认状态下都支持 SSL/TLS 协议。而网络银行系统常使用它们自己设计、实现的(或第三方提供的)SSL/TLS 协议的扩充,主要原因是通常的 SSL/TLS 协议受到美国安全产品出口的限制。

电子银行系统的单机应用程序能提供必要的安全性和银行服务。有时,单机应用程序仅用作代理运行在用户的本地机器上,在浏览器和银行服务器间增强用户与银行的通信安全性。在很多实际应用中,包含强安全性和银行业务功能的小应用程序 App 代码被下载、嵌入到浏览器中运行。这个小应用程序 App 具有完整的功能,它作为浏览器和银行服务器之间的代理运行。

如果用户拥有真实的浏览器或者单机应用程序的副本,那么他可以仅仅信任电子银行应用程序界面的内容和它执行的正确性。若使用的是 Java 小应用程序,则用户应当用银行的私钥进行数字签名,以便在执行此小应用程序之前进行校验。用户必须确认他们何时与银行进行安全会话。然而,目前的浏览器只有一些有限的可视化提示,因此一个没有经验的用户容易受到伪装网站的欺骗。

为此,最重要的是建立公钥基础设施(PKI)。PKI 能够确保公钥到实体之间的正确映射关系。X.509 证书中包含有实体的名字和相应的公钥。X.509 证书由证书认证机构(CA)签发。CA 证书("根"证书)的可信分发非常关键。一方面,银行使用 CA 证书来验证实体证书;另一方面,客户也需要使用 CA 证书在 SSL/TLS 协议认证期间验证银行的证书以及验证经过数字签名的小应用程序。没有"根"证书验证是无法进行的。"根"证书通常安装在 Web 浏览器上。如果电子银行系统是基于单机应用程序运作的,那么"根"证书通常被植入软件代码或者存放在配置文件中。在很多情形下,"根"证书仅受操作系统的保护。如果用户的"根"证书被冒充者替换了,那么攻击者就可以冒充银行而不被用户发现。

10.2.2 在线电子银行系统的客户认证

上面介绍了在线电子银行系统客户和银行之间的安全通信问题。在这一小节里,将讨论安全电子银行系统是如何进行客户鉴别的。

考察实体鉴别与事务鉴别这两个概念。所谓实体鉴别是指与银行进行会话初期的客户鉴别;而所谓事务鉴别则是指客户对会话过程中的各个事务进行鉴别。通过鉴别机制,事务鉴别可以提供单个事务的不可抵赖性,而实体鉴别则不能提供事务的不可抵赖性。值得注意的是,目前一些电子银行系统仅提供实体鉴别,而有些系统则两者兼而有之。

常见的实现实体鉴别与事务鉴别的方法有以下 6 种。

1)固定口令

很多电子银行系统仍然使用经典的固定口令方法来鉴别客户。口令可以是 PIN 码或者基于字符的口令。在实际应用中,通常将口令和服务计数组合起来以增加猜测口令的难度。用户在输入口令时只需提供部分数字的子集,这样即使攻击者偷看到了某次输入也难以获得真正的口令(因为当客户输入口令时,银行每次都询问不同的数字子集)。

固定口令方法用于实体鉴别十分普遍,偶尔也用于事务鉴别。在很多电子银行系统中,固定口令主要用于实体鉴别,同时也可与下面讨论的某种机制结合起来应用于事务鉴别。口令不应该以明文形式在网络上传输,此外口令容易受到字典攻击、口令猜测和社会工程等方法的破解。虽然使用固定口令方法有不少危险性,但是由于它的易用性,所以现在仍被广泛使用。

2)动态口令

有时候,银行采取发布一次性口令给用户的方法实现客户认证。这些口令只能使用一次,因此,可以提供更高的安全性。然而,由于它们非常难记忆,所以用户不得不将它们记录在纸上或者以文件方式存储在电脑中。银行也采用"scratch list number"的方法进行实体认证,并采用"事务号(transaction number)"方法进行事务鉴别。有些电子银行系统则组合使用固定口令和动态口令:固定口令用于实体认证,动态口令用于事务鉴别。此外,也可以通过在客户端安装特殊软件来产生一系列关联的一次性口令来代替发布一组独立口令的方法进行认证。下面,简单介绍一下动态口令卡 DID 技术在网络银行系统中的应用。

【例 10.2】 动态口令卡 DID 及其应用。动态口令卡 DID 是实现用户身份认证的一种技术,它允许经过授权的合法用户通过动态口令卡从银行总行内部计算机网络系统的电脑终端上登录,或者从各个分支行以及营业网点的电脑终端通过专线的方式登录,经过认证服务器认证后,便可以进入网络银行系统执行有关的操作。另外,远程用户也可以使用动态口令卡通过一般的电话网络登录到银行网络系统的拨号访问服务器,然后由认证服务器进行用户身份认证,并进行相应的操作。

3)询问/应答

询问/应答机制的思想是:用户通过论证秘密信息(即不是仅仅发送秘密信息给银行,而是通过使用秘密信息对随机的询问作出应答)的方法来向银行证明他的身份。询问/应答机制分为对称和非对称询问/应答机制两种。例如,在对称询问/应答机制中,应答由银行随机询问中的 MAC 组成;而随机询问消息中的数字签名则是非对称询问/应答机制的一个实例。询问/应答机制通常用硬件标志的方法实现。

4)SSL/TLS/WTLS 协议

其实,在 SSL/TLS/WTLS 协议中,询问/应答机制的数字签名的使用是一个可选项。当设置了客户和银行间的安全通道后,可以使用数字签名的方法来鉴别客户:在握手过程中,客户对前面所有已经交换的握手消息的散列(Hash)值进行签名。通常,用于签名的私钥存储在用户电脑上并受口令保护。由于受当前移动(WAP)电话的约束,这种认证机制还没有实际应用于 WAP 银行系统中。

5）数字签名

除了实体认证之外,数字签名机制也是进行事务鉴别的一种最安全的方法。然而,在目前的浏览器中,只有 Netscape 开发的浏览器包含了 Javascript 机制以支持数字签名。因此,电子银行系统一般采用自己开发、实现的专用程序或者小应用程序来完成数字签名的功能。

6）硬件标志

前面讨论的几种客户认证机制可以使用硬件标志的方法来实现。硬件标志通常用于实体鉴别,有时也结合 MAC 用于事务鉴别。用于事务鉴别的数字签名密钥可以保存在智能卡里。由于给用户专门发放智能卡的成本较高,所以这种解决方案很少采用。不过,现有的智能卡应用程序可以用作实体鉴别,比如电子钱包或者电子身份证。

像个人数字助理(PDA)或者专用无线钱包这样的移动设备可以增强基于 Internet 或者 WAP 的电子银行系统的安全性。这些移动设备可以执行加密协议以提供实体认证和事务鉴别。这些移动设备与微机/WAP 电话之间的通信可以由"蓝牙(Bluetooth)"技术或红外线接口实现。

硬件标志出错有可能导致整个系统中其他用户的硬件标志出错,银行为此需要为所有用户重新分发新的硬件标志。为了避免这种情况的发生,不同的硬件标志应该有不同的密钥。显然,如果使用的是非对称密钥,那么不存在什么问题。但是,当使用对称密钥时,系统就需要有一个密钥数据库来维护所有由银行和用户共享的密钥。对称密钥往往产生于硬件标志中唯一的序列号,所有的硬件标志采用相同的主密钥。这样,不同用户就可以与银行共享不同的密钥,而系统无须数据库保存密钥。

10.3　在线电子银行系统的其他安全问题

对于在线电子银行系统,除了前面讨论的客户和银行间的通信安全(安全通道)以及客户鉴别(实体与事务鉴别)之外,在实际应用中还存在着一些其他的安全问题,这些安全问题有时候甚至是关键问题。

1）登录/注册

在用户实际使用安全电子银行系统之前,需要执行登录注册过程。在注册过程中,用户必须提供初始密码以进行实体鉴别和银行建立第一轮的安全会话;然后,可以进行常规的安全认证操作。通常情况下,初始密码是通过信件或者亲自到银行办事处办理获得的。有时候,第一次登录进入银行系统时需要通过电话对用户进行认证,之后用户进行相应的操作/回答有关的提问。显然,如果在登录注册阶段出错的话,那么电子银行系统的安全性就会受到威胁。

2）授权

在某些情形下,需要电子银行系统具有授权功能。例如,经理可以授权(或者限制)其下属处理银行某些业务,父母将一定的权力授予其孩子等。如果客户鉴别仅仅依赖于固定口令的话,那么授权就意味着共享口令。这就变成了扮演而不是授权。如果客户鉴别提供更高的安全性,那么泄露秘密信息是很困难的。例如,要复制智能卡的秘密信息是不容易的。现有的一些电子银行系统实现了真正的授权机制。

3)支付网关的安全措施

一方面,在线电子银行系统使用 SSL 协议对客户在线支付的整个过程进行加密,并且对客户端进行 CA 认证。另一方面,在支付网关中设置黑名单账户,对于那些连续多次输入账号和密码错误的付款请求,将其加入黑名单账户中,强行中断交易会话。此外,在客户付款之前,有付款程序对部分交易信息进行 Hash 运算和验证。若验证不通过,则可以认为是攻击信息,系统拒绝该请求的服务。

4)安全平台

一般来说,讨论客户和银行间的安全通信、实体鉴别与事务鉴别等问题时,均假定用户的智能手机、电脑、操作系统和软件都是安全的。可现实中并非如此,不少典型的客户端平台很容易受到攻击。病毒、特洛伊木马、蠕虫和其他一些恶意程序具有篡改已安装的"根证书"的能力,它们可以窃取用户的私钥、欺骗用户接口或者用别的方法误导用户、截取客户与银行的通信信息等。

对于上述问题,即使智能卡也难以解决。如果采取在普通键盘上输入个人识别码 PIN 的方法对智能卡解锁,那么 PIN 码会被截获,或者用户可能会向假冒的界面输入 PIN 码。理想情况下,智能卡阅读器应有自己的小键盘和显示屏,这样用户无须经过电脑键盘输入 PIN 码,用户也能在可信的小显示屏上校验重要信息,而不用通过电脑显示器。这样的智能卡阅读器正在开发。目前的智能卡提供保护卡内私钥的功能,但并不保护(至少是理论上)卡内签名函数的访问。

目前,国际上一些工业联盟正从事研究为用户计算平台提供更可信、更高安全性机制的工作,希望能在用户端计算平台上实现更安全的数字签名技术。此外,电子银行系统中银行的服务器也应该具有高安全性能,应该采取适当的方法防止黑客入侵网站。

5)人为因素

客户端平台的不安全通常是因为使用者没有足够的安全意识。虽然典型的客户端平台存在一些内在的不安全性,但是对于受过良好安全技术教育和具有较强安全意识的用户来说很多问题都可以避免。一方面,用户应该保管好他们的私有信息,不管是口令、一次性口令序列、硬件标志,或者是用来解锁的 PIN 码。另一方面,用户应当安装病毒扫描软件并及时更新。此外,还应该避免一些容易导致安全故障的操作、行为,例如在收到异常电子邮件时不应该随意打开邮件附件。用户也应该验证将其所收到的证书的"指印"(数字签名)是否与银行提供的官方纸质文件的"指印"(印鉴)一致;同时,银行方面也应当向用户提供相关的认证信息,这样一旦发生意外,银行和用户双方各负其责并保护两者各自的合法利益。电子银行系统的系统管理员必须经常训练和维护好计算机系统的安全,进行必需的监控和及时安装、应用补丁软件以堵塞安全漏洞等。

6）日志和监控

对于一个实际的应用系统来说，即使使用了许多强大的安全方法和技术，仍然可能存在某些潜在的安全弱点和漏洞。为此，可以采取日志和监控方法来监测在线电子银行系统的安全漏洞。这些监测机制包括从被动的日志记录到主动的监控，比如，如果发生了与用户常规行为不一致的事务，那么监测机制将向电子银行系统发出一个警告。

10.4 在线网络证券交易系统的安全

网络证券交易系统不存在电子商务三大要素之一的物流，因此它更容易实现和普及，更方便地为企业及投资者提供全方位的投资理财服务，如提供国际经济、政府政策、企业经营管理、证券板块和证券静态动态分析等方面的服务。

与传统的证券交易系统相比，网络证券交易系统具有一些无可比拟的优点。

①系统中所有的交易与服务通过 Web 页面或者有线电话、无线电话呼叫中心自动进行，跨越了时间与空间的界限。

②系统按照每个用户的具体需求提供个性化服务，服务方式既可以是主动服务又可以是被动服务。

③所有交易的事务性工作均由计算机系统自动完成，大大提高了处理效率、降低了运营成本。

正是这些优点，使得网络证券交易系统方兴未艾，显示出强劲的生命力。

对于在线网络证券交易系统而言，它仍然存在着与在线电子银行系统类似的安全问题，比如，它可能遭受黑客的入侵攻击、拒绝服务，在 Internet 上传输的数据被非法窃取、篡改、假冒或者重传等。这些安全问题一方面有可能导致交易中断甚至导致委托交易服务器瘫痪；另一方面，也会导致股民缺乏对在线网络证券交易系统的信任。因此，在实际应用中应当高度重视在线网络证券交易系统的安全问题。

与其他电子商务交易系统不同的是，股民将证券公司视作可信机构，不需要第三方信任机构的参与。为了解决保密通信双方在进行通信前协商产生会话密钥的问题，可以为证券公司建立它自己的"认证机构"，并生成相应的证书和私钥，而每位股民在开户时则从认证机构获取为其生成的证书和相应的私钥。

当客户与证券交易系统服务器需要进行保密通信时，客户端交易软件生成随机会话密钥，并利用证券公司的证书加密此会话密钥，然后使用股民的私钥对加密结果进行数字签名，最后将签名数据经过 Internet 发送到证券交易系统服务器。服务器收到签名数据后，由服务器端交易软件使用股民的证书验证交易股民的身份。如果通过股民的身份验证，那么证券交易系统服务器利用自己的私钥解密还原出会话密钥，并利用此会话密钥进行双方的保密通信、完成相应的操作并提供需要的服务；否则，证券交易系统服务器拒绝进行保密通信并断开与客户端的连接。对于基于 Internet 的网络证券交易系统，可以选择至少 1 024 位密钥的 RSA 密码算法或者会话密钥为 56 位以上的 DES 密码算法对数据进行加密。

10.5　本章小结

在线电子银行是实现网上购物、网上购买服务、网上支付等电子商务应用的一个十分重要的环节。众所周知,银行业务的每一个操作都将涉及金额。因此,在线电子银行系统的安全性和可靠性是网络银行应用的关键,也是电子商务成功应用的基础。

本章给出了在线电子银行系统的安全需求及其安全体系结构,比较详细地讨论了在线电子银行系统的安全通信、客户认证等技术和管理问题,也讨论了在线网络证券交易系统的安全问题。值得注意的是,随着 4G/5G 无线通信技术的迅猛发展和应用的普及,无线在线银行和无线电子商务已成为一个十分重要的方向,使得电子商务更加大众化。

习题 10

1.客户认证和事务鉴别在在线安全电子银行系统中分别起到什么作用?

2.试述在线电子银行系统采用 SSL/TLS/WTLS 协议的优缺点。

3.试比较实现在线电子银行系统客户认证的几种常用方法的优缺点。

4.为了解决不可抵赖性问题,实现在线电子银行系统时最好采用何种加密机制?

5.在线电子银行系统的安全性和成本开销是一对矛盾,假设你正在设计、实现在线电子银行系统的安全机制,请谈谈你如何折中考虑这个问题?

6.谈谈你对手机银行安全问题的了解和认识。

7.总结你平时使用手机开展无线网络银行业务时遇到哪些安全问题。

参考文献

[1] FORD W, BAUM M S. Secure Electronic Commerce: Building the Infrastructure for Digital Signatures and Encryption [M]. Indianapolis: Prentice Hall PTR, 2000.

[2] WRIGHT A. Controlling Risks of E-Commerce Content[J]. Computers & Security, 2001, 20 (2):147-154.

[3] BELLA G, MASSACCI F, PAULSON L C. Verifying the SET Registration Protocols[J]. IEEE Journal on Selected Areas in Communications, 2003, 21 (1):77-87.

[4] HUNT R. Technological infrastructure for PKI and digital certification[J]. Computer Communications, 2001, 24(14):1460-1471.

[5] CHENG E C. An object-oriented organizational model to support dynamic role-based access control in electronic commerce[J]. Decision Support Systems, 2000, 29(4):357-369.

[6] BELANGER F, HILLER J S, SMITH W J. Trustworthiness in electronic commerce: the role of privacy, security, and site attributes[J]. The Journal of Strategic Information Systems, 2002, 11(3-4):245-270.

[7] GUAN S U, WANG T, ONG S H. Migration control for mobile agents based on passport and visa[J]. Future Generation Computer Systems, 2003, 19(2):173-186.

[8] LIAO Z, CHEUNG M T. Internet-based e-shopping and consumer attitudes: an empirical study [J]. Information & Management, 2001, 38(5):299-306.

[9] ADDISON T. E-commerce project development risks: evidence from a Delphi survey[J]. International Journal of Information Management, 2003, 23(1):25-40.

[10] AYOADE J O, KOSUGE T. Breakthrough in privacy concerns and lawful access conflicts[J]. Telematics and Informatics, 2002, 19(4):273-289.

[11] HWANG M S, LIN I C, LI L H. A simple micro-payment scheme[J]. The Journal of Systems and Software, 2001, 55(3):221-229.

[12] CAELLI W J, DAWSON E P, REA S A. PKI, Elliptic Curve Cryptography, and Digital Signatures[J]. Computers & Security, 1999(18):47-66.

[13] 程龙, 杨海兰. 电子商务安全[M]. 北京: 经济科学出版社, 2002.

［14］JAWORSKI J,et al.JAVA 安全手册［M］.邱仲潘,等译.北京:电子工业出版社,2001.

［15］Eric Cole.黑客——攻击透析与防范［M］.苏雷,等译.北京:电子工业出版社,2002.

［16］戴英侠,连一峰,王航.系统安全与入侵检测［M］.北京:清华大学出版社,2002.

［17］朱稼兴.电子商务大全［M］.北京:北京航空航天大学出版社,2003.

［18］祁明.电子商务安全与保密［M］.北京:高等教育出版社,2001.

［19］李大军.电子商务［M］.北京:清华大学出版社,2002.

［20］张炯明.安全电子商务实用技术［M］.北京:清华大学出版社,2002.

［21］陈兵,王立松,钱红燕.网络安全与电子商务［M］.北京:北京大学出版社,2002.

［22］福特,鲍姆.安全电子商务——为数字签名和加密构造基础设施［M］.2 版.劳帼龄,等译.北京:人民邮电出版社,2002.

［23］张世永.网络安全原理与应用［M］.北京:科学出版社,2003.

［24］许榕生,蒋文保.电子商务安全与保密［M］.北京:中国电力出版社,2001.

［25］李玥,裴昌幸.Windows 2000 中的 PKI 技术［J］.电子科技,2002(1):19-21.

［26］刘海龙,张其善,吴今培,等.PKI 的互操作与信任模型［J］.计算机工程与应用,2003(24):97-99.

［27］杨波.现代密码学［M］.北京:清华大学出版社,2003.

［28］钟诚,赵跃华.信息安全概论［M］.武汉:武汉理工大学出版社,2003.

［29］曾子明.电子商务安全［M］.2 版.北京:科学出版社,2013.

［30］张滨,冯云波,吴秦建,等.移动电子商务安全技术与应用实践［M］.北京:人民邮电出版社,2016.

［31］胡钢.电子商务法律体系解读［J］.互联网经济,2015(11):48-51.

［32］钟诚.各专业信息安全技术知识点与教学方法探讨［J］.计算机教育,2008(24):82-83.

［33］汪定.口令安全关键问题研究［D］.北京:北京大学,2017.

［34］王平,汪定,黄欣沂.口令安全研究进展［J］.计算机研究与发展,2016,53(10):2172-2187.

［35］汪定,邹云开,陶义,等.基于循环神经网络和生成式对抗网络的口令猜测模型研究［J］.计算机学报,2021,44(8):1519-1534.

［36］罗敏,孙艾颖,阴晓光,等.基于身份的双服务器口令保护协议［J］.密码学报,2020,7(6):839-852.

［37］彭聪,罗敏,何德彪,等.基于 SM2 数字签名算法的适配器签名方案［J］.计算机研究与发展,2021,58(10):2278-2286.

［38］韩璇,袁勇,王飞跃.区块链安全问题:研究现状与展望［J］.自动化学报,2019,45(1):206-225.

［39］魏松杰,吕伟龙,李莎莎.区块链公链应用的典型安全问题综述［J］.软件学报,2022,33(1):324-355.

［40］曹雪莲,张建辉,刘波.区块链安全、隐私与性能问题研究综述［J］.计算机集成制造系

统,2021,27(7):2078-2094.

[41] 斯雪明,徐蜜雪,苑超.区块链安全研究综述[J].密码学报,2018,5(5):458-469.

[42] 赵甜,魏昂,周鸣爱.区块链安全发展现状、问题与对策研究[J].网络空间安全,2019,10(11):21-25.

[43] 刘九良,付章杰,孙星明.区块链安全综述[J].南京信息工程大学学报(自然科学版),2019,11(5):513-522.

[44] 陈露,相峰,孙知信.基于属性密码体制的区块链安全技术研究进展[J].电子学报,2021,49(1):192-200.

[45] 武勇,李斌.区块链安全技术体系研究[J].信息安全与通信保密,2018(7):44-52.

[46] 梁秀波,吴俊涵,赵昱,等.区块链数据安全管理和隐私保护技术研究综述[J].浙江大学学报(工学版),2022,56(1):1-15.

[47] 金涛.数据安全分级划分[J].信息安全研究,2021,7(10):969-972.

[48] 杜跃进,叶晓虎,赵伟.深耕数据安全保障数字经济健康发展[J].数字经济,2021(1):36-45.

[49] 侯安才,栗楠,张强华,等.电子商务安全技术实用教程(微课版)[M].2版.北京:人民邮电出版社,2022.

[50] WILSON D,ATENIESE G.From pretty good to great:enhancing PGP using Bitcoin and the blockchain[C]∥LNCS.Network and System Security.New York:Springer International Publishing,2015:368-375.

[51] LI X Q,JIANG P,CHEN T,et al.A survey on the security of blockchain systems[J].Future Generation Computer Systems,2020,107(C):841-853.

[52] BERDIK D,OTOUM S,SCHMIDT N,et al.A Survey on Blockchain for Information Systems Management and Security[J].Information Processing & Management,2021,58(1):102397.

[53] BAO Z J,LUO M,WANG H Q,et al.Blockchain-Based Secure Communication for Space Information Networks[J].IEEE Network:The Magazine of Computer Communications,2021,35(4):50-57.